KB036217

한울사회학강좌

건강과 질병의 사회학

•

사라 네틀턴 지음
조효제 옮김

한울
아카데미

THE SOCIOLOGY OF HEALTH
AND ILLNESS

· · · · · · · · · · · ·

Sarah Nettleton

Polity Press

Translated and annotated into Korean by

Hyo-Je Cho(1997)

이 책을 10년째 병상에 계신 아버지와
그 분 병구완에 당신 머리가 세는 것도 잊으신
어머니께 바칩니다.

옮긴이 서문

이 책은 사라 네틀턴의 『건강과 질병의 사회학』을 완역한 것이다 [Sarah Nettleton(1995), *The Sociology of Health and Illness*, Cambridge: Polity Press]. 사회학내에서 가장 빠르게 성장하는 분과학중의 하나인 의료사회학은 하루가 다르게 출간되는 개설서의 종류로도 그 발전속도를 짐작할 수 있다. 1980년대 말 이후 영국에서 출간된 의료사회학 교과서를 일별해 보아도 이 경향은 뚜렷이 감지된다. 일반 독자를 위한 개론서 (Aggleton, 1994; Dobraszczyc, 1994)를 필두로 의사(Armstrong, 1994; Hannay, 1988; Moon and Gillespie, 1995), 간호사(Cox, 1992; Jones, 1994), 약사(Harding, et al., 1990) 등 다양한 층의 독자를 위한 여러 종의 교과서가 발간되어 있다. 또한 일반 사회학도를 겨냥한 의료사회학 개론서도 끊이지 않고 발행되고 있다(Gerhardt, 1989; Morgan et al., 1993; Scambler, 1993; Stacey, 1993; Turner, 1995). 이 책 역시 일차적으로 사회학도를 대상으로 쓰인 개론서의 맥을 잇고 있다고 볼 수 있다. 그러나 이 책이 위에서 소개한 개론서들 중에서도 유독 우리의 주목을 끄는 것은 다음과 같은 몇 가지 중요한 장점을 지니고 있기 때문이다.

첫째, 이 책은 일반 주류사회학내에서 의료사회학을 정당하게 자리매김하겠다는 뚜렷한 목적의식하에 쓰였다. 저자는 의료사회학이 하나의 응용사회학으로서 실증적 연구를 통해 건강과 의료의 사회학적 이해를 높였을 뿐만 아니라, 의료사회학 자체가 그 모학문인 사회학이론에 직접 기여할 수 있을 만큼 발전했음을 논증한다. 이것의 열쇠는 인간의 몸이다. 몸의 사회학은 인간의 사회적 행위가 궁극적으로 체현되어 있다고 주장함으로써 데카르트의 심신이원론을 암묵적으로 수용하던 전통적인 사회학에 근본적인 발상전환을 요구한다. 네틀턴 교수는 몸의 사회학이라는 개념을 책 전체를 관통하는 한 기본줄기로 설정하고 이를 풍부한 연구결과로 뒷받침하며 더 나아가 사회적 체현성의 논리가 사회학과 의학의 수렴을 가능케 하리라는 결론까지 도출해낸다. 이 점에서 몸의 사회학은 짧은 역사에도 불구하고 사회학의 인식론적 전제를 심대하게 변화시킬 잠재력을 지니고 있다. 일반 사회학계에서도 이런 움직임이 뚜렷이 감지된다. 예를 들어 한국에서도 번역된 앤서니 기든스 교수의 사회학 개론서 『현대사회학』의 초판에서는 의료사회학이 「인구, 건강 및 노령화」라는 장에서 다루어졌다. 그러나 1997년 간행된 제3판을 보면 「몸의 사회학」이라는 독립된 장에서 의료사회학이 상세히 논의되며 이 분야의 참고도서로 이 책이 추천되어 있다. 따라서 저자의 접근방식은 의료사회학의 이론적 도약을 희망해온 많은 사회학도에게 학문적 지평을 넓혀주었다고 해도 과언이 아니다.

둘째, 위와 관련해서 이 책은 의료사회학의 향후 진로를 제시해줄 수 있는 미래지향적인 관점에서 서술되었다. 미래지향적이라는 것은 단순히 이 책이 최근에 쓰였기 때문에 하는 말만은 아니다. 저자는 의료사회학이 포스트모더니즘의 경향을 보이는 현대사회 속에서 지향해야 할 연구방향을 진지하게 모색한다. 이 길목에서 우리는 의료가 사회적으로 구성되어 있다는 이론을 소개하고, 페미니즘 의료사회학의 학문적 성과를 정면으로 수용하며, 포스트포디즘적 보건의료의 변화상을 파악하려고 애쓰는 저자의 시도와 만난다. 이러한 모든 관점이 궁극적으로 일반인과 환자가 보건의료의 주체로 등장해야 하는 당위성을 입증한다는 저자의 주장에서 앞으로 의료사회학이 나아가야 할 방향을 분명히 암시받을 수 있을 것이다.

셋째, 이론과 실제의 종합적인 서술을 통해 보건의료를 입체적으로 이해할 수 있게 해준다. 이는 한편으로 미국의 실증적 사회학 전통을 존중하면서도, 사회학 이론과 의학사, 사회사, 인류학, 과학철학 등이 종합되는 경향을 보이는 유럽, 특히 영국의 의료사회학 전통을 잘 소개한 점에서 나타난다. 이는 다른 한편으로 의료정책과 그 시행 역시 사회학적 분석을 통해 포착할 수 있음을 예시해서 사회학과 사회정책 그리고 사회사업의 통합 가능성을 보여준 점으로도 잘 드러난다. 주로 제도적 또는 정책적 시각에서 소개되어온 영국 국립보건제도(NHS)의 변화양태를 사회학적으로 분석한 것은 우리나라 보건의료제도의 분석에도 참고할 수 있는 점이 적지 않으리라 여겨진다.

끝으로 이 책은 각 장이 다루는 주제와 그와 연관된 사회학 이론, 그리고 연구방법론을 자연스럽게 연결시키는 데 성공함으로써 개론서로서 일석삼조의 효과를 거두었다고 본다. 예를 들어 건강의 불평등과 의사 환자 관계 두 분야를 연구하는 데 적합한 각각의 사회학 이론과 그 조사 방법의 차이를 이해하기 쉽게 소개하고 있다. 거시적 방법과 미시적 방법의 병용이 특별히 요구되는 의료사회학 분야에서 연구과제의 내용만큼이나 조사방법론의 문제도 중요하다는 점을 감안한다면 이 책의 기술 방식에 전적으로 동의할 수 있으리라 생각한다. 이 과정에서 학제간 연구의 필요성을 강조하면서도 의료사회학이 인접관련 학문과 구분되는 점을 잘 보여준 것도 이 책의 부차적인 장점이라 하겠다. 예를 들어 역학, 예방의학, 의료정책, 보건교육 등과 의료사회학 사이에 존재하는 공통점과 차이점을 명쾌하게 정리한 것은 의료사회학도에게 귀중한 시사가 될 것으로 믿는다.

저자인 사라 네틀턴 박사는 영국의 사회학계에서 활발한 연구업적을 내고 있으며 의학, 치의학, 약학, 의료정책 등 다방면의 주제에 폭넓은 관심을 가진 중견 의료사회학자이다. 현재 보건학연구로 정평이 있는 요크대학 사회정책학과에서 사회학과 사회정책학을 가르치고 있으며 각종 의료단체와 NHS의 자문역으로도 활약하고 있다. 이 책은 1995년 말 사회과학 전문출판사인 폴리티 프레스(Polity Press)에서 출간되자마자 의료사회학계 내외의 관심과 찬사를 모으며 일약 주목받는 저술로 떠올랐다. 영국을 대표하는 사회학자인 런던정경대학(LSE)의 학장 앤서니 기든스 교수가 직접 출판을 주선하고 감수에 참여했다고 해서 출간 전부터 화제를 모은 신간이기도 하다. 학계의 반응은 대단히 호의적이었다. 예컨대 워릭대학의 캐럴라인 커러 교수는 한 서평에서 "이 책의 구성상의 장점은 서로 다른 주제를 각 장에서 자체완결적으로 다루고 있다는 점이다. 그러므로 주제에 따라 독립적으로 각 논문을 이용할 수 있다. 다양한 사회이론들을 골고루 취급한 것도 이 책의 장점이라 하겠다. … 여러 점에서 이 저서는 환영받을 만하다. 의료사회학 분야에서 참으로 유용한 일반개론서를 완성한 저자에게 경의를 표한다"고 썼다. 또한 그리니치대학의 M.P.T. 켈리 교수는 "사라 네틀턴의 새 책은 읽기 쉽고 포괄적이며 최신의 정보를 잘 정리한 노작이다. 저자는 엄청난 양의 자료를 종합해서 그것을 평이하고 분명하게 전달하는 데 성공했다. 복잡다기한 이론적·실증적 자료를 처리하는 저자의 능력은 경탄할 만하다. 이 책은 향후 의료사회학의 표준적인 교과서로 자리잡을 것이다"라고 평하였다. 이 책을 읽는 한국의 독자들도 이러한 평가에 동의하리라고 옮긴이는 확신한다.

번역을 혼자서 원고지와 씨름하는 과정으로만 생각한 옮긴이에게 이번 경험은 주위 여러분의 도움을 깨달을 수 있는 계기를 마련해 주었다. 저자 네틀턴 박사는 번역결정 이전부터 이 책의 내용파악과 오식에 관한 옮긴이의 질의에 친절히 답해주셨을 뿐 아니라 흔쾌하게 한국어판 서문을 써주셨다. 옮긴이에게 의료사회학과 사회학 연구방법론을 가르쳐주신 옥스퍼드대학의 은사 필립 데이비스(Philip Davies) 교수는 번역계획을 격려하고 여러 가지 도움말을 주셨다. 옥스퍼드대학 울프슨 칼리지의 학장 데이비드 스미스 경(Sir David Smith)은 번역의 진척에 관심을 보여주셨을 뿐만 아니라 런던정경대학(LSE)의 연구과정으로 옮겨가는 옮긴이에게 친히 격려편지까지 보내주는 후의를 베푸셨다. 또한 영 외무성 장학금을 주선해주신 영국대사관의 조지 퍼거슨(George Fergusson) 서기관, 박영숙 공보관, 영국문화원의 김용주 선생께도 감사의 뜻을 표한다. 옥스퍼드대학에 와 계시던 중 바쁜 연구 속에서도 원고의 앞부분을 읽고 구체적인 번역방향에 귀중한 조언을 해주신 계명대학 교육학과의 신득렬 교수님께 깊은 감사를 드린다. 영남대학 법학과의 박홍규 교수님은 이반 일리치의 『병원이 병을 만든다』를 통해 옮긴이에게 의료사회학을 소개해주셨고 이 책을 반드시 번역하도록 격려와 자극을 불어넣어 주셨다.

또한 제4장의 번역용어를 고르는 데 도움말을 주신 가톨릭대학 사회복지학과의 오혜경 교수님께도 이 자리를 통해 사의를 표한다. 런던대학에서 연구중이신 서울의대의 김용익 교수님은 보건정책에 관해 많은 가르침을 주셨고 이 책의 출간을 여러 모로 도와주셨다. 옥스퍼드대학 재료공학과의 이동헌 선생은 촉박한 실험실 일정에도 불구하고 원고와 참고문헌의 컴퓨터처리를 도와주셨다. 케임브리지대학 역사학과의 송병건 박사는 원고를 거의 다 읽고 자구수정과 문장의 선택에 도움을 아끼지 않았으며 의료사회학과 경제사의 접목 가능성을 옮긴이에게 일깨워주셨다. 수정된 원고를 고맙게 받아들곤 하던 기억을 쉽게 잊지 못할 것이다. 그동안 옮긴이를 항상 이끌어주신 김세일, 박현탁 선생님과 물심양면으로 우정어린 관심을 보여준 이태경, 조형호, 정상백, 정창권 학형에게도 이 자리를 통해 감사의 뜻을 전한다. 평소 건강사회를 위한 치과의사회의 여러 선배, 동료들이 보내준 격려가 얼마나 큰 힘이 되었는지 모른다. 또한 장하원 박사님은 사회과학의 저변확대에 큰 관심을 보이면서 이 책의 한국어판 출간을 적극적으로 주선해 주셨다. 도서출판 한울의 김종수 사장님은 이 책의 번역계획에 찬동하고 어려운 출판계 현실에도 불구하고 발간을 쾌히 허락해 주셨다. 판권계약과 편집을 정성껏 처리해주신 오현주 과장님 그리고 편집부 정현호 님의 도움이 없었더라면 이 책이 햇빛을 보기가 힘들었을 것이다. 마지막 감사의 말은 우리 가족에게 돌려야 할 것 같다. 지난 몇 달동안 책상 앞에만 앉아 있던 옮긴이를 이해하고, 포기하고 싶은 유혹이 들 때마다 용기를 잃지 않도록 격려해준 아내 권은정에게 한없는 감사의 뜻을 전한다. 그리고 방학과 휴일동안 한번 같이 놀아주지도 못했는데 불평않고 잘 참아준 명원이가 참으로 고맙고 대견하다. 힘든 외국생활에서 가정이 주는 의미를 깊게 느낄 수 있었던 것도 이번 기회에 얻은 깨달음이다.

신간이어서 그런지 간혹 발견된 오식을 저자와 상의해서 바로 잡았음을 밝힌다. 그리고 용어해설과 배경파악을 위해 역주를 추가하였고 절과 항제목을 이해하기 쉽게 조정하였다. 그러나 애초 뜻했던 정확하고 읽기

편한 번역이라는 목표가 얼마나 달성되었는지 의문이다. 옮기는 과정에서 뜻하지 않은 실수가 적지 않으리라 생각한다. 독자 여러분의 비판과 지적을 겸허히 받아들여 바로잡을 것을 약속드린다. 특히 한국에서 의료사회학을 개척해 오신 선학들의 노고를 항상 기억하면서 이번 작업에 임했음을 덧붙인다. 개인적으로는 의료를 연구하는 사회과학도로 다시 태어나는 통과의식이라는 의미를 이 책의 발간에 부여하고 싶다. 아무쪼록 이 책이 건강과 질병의 문제를 사회적인 시각으로 이해하고, 우리 사회의 의료를 좀더 인간화하는 데 작은 보탬이라도 된다면 옮긴이로서 더이상 기쁜 일이 없을 것이다.

1997년 봄
런던 템즈강변의 그리니치에서
옮긴이

한국어판 서문

이 책의 한국어판은 영국에서 수학중인 옮긴이 조효제의 제안으로 결실을 보게 되었다. 그는 서신을 통해 이 책이 의료사회학의 연구에 대단히 유용하다고 내게 말해 주었다. 주로 영국의 의료사회학을 다룬 이 책이 해외의 독자들에게도 쓸모가 있다면 저자로서 더없이 기쁜 일이다. 이 책을 통해 한국의 독자들이 '건강과 질병의 사회학'내에서 최근 일고 있는 개념적·분석적 변동양상을 개괄하고, 특히 의학과 의료지식이 모두 사회적으로 구성되어 있다는 사실을 인식하기를 희망한다. 이 점은 또한 의료전문가와 일반인의 관계에도 함의를 지닌다. 왜냐하면 일반인의 지식과 신념이 전문가의 그것만큼이나 중요하다고 인정받고 있으며 또 당연히 그러해야 하기 때문이다. '의료사회학'이라는 명칭이 '건강과 질병의 사회학'으로 바뀐 것으로도 알 수 있듯이, 최근 의료사회학 분야의 연구영역에는 많은 변화가 있었다. '전통적' 의료사회학이 주로 질병과 의료에만 관심을 가졌던 반면 건강과 질병의 사회학은 건강 및 제도권 밖의 의료행위와 관련된 문제까지도 포괄한다. 아무쪼록 앞으로 건강, 질병 및 의료 분야를 연구하는 한국의 사회학계와 영국의 사회학계 사이에 교류의 기회가 더욱 늘어나기를 기대한다.

사라 네틀턴

서문

이 책의 저술목적은 건강과 질병의 사회학에서 제기되는 몇 가지 중요한 최신논점을 소개하기 위해서이다. 물론 이 분야의 모든 문제를 빠짐없이 거론하려는 것은 아니며, 의료사회학의 새로운 발전동향을 개략적으로 밝히면서 이 움직임이 근래 영국내 보건의료의 여러 변화와 어떻게 관련되는가 하는 점을 규명하려고 한다. 이 과정에서 전통적인 의료사회학의 핵심적 논지와, 건강과 질병의 사회학 문헌에 최근 등장하는 새로운 통찰을 접목시키고자 한다.

이 책은 건강과 질병의 영역을 보다 깊게 연구하려는 사회학 학부 및 대학원생을 위해 쓰였다. 또한 인접한 사회·공공 정책분야, 문화관련 분야 및 보건학 전공자에게도 도움이 되기를 희망한다. 사회과학을 공부하는 보건의료인도 이 책을 유용하게 쓸 수 있을 것이다.

이 책에서는 폭넓은 주제가 다루어지고 있다. 1장은 건강과 질병의 사회학의 포괄범위를 설정하고 이 분야에서 진행중인 최근의 분석적·개념적 변동에 주의를 환기시킨다. 2장은 의학지식 자체에 초점을 맞춘 후 의학지식도 사회적으로 구성된 지식에 불과하다고 주장하는 접근방식을 간략히 소개한다. 3장에서는 일반인의 건강지식과 건강관을 알아보고 현대 보건정책에서 중요성을 더해가는 라이프스타일과 위험성의 개념을 논한다. 4장은 건강에서 질병으로 관심을 옮기면서 환자와 환자의 친지가 겪는 질병의 경험과 의미를 다룬 방대한 문헌을 검토해 본다. 질병의 경험은 사회적 행위의 연구, 더 나아가 사회 전체의 연구에서 사람의 몸이 차지하는 중심적 위치를 조명시켜 준다.

5장은 늘어나는 몸의 사회학 관련문헌을 약술한 다음, 모름지기 건강과 질병의 사회학을 올바르게 연구하려면 반드시 몸 자체의 분석을 포

함시켜야 한다는 점을 논한다. 6장은 건강과 질병에 대한 의학의 전문
지식과 일반인의 지식을 탐색한 뒤 일반인과 의료인 사이의 상호작용과
그 성격을 연구하는 접근방식을 알아본다. 7장은 건강과 질병의 사회적
해석에서 더 나아가, 사회가 인간의 몸에 직접적으로 미치는 영향을 더
욱 명백하게 다룬다. 사망률과 이환율이 계급이나 사회적 성(gender) 및
'인종'과 같은 사회·구조적 변수에 의해 매개된다는 점은 건강과 질병
의 사회학에서 핵심적인 문제이다.

공식적인 보건의료 조직 및 보건의료전문가 조직은 8장에서 다루어
지며, 이런 문제가 사회전반적 변동 속에서 이해되어야 한다는 주장을
살펴본다. 이 점은 현대 보건정책의 세 가지 조류, 즉 보건증진, 지역사
회내 보호 및 소비자주의를 다루는 마지막 9장에서 더 깊게 논의된다.
이 세 조류는 보건의료의 새로운 패러다임을 이루는 본질적인 부분이
다. 이같은 새로운 패러다임의 차원, 즉 환자가 자신의 건강은 물론 보
건의료 그 자체에까지 타당하고도 귀중한 공헌을 할 수 있는 '전인적'
존재로 대우받아야 한다는 점이 이 책 전체를 통해 흐르는 주제이다.

이 책을 쓰면서 필자는 건강과 질병의 사회학이 가진 학문의 폭과, 그
간 전공학자에 의해 이룩된 학문적 성과의 양에 상당히 압도당하였다. 무
엇을 제외시킬 것인가 하는 점이 어떤 것을 포함시킬 것인가 하는 문제
보다 더 어려웠다! 특히 세 가지 중요한 분야가 보기에 따라서는 충분치
못하게 다루어졌다. 정신보건의 사회학, 비공식적 보건의료의 사회학 그
리고 죽음의 사회학이 그것이다. 지난 수년간 정신보건을 포괄적으로 다
룬 교과서가 다수 출판되었다(Prior, 1993; Pilgrim and Rogers, 1993;
Busfield, 1994). 비공식적 보건의료의 성격, 즉 타인의 간병과 자가간호
는 이 책의 여러 장, 특히 3장과 4장에서 거론되었다. 그러나 비공식적
보건의료와 관련된 문제는 다른 문헌에서 더 깊이있게 찾아볼 수 있을
것이다(Stacey, 1988; Ungerson, 1990; Finch and Mason, 1992; Bornat
et al., 1993). 죽음의 문제 역시 건강과 질병을 연구하는 사회학자의 관
심을 끌어왔는데 이들의 연구주제는 죽음의 사회적 조직, 그리고 죽음
이 얼마나 의료화되었는가 하는 문제들이다(Prior, 1989; Clark, 1993).

이 세 분야를 상대적으로 제외시킨 이유를 굳이 합리화시킬 수도 있었지만, 사실은 의료사회학처럼 방대한 분야를 다루는 책에서는 누구든 무엇을 넣고 무엇을 뺄 것인지 고통스런 선택을 할 수밖에 없을 것이다. 그렇지만 필자가 이미 지적한 대로 이 책은 의료사회학의 전 분야를 빠짐없이 다루기 위해 기획된 것이 아니다. 오히려 진정한 의도는 건강과 질병에 대한 분석사회학적인 모든 접근방식을 구체적으로 설명하는 데 있었다.

주의깊은 독자라면 이미 이 책의 각 장이 실제적인 주제별로 쓰였음을 짐작했을 것이다. 각 주제는, 반드시 그런 것은 아니지만, 어느 특정 분석방식과 가깝게 연결되는 식으로 구성되어 있다. 예를 들어 질병의 경험을 다룬 연구는 해석적이고 현상학적 접근을 취하는 경향이 있는 반면, 건강의 불평등에 관한 연구는 주로 구조적 분석에 의존하곤 한다. 요컨대 이 책은 학생들에게 건강과 질병의 사회학적 접근방식을 이해시키는 데 주안점을 두고 있는 것이다. 이 책은 어떤 통일된 이론적 시각이나 여러 가지 접근방식의 통합을 시도하는 대신, 건강과 질병에 관련된 복잡한 문제를 포괄적으로 연구하는 데 반드시 필요한 다양한 시각을 독자가 이해하고 소화하도록 하는 데 목적을 두고 있다.

교과서의 집필은 상상했던 것보다 훨씬 어려운 일임을 절감하였다. 많은 사람들의 도움이 없었더라면 이 책이 결코 세상에 태어나지 못했을 것이다. 에일린 맥앨리스터(Aileen McAllister), 울라 구스탑슨(Ulla Gust-afsson), 데보라 마이클(Deborah Michael) 그리고 부모님의 격려와 후의는 필자가 계속 나아갈 수 있는 힘이 되었다. 니키 소러굿(Nicki Thoro-good) 역시 많은 도움을 주었고 5장에 관해 유용한 조언을 해주었다. 닐 스몰(Neil Small)은 3장을 읽고 꼭 필요한 지적을 해주었다. 앤서니 기든스(Anthony Giddens) 교수는 세 장의 초고를 검토하고 고마운 제안을 해주었으며 이 계획을 끝까지 밀고 나갈 수 있는 자신감을 북돋아 주었다. 폴리티 출판사의 전 직원들도 얼마나 큰 도움을 주었는지 모른다. 특히 로저 버로우즈(Roger Burrows)는 이 책의 출간에 대단히 큰 몫을 했다.

그는 헌신적으로 수많은 시간—사실 주말도 쉬지 않고—을 필자를 돕기 위해 썼다. 그는 책 전체를 처음부터 끝까지 읽고 귀중한 조언과 제안을 아끼지 않았다.

사라 네틀턴
요크대학

차례

옮긴이 서문   7
한국어판 서문   13
서문   14

◆ **제1장 서론: 건강과 질병의 사회학-변화하는 영역 •**   25

서론   25
의학과 생의학적 모형   27
생의학에 대한 도전   29
건강과 질병의 사회학과 그 구조   33
몸 그리고 건강과 질병의 사회학   36
의학 그리고 건강과 질병의 사회학: 공통된 관심   37

◆ **제2장 의학지식의 사회적 구성 •**   41

서론   41
몸의 사회적 구성: 역사적 사례   42
사회구성주의   45
사회구성주의 내부의 논쟁   47
사회구성주의의 비판   57
의료시술과 보건의료에 함축된 의미   60
결론: 사회구성주의와 포스트모더니즘   63

◆ **제3장** 일반인의 건강관, 라이프스타일 및 위험성 • 65

서론   65
일반인의 건강관   68
건강의 정의   71
라이프스타일과 소비자문화   81
현대사회 속의 위험성   90
위험성과 라이프스타일: 에이즈(AIDS)의 예   93
결론   101

◆ **제4장** 만성질환과 장애의 경험 • 103

서론   103
환자역할   105
질병의 경험   114
궤양성 대장염-만성질환의 한 예   116
만성질환과 장애   121
자아, 정체성 및 질병   124
오명   128
사회적 관계와 가족관계   130
대응전략   131
자조집단   135
결론   137

◆ **제5장 몸의 사회학** • 139

서론　139
몸에 대한 관심의 증가　141
몸에 관한 몇 가지 시각　143
최근의 이론적 동향　149
푸코와 몸　153
몸의 정치적 해부학　156
몸의 문명화　157
간호와 몸　159
부르디외와 신체적 자본　163
페미니즘과 몸: 여성의 몸에 관한 지각과 가정　165
신생식기술　168
결론　174

◆ **제6장 일반인-전문가 상호작용의 사회학** • 175

서론　175
전문가-환자 관계: 규범과 기대　177
전문가-환자 관계: 갈등과 긴장　180
의사-환자 관계의 이념적 기반: 거시적 접근　183
사회적 상호작용으로서의 전문가-환자 관계: 미시적 접근　190
의료화: 출산　199
전문가-환자 관계와 사회적 담론　202
결론　207

◈ **제7장** 사회적 불평등과 건강상태 • 208

　서론　208
　건강의 측정　210
　역학과 사회학　211
　사회계급과 건강　214
　측정에 따르는 문제　217
　계급과 건강의 관련성　220
　인과관계모형　224
　실업과 건강　225
　사회적 성과 건강　227
　'인종'과 건강　234
　지리적 불평등과 세계적 불평등　241
　결론　244

◈ **제8장** 후기모더니즘과 공식적 의료의 사회적 관계변화 • 246

　서론　246
　의료전문직의 사회학　248
　전문직의 성차별　252
　'인종'과 의료전문직　257
　의료전문직의 지배가 쇠퇴하는가?　261
　국립보건제도의 개편　268
　포스트포디즘과 보건의료　271
　결론　282

◆ **제9장** 현대 영국 보건정책의 사회학적 분석: 보건의료의
새로운 패러다임? • 284

　서론　　284
　보건증진과 신공중보건　　285
　보건증진의 사회학적 비판　　291
　보건증진과 신공중보건의 개념　　299
　병원에서 지역사회보호로　　301
　소비자주의와 국립보건제도　　308
　보건의료의 새로운 패러다임?　　311
　결론　　313

참고문헌　　314
찾아보기　　357

도표차례

그림

<그림 1.1> 보건과 의료의 현대적 변천   38
<그림 8.1> 직업영역 폐쇄전략: 개념적 모형   253
<그림 9.1> 보건증진전략: 비티의 유형론   300

표

<표 4.1> 정당화의 사유와 그 정도에 따라 개인의 책임이
         면제된 일탈유형   107
<표 7.1> 사회계급과 사망률   215
<표 7.2> 세대주의 성과 사회계급에 따른 자가평가 건강상태   215
<표 7.3> 호흡곤란과 객담증의 분포   216
<표 7.4> 특정 유형별 질환에 의한 65세 이전 사망자의
         상실생존년수(1989)   228

제1장
서론: 건강과 질병의 사회학-변화하는 영역

서론

이십 년 전만 하더라도 건강과 질병[1]이라는 말은 십중팔구 병원, 의사, 간호사, 약품, 구급상자와 같은 연상을 불러일으켰을 것이다. 하지만 오늘날에는 이 말이 건강식품, 비타민 제제, 방향요법, 대안적 의료, 운동자전거, 헬스 클럽, 에어로빅, 보행 전문화, 조깅화, 각종 특수요법, 절주, 건강진단 등 훨씬 더 큰 이미지를 연상시킬 게 분명하다. 건강은 우리 문화 속에서 어디에나 존재하는 하나의 주제가 된 듯하다. 건강과 질병은 언론으로부터도 굉장한 주목을 받고 있다. 텔레비전, 라디오, 신문, 잡지, 비디오 등 거의 모든 매체가 건강관련 문제에 많은 시간과 공간을 할애

---

1) 의료사회학에서는 질환과 질병을 구분한다. 질환(disease)은 의학적으로 규정된 생리적, 생물학적 건강 이상상태를 의미한다. 질병(illness)은 질환의 사회·심리학적 의미, 환자가 주관적으로 느끼는 병의 경험, 전문직을 포함한 주변집단의 사회적 평가와 반응을 지칭하는 개념이다[문창진(1990), 『보건의료 사회학』, 신광출판사, 289쪽]. 여기에 덧붙여 병(sickness)개념은 환자의 사회적 역할에 관심을 가진다. 터너(Turner, 1995)에 따르면 건강의 부조화를 말하는 이 세 가지 개념은 전문직의 분업과도 관련을 가진다. 예를 들어 의사는 질환을, 임상심리학자는 질병을 담당하며 임상사회학(clinical sociology) 전문가는 병에 초점을 둔다. 또한 이 세 구분은 연구의 과학적인 수준을 나타내기도 한다. 실제로 질환 치료 의술은 고도로 발전한 반면, 병에 관련된 환자역할은 가장 낙후된 연구분야이다[Turner, B.S.(1995), *Medical Power and Social Knowledge*, 2nd edn., London: Sage]. 이 책에서는 필요에 따라 이 세 가지 개념을 구분하기도 하고 혼용하기도 한다. — 역주

한다. 건강과 질병에 관한 정보와 지식z은 더이상 보건'전문가'의 전유물
이 아니다. 모든 사람이 건강문제에 관한 한 최소한 어느 정도의 경험과
지식을 가지고 있기 때문이다. 이 책은 건강, 질병 및 사람의 몸을 현대
적으로 이해하는 데 사회학이 기여할 수 있는 역할을 다룬다.

이 책에 나오는 개념들이 거창하게 들릴지도 모르겠지만, 사실 내용
자체로는 대다수 독자에게 친숙한 문제와 경험을 다루고 있다. 건강과
질병의 사회학은 공식적 의료제도의 좁은 영역에 국한된 학문이 아니다.
건강과 질병의 사회학은 사람 한 평생의 행복과 안녕에 영향을 미치는
현대 사회생활의 모든 측면에 관심을 가진다.

수태될 때부터 죽는 순간까지 수많은 사회적 과정이 우리의 건강과 행
복에 영향을 준다. 부모의 사회적 위치가 우리 삶의 기회를 다르게 만든
다. 출생 자체도 기술로 조절되고 보건의료전문가에 의해 통제되고 있다.
주변 친지들, 그리고 가족이 가지고 있는 건강관과 질병관이 우리 자신
의 경험과 이해에 영향을 미치기도 한다. 보건의료전문가(의사, 치과의
사, 약사, 안경사, 보건증진운동가, 지역사회간호사 등)와의 접촉이 우리
일상생활의 중요한 부분이 되곤 한다. 또한 우리의 자아 정체성은 질병
경험과 공식·비공식적 보건의료와의 상호작용을 통해 형성된다. 자신의
몸에 대한 태도 역시 보건증진과 소비자 문화의 담론에 영향을 받을 것
이다. 그리고 죽음과 그 과정에 대한 경험도 우리가 사는 사회·문화적 맥
락에서 결정되는 것이 분명하다. 우리는 흔히 병들었을 때 또는 아이를
낳을 때 보건의료의 신기술을 접하곤 한다. 생명의 시작과 끝의 경계가
불분명해지면서 생기는 윤리적·도덕적 딜레머를 직면해야 할 경우가 생
길지도 모른다. 보건의료 업무와 직·간접적으로 관련된 조직에서 일할
가능성도 있다[영국의 국립보건제도(NHS)는 유럽을 통틀어 가장 큰 고
용기관이다]. 우리 모두 연로한 친척이나 자녀, 배우자, 친구는 물론 우
리 스스로의 간호 등 일종의 보건의료 업무를 맡아서 해내어야 한다. 바
로 이러한 주제의 사회학적 분석이 이 책의 기본을 이룬다.

건강과 질병의 사회학과 그 발전은 반드시 서양의학의 지배적 패러다
임인 **생의학**(biomedicine)2)과의 관련 속에서 이해되어야 한다. 실로 건강

과 질병의 사회학내의 중심적 주제들이 이 생의학적 패러다임에 대한 반성과 비판 속에서 출현했다고 해도 과언이 아니다. 그러므로 이 장에서는 생의학의 주요 특징과 그것에 대한 도전을 간략하게 다룬다. 또한 이 책 전체의 맥락과 배경을 제공하기 위해 건강과 질병의 사회학의 역사와 주요 이론적 기초도 간단히 다룰 것이다. 마지막으로 현대의학과 사회학 두 분야에서 중심적 위치를 차지하는 우리 몸에 대한 개념변화를 강조하면서 끝을 맺으려 한다. 이 점은 이 책의 여러 군데에서 되풀이될 주제이기도 하다. 이러한 시도를 통해 건강과 질병을 둘러싼 사회·문화적 환경이 변하고 확장되는 것과 마찬가지로 이 문제의 사회학적 연구 영역도 역시 변하고 확장되어 왔음을 알게 될 것이다.

의학과 생의학적 모형

현대 서양의학은 생의학적 모형(biomedical model)에 자리잡고 있다. 생의학적 모형은 다섯 가지 가정에 기반을 둔다. 첫째, 마음과 몸은 별도로 취급될 수 있다. 이것을 의학의 **심신이원론**(mind-body dualism)이라 한다. 둘째, 몸도 기계처럼 수리가능한 것으로 간주된다. 따라서 의학은 기술자가 고장수리를 하듯 의사가 치료를 행한다는 식의 기계적 **비유법**(mechanical metaphor)을 택한다. 셋째, 따라서 기술적 개입의 장점이 과대평가되기 쉬우며 의학이 **기술만능주의**(technical imperative)에 **빠지는** 결과를 낳는다. 넷째, 생의학은 질환을 설명할 때 사회적, 심리적 요인을 상대적으로 무시하고 생물학적 변화에만 초점을 맞춤으로써 **환원주의**(reductionist)가 된다. 마지막으로, 이러한 환원주의는 19세기의 질환 해석인 '병원균 이론(germ theory)'의 발전으로 더욱 심화되었다. 이 이론에 따르면 모든 질환은 검출가능한 특정 '질환체(disease entity),' 즉 기생충, 바이러스 또는 박테리아로 인해 발생하기 때문에 **특정 병인론**(doctrine of specific aetiology)의 원칙이라 불릴 수 있다.

---

2) 원저에서 이탤릭체로 강조된 부분은 고딕체로 표시했다.─역주

18세기 말부터 서구의 공식적 의료를 지배해온 생의학적 모형은 애트킨슨(Atkinson, 1988: 180)에 의해 다음과 같이 정확하게 요약되어 있다.

생의학적 모형은 사회, 문화 및 인생역정(biographical)에 관한 설명을 배제하고 반드시 생물학적 구조와 과정에 발생하는 장해를 강조함으로써 환원주의의 형태를 띤다. 이와 같이 의학적 사고를 지배하는 생의학적 모형은 임상에 적용되었을 때 다음과 같은 의미를 지닌다. 즉 질환은 분명한 실체를 가지고 있다. 이러한 실체는 징후와 증상을 관찰해서 알아낼 수 있다. 따라서 개개 환자는 질환이 발현하는 수동적인 장소에 지나지 않는다. 그러므로 질환은 '정상상태'에서 명백히 벗어나 있거나 일탈된 것으로 이해된다.

사회학도 또는 사회정책학도라면 건강, 질환, 질병 및 치유에 관한 이런 식의 접근이 가지는 한계를 즉시 인식할 수 있을 것이다. 사람과 몸이 분리되어 있고, 질환발생의 사회적·경제적 원인이 무시된데다, 건강과 질병의 주관적인 해석과 의미 따위는 부적절한 것으로 치부되기 때문이다.

서양의학에 내재된 또 다른 가정은 의학이야말로 경험적인 관찰과 추리를 통한 객관적 과학에 근거를 두고 있다는 믿음이다. 그래서 의학은 질환과 질병을 이해하는 데 유일하고 타당한 설명을 제공한다고 주장한다. 자기방식에 대한 확고한 믿음으로 인해 의학은 점점 더 정확하게 질환을 파악하면서 발전해 왔다는 식의 자체 역사를 기록해 왔다(Shryock, 1979; Rhodes, 1985; BMA, 1992). 이러한 지식을 무기로 의학은 모든 종류의 성공담을 자랑한다. 이러저러한 질환을 퇴치했을 뿐 아니라, 무지와 인습을 타파했고, 더 나아가 현존하는 질환과 앞으로 나타날 질환까지도 통제할 수 있으리라는 약속을 하기도 한다. 실로 의학이 스스로 쓴 역사는 진보의 기록이다. 의학의 발전은 단순한 추측에서 일관성 있는 과학으로 나아간 과정이라는 것이다. 이같은 입장은 로즈(Rhodes, 1985: 3)가 전형적으로 보여준다.

의학사의 일반적인 경로는 억측―실험을 통해 관찰할 수 있거나 도출될 수 있는 사실을 배제한―에서 잠재적으로 관찰과 실험검증을 내릴 수 있는

세밀하고 정확한 가설로 발전해 왔다. 또한 갖가지 현상의 초자연적인 설명
에서 자연적인 설명으로 움직여 왔기도 하다. 많은 시간이 걸린 것은 어쩔 수
없었다. 과거의 믿음이 새 생각에 달라 붙어 진보를 방해했지만 시간이 지나
면서 하나둘 폐기되었고, 그 결과 현상을 보는 새롭고 가치있는 방식들이 나
타나고 또 검증받을 수 있었다. 요컨대 의학은 자연계에서 가장 어려운 대상
인 인간에게 적용된 과학적 방법론의 한 발전양상인 것이다.

이런 류의 설명은 휘그식 역사관(Whig history)이다. 즉 과거의 성취를
먼저 설정해 놓고 그것이 현재의 성공에 단선적이고 진보적인 방식으로
공헌했다는 식으로 설명한다. 의학사의 발견 또는 발명은, 그것이 후대의
의학발전에 도움이 되었다는 식으로만 평가된다. 이러한 의학사를 프라
이드슨(Freidson, 1970a: 13)은 다음과 같이 평했다.

유감스럽게도 대부분의 의학사가는 현재의 시각에서 과학적으로 옳다고
여겨지는 과거의 고립된 사실들을 발견해서 기록하는 데만 관심을 기울여 왔
다. 역사가는 긴 역사 속에서 오늘날의 '현대과학적' 입장에서 과거를 돌이
켜 보아 '타당한' 의학지식만을 골라낸 후 그것으로 진리의 연대기를 짜맞추
어 오늘날의 과학적 의학을 재구성하는 경향이 있다.

오늘날 이런 휘그식 의학관은 많은 사람들에게 더이상 받아들여지지
않는다. 건강과 질병의 사회학은 의료, 건강 및 치유의 문제에서 이것과
는 다른 대안적 해석방식을 모색해 왔다. 이 새로운 해석은 대부분 생의
학적 모형의 비판을 통해 대두되었다.

생의학에 대한 도전

지난 20년 동안 의료제도와 생의학적 모형은 대중적·학문적으로 점점
더 많은 비판을 받아 왔다. 이 비판은 상승하는 보건의료비라는 배경 속
에서 더 심각하게 전개되었다. 이 비판의 핵심에는 생의학의 효과에 대한
비판이 존재한다. 의료의 **효능**(efficacy) 자체가 과대평가되었다는 주장이

의학(Engel, 1981)과 사회학에서 함께 제기되었다. 예를 들어 사회 의학자였던 맥퀸(McKeown, 1976)은 역사·인구학적 연구(historical demographical studies)를 통해, 서구사회의 사망률 감소는 예방접종이나 치료 또는 기타 의료개입에 의한 것이라기보다는 영양, 위생 그리고 출산유형(기본적으로 사회현상들)과 더 밀접한 관계가 있음을 보여 주었다(7장을 보라). 이런 종류의 증거를 들어 학자들은 의료기술에 엄청난 투자를 한 것이 오히려 효과를 반감시켰음을 지적하였다(Powles, 1973). 더 나아가 일리치(Illich, 1976)는 생의학에 득보다 실이 많다고 주장하였다. 병을 낫게 하기보다, 오히려 의사의 개입 때문에 약의 부작용이나 잘못된 수술 후유증과 같은 병원성 질환(iatrogenic effects)이 초래된다는 것이다. 의료의 해악은 신체에 미치는 부정적 영향에만 있는 것이 아니다. 일리치는 사람들이 탈기술화(deskilled)되고, 소위 의료'전문가'에 의존하는 경향도 지적하였다. 자가치료 또는 가족, 친지를 직접 간호하는 것을 보건의료전문가에 의한 진료보다 열등하게 여기는 것이 현실이다. 앞으로 살펴보겠지만 사람들이 자기건강에 더욱 신경을 쓰게 됨으로써 전문가에 의한 의료에 반기를 드는 일이 자주 일어나고 있다(특히 3, 4, 8장을 보라).

생의학에 대한 또 다른 비판은, 몸을 사회·환경적 맥락에서 보지 못한다는 점이다. 생의학적 모형에 대한 대안으로 흔히 '사회·환경적 모형(socio-environmental model)'을 거론하는 것도 이 때문이다(Engel, 1981). 몸 속의 생물학적 변화에만 관심을 쏟았기 때문에 생의학은 경제적 환경과 질병간의 연관성을 과소평가해온 게 사실이다. 건강과 질병의 사회학은 건강과 질환이 사회적으로 유형화되어 나타난다는 점을 항상 강조해왔다. 건강상태는 분명 생물학적 결과만은 아니며, 이 사실은 건강관련 현상이 사람들 사이에서 [경제적 환경을 떠나] 무작위로 발생하지는 않는다는 사실로도 입증된다. 사망률과 이환율의 유형, 또는 사람의 '인생기회(life chances)'는 사회구조와 관련되어 있으며, 사회적 성(gender), 사회계급, '인종' 또 연령 등에 따라 달라진다. 그러므로 생의학적 모형은 건강의 사회적 불평등을 설명하지 못한다(7장을 보라).

의학은 또한 환자를 '전인적' 존재가 아닌 수동적인 대상으로 취급해

온 점 때문에 비판의 대상이 되어 왔다. 의과대학에 들어간 학생이 처음 행하는 것 중의 하나가 인체해부이다. 이것을 통해 의학도의 교육목표가 인간이라기보다는 인체라는 기본방향이 정해지게 된다. 이런 문제를 시정하기 위해 요즘의 의학 교과과정내에서 의사소통 기술과 행동과학을 더욱 중시하고 있기는 하다. 그러나 아직도 미흡한 점이 많으며 환자는 흔히 실제 생각하는 인간으로서가 아니라 말 그대로 철저히 수동적인 대상으로 대우받기 일쑤이다. 생의학의 비판자들은, 일반인도 건강과 질병을 자기나름대로 타당하게 해석하고 설명한다는 사실을 인정하는 것이 필수적이라고 주장해 왔다. 치료와 간호가 효과를 보기 위해서라도 이 사실을 인식하는 것이 극히 중요하다. 또한 건강과 질병의 사회학은 사람들이 건강과 질병을 인지하고 경험하는 것을 단순히 신체적 변화에 대한 반응으로만 볼 수는 없으며, 사회·문화적 요인의 영향도 중요하다는 점을 지적한다(3장과 4장을 보라).

이 점에서 생의학의 가장 강력한 비판은 여성, 특히 출산에 대한 의료의 접근방식에 반발한 여성보건운동 쪽에서 제기되고 있다. 의료제도는 이미 19세기에 출산의 통제권을 여성으로부터 박탈했으며(Oakley, 1976; Donnison, 1977), 병원출산이 이롭다는 정당한 증거가 없었음에도 불구하고(Tew, 1990), 1970년대에 이르러 거의 모든 아이들이 병원에서 태어나도록 하는 데 성공했다. 따라서 본질적으로 여성의 경험에 속하는 문제가 가정의 영역으로부터, 주로 남성이 산과학을 통해 지배하고 통제하는 병원이라는 공적인 영역으로 넘어간 것이다. 더욱 특기할 만한 사실은 임신과 출산이 '질병'으로 간주되기 시작하고, 따라서 여러 가지 기술적 개입의 대상이 된 것이다. 이렇게 보면 아이를 갖는다는 경험이 의료화되었다고 할 수 있다. 다시 말해 정상적인 인생경험이 의학적 통제와 감시가 필요한 의료문제시 되기에 이른 것이다. 지난 수십 년간 여성들은 의료가 여성의 몸을 폭넓게 통제해 온 방식을 효과적으로 폭로하고 그에 대항해 왔다(6장을 보라). 의학적 담론으로 인해 여성의 몸이 의료적 감시와 개입이 일상적으로 필요한, 연약하고 수동적인 대상으로 그려져 온 것이 사실이다(Martin, 1989). 의사는 흔히 여성 자신이 해석하는 신체적 경험을 주관적이고 부적절한 것이라고 무시하곤 한다(Oakley, 1980; Roberts, 1985). 그 결과 여성들은 여성에 의한, 그리고 여성을 위한 의학서적을 출간하기도 하고(*Boston Women's Health Book Collective*, 1989), 지배적인 의료제도와는 다른 대안적 철학에 기반을 둔 보건의료를 발전시키기도 했다(Foster, 1989).

다섯번째 비판은 과학적 방법을 통해 질환의 진정한 정체를 밝힌다고 주장하는 생의학의 가정에 집중된다. 이와 대조적으로 사회학자들은 의학의 일차적 연구대상인 질환이 사실은 사회적으로 구성된 것이라고 말해 왔다. 그러므로 질환이라는 범주는 해부학적 장해를 정확히 묘사한다기보다 사회적으로 창조된 것, 다시 말해 사회 속에 뿌리내린 사고방식의 결과로 만들어졌다는 것이다. 의학적 신념체계는 다른 신념들과 마찬가지로 그 신념체계를 만들어 낸 사회에 의해 조건지어져 있다. 그럼에도 불구하고 의학이 [가치체계를 초월한] 객관적인 사실로 보이는 이유는, 가치라는 개념 자체가 변형과정을 거쳐 객관적 사실처럼 보일 수 있기 때문이다(White, 1991). 예를 들어 19세기에는 여성이 교육받기에 적당치 않은 존재라는 믿음이 의학적 증거로 뒷받침되기까지 했다.

생의학의 과학적 기반을 비판하면 당연히 생의학이 생의학 이외의 다른 치유방식에 대해 가지는 우월의식에도 반론을 제기하게 된다. 의학은, '비과학적'이며 부정확하다는 이유로 대안적 의료의 기반에 의문을 던져 왔다(BMA, 1992). 그렇지만 모든 지식이 불확정적이라고 믿는 견해에 따르면 대안적 의료도 똑같은 타당성을 지니고 있다고 볼 수 있다. 비단 사회학자만이 생의학에 회의를 품는 것 같지는 않다. 더욱 더 많은 사람들이 대안적 치료를 찾고 또 성공적으로 치료받고 있는 것이 사실이다(Sharma, 1992; BMA, 1993)(8장을 보라).

생의학에 대한 마지막 비판은, 의료전문직의 영역이 휘그식 역사관이 말하듯 과학적 지식 때문에 확립된 것이 아니라 사회·정치적 투쟁의 결과로 확정되었다고 보아야 옳다는 주장이다. 다시 말해, 흔히 정당시되는 의학지식과 시술은, 의료전문직이 정확하게 파악한다는 자연적 대상에 의해 형성된다기보다 사회적 과정을 통해 결정된다는 것이다. 마찬가지로 보건의료전문직내의 분업도 사회적으로 협상된 것이며, 사회적 성, '인종' 및 계급에 의해 매개된다고 한다(8장을 보라). 의학의 전문직 지배를 계속 지탱시키는 것은 바로 이같은 사회구조가 반영된 사회·정치적 과정이다. 다른 한편, 의학의 지배는 자본주의와 가부장적 구조를 영속화시키는 데 한 몫을 해왔으며 공식적 보건의료의 영역 밖에서 일어나는 각종 치유활동을 억제해 왔다.

건강과 질병의 사회학과 그 구조

생의학에 대한 비판을 정리하고 나면 건강과 질병의 사회학이 포괄하는 범위를 생각해 볼 수 있다. 건강, 질병과 사회의 연구는 필경 다음과 같이 광범위하고 다양한 소재를 다루게 될 것이다. 의학지식의 분석, 일반인이 지각하는 건강과 질병, 건강과 질병의 경험, 몸의 사회·문화적 측면, 환자와 보건의료전문가 사이의 상호작용 분석, 사회구조와 연관하여 유형화되어 있는 건강과 질병의 특성, 그리고 비공식적·공식적 보건의료의 사회적 조직 등이다. 많은 의료사회학자들은 건강과 질병의 사회학이 본질적으로 서로 관계가 먼 내용들을 한곳에 모아놓은 학문임을 지적해 왔다(Freund and McGuire, 1991). 또 한편으로는 이러한 절충주의를 인정하고 이 분야에 어느 정도 일관성을 부여하기 위해 개념적 원칙을 만들려는 시도도 계속 있어 왔다. 예를 들어 터너(Turner, 1987: 4-5)는 분석 수준 접근법이라 할 수 있는 개념을 제안한다. 그는 건강과 질병을 포괄적으로 다루는 사회학이라면 반드시 세 가지 수준에서 사회 속의 건강과 질병을 연구해야 한다고 주장한다. 즉, 건강과 질병의 인식을 다루는 '개인적 수준(individual level),' 질환의 범주와 보건의료조직의 사회적 형성을 다루는 '사회적 수준(social level),' 마지막으로 정치적 맥락의 보건의료체계 전반을 다루는 '사회 전체적 수준(societal level)'3)이 그것이다. 이것과

---

3) 이 말의 사전적 의미는 '사회의(societary)'라는 말과 통하며, '사회 또는 사회적 상태에 관련되거나 그것을 다루는'이라는 뜻의 형용사이다[*The Oxford English*

는 다른 사회학적 접근방식이나 패러다임 속에서 건강과 질병의 사회학
을 조직화하려 한 학자들도 있었다. 예를 들어 클라크(Clark, 1981)는 실
증주의자(인과법칙을 발견하려는 목적)와 행동주의자(사회의 병을 진단
하고 그 해결책을 제시하려는 목적), 그리고 자연주의자(공감을 통해 상
황의 의미를 해석하려는 목적)를 구분하였다. 화이트(White, 1991)는 이
분야의 현대적 발전을 파슨즈(Parsons), 마르크스주의자, 페미니스트, 푸
코(Foucault) / 플렉(Fleck)적 접근으로 나누어 설명하였다. 모두 이 책에
서 다루어질 것이다. 하지만 건강과 질병의 사회학 내용을 가장 폭넓게
자리매김한 사람은 게르하르트(Gerhardt, 1989)이다. 그녀는 네 가지 이
론적 틀 속에 건강과 질병의 사회학 내용을 분류하였다. 즉 구조기능주
의, 상징적 상호작용주의, 현상학 그리고 갈등이론 등이다. 이 역시 이 책
에서 소개된다.

그러나 위에서 거론한 이론적 시도들은 모두가 하나같이 일반사회학으
로부터 폭넓게 차용한 것이고, 건강과 질병의 사회학 그 자체에 내재하는
실질적 관심사를 논한 것은 아니라는 점에서 놀라움을 안겨 준다. 이같은
이론적 틀은 두말할 것도 없이 독자들이 의료사회학을 이해하는데 도움
이 되긴 하지만, 본래 다양한 영역의 이 학문에 지나치게 엄격한 구조를
씌울 위험성도 언제나 존재한다. 그럼에도 불구하고 건강과 질병의 사회
학에 이론적 외장을 부여하는 것은 이 분과학문이 경험적 연구영역에 치
우쳐 있어 그 뿌리인 일반사회학에 공헌하는 바가 적다는 주장을 반박하
려는 의도로 보인다(Turner, 1987: 1; 1992; Gerhardt, 1989: xxiii). 그러
나 사회학은 그 학문에 명백하고 논리적인 구조를 구축하려는 수많은 시
도에도 불구하고 그 자체가 본래 수많은 편린으로 이루어진 학문이라는
점을 잊어서는 안된다(Johnson et al., 1984). 그러므로 유독 건강과 질병
의 사회학에 이같은 비판을 하는 것은 공정하지 못하다. 또한 경험주의와

Dictionary(1989), 2nd Ed., Oxford: Oxford University Press]. 예를 들어 링겐
(Ringen, 1987)은 '사회적(social)'이라는 말과 대비시켜, 'societal'이 '사회의(of
society)' 또는 '사회 전체의(of society as a whole)'이라는 뜻이라고 설명한다
[Ringen, S.(1987), *The Possibility of Politics: A Study in the Political Economy of the
Welfare State*, Oxford: Clarendon Press, p.8]. -역주

이론주의간의 긴장은 사회학내에 오랫동안 존재해 왔다. 하지만 건강과
질병의 사회학이 강한 경험적 전통을 지닌 것은 의심할 바 없는 사실이며
그것이 이 분과학의 자랑이기도 하다. 예를 들어 호로빈(Horobin, 1985:
104)의 다음과 같은 말은 많은 사람들의 생각을 잘 나타낸다.

　　지난 20년간 건강과 질병의 사회학은 단절적이고 단편적이라는 특징을 보
　여왔다. 동시에 이 분야는 의학과의 불편한 공생과 강단사회학과의 단절로
　말미암아 실사구시라는 건강한 편향을 지닐 수 있었다. 이런 연구경향을 놓
　고 이론적·개념적 깊이가 없다거나, 자본주의를 무비판적으로 받아들인다거
　나, 또는 지나치게 사소하다고 비판하는 것이 마치 유행처럼 되어 있다. 그러
　한 비판이야말로 연구조사과정의 역동성을 쉽사리 무시해 버리고, 호의를 베
　푸는 체하면서도 흥미있고 의미있는 상당량의 연구결과를 간과하는 우를 범
　한다고 나는 믿는다.

　　테일러와 애쉬워드(Taylor and Ashworth, 1987)가 지적하듯 모든 사
회학연구는 은연중 어떤 식의 이론적 입장을 취한다. 경험적 연구라도
언제나 사회실재의 성격과 그 실재를 이해하는 최선의 연구방식에 관해
어떤 가정을 하게 마련이다. 따라서 실제 연구에 들어가면 반드시 어떤
한 가지 이론적 입장을 취하게 된다. 더 나아가 경험적 연구 그 자체가
일반사회학의 성격과 존재에 공헌을 하기도 한다.
　　지금까지 건강과 질병의 사회학이 대부분 사회학과 생의학간의 긴장
속에서 발전해 왔다는 점을 살펴보았지만, 이 분야의 기원을 다르게 설
명하는 견해도 존재한다. 이 견해에 따르면 생의학에 대한 반동으로 의
료사회학이 발전한 것이 아니라, 사회학과 의학이 **공통적인** 기원을 가졌
다는 것이다. 푸코(Foucault, 1980a: 151)는 다음과 같이 주장한다.

　　수많은 사람들이 사회학의 기원을 몽테스키외와 콩트에서 찾으려 해왔다.
　무지의 소치에서 비롯된 일이다. 사회학적 지식은 … 의사의 시술과 같은 관
　행 속에서 형성되었다. 예를 들어 19세기 초 게펭과 같은 의사는 낭트시에
　관해 놀라운 연구서를 저술하기도 했다.

이처럼 사회학과 의학은 인간 몸의 경험적 연구에 똑같이 관심을 가진다. 이런 식의 설명은 분명 경험적 연구의 지위를 격상시켜 준다. 왜냐하면 경험적 연구야말로 연구대상(인간의 몸)과 학문 자체(의학과 사회학)를 동시에 확정지어 주기 때문이다.

몸 그리고 건강과 질병의 사회학

이미 보았듯이 터너(Turner, 1992: 154)는 통합적인 이론구조가 없다는 이유로 건강과 질병의 사회학을 비판했다. 그는 다음과 같이 말한다. "일관되게 방향제시를 해줄 수 있는 어떤 특별한 통합적 주제나 확고한 이론적 구조가 현재 건강과 질병의 사회학에 존재하고 있는지 … 확실하지 않다." 그렇지만 터너는 건강과 질병의 사회학이 '현대 사회학이론의 최선봉에 설 수 있는' 잠재력이 있다고 믿는다(Turner, 1992: 163). 왜냐하면 건강과 질병의 사회학이야말로 몸의 사회학(sociology of the body)[4]을 발전시킬 수 있는 가장 적절한 분야이며, 이 몸의 사회학은 계속 정교해지는 하나의 이론사회학 분야가 될 가능성이 높기 때문이다. 예를 들어 질환이 어떻게 구성되는가 하는 의문을 제기함으로써 건강과 질병의 사회학은 몸의 존재론에 관한 가정에 근본적인 도전을 하는 셈이다. 더 나아가 건강과 질병의 사회학은 사람들이 자신의 몸에 관한 경험을 어떤 식으로 해석하는지를 연구할 뿐 아니라 사람의 몸을 통제하는 사회적 양

---

4) 터너(Turner, 1992: 33-35)에 따르면 사회학은 데카르트 이후 심신이원론의 전통에 따라 주로 행위의 의미만을 해석적으로 연구하는 과학으로 발전해 왔는데, 그것은 몸을 단순히 '행위환경을 이루는 부분으로 취급'한 결과라는 것이다. 그래서 사회학은 행위의 공유된 의미를 문화적으로 이해하는, 넓은 뜻의 인문과학(Geisteswissenschaften)내의 학문이 되었다. 그러나 사회적 행위를 제대로 이해하려면 인간이 '체현되어 있는 사회적 존재(embodied social beings)'라는 점을 망각해서는 안된다고 한다. '몸'의 사회학이라고 할 것인지 또는 '신체'의 사회학이라고 할 것인지는 학계의 논의가 있어야 하겠지만, 사회적 행위의 체현성이라는 의미를 신축성 있게 담아내는 데는 '몸'이란 용어가 더욱 포괄적이라고 본다[Turner, B.S.(1992), *Regulating Bodies: Essays in Medical Sociology*, London: Routledge, pp.29-66]. - 역주

상에도 관심을 갖는다. 한 가지 분명한 점은 몸의 사회학적 연구가 건강
과 질병의 사회학계 내외에서 최근 들어 급증했다는 사실이다(Jacobus et
al., 1990; Scott and Morgan, 1993; Shilling, 1993). 따라서 사회학자가
그토록 오랫동안 간과해온 몸이 이제는 중요한 사회학적 토론대상으로
부상하고 있는 게 틀림없어 보인다(Turner, 1984; 1992; Featherstone et
al., 1991). 의학의 대상도 몸이며 사회학의 대상도 몸이다. 그러나 이때
의 몸이란 생의학의 관심사였던 수동적인 해부학상의 골격이 아니라, 사
회적 행위를 하고 또 그것을 해석할 수 있는 몸인 것이다.

의학 그리고 건강과 질병의 사회학: 공통된 관심

오늘날 건강과 질병의 사회학과 의학의 관심사는 20년 전과 비교해
여러 면에서 다르다. 사회학과 의학은 이제 서로간에 비슷한 점이 훨씬
더 많은 학문이 되었다. 의학이 변화한 것은 최소한 어느 정도는 사회과
학의 도전 때문이라 할 수 있다. 또한 질병에 대한 사회의 반응이 달라진
것처럼, 질병의 성격 자체가 달라진 이유도 있을 것이다. 20세기 후반기
에 와서 질환부담(disease burden)5)의 양상이 크게 바뀐 것은 사실이다.
주로 급성·전염성 질환에서, 암이나 순환계 질환, 또 심장문제, 당뇨병과
같은 만성질환으로 질환부담이 변해가고 있다. 평균수명이 증가하면서
이러한 만성질환이 고령인구에 더욱 많이 발생한다. 따라서 개입보다는

---

5) 질환발생의 유형별 특성 때문에 야기되는 의료·사회·경제적 문제를 통칭하는
개념. 산업화된 선진국과 저개발국 또는 개발도상국 사이의 질환발생 양상은
큰 차이가 있으며, 한 사회 속에서도 산업화의 단계에 따라 질환분포의 유형이
변화한다. 예를 들어 1900년 경 미국에서 제일 높은 사망원인은 인플루엔자,
폐렴, 폐결핵이었으나, 1988년에는 심장질환과 암이 그 자리를 차지하였다. 또
한 개발도상국에서 현대화의 결과 질환양상의 변화뿐 아니라 새로운 보건문제
가 나타나기도 한다. 나이지리아의 경우 오일 붐이 일어난 후 1980년대 중반경
자동차사고 관련 사망률이 세계 1위를 기록하였다[Cockerham, W. C.(1992),
Medical Sociology, 5th Ed., Englewood Cliffs, New Jersey: Prentice Hall, pp.
26-28]. -역주

감시, 치료보다는 병간호의 필요성이 높아졌다. 개념정의 자체로 보더라
도 만성질환상태는 성공적인 치료가 쉽지 않기 때문에 의학의 기능이 증
상의 완화 정도로 한정되곤 한다. 현대적 질환부담의 원인 역시 변화했
으며 개중에는 예방가능하다고 간주되는 것도 많다. 흡연, 스트레스, 운
동과 같은 라이프스타일 요인은 이제 개인적 차원의 건강결정인자로 생
각되며, 주거상태나 수입, 실업과 빈곤은 구조적 차원의 건강결정인자로
생각된다. 점점 더 의학과 사회학은 단순히 질병이나 질환 뿐 아니라 전
체적 보건문제에 초점을 맞추고 있다. 최근 들어 정교하고 포괄적인 보
건증진운동이 급증하는 것이 이 사실을 입증해 준다(9장을 보라). 신체적
·정신적 건강을 제도화된 병원의 울타리를 넘어 지역사회내에서 돌보아
야 한다는 움직임이 점점 더 사회적 합의를 얻고 있다. 건강과 보건의료
내에서 일고 있는 이같은 변화는 이 책 곳곳에서 다루어지겠지만 우선
우리가 공부할 변화의 범위가 <그림 1.1>에 간단히 요약되어 있다.

<그림 1.1> 보건과 의료의 현대적 변천

질환	→	건강
병원	→	지역사회
급성	→	만성
치료	→	예방
개입	→	감시
치료	→	간호
환자	→	인간

　　학자에 따라서는 이런 변화가 전체적으로 생의학적 모형을 대체할 보
건의료의 새로운 패러다임을 나타낸다고 보기도 한다. 이 점은 마지막
장에서 토의될 것이다.
　　위의 변화를 살펴보면 의학과 사회학간에 점점 더 중복되는 부분이 늘
어나고 있음을 알 수 있다. 양자간의 관심영역을 가르는 구분이 점점 더

희미해져 가는 것이다. 어쩌면 건강과 질병의 인식변화는 두 분야 사이
에 오랫동안 존재해온 긴장의 결과일지도 모른다. 긴장이 있었기 때문에
두 학문이 각기 연구대상을 재구성했을 것이다. 의학은 점차 사회적 맥
락에서 생각하는 인간의 존재를 인정하기 시작했으며, 사회학도 [사회속
에서] 경험된 몸(lived body)뿐만 아니라 물리적 몸의 존재도 연구의 중
심과제로 받아들이기 시작했다. 이와 같은 발전은 의학의 지배적인 담론
인 생의학을 비판적으로 평가한 데서 어느 정도 기인한다. 지금까지 살
펴본 대로, 의학지식의 기반에 도전하고, 건강과 치유의 대안적 해석을
제시한 것이 바로 이러한 비판이다. 한편 이러한 논의(사회학에 국한되
지 않고)는 의료시술과 보건의료에 심대한 결과를 초래했다. 더구나 생
의학의 비판, 그리고 사회과학과 의학의 공식적 유대는 보건정책에도 크
나큰 변화를 가져왔다. 예를 들어 건강과 관련된 행동을 규제할 때에도
이제는 반드시 일반인의 견해와 설명을 경청해야 하고, 보건의료는 병원
의 영역에서 지역사회로 옮겨가야 하며, 의료전문가는 환자를 대할 때
온정적(paternalistic) 태도보다는, 고객을 대하는 듯한 태도로 맞아야 한
다는 것이다.

　건강과 질병의 사회학이 급속도로 발전한 이유 중의 하나는(의료사회
학은 영국과 미국의 사회학계에서 가장 큰 분과학회를 이루고 있다), 비
록 불편하긴 하지만 의학과의 관계를 유지해온 데 있다고 보인다. 논란
의 여지가 있는 이런 관계는 아마 의료내 사회학(sociology in medicine)과
의료의 사회학(sociology of medicine) 사이의 긴장으로 잘 이해될 수 있을
것이다(Strauss, 1957). 의료내 사회학은 의료의 요구와 관심에 봉사하는
사회학적 연구를 말한다. 연구과제는 의학이 전문적이고 제도적으로 결
정하며, 사회학자는 의학적으로 정의된 문제를 해결하기 위해 일할 뿐이
다. 바로 이러한 점들이 의사-환자 사이의 역학관계를 이해하고 개선하
기 위해, 환자의 협조를 끌어내기 위해, 환자가 '별 것 아닌' 문제로 의사
를 찾지 않도록 하기 위해, 그리고 질환의 사회적 원인을 찾기 위해, 의
학이 노력하던 1950년대와 60년대의 의료사회학의 특징이다. 반대로 의
료의 사회학은 보다 더 비판적인 방향선회를 보여준다. 즉, 의료인이 아

닌 일반인의 건강과 질병관이 더 중요시되고, 의료의 지배가 문제시되는 한편 의료전문직의 영역에 의문이 제기되며 의료조직의 기능이 검토대상으로 떠오른 것이다. 건강과 질병의 사회학은 이처럼 현대의료의 정당성에 도전하는 비판적 의료사회학으로부터 발전해 왔다. 이 책은 바로 이러한 접근방식을 취한다. 그러므로 다음 장에서는 의학지식의 기반 그 자체를 의문의 대상으로 삼는다.

제2장

의학지식의 사회적 구성

서론

질환(disease)과 질병(illness) 사이에는 분명한 차이가 있다고 간주된다. 질환이란 신체적 징후와 증상으로 나타나는 몸 속의 병리적 변화를 일컫는다. 이와 반대로 질병은 이러한 징후와 증상에 대한 개인의 주관적 해석과 반응을 말한다. 과거에는 질환은 의료인의 독점적 영역이지만 질병, 더 정확히 말해 질병의 **경험**은 사회학자가 연구할 수 있는 부분이라고 생각해 왔다. 그러나 최근 들어서 이런 구분은 비판받고 있으며 이전에는 '자연적' 범주로 여겨지던 대상, 다시 말해 질환과 몸도 이제는 건강과 질병의 사회학에서 다루는 영역으로 여겨진다. 사회학자들은 이런 '자연적' 범주란 것도 본질적으로 사실은 사회적 활동의 산물이며 단순히 불변의 생물학적 실재를 반영하는 것이 아니라고 주장해 왔다. 이 말은 사람들이 신체적 장해를 겪지 않는다거나 고통과 괴로움의 실재를 부정한다는 뜻은 아니다. 사회학자가 말하고자 하는 점은 **모든 지식**(의학과 과학을 포함한)이 사회적으로 조건지어져 있다는 사실이다. 그래서 의학 지식은 **사회적으로 구성**되어 있다고 말하는 것이다. 이 장에서는 사회구성주의의 기원, 범위 그리고 여러 이설들을 다루며, 이 이론을 둘러싼 쟁점을 간단히 소개한다. 결론으로서 탈근대(postmodern)[6]사회 속에서 사

---

6) 모더니즘의 시기가 흔히 포스트모더니즘(postmodernism)으로 불리는 새로운 사회적 형태로 대체되었는지, 또는 사회체계의 최근 변화를 모더니즘적 경향이

회구성주의가 의료시술과 보건의료에 어떤 의미를 지니는지 논할 것이다. 그러나 우선 역사적 사례를 통해 설명의 무대를 펼치기로 한다.

몸의 사회적 구성: 역사적 사례

만일 우리가 1700년대 초기 독일의 아이제나흐라는 번창한 소도시로 돌아간다면, 그곳 주민이 자기 몸을 표현하는 방식에 놀라움을 금치 못할 것이다. 물론 그 당시 사람들이 몸을 이해하는 방식과 오늘날의 방식이 다르기 때문이다. 그러나 듀든(Duden, 1991)은 '우리'와 '그들'은, 몸이 행하는 기능을 이해하는 방식이 다를 뿐 아니라, 몸을 실제로 어떻게 경험하는지도 다르다고 주장한다. 그녀에 따르면 오늘날 우리가 알고 있는 몸은 18세기 사람들이 알았던 몸과 근본적으로 다르다고 한다. 당시 사람들과 몸에 관해 이야기한다면 본질적으로 전혀 다른 두 대상을 논하는 것이 되어 거의 이해하기 어려워질 것이라는 말이다. 1700년대에 통하던 몸은 우리가 친숙하게 느끼는 오늘날의 몸과 공통점이 거의 없다. 예를 들어 핀을 몇 개나 삼킨 궁정숙녀의 다음과 같은 이야기는 오늘날 상당히 이상하게 들린다.

> 궁정의 숙녀가 한 줌의 핀을 물고 거울 앞에 서 있었을 때 왕자가 뒤에서 다가와 그녀의 등을 두드렸다. 깜짝 놀란 그녀는 목구멍 속으로 핀을 모두 삼켜 버렸다. 그렇지만 숙녀는 전혀 아픈 것을 느끼지 못했고 사흘째 되던 날 핀은 오줌으로 모두 빠져 나왔다.(Cited by Duden, 1991: 70)

그러므로 듀든은 몸이 문화적인 구성물이라 주장한다. 또한 몸이 이해되는 방식과, 그녀의 연구에서 어쩌면 더 중요한 논점인, 몸이 실제로 경

심화된 것이라고 이해해야 할 것인지를 놓고 많은 논의가 있다. 후자의 경우 후기모더니즘(late or high modernism)이라는 용어가 더 정확할 것이다. 본서에서는 시기에 따라 문헌에 특히 더 나타나는 여러 용례를 모두 반영하기 위해 포스트모더니즘과 후기모더니즘이라는 용어를 병용한다. 포스트모더니즘과 건강을 더 자세히 다룬 논의로는 폭스(Fox, 1993)를 보라.

험되는 방식은, 반드시 몸이 존재하는 역사적 맥락과 연관을 지녀야 한다고 주장한다. 그녀의 책, 『피부 밑에 감춰진 여성(*The Woman Beneath the Skin*)』에서 저자는 18세기 전반 아이제나흐에서 진료를 했던 요한 슈토르크라는 의사의 기록을 검토한다. 슈토르크 의사는 자기가 다룬 천8백여 건의 '임상례'를 아주 상세하게 기록해 두었다. 이 의사의 기록을 통해 듀든은 진료받은 여성들이 말한 내용과 의사 자신의 시술에 관해 속속들이 알 수 있었다. 이런 식으로 듀든은 1700년대 초 여성이 경험한 몸의 정황을 짜맞춘다.

슈토르크 의사의 진료기록부에 따르면 대부분의 질병과 치료는 내부, 외부 체액 또는 '유액(流液, flux)'이라는 기본관념과 연관되어 있었다. 피 또는 젖이나 고름 같은 액체는 몸 내부를 돌아다니기도 하고 때때로 몸 밖으로 빠져나오기도 했다. 체액은 기본적으로 동일한 것이었지만 형태, 색깔 또는 농도에 따라 변하기도 하는 것이었다. 예를 들어 젖을 다른 분비물과 다름없이 생각하였다.

> 왕자 시종의 스무살난 아내가 첫 아이를 낳은 후 '식은 땀'과 '열' 그리고 발진을 하며 앓아 누웠다. 그녀는 며칠 동안이나 설사를 거듭하였고 '젖이 마른다'는 하소연을 하였다. 처음에는 '흰 젖과 같은' 설사가 자주 나오다가, 나중에는 '엉긴 치즈처럼 흰' 상태로 나왔다.(Duden, 1991: 107-8)

체액의 흐름을 막아서는 안된다는 점이 가장 중요시되었다. 예를 들어 여성의 '월경'이 막히면 병이 날 수도 있지만, '설사'와 같이 다른 형태로 분비되기만 하면 문제가 되지 않았다(1991: 109). '내부유액'이 있다는 것이 의사에게 상의하러 오는 가장 흔한 형태의 문제였다. 몸 속의 체액이 두통과 이명(耳鳴), 관절염, 시력상실 등 온갖 병의 원인으로 여겨졌다. '내부유액'이란 체액의 흐름이 막힐 때 그것이 굳어지고 끈끈한 점성을 띠면서 정체되어 일어나는 문제라고 보았다. 치료란 바로 이 '유액'을 몸 밖으로 나오도록 하는 것이었다. 슈토르크 의사는 주로 두 가지 치료법을 썼다. 첫째는 '종기를 일으키는 고약'을 붙여서 체액이 몸 밖으로 나오도록 유도하는 방법이었다. 둘째는 '천문(泉門)'이라는 인공적 상처를 내어 체액이 빠져나오도록 하는 방법이었다. 듀든은 고약을 써서 유액을 치료한 예를 다음과 같이 들고 있다(Duden, 1991: 132-3).

마흔살난 제화공의 아내가 '수년 동안 가슴 밑에 고름이 흐르고 악취가 나는 종창을 가지고 있었다. 1721년 2월 유액이 마른 다음, 상처는 거북한 장소, 즉 여성의 생식기로 옮겨갔다.' 특히 소변을 볼 때의 고통은 너무나 심해 이 부인은 냉수욕으로 통증을 가라앉히려 애썼다. 냉수욕이 유액을 억제시켜 위장과 내장에 해를 끼쳤고 그 결과 위장과 하체에 대단한 불편이 초래되었다. 그 이후 유액이 원래 장소로 돌아왔다가 말라버릴 때마다 이 여인은 '위험한 부작용을 우려하여' 즉시 도움을 청하곤 하였다. 슈토르크 의사는 그녀에게 발한제와 겨자로 만든 고약을 주었다. 이 여인은 가슴 아래에 그 고약을 붙였고 고약은 피부로 파고 들어가 한 시간 이내에 '유액이 다시 흐르기 시작하면서 그녀는 곧 통증이 가라앉는 것을 느꼈다.' 그녀는 13년 후 사망하였으며 사인은 다음과 같다. 지하실 계단에서 한번 넘어지고 나서 가슴 밑의 유액이 가라앉아 버려 다시는 돌아오지 않았기 때문에 모든 체액이 머리 속에서 멈춰 버렸던 것이다.

내부유액과 관련된 각종 질환은 주로 불운이나 감정적 동요 때문에 발생하였다. 화를 내고, 놀라거나 망상을 품으면 몸에 즉각적으로 영향이 왔고, 이런 감정이 유발한 '나쁜 것'을 몸 밖으로 몰아내야만 했다(Duden, 1991: 144-5). 예를 들어 남편과 언쟁을 벌인 여인은 어떤 식으로든 체액을 분비시키는 것이 좋다고 생각되었다. 이런 점에서 몸의 경험과 사회적 환경은 뗄 수 없이 밀접하게 연관되어 있었다. 듀든이 말한 대로 '사람들은 몸 속 가장 깊은 곳까지 사회적 관계로 얽혀 있었다'(Duden, 1991: 145).

듀든이 놀랍게 생각한 것은 1700년대 초의 몸의 경험이 오늘날과 비교해서 너무나 다르다는 점이다. 슈토르크 의사의 기록을 오늘의 눈으로 보아 잘못된 것이라거나, 그 당시 성행하던 의학사상에 비추어 합리화시킬 수 있는 생각으로 여기지 않고, 듀든은 그 기록이 한때 특정 시대, 특정 장소에 살았던 여성들이 실제 경험한 몸에 대한 깊은 통찰을 보여준다고 주장한다. 이 연구를 하면서 듀든은 스스로의 몸에 대해 가졌던 자신의 확신에 의문을 품기 시작했으며 연구를 계속하기 위해서 몸에 대한 자신의 전제를 상당 부분 버려야 했다고 말한다.

아이제나흐에 살았던 여성의 고민을 이해하기 위해서 무엇보다도 우선 나 자신의 몸에 대한 확신조차도 문화적 편견이며, 그것을 초월하는 법도 배워야 한다는 사실을 깨달아야 했다. 그러기 위해선 내 몸을 자신으로부터 떼어내어 멀리서 볼 필요가 있었다. 왜냐하면 현재의 몸이 과거를 이해하는 징검다리 역할을 하지 못한다는 것이 분명했기 때문이다.(Duden, 1991: vii)

오늘날 듀든이 자기 몸을 이해하는 방식은 18세기 말경 확립된 인체 해부학과 생리학 사상에 근거한 것이다(Foucault, 1976). 또한 그녀는 의학지식의 역사가 몸과 질환에 관한 '진리'를 점차적으로 풀어가는 과정이 아니며 의학지식의 범주 자체도 사회·문화·역사적 맥락에 조건지어져 있다고 생각한다. 다시 말해 의학지식의 범주도 사회적으로 구성되어 있다는 것이다.

사회구성주의

건강과 질병의 사회학내에서 가장 중요한 경향은 아닐지라도(White, 1991) 적어도 상당히 중요한 경향으로 간주되는(Bury, 1986) 사회구성주의(social constructionism) 논쟁은 점점 더 비판적으로 되어 가는 건강, 질병과 의료의 사회학 흐름 속에서 대두되었다. 앞장에서 살펴본 대로 1970년대 들어서 의료시술에 일반적으로 내재되어 있는 여러 전제와 생의학을 비판하는 소리가 높아졌다. 의료전문직이 품고 있는 가치와 활동은 그들이 속한 가부장적이고 자본주의적인 사회와 일맥상통한다고 생각되었다. 특히 비판대에 오른 의료분야는 정신의학 그리고 정신병을 앓고 있다고 생각된 사람들을 입원시키는 관행이었다(Goffman, 1961; Rosenhan, 1973). 이 비판을 통해 반정신의학운동이 가시화되었다. 반정신의학운동은 대부분의 정신병은 단순히 사회적 구성물이며 강력한 사회통제기능을 수행하는 정신의학자에 의해 창조된 것이라고 주장하고 나섰다

(Ingleby, 1980). 예를 들어 정신분열증으로 낙인을 찍는 것은 정신과 의사가 그 사람을 사회생활에 부적합한 인간으로 만들 수 있음을 의미했다(Szasz, 1970). 따라서 진단범주를 적용하는 의사의 행위가 의문시되었으며, 의학지식의 응용도 기술적으로 중립적인 행위가 아니라 정치적인 것으로 인정되었다.

정신의학을 둘러싼 사회구성주의 논쟁은 다른 의료분야에도 이같은 지식응용의 문제가 있을 것으로 예상하게끔 만들었다. 예를 들어 프라이드슨(Freidson, 1970a)은 의료전문직을 살펴보면서 사회속에서 자율적이고 막강한 지위를 가진 의료전문직의 기본전제 자체에 의문을 던졌다. 프라이드슨에게 핵심적 문제는 의학지식의 **적용**이었다. 의료가 객관적인 과학에 기반을 두었을지는 몰라도 의학지식을 무엇에 적용하는 것은 별개의 문제였다. 비유를 통해 그는 토목기사가 도로를 건설하는 방법을 알고 있다고 해서 어디에 도로를 놓아야 하는지까지 결정할 수 있는 것은 아니라고 설명한다. 의료에서도 마찬가지이다. 의사가 신장질환을 어떻게 치료하는지는 알고 있겠지만 그 기술의 사용을 둘러싼 결정권은 의사의 권한 밖에 있어야 한다는 것이다. 프라이드슨은 질환보다는 질병에 더 초점을 맞추고 있지만, 의료전문직의 지식과 그 지식의 평가는 의사가 속해 있는 사회적·정치적 환경에 달려 있다는 점을 강조한다. [현재의 사회적 환경 속에서] 의사들은 무엇이 질병으로 간주되는지를 결정할 수 있으므로 매우 강력한 지위를 가질 수 있다. 프라이드슨은 "무엇이 '진짜' 질병인지를 권위있게 말할 수 있으므로, 의학은 아픈 행위의 사회적 가능성까지 창조한다"고 지적한다(Freidson, 1970a: 206). 이렇게 의료전문직은 누가 아프다는 것을 정당화시켜줄 뿐 아니라, 질병의 가능성 그 자체를 창조할 수도 있다. 프라이드슨은 본질적으로 사회적인 의료시술의 성격에 주의를 환기시킴으로써 건강과 질병의 사회학에 매우 큰 영향을 미쳤다. 그러나 그는 의학지식의 응용과정에 개입하는 사회적 가치관을 폭로하긴 했지만 과학적이라고 흔히 생각되는 질환에 관한 지식의 기반 자체를 비판하지는 않았다.

일상적 지식과 실재를 사회적으로 구성하는 문제는, 1960년대 말 버

거와 럭만(Berger and Luckmann, 1967)이 유행시킨 현상학적 사회학의
초점이 되기도 했다. 그들은 일상적 지식은 개개인에 의해 창조적으로
만들어지며, 실제적인 특정 문제를 다루는 경향이 있다고 주장했다. 그러
므로 [객관적] '사실'이라는 것도 사회적 상호작용과 그 상호작용을 사람
들이 해석하는 방식에 의해 창조된다는 것이다. 이러한 관점에서 질병관
을 이해하기 위해서는 질병에 대한 사람들의 상식적 관념을 검토해 볼
필요가 있다. 예를 들어 웨스트(West, 1979)는 간질이 의료인과 환자간
의 상호작용에 의한 산물일 수도 있음을 예증한다. 의료인류학자도 지식
의 구성된 성격(constructed nature)을 강조하며, 의료의 신념체계도 각
문화에 특정적으로 속해 있고 내용과 업무의 기원이 사회적이라는 점에
서 여타 신념체계와 다를 바 없다고 주장한다(Comaroff, 1982). 코마로프
(Comaroff, 1978: 247)는 다른 문화권의 치유체계와 마찬가지로 서구 의
학도 '논란의 여지가 있는 하나의 사회·문화적 체계에 불과하므로 그 실
질을 당연시해서는 안되는' 것으로 보아야 한다고 말했다. 그녀는 또 의
학지식이 폭넓게 인정받는 이유는 그 내용보다는 상징적 중요성 때문일
지도 모른다고 주장했다. 그러므로 의학의 신념체계는 종교적 신념체계
와 다를 바 없는, 또는 더 정당할 것도 없는 존재로 취급되어야 한다는
것이다(Young, 1980). 마찬가지로 과학사회학자들(Woolgar, 1988) 역시
의학의 과학적 기반 그 자체를 분석할 필요가 있다고 제안했다.

사회구성주의 내부의 논쟁

라이트와 트레처(Wright and Treacher, 1982: 9)는 "사회구성주의자
는 과거의 학자에게는 너무나 당연해서 흥미도 없는 바로 그런 점을 문
제시함으로써 논의를 시작한다"고 주장한다. 구성체주의자는 논란이 되
는 의학지식의 성격과 같은 문제에 관심을 가진다. 즉 의학은 자연과학
에 기초를 두고 있으므로 인식론적으로 이미 우월하다는 주장, 질환이
자연적 실체로 추정되는 사실, 그리고 의학이 발전하기 위해서는 사회적

인, 다시 말해 '비과학적인' 영향으로부터 초월해야 한다는 주장 등에 관심을 가진다. 사회구성주의의 문헌은 방대하지만, 다섯 가지 소주제로 나누어 살펴볼 수 있다. 즉 실재의 문제시, 의학적 '사실'의 사회적 창조, 의학지식과 사회적 관계의 조정, 기술적 지식의 적용, 그리고 의료화 등이다.

실재의 문제시

실재를 문제삼는다는 것은 질환체가 진정한 존재가 아니라 사회적 추론과 관행의 산물이라는 점을 의미한다. 일련의 증상을 두고 '기관지염'이라 부르는 것이 사회 맥락을 떠나 별도의 질환이 하나의 실체로 존재한다는 것을 의미하지는 않으며, 의학이 실험실 검증과 이론에 힘입어 특정 시간, 특정 장소에서 그 증상을 정의하는 방식이 그렇다는 것을 의미할 뿐이다. 분명 기관지염을 앓는 사람은 고통과 괴로움을 경험하겠지만, 기관지염의 해석은 시간과 장소에 따라 달라질 것이다. 따라서 베리(Bury, 1986: 137)는 구성주의의 비판적 검토를 통해 구성주의자가 "의과학의 목표는 겉으로 드러나는 것과 다르고, 인간 몸과 질환의 안정된 실재는 발견된 것이 아니라 사실은 '조성(fabrication)' 내지 '발명'된 것"이라고 주장한다고 지적한다.

'발견'이란 말이, 독립된 질환체가 해독되기를 기다리며 오랫동안 존재해 왔다는 의미를 지니는 반면, '조성'이라는 개념은 실재를 확인할 수 있는 어떤 특정한 조사방법을 통해 질환이 확립됨을 뜻한다. 마찬가지로 몸 자체도 위에서 본 바와 같이 몸을 표현하는 지배적 묘사방식에 반드시 조건지어져 있다. 예를 들어 암스트롱(Armstrong, 1983a: xi)은 자신의 의학교육과 그 후 사회구성주의자로서의 경험을 바탕으로 다음과 같이 말한다.

처음에는 어떻게 해서 명백한 몸 속의 질환과 그 발현이 그토록 오랫동안 과학적으로 발견되지 않았을까 이해할 수 없었다. 도대체 왜 계몽주의 이전 시대에는 분명히 분화되어 있는 몸의 기관과 조직을 보지 못했단 말인가? 또는 왜 환자의 증상과, 국소화된 병리학적 병변의 존재를 연결시키지 못했단 말인가? 또는 왜 가장 초보적인 신체검사 진단기법조차 쓰지 못했단 말인가? 의문은 점점 더 커져 마침내 내가 잘못된 질문을 하고 있다는 생각이 들기에 이르렀다. 문제는 오늘날 그토록 명백한 사실이 어떻게 그렇게 오랫동안 드러나지 않았던가 하는 게 아니라, 애당초 몸이 어떻게 그토록 명백하게 보이기 시작했던가 하는 점이었다. 사체를 해부하고 연구하면서 나는 내가 본 것이 의심할 바 없는 사실임을 당연시했던 것이다. 나는 의학지식이 단순히 몸을 묘사한다고 생각했었다. … [그러나] … 그 관계는 더욱 복잡하다. … 의학지식은 몸을 기술하기도 하지만, 동시에 몸을 하나의 확고한 생물학적 실재로서 구성하기도 하는 것이다.

현대의 해부학 그림과 중세의 해부학 그림을 비교하면 그 시대의 지배적인 세계관이 그림에 반영됨을 알 수 있다. 과거의 그림은 에너지와 생기를 나타내는 반면, 근래의 그림은 몸을 기계적인 대상으로 표현한다(Fleck, 1935a). 사실 해부학의 구조와 기능은 흔히 사회·경제제도에 관한 사조를 반영한다고 이해된다(Martin, 1989).

'사실'의 사회적 창조

의학의 일차적 대상인 질환과 몸이 '안정된 실재'가 아니라면, 질환과 몸에 관한 생각이 어떻게 창조되는가? 이 절에서 우리는 이 질문에 대한 두 가지 반응을 알아본다. 첫째, 세계에 관한 모든 과학적 '사실'은 그 사실이 출현하는 과학계의 산물이라는 주장, 그리고 둘째, 안정된 실재라고 우리가 추정하는 것이 사실은 여러 가지 담론적 맥락 속에서 실현된다는 주장이 그것이다. 첫째 이론은 과학사회학내의 연구에, 둘째 이론은 미셸 푸코의 영향을 받은 연구에 초점을 맞춘다.

과학사회학자들은 과학적 '사실'도 사회적 과정의 산물이며, 그런 사실을 낳는 사상도 과학계내에 조건지어져 있거나(Kuhn, 1962), 또는 '의식집단(thought collectives)'(Fleck, 1935b; Lowy, 1988)에 의해 좌우된다고 말해 왔다. 플렉은 주어진 '의식집단' 속에서 새 입문자들은 사물을 보는 방법과, 보고 있는 것을 해석하는 방법을 배운다고 주장한다. 예를 들어 애트킨슨(Atkinson, 1981; 1988)은 의과대학의 맥락에서 학생들이 병동회진 때 질환의 징후와 증상을 해석하는 방법에 관해 배우는 과정을 보고했다. 애트킨슨(Atkinson, 1988: 200)은 민속방법론적 연구를 통해 생의학적 지식이 어떻게 '사회적으로 이루어지며,' 그 지식이 어떻게 교수, 학생, 환자 사이의 상호작용을 통해 얻어지는지 밝힌다.

쿤(Kuhn, 1962)에 따르면, 과학자들은 세계에 관해 공인된 개념과 이론으로 이루어진 지배적인 패러다임 또는 지식의 틀 속에서 활동한다고 한다. 예를 들어 1장에서 보았듯이, 현대 산업사회의 지배적인 의학 패러다임은 생의학적 패러다임이다. 현존하는 패러다임내에서 한 특정 과학계의 믿음을 더이상 설명할 수 없을 때에만 과학지식에 큰 변화가 일어난다. 이런 일이 일어나면 '과학혁명'이 있게 되고 새로운 지식의 틀이 형성된다. 한 패러다임이 다른 패러다임을 대체함에 따라, 낡은 사상과 이론은 새로운 사상과 '같은 잣대로 잴 수 없게' 된다. 이것은 새로운 사상이 옳으며, '오래된' 믿음은 시대에 뒤떨어지고 틀린 것임을 의미한다. 마찬가지로 만일 과학자들이 같은 시대에 다른 패러다임 속에서 따로 일한다면 세계를 본질적으로 다른 각도에서 보게 되므로 서로 의사소통이 불가능해질 것이다. 지배적인 의학의 패러다임 밖에서 존재하는 질환과 치유에 관한 사상이 기이한 것으로 취급되고 거부되기도 하는 것은 바로 이 때문이다. 예를 들어 동종요법(homoeopathy)[7]은 전통적인 의학 패러다임내에서 설명될 수 없다는 이유로 비웃음의 대상이 되어 왔으며, 만일 효과가 있을 때에는 그저 운이 좋은 것으로 치부되곤 한다(Davenas et al., 1988; Vines, 1988).

그러나 플렉(Fleck, 1935b)은 이런 생의학적 사고방식이 반드시 대중적으로 '인기있는' 질환해석방식과 상반되는 것만은 아니라는 점을 보여주었다. 이 점을 예증하기 위해 그는 매독의 진단을 위해 개발되었던 혈액검사 방법인 바세르만[8] 혈청검사법의 역사를 설명한다. 그에 따르면

---

7) 건강한 사람에게 썼을 때 어떤 병증상을 야기할 수 있는 물질을 그 병에 걸린 환자에게 미량으로 투여해서 치료하는 요법. 그리스 어원의 '같은 것으로 같은 것을 치료한다(Similia Similibus Curentur)'에서 나온 용어로 독일의 의사였던 사무엘 하네만(Samuel Hahnemann, 1755~1843)에 의해 발전되었다. 19세기 초 유럽에서 큰 인기를 끈 후 미국에도 소개되었고 현재도 많은 추종자가 있다. ―역주

8) 아우구스트 폰 바세르만(August von Wassermann, 1866~1925). 독일의 의학

과학자들은 매독을 혈액검사로 진단할 수 있으리라는 생각을 계속 가져
왔다고 한다. 왜냐하면 과학계를 넘어 일반대중 사이에 '매독 혈'이라는
관념이 널리 퍼져 있었기 때문이다. 로위(Lowy, 1988: 147)가 설명하듯
"이런 식으로 '매독 혈'이라는 오래된 민간속설이 새로운 의식집단, 즉
세균학자와 면역학자에게 넘어간 결과 바세르만 검사법이라는 중요한
발견이 이루어질 수 있었던 것이다." 점점 더 '대중적' 생각과, 의학에서
과학적으로 용인되는 생각간의 상호작용이 밝혀지고 있다(Helman,
1978; Herzlich and Pierret, 1987). 이처럼 과학적 사실의 출현은 과학계
뿐만 아니라 과학계가 속한 사회적 맥락과도 관계가 있다. 이것은 또한
과학자 스스로의 사회적 이해관계와도 연관될 것이다. 예를 들어 로렌스
(Lawrence, 1979: 20)는 '신경계'를 강조했던 독특하고 영향력 있던 18
세기 스코틀랜드의 의학사상이 사실은 "점차 스코틀랜드 문화를 주도해
간 신흥 지주계급의 사회적 이해와 자아의식에" 기인했음을 밝혔다. 그
러나 최근 바틀리(Bartley, 1990)는 현대사회에서 전문적·기술적 이해관
계가 과학사상의 발전에 큰 역할을 한다고 강조한다. 기술적 이해는 "전
문가들이 '소유권'을 주장할 수 있는 특정 기술과 전문기술을 위한 시장
을 계속 창출하고자 하는 직업집단의" 이해인 것이다(Bartley, 1990: 30).
과학적 발전은 그러므로 객관적인 실험의 결과라기보다는 그 발전의 시
장성과 연관되어 있는지도 모른다. 따라서 의학지식의 사회학은 지식이
창조되는 사회·경제적 맥락뿐만 아니라, 그 지식이 배태되어 있는 특정
전문집단도 연구해야 한다.

　　의학적 '사실'의 사회적 창조를 검토하는 두번째 접근은 **담론분석**(dis-
course analysis) 방법이다. 즉 의학의 대상은 그 대상을 둘러싼 언어와 관
행을 통해 창조된다는 주장이다. 이 접근방법은 죽음을 둘러싼 담론을
연구한 프라이어(Prior, 1989: 3)에 의해 잘 요약되어 있다.

　　사회적 세계 속에서 친근한 대상들(그것이 죽음, 질환, 광기, 성, 죄, 또는

　　자로 1907년 바세르만 반응으로 불리는 매독 진단용 혈액검사법을 발견했다.
　　－역주

인류 자체 등 무엇이든간에)은 … 문제가 되는 대상을 둘러싼 담론적 요소 안에서만, 또 그 요소를 통해서만 현실화된다. … 담론이 바뀌면 대상에도 변화가 온다. 게다가 담론이란 세계를 그려내는 언어활동의 좁은 영역만은 아니다. 담론은 행위, 사건, 대상, 배경 그리고 인식론적 법칙의 전 범위까지 모두 포함하는 개념이다. 예를 들어 병리학의 담론은 질환, 세포, 조직에 관한 설명만으로 구성되어 있는 것이 아니다. 병리학의 담론은 병리학자가 일하고 대상을 분석하는 실험실 등의 장소와 더불어, 그들이 개입하는 모든 행위와 사건의 총체로 이루어져 있는 것이다.

이러한 담론관은 푸코(Foucault, 1976)가 행한 의료의 연구에 의해 발전하였다. 그는 현대적 질환관념이 발전한 것은 바로 18세기 파리 의료계의 담론관습을 통해서라는 사실을 밝혔다. 이 시기에 역사상 최초로 의학교육, 연구, 치료, 관찰이 모두 병원에서 이루어졌다. 몸은 이러한 의료 행위의 일차적 초점이 되었고 질환의 주요 연구장소로 간주되었다. 따라서 질환은 병리학적 의료라고 불리게 된 담론내에서 신체구조의 기능에 관련되는 독자적인 현상으로 공식화되었다. 해부학내에서 질환을 개념화한 것은 푸코가 시선(gaze)라고 부른 현상의 산물이었다. 시선이란 '보는 방식', 또는 냄새 맡거나 만져보는 방식까지도 의미한다. 의사가 사물을 제대로 보기 시작한 것은 바로 이러한 의학적 시선을 통해서였고 일단 볼 수 있게 되면 독자적인 존재로 공식화된 대상을 관찰하고 분석할 수 있었다. 그러나 의학적 시선은 정체된 것이 아니었다. 반대로 그 융통성 덕분에 새로운 대상을 끊임없이 찾아볼 수 있었다. 예를 들어 현대의료는 환자의 해부학과 생리학에만 초점을 맞추는 게 아니라 점점 더 병 증상에 대한 환자 자신의 해석과 경험을 고려하기 시작했다(Armstrong, 1984; Arney and Bergan, 1984; Nettleton, 1992).

그러므로 푸코적 접근법이라 부를 수 있는 이 이론에 따르면 몸과 질환과 현대적 의학담론이 불가분의 관계를 이루고 있음을 알 수 있다. 병리 해부학의 발전과 함께 질환에 대한 특정한 관념이 형성되었던 프랑스 혁명시기를 전후해서 질환을 몸 속에서 찾게 된 것이다. 결과적으로 우리가 지금까지 보아왔듯이 오랫동안 너무나 명백해서 건강과 질병의 사회학의 범위 밖에 있다고 여겨져 온 질환의 생물학적 기반이 이제 사회학」

의 중심소재가 된 것이다. 푸코가 18세기에 질환의 병리학적 기반이 확립되었다고 밝힌 것처럼, 푸코의 추종자들은(Armstrong, 1983a; Arney and Bergan, 1984) 제2차 세계대전 이후 서구의료가 또다른 '혁명'을 겪고 있으며, 질환은 이제 단순히 해부학 속에서뿐 아니라, 반드시 넓은 사회적 맥락에 위치하는 '인간'의 몸 속에서 찾아야 한다고 주장해 왔다.

의학지식이 사회적 관계를 매개한다

사회구성주의 논의의 세번째 쟁점은 의학지식이 사회적 관계를 매개한다는 명제이다. 질환으로 분류된 범주는 기존의 사회구조를 강화시키기 위해 적용될 수도 있고, 그렇게 적용된 질환은 사회적 관계를 '자연적'인 것처럼 보이게 할지도 모른다. 왜냐하면 질환을 표현하는 언어는 객관적이라고 간주되어 그 사회적 기원이 숨겨지기 때문이다(Taussig, 1980). 예를 들어 고등교육을 받고자 했던 19세기의 여성들은 히스테리 증세가 있는 것처럼 취급되곤 했다(Smith-Rosenberg, 1984). 또 피글리오(Figlio, 1982)에 따르면 19세기 말 탄광노동자가 앓았던 '광부안진(miners' nystagmus)'[9]은 고용주와 노동자, 보험회사, 의사, 변호사간의 토의와 타협의 산물이었다는 것이다. 이처럼 질환범주는 과학적 분석의 산물만이 아니라, 사회적·정치적 투쟁의 결과이기도 하다.

의학지식에 의한 사회적 관계의 중재는 19세기의 여성문제 분석에서 극명하게 드러난다. 예를 들어 셔틀워드(Shuttleworth, 1990)는 의사들이 월경불순을 어떻게 정신질환과 연관시켰는지 보여주었다. 19세기의 의학담론을 저자는 다음과 같이 분석한다.

> 19세기 중엽 잉글랜드에서 흔히 볼 수 있었던 질환은 … 성적 차별로 확연히 구분된다. 남성은 자신의 건강을 통제할 수 있다고 여겨진 반면, 여성의 건강은 자기 몸을 통제하지 못하는 바로 그 무능력에 달려 있다고 여겨졌다.

---

9) 안진(眼震)이란 안구가 불수의적으로 빠르게 움직이는 증상이다. 광부들이 일하던 갱내의 불충분한 조명 때문에 발생한다고 생각되었고 조명이 개선되면서 대부분 사라졌다. 광부안진은 1946년 영국의 국민보험법(the National Insurance Act)에서 '법정질환'으로 지정되었다. – 역주

지적인 노력을 하거나 감정적으로 흥분하거나간에 마음이 산란해지면 나쁜 결과가 초래되고, 생리불순이 일어난다고 믿었다. 그러므로 여성은 언제나 마음을 편하게 가지고, 정신상태 때문에 몸의 기능이 방해받지 않도록 해야만 했다.(Shuttleworth, 1990: 57)

이같은 사고방식으로 보면 19세기의 의학이 성과 생식에 관해온갖 이론과 질환을 만들어 낸 것이 하나도 놀랍지 않다. 공적·사적 영역이 끊임없이 감시당한 것도 이 시기였으며, 여성참정권운동 등을 통해 여성이 요구한 평등권이 공공연히 비난받은 것도 이 시기였다. 의학 지식을 여성의 건강과 질병에 적용시켜 이용한 것은 19세기에 국한된 문제가 아니다. 지난 20년간 축적된 연구성과에 따르면, 일부 의료인은 아직도 자신의 지위를 이용해 전통적인 가족관을 강화시키기도 하며(MacIntyre, 19-76; Porter, 1990: 201-2), 사실상 사회적 원인을 가지고 있는 우울증(Brown and Harris, 1978)과 같은 문제에 기능적인 해결책만 제시함으로써 질병의 원인을 탈정치화시키기도 한다.

베리(Bury, 1986: 143)가 언급한 대로, 의학지식은 또한 '사회적 관계의 변화와 관련'되는 것 같다. 예를 들어 쥬슨(Jewson, 1976)은 의학지식의 내용도 그 지식의 생산수단을 통제하는 사람들에 의해 여러 형태로 좌우된다는 것을 밝혔다. 18세기부터 이러한 의학지식은 환자에서 병원의사로, 다시 의과학자로 그 통제권이 바뀌었다. 쥬슨은 의료시술의 사회적 조직과 관련된 세 유형의 "의학적 우주론(medical cosmology, 다시 말해 '의학담론의 필수적인 세계관')"을 밝힌 바 있다. 첫번째 우주론은 1770년대부터 1800년대까지 성행했던 '침상의료(bedside medicine)'이다. 의사는 환자와 긴밀한 인간관계를 유지했으며, 환자는 의사의 후원자였기 때문에 의사의 질환이론에 큰 영향력을 행기했다. 그래서 이 시기에는 의사들이 제각기 자기 고객의 기호에 맞춰 진료를 행한 탓에 의학지식이 전체적으로 고르지 않았다. 두번째 우주론인 1800년대부터 1840년대까지의 '병원의료(hospital medicine)'는 환자를 주로 병원에서 치료하는 의료형태였다. 이것은 환자가 아닌 의사가 주도권을 잡았고, 병리학적 병변 발견에 기반을 둔 일관성 있는 질환이론이 발전하였음을 의미한다. 마지막으로 1840년대에서 1870년대 사이에는 의과학자들이 지식의 생산양식을 통제하는 '실험실의료(laboratory medicine)'를 통해 의학지식이 발전하였다.

이처럼 의학지식은 질환과 질병을 단순히 기술하거나 치료하는 것만이 아니고, 현존하는 사회 구조와 사회적 가치를 재생, 강화하는데 이용될 수 있다. 사회적 관계와 질환 사이의 연관은 두 방향으로 진행된다. 첫째, 사회적 관계가 질병을 창조하기도 하고, 둘째, '자연적'이라고 추정되는 질환기술언어가 사회적 관계의 성격을 감추는데 이용되기도 한다—즉 물화과정(reification)[10]이 일어나는 것이다(Taussig, 1980).

기술적 지식의 적용

사회구성주의의 네번째 쟁점은 의학지식과 기술의 적용에 관한 프라이드슨(Freidson, 1970a)의 주장을 확장시킨 것이다. 의료전문직이 보건의료체계내의 분업에서 지배적인 위치를 확보한 것이 본질적으로 우월한 전문지식 때문이 아니라 특정 기술의 통제권을 창조하고 유지할 수 있었기 때문이라는 이론이다. 여타 보건직 종사자들의 업무영역을 구획지은 것은 바로 지배적인 의료전문직이었다(Willis, 1990). 이것은 산파술의 역사에서 확연히 드러난다. 예를 들어 도니슨(Donnison, 1977)은 분만겸자의 개발로 산파에 대해 의료전문직이 우위를 점하게 되었음을 증명하였다. 1720년대 도입된 분만겸자는 훈련받은 남성 의사만이 사용할 수 있었다. 따라서, 어려운 분만의 경우 산파들은 우월한 기술을 써서 출산을 맡을 수 있는 의사의 도움을 청해야 한다고 의사들은 강조하였다.

---

10) 물화(物化)란 루카치에 의해 대중화된 개념으로서, 사물이 문자 그대로 '물건처럼' 되어가는 과정을 의미한다. 사회 속에서 형성되는 사회적 관계에 불과한 사실을 마치 인간통제영역 밖에 존재하면서 고정불변의 자연적 특성을 지닌 실체인 것처럼 여기는 상황을 말한다. 이 개념을 지지하는 의료사회학자는 자본주의사회에서 의료가 환자치료의 목적뿐 아니라 교환용 상품으로 되기 때문에, 의학지식을 객관적으로 존재하는 '자연적' 사실처럼 취급하게 되며, 그 결과 환자, 특히 노동계급 환자가 의료와 의학지식으로부터 '소외'된다고 주장한다 [Navarro, V.(1986), *Crisis, Health, and Medicine: A Social Critique*, New York: Tavistock, pp.122-124]. —역주

이런 결정이 그 후의 분만과정에 하나의 관행을 세웠고, 오늘날 병원에
서 출산을 둘러싼 의료기술을 통제하는 것은 의사집단으로 굳어졌으며,
이 과정을 통해 의사는 산파의 역할을 제한할 수 있다(Versluysen, 1981;
Garcia et al., 1990). 이렇게 의료기술은 사회적 관계 속에 놓여 있고, 그
관계 밖에서는 존재할 수 없다(Faulkner and Arnold, 1985). 의학의 성공
은 기술적 진보에 달린 것이 아니라 기술과 그 적용을 둘러싼 사회·정치
적 투쟁의 결과로 결정되는 것이다. 의료화이론을 지지하는 학자들도 논
란 많은 의료적용의 성격에 관한 논쟁에 가세하고 있다.

의료화

의료화이론(Medicalization)은 의학지식의 기반 자체를 의문시하지는
않고, 그 적용만 문제삼는다는 점에서 사회구성주의와 간접적으로 연결
된다. 그러나 이 이론이 현 논쟁에 관계되는 이유는 의료가 강력한 사회
통제기구 역할을 하는 데에 주의를 환기시키기 때문이다. 의료화는, 과거
에는 의학적 문제로 여기지 않던 영역, 예컨대 고령, 출산, 음주 그리고
어린이 행동 등에까지 의학전문기술을 적용시키는 경향을 뜻한다(Conrad
and Schneider, 1980). 이 과정은 정상적 삶의 여러 측면까지 의료문제로
만들거나, 의학적으로 재정의한다. 졸라(Zola, 1972: 487)가 말한 것처럼,
"의료는 더 전통적인 사회기구인 종교나 법을 포괄하지는 않더라도 최소
한 그것들을 배제해 가면서 주요한 사회통제기구가 되어가고 있다." 그
는 사회 전체의 변화, 특히 전문가에 점점 더 의존하게 만드는 '복잡하게
관료제화되는 사회제도'가 의료화과정의 배경이라고 말한다(Zola, 1972:
500). 의료전문기술에 의존하기 시작하면 보통사람들은 자신의 문제에
대응할 능력을 잃게 된다(Illich, 1976).

의료화이론은 질병을 본질적으로 불평등한 사회적 상호작용이나 타협
의 산물로 정의한다는 점에서 현상학적 접근과 마르크스주의적 접근을
혼합한 것이라 할 수 있다(Conrad and Schneider, 1980). 즉 사람들은 사
회적 실재를 구성하는 데 다같은 힘과 영향력을 지니는 것은 아니다. 전
문가는 무엇이 아픈 상태인가를 일반인보다 항상 더 잘 정의할 수 있다.

이 말은 사회적 규제의 가능성이 상당히 크다는 사실을 의미하는데, 그 이유는 만일 어떤 일이 의료문제로 규정되면 보건의료전문가가 감시, 개입, 판단할 권한을 갖게 되기 때문이다.

의료화의 개념이 가장 잘 나타나는 것은 바로 출산과 관련해서이다. 이미 보았듯이, 임신과 출산은 주로 남성 의료인에 의해 완전히 통제되고 있다. 출산에는 온갖 종류의 의료기술이 동원되고, 여성은 임신시점부터 분만 후까지 세밀한 감시를 받는다. 출산이 '의료문제'로 규정되기 때문에 임상적 안전성에 의거해서 개념화되며, 여성은 병원에서 아이를 낳도록 강요당한다. 여성의 경험과 출산의 의미를 규정하는 의료문화 사이에는 갈등이 존재한다(Kitzinger, 1992). 가정내 출산이 더 안전하다는 증거도 많이 나오고 있다. 가정에서는 감염의 기회도 적고 기술적 개입도 덜 당할 것이라는 주장이다(Oakley, 1984; Tew, 1990). 그러므로 의료화 이론에 따르면 전문가는 본질적으로 '정상적'인 일상사 또는 사회문제에까지 생의학적·기술적 해결책을 제공하는 경향이 있다는 것이다. 그러나 여기에는 역설이 존재한다. 의료화 이론은 전문가가 질병의 사회·심리학적 맥락을 고려해야 한다고 말하지만, 만일 전문가가 실제로 그렇게 행동하면 더 큰 사회영역을 의료화시킨다고 비판받기 쉽다(Doyal with Pennel, 1979). 따라서 더 인도적인 의학은 동시에 더 포괄적인 사회적 규제가 될지도 모른다.

사회구성주의의 비판

사회구성주의는 의과학의 기반을 이루는 경험주의에 완전히 반대된다(Taylor and Ashworth, 1987). 왜냐하면 구성주의자는 실재를 이해하는 것이 바로 우리의 사고와 패러다임을 통해서라고 주장하는 반면, 경험론자(그리고 대부분의 의과학자)는 실재하는 대상을 보고 그것을 묘사할 수 있다고 믿기 때문이다. 어떤 특정 질환을 이해하기 위해서 구성주의자는 그 질환을 둘러싼 담론을 이해해야 하겠지만, 경험론자와 의료인이라면 질환 그 자체의 생물학적 표현만 관찰하면 될 것이다. 그러나 건강과 질병의 사회학에는 여러 갈래의 구성주의가 있으며, 개중에는 외부적 실재의 존재를 인정하는 측도 있고, 인정하지 않는 이론도 있다. 구성주의는 단일한 이론이 아니며 그 접근방식에도 몇 가지 차이가 존재한다. 예를 들어 '급진적 구성주의'는 생물학적 기반의 존재를 부정한다. 암스트롱(Armstrong, 1983a: 2)이 이같은 입장을 취한다.

> 몸이 비로소 보이기 시작했다고 해서 어떤 확실한 생물학적 실재가 마침내 의학연구에 의해 밝혀졌다고 말할 수는 없다. 새로운 임상기술 속에서 몸을 읽을 수 있는 언어가 생겼기 때문에 몸이 보이는 것뿐이다.

그렇지만 대부분의 사회학자는 외부적 실재가 존재한다고 추정하면서도 거기에는 여러 가지 설명방식이 있다고 주장한다. 이러한 입장을 록(Lock, 1988: 7)은 다음과 같이 요약한다.

> 모든 의학지식의 사회·문화적인 특성을 증명하고 싶지만 … 생물학적 실재가 존재하는 것은 사실이다. 그러나 그 실재를 설명하고 정리하고 조작하려는 순간, 맥락화의 과정이 일어난다. 그 과정 속에서 생물학과 문화가치 및 사회질서 사이의 상호작용이 고려되어야 한다.

록의 입장은 실재론에 더 가까운 것이다(Bhaskar, 1979; Taylor and Ashworth, 1987; Sayer, 1992). 실재론적 접근에 따르면 구성주의는 생물학적·사회적·물리적 현상의 실질적인 효과를 인정하지 않는 한계를 가진다고 한다. 실재론자는 현실세계와 그것을 묘사하는 것 사이에는 분명한 차이가 존재한다고 지적한다. 또한 그들은 설명마다 타당성의 정도가 다르며, 그 중에서 분명히 인식할 수 있는 효과를 지닌 것이 가장 타당한 설명이라고 주장한다. 예를 들어 사람이 물 위를 걸을 수 없다는 관념은 그 효과가 너무나 명백하므로 타당한 설명이 된다. 구성주의자에 대한 실재론자의 비판은 건강과 질병에 대한 정치적 논쟁에도 함축된 의미를 가진다. 예를 들어 계급과 건강상태에 관한 자료는 양자 사이에 상관관계가 있음을 보여준다. 계급적 위치가 사람의 몸에 미치는 실제 영향을 고려한다면, 이 설명에 타당성이 있음을 알 수 있다(7장을 보라). 그러므로 이러한 상관관계를 단순히 역학연구 기법상의 인위적 구성물(artefacts)로 보는 구성주의자는, 불평등을 강화하는 정치적 환경에 도전하는 시도 뿐 아니라, 인간 경험의 타당성 역시 부정하게 되는 것이다.

이것과 관련된 비판은 사회구성주의가 진보의 가능성을 막는다는 것이다. 의과학의 발전을 평가할 분명한 잣대가 없다면, 어떻게 갖가지 치료나 기술적 개입의 상대적인 장점을 판단할 수 있겠는가? 비판자들은 또한 천연두의 퇴치와 같은 의학의 업적을 지적하고, 과학적 지식과 연구의 타당성을 입증할 충분한 증거가 있다고 주장한다. 이것은 설득력이 있고 중요한 비판임이 분명하다. 그러나 모든 지식이 사회적으로 조건지어져 있다는 주장은 모든 지식이 가치없다는 진술과는 다르다. 구성주의는 지식이 창조되는 방식에 대해 또 다른 대안적 이해를 찾고자 하는 것이다.

이 장을 읽는 대부분의 독자들은 사회구성주의의 논리에 내재된 문제가 또 있음을 이미 발견했을 것이다. 구성주의에 따르면 문제는 모든 지식이 사회적으로 상대적이라는 데에 있다. 물론 이 말은 구성주의 자체에도 의문을 제기한다. 만일 의학지식뿐 아니라 모든 지식이 불확정적이라면, 사회구성주의는 어떻게 타당하다고 할 수 있겠는가? 이것을 상대주의의 문제라 한다. 베리(Bury, 1986, 151-2)에 따르면 이것은 풀 수 없는 문제이며, '합리성이나 과학적 방법에 의한 객관적 검증을 부정'함으로써 사회구성주의자들은 '상대주의의 심연'에서 헤어나지 못할 위험에 직면한다고 말한다. 천식의 지식이 사회적·정치적 환경과 연관되어 있음을 구성주의적으로 예증한 개비(Gabbay, 1982)도 이 문제의 어려움을 인정한다. 그는 엄격한 과학적 원칙을 적용했을 때 영구적·객관적·사실적인 지식이 산출된다는 의학의 전통적 견해를 '부정'하는 것이 불가능하다고 실토한다. 이 딜레머는 쉽게 풀리지 않으며 개비(Gabbay, 1982: 43)는 다음과 같이 말한다.

우리는 증명할 수 없다는 이유로 [사회구성주의적인] 통찰을 버리거나, 아

니면 부적절하고 과학주의라는 이유로 [과학적] 증명의 필요성을 외면해야
하는 선택에 직면해 있다. 그 선택은 분명 우리의 선입견에 달려 있을 것이
다. 전통적인 의학관에 집착하는 사람은 확신을 가지고 … 증명할 수 없는 이
론을 불신할 것이다. 반면에 증명할 수 없는 이론도 타당성이 있을 수 있다는
자세를 가진 사람은 점점 더 전통적 견해를 검토해 보게끔 될 것이다.

마지막으로, 비판자들은 의료화의 과정이 과장되었으며, 이 이론이 풍
기는 음모적 연상에 이의를 제기한다(Bury, 1986). 예를 들어 여성이 의
료전문직에 의해 의료기술에 의존적으로 된다는 주장은 경험적 연구에
따르면 실상과 다르다는 것이다(Reissmann, 1983; Calnan, 1984a). 진정
제 사용에 관한 연구에서도 모든 의사들이 지배적인 이데올로기를 영속
화시키는 방식으로 생각하고 행동하지는 않으며, 여성과 노동계급 환자
들이 무조건 의사가 한 말을 다 믿지도 않는다는 사실이 드러났다(Gabe
and Calnan, 1989). 따라서 의료화이론은 일반인, 특히 여성들이 의료에
대항하는 능력과, 자신의 지식과 경험에 의존하는 능력을 과소평가한다
고 생각된다.

물론 사람들이 삶의 문제를 의료문제로 수동적으로 받아들인다는 것
은 지나치게 단순한 주장이지만, 더욱 더 삶의 여러 측면이 건강과 질병
에 따라 개념화되는 것은 사실이다. 예를 들어 우리의 라이프스타일-먹
고 마시는 것, 운동량, 스트레스의 양-은 점점 더 건강과 관련해서 이해
되고 있다. 그러나 이런 현상이 의료전문직과 관계있는 만큼이나 건강의
상업화 및 상품화와 관계가 있을지도 모른다.

의료시술과 보건의료에 함축된 의미

이 장에서 우리는 의학지식이 사회적으로 창조되며, 이미 존재하는 실
재도 사회적·담론적 맥락 속에 불가분 연관되어 있다는 주장을 살펴보았
다. 그러므로 지금까지의 논의는 의학, 전문직, 보건의료에 관해 우리가
믿어온 전제에 도전을 한 것이다. 즉 의료전문직 권력의 기반이 도전받

고, 서구의 보건의료체계 속에 있는 여타 치유형태와 비교해 생의학적 치료의 중요성이 의문시되며, 의료가 사회적 규제를 도왔을 때 나타나는 사회적 결과에 비판적인 평가가 내려진다.

전문직의 힘과 지위는 그들이 전문적 지식을 가졌다는 주장과 연관되어 있다. 전문인 등록제도는(예를 들어 1858년 의료법에서 확립된 의료인등록) 공인된 전문교육 이수자만이 시술할 수 있도록 보장한다. 구성주의적 접근은 지식의 정당성을 재검토하면서 사회·정치적 투쟁의 산물인 전문직 영역의 기반에 의문을 던진다. 예를 들어 라이트(Wright, 1979)는 18세기 의학과 점성술의 비교연구에서, 의학의 이념적 전제와 업무가 당시 대두하던 자본주의 이념과 합치된 반면, 점성술은 그렇지 못했기 때문에 의학만 성공할 수 있었음을 밝혔다.

생의학적 혁신과 의료전문직의 확립은 동시에 일어났으며, 전통적인 역사기술에 따르면 "양자는 매우 긴밀한 관계를 가지고 있었고, 새로운 과학과 그 능력 덕분에 의료전문직은 인정과 지위를 부여받을 수 있었다"(Shortt, 1983: 54). 따라서 중요한 것은 의학의 내용이 아니라 의학이 이용되는 방식이라고 쇼트는 주장한다. 의사는 자신을 과학의 본보기인양 내세웠고 이 결과 전문직의 지위도 향상되었다.

　　과학적이라는 의학이 치료법을 많이 개발하지는 못했다 하더라도, 객관성을 담보로 시대와 장소와 계급을 초월하는 만족스러운 설명은 제시할 수 있었다. 출산에 관한 의학의 태도에서 나타나듯이, 이같은 과학적 설명이 전통적인 사회가치를 확인시켜 주었을 때 의학의 대중적 인기는 보장되었다. 생의학적 혁신이 의료의 전문직화를 촉진시킨 것은 바로 이처럼 널리 퍼져 있던 자연과학 지식의 맥락 속에서였다.(Shortt, 1983: 68)

따라서 과학은 의료전문직이 안전하고 효과적인 치료를 제공할 수 있는 것은 자신들밖에 없다고 대중과 국가를 설득시키기 위해 동원한 방편이었다. 의료전문직이 그렇게 할 수 있었던 것은 의과학기능 자체의 내용 때문이 아니라, 국가의 공인을 얻기 위해 의료인들이 채택했던 사회·정치적 전략의 효과 덕분이었다(8장을 보라).

자연적 대상에 대한 늘어나는 과학지식 때문에 의료전문직이 용인된 것이 아니라, 의료전문집단의 활동 때문에 그 대상의 '실재'가 확인될 수 있었다는 것이다. 아니(Arney, 1982: 19)가 밝힌 것처럼, 산과학이라는 전문직은 '기술적으로 월등하거나 대단한 과학적 발전 때문이 아니라, 전략적인 성공' 덕택에 성공할 수 있었다. 일단 산파에 비해 강력한 지위를 얻고 나서는, 산과학은 관찰과 감시기법을 통해 시술범위와 내용을 넓혀나갈 수 있었다. 19세기 산과의사들은 '까다로운' 출산만 맡았지만, 20세기에 들어서는 점차적으로 모든 출산이 잠재적으로 문제가 있다는 식으로 개념이 바뀌었다. 이 과정은 감시장치(전자 태아감시기구와 같은)의 사용을 통해 확립되었다. 아니(Arney, 1982: 100)는 다음과 같이 설명하였다.

> 산과의사는 감시를 통해 산과학의 범위를 지역사회와 더 나아가 모든 여성의 삶으로까지 넓힐 수 있었다. 또한 산과의사는 갖가지 감시계획을 통해 통제의 대상을 더 잘 보이고, 더 가깝고, 더 잘 '알게끔' 만들어서 권력과 통제를 확장시켜 나갔다. 감시개념이 확립된 후에는 비정상적이고 잠재적으로 병적인 출산에만 영역을 한정할 필요가 없었다. 모든 출산이 산과학적 시선의 대상이 되었다.

마찬가지로, 치의학에 관한 연구에 따르면(Nettleton, 1992), 치과전문직은 그 대상—잠재적으로 썩을 우려가 있는 치아—을 공중보건과의 연계를 통해 확립할 수 있었고, 대신 공중보건은 감염성 질환을 예방하기 위해, 치과학이 대중의 구강을 감시하는 것을 정당화시켜 주었다. 대규모의 검진을 통해 구강상태를 평가하고 비교한 결과, 보통 사람의 구강을 비교할 수 있는 기준인 '정상적' 구강개념이 형성되었다. 이처럼 치의학이 그 대상을 확립하고 치과전문직이 출현한 것은 단순히 외과학의 한 전문분야로서 발전한 것이 아니라, 광범위한 일상적 예방을 통해서였다.

사회구성주의 문헌은 의과학의 기틀과 신뢰에 의문을 던지고 다른 형태의 지식의 지위를 상대적으로 제고시키는 여러 가지 의학비판으로 가득 차 있다(1장을 보라). 예를 들어 건강과 질병에 관해 개인의 경험에서 우러난 지식이 더 큰 타당성을 가질 수도 있다. 또한 [일반인에 의한 질병관이] 최근 10년간 더 상세한 평가·검토대상이 되어 온 의료인들의 시술활동에 실제적인 영향을 미치고 있다. 게다가 구성주의적인 생각이 조금이라도 심각하게 받아들여진다면, 전문직의 정체성에도 변화가 올 것이다. 의료전문가도 더욱 더 생의학에 대한 확신이 줄어든다고 인정하고 있다(Aakster, 1986). 그러므로 구성주의논쟁은 건강과 보건의료의 사회적 맥락에서 촉발되기도 하고, 그것에 도움을 주기도 한다. 이 배경이 바로 점점 더 포스트모더니즘으로 정의되는 사회적 맥락인 것이다.

결론: 사회구성주의와 포스트모더니즘

절대진리의 필요성 또는 그 모색은 포스트모더니즘 사회 속에서 겉치레뿐인 일이 되었다고 말할 수 있을지 모른다. 실로 합리적 과학에 근거한 진리를 찾는 것은 본질적으로 근대적인 관념에 기인한다. 포스트모더니즘의 범위를 설정하려는 학문적 시도가 대단히 많지만(Featherstone, 1991a; Smart, 1992), 여기서는 그것의 특징을 소개하고, 사회구성주의를 어느 정도나 포스트모더니즘의 한 요소로 볼 수 있을 것인지 간략히 검토하면서 결론을 내린다.

첫째, 포스트모더니즘은 어떤 단일진리나 실재를 부정하고, 다층적 실재의 공존을 강조함으로써 모더니즘과는 분명한 단절을 보인다. 둘째, 단일하고, 일관되고, 통합된 단선적 진보사관에 대한 믿음을 버린다. 정통적인 단일'역사' 대신에 여러 가지 역사가 있을 수 있고, 또 중요한 사건에 대한 관심보다는 평범한 일상사에 더욱 초점을 맞춘다. 베버의 합리화이론 같은 거대담론은 사라지고, 특수성, 단절성, 차별성이 강조된다. 셋째, 지식의 위계가 무너져 '전문가'의 지위는 위협받고 비전문가의 생각과 해석도 똑같은 타당성을 가진 것으로 간주된다. 엘리트 문화와 대중문화, 지식인과 대중문화인, 의료전문가와 일반인 사이를 가르는 구분이 희미해진다.

그러므로 사회구성주의는 최소한 세 가지 이유에서 포스트모더니즘의 특성을 가진다고 말할 수 있다. 첫째, 진리의 존재를 부정하고, 질환과 몸에 관해 유일하고 타당한 설명을 발견할 수 있는 가능성을 부정한다. 둘째, 점점 더 타당한 질환의 지식을 발견해 왔다는 진보의 이야기로 역사를 기록하는 전통적인 의학사를 비판적으로 본다. 반면에 사회구성주의는 절충적인 접근방식을 취한다. 일련의 개별적이고 단절적인 논점을 제시하며, 단일하고 전일적인 진리를 설명하려고 하진 않는다. 셋째, 소위 의료'전문가'와 일반인 사이의 관계에 의미를 부여한다. 모든 설명과 지식의 유형은 합리적 과학에 근거하든, 경험적 지식에 근거하든 동일한 타당성을 지닌다는 것이다. 따라서 이제 그토록 오랫동안 의학에 비해 '열등하다'고 취급되어 온 일반인의 견해를 살펴보기로 한다.

제3장
일반인의 건강관, 라이프스타일 및 위험성

서론

사회학이 질병의 여러 양상을 연구해온 지는 오래되었지만 건강의 사회학 발전에 주의를 기울이기 시작한 것은 비교적 최근의 일이다. 이같이 점증하는 사회학적 관심은 우리 삶의 여러 부문에서 건강한 삶에 대한 절대적 중요성이 점점 더 뚜렷해져 가는 현실을 반영한다. 예를 들어 스포츠 경기와 운동은 '건강한 활동'으로 간주되고, 음식은 '건강성'에 따라 판매되며, 생활용품도 건강한 환경을 유지할 수 있도록 생산된 '그린(green)' 제품이라고 선전된다. 더 나아가 온갖 종류의 활동이 건강과 연관되어 개념화된다. 예를 들어 걷기, 자전거 타기, 아이스크림 소비, 흡연, 휴식, 휴가 등 삶의 광범위한 양상이 '건강 관련' 활동으로 취급된다. 이러한 건강제일주의(healthist)의 사회와 더불어, 건강 및 건강한 라이프스타일이 상업화되고, 상품화되며 또 소비된다. 이런 현상은 신문 가판대에서 *Health and Fitness*, *BBC Good Health*, *Here's Health*, *Your Health and Lifestyle*, *Healthcare* 등의 잡지가 날로 늘어가는 것을 보아도 알 수 있다. 건강에 대한 사회학의 관심은 일차적으로 질환에 초점을 맞추었던 생의학적 모형과 관련하여 출현하였다. 사회학자들은 건강과 치유에 더욱 더 전일적으로 접근하기 위해서는 긍정적인 건강과 안녕의 개념을 포괄해야 한다고 주장하였다. 건강이라는 개념 자체를 탐색할 필요가 있고, 그러한 탐색과정에서 일반인의 견해를 반드시 고려해야 한다. 또한 전인적 건강모형이나 사회·환경적 건강모형은 질환을 예방할 필요를 강조하므로 보통사람의 건강유지 방식을 반드시 이해할 필요가 있다. 다시 말해 일반인의 라이프스타일을 조사해야만 하는 것이다. 라이프스타일이란 사람이 살아가는 방식을 지칭하며, 이러한 삶의 방식은 사람들의 소비유형11)에 의해 형성된다. 건강과 관련지어 볼 때 라이프스타일은 식생활, 합법적·비합법적 약물의 사용, 흡연, 여가와 스포츠 활동, 성행위 그리고 신체유지의 여러 측면을 의미한다. 이러한 활동은 건강상태의 잠재적인 위험인자(risk factors)로 간주되므로 크게 중요하다고 생각된다.

그러므로 이 장에서는 건강의 사회학에서 핵심적인 세 가지 문제, 즉 일반인의 건강관, 라이프스타일 그리고 위험성을 검토한다. 따라서 일반인의 건강관은 넓은 사회·문화적 맥락에 뿌리내리고 있으며, 라이프스타일은 개인이 삶을 영위하는 사회·경제구조와 뗄 수 없는 관계를 이룬다는 점을 논한다. 사실 일반인의 건강관-일반인이 행하는 건강의 이해와 해석 또 건강관련 행위-을 통해서 사회학자들은 그러한 생각, 믿음 및 행동이 사회적으로 얽혀 있는 정도를 파악할 수 있었다. 일반인의 건강관은 단순히 의학지식을 낮은 수준에서 설명하는 것이 아니다. 그것은 사람의 사회구조적 위치, 문화적 맥락, 개인의 인생역정 그리고 사회적 정체성과 같은 광범위한 환경에 의해 형성된다.

건강의 이해가 [사회·문화적] 맥락에 얽혀 있다는 사실을 인식하는 것은 실제적으로도 의미가 있다. 근래에 건강은 단순히 생물학적 현상으로서가 아니라 사회적·행동적 요인의 산물로 여겨지게 되었고, 따라서 보건정책은 사람들이 라이프스타일을 개선하고 건강한 생활방식을 채택하도록 촉구한다. 그러나 사람들의 사회적 배경을 무시하고 라이프스타일 요소만 강조하는 것은, 일반인의 건강관에 대해 우리가 아는 바를 감안해 볼 때, 어느 정도는 억지에 가깝다. 건강에 영향을 줄 수 있는 행동은 거의 반드시 건강에 관한 의미뿐 아니라 사회적 의미도 지니기 때문이다.

---

11) 앞으로 살펴보겠지만(7장), 건강과 질병의 유형은 라이프스타일 행태에 의해서만 영향받는 것이 아니며 계급, 지역, '인종,' 사회적 성차 등 개인이 속한 구조 내에서의 위치에 의해서도 좌우된다.

예를 들어 성과 관련된 행동은 건강과 전혀 상관없는 사회적·개인적·문화적 의미도 아울러 지닌다.

위험성은 최근 여러 가지 이유에서 의료사회학의 중요한 개념으로 대두되었다. 첫째, 위험성은 역학자에 의해 흡연과 같은 불건강한 라이프스타일 요소를 찾기 위해 총합적 확률(aggregate probabilities)[12]의 형태로 이용된다. 그러나 일반인의 건강관 연구에서 앞으로 살펴보겠지만 이러한 총합적 수준의 위험성 관념이 반드시 개개인의 삶을 결정짓는 의미와 이해에 적합하지 않을 수도 있다. 위험성이 문제되는 두번째 이유는 상상과 계산을 뛰어넘는 결과를 지닌 핵무기, 전쟁과 같은 위협이 점차 증대되는 현상 때문이다. 이러한 종류의 위험성은 인간이 만든 것이긴 하지만 그것을 창조한 '전문가'의 '노우하우(know-how)'를 초월한다. 근대성의 특징이 진보와 통제인 반면 우리는 불확실과 불안으로 특징지어지는 시대에 진입하고 있다(Beck, 1992a; Giddens, 1990). 셋째, 위험성을 더욱 더 인지함에 따라 건강위협에 대한 사람들의 반응과 내성에도 영향이 온다. 예를 들어 에이즈(AIDS)의 경우 이런 현상이 뚜렷한데, 위험 정도를 과대평가하는 사람일수록 강압적인 개입방식을 선호할 가능성이 높다(Pollack, et al., 1992). 에이즈의 출현은 개인수준과 사회 전체수준에서 위험성의 인지도를 높였다. 어떤 행동을 하면 이 병에 감염될 위험이 높아질 것이라는 점에서 에이즈는 '라이프스타일 질환'의 특징을 갖는다. 그러므로 이 장을 위험성 개념 및 라이프스타일과 연관지어 에이즈를 논하면서 끝맺는 것이 타당할 것이다.

---

12) 통계학에서 총합(aggregate)이란 개념은 어떤 특성을 공유하되 서로간에 직접적인 사회적 연관성이 없는 사람들의 집단 또는 분석의 단위를 말한다. 예를 들어 '담배를 피우는 한국인'을 집계하여 폐암발생률을 예상하는 것은 총합적 확률에 의거한 분석방법이다. 그러나 이러한 구조적 접근이 개개인의 차원에서 경험하는 흡연의 사회·심리적 의미를 포착할 수 있을지, 또 구조와 개인차원의 분석을 통합할 수 있을지 하는 점은 의료사회학계의 오랜 과제로 남아 있다. ─ 역주

일반인의 건강관

일반인의 건강관을 사회학적으로 연구하면 여러 가지로 보건의료에 도움이 된다. 첫째, 연구결과는 단순히 전문가가 '부정확한' 지식이라고 치부하곤 하는 일반인의 [건강] 개념화 방식을 잘 알게 해주므로 전문가-환자 상호작용의 이해를 도울 수 있다(Currer and Stacey, 1986: 1).

둘째, 건강유지와 질환예방에 관한 일반인의 생각을 이해하는 것은 보건교육과 보건증진 프로그램의 효율성을 높이는 데에 결정적이다(9장을 보라). 예를 들어 사람들이 자신의 건강을 더욱 책임지도록 만들자는 교육 캠페인이 있다 하더라도, 그들이 질환발생에 운명론적인 견해를 가지고 있다면 효과가 없을 것이다(Pill and Stott, 1982). 워릭 등(Warwick et al., 1988)은 일반인의 에이즈관이 생의학적 설명에 의존하는 공식적인 보건교육의 내용을 크게 변화시킬 수 있으며, 일반인의 건강관을 이해하면 특정 성행위와 관련된 사회적 상황 및 그 위험성을 사람들이 지각하도록 하는 데 대단히 큰 도움이 될 수 있다고 지적한다.

셋째, 건강관의 연구는 비공식적 보건의료에 관한 우리 지식을 넓혀줄 수 있다. 스트롱(Strong, 1979a: 605)은 다음과 같이 지적한다.

인간의 행위는 체현되어(embodied) 있으므로 몸을 돌보고 유지하는 것은 모든 인간행위의 전제조건이다. … 우리는 스스로와 타인을 위해 의사가 되어야만 하며, 그렇기 때문에 여러 가지 의학이론, 진단절차 및 치료술을 습득하고 연마한다.

이 점에서 일반인의 건강관을 연구하면 보건의료의 맥락에서 환자의 지위를 격상시킬 수 있다(Herzlich and Pierret, 1987: xiii). 게르하르트(Gerhardt, 1989: 304)는 다음과 같이 주장한다.

이 점이 중요한 이유는 권력관계라는 면에서 이해된다. 만일 환자가 보건의료에 있어서 [의사의] 전문적 치료보다는 자가치료로 자기건강을 돌볼 줄 아는 동등한 파트너라면, 그 환자의 설명적 이론은(통념에 근거한 것일지라도) 보건의료 예산과 조직을 결정하는 당국에 의해 의학적 설명만큼이나 진지하게 대우받을 권리가 충분히 있다.

더욱이 대부분의 보건의료업무는 자가치료 또는 친지간호의 형태로 일반인이 담당한다. 스테이시(Stacey, 1988)가 말하듯 우리 모두는 보건 직 종사자인 것이다.

일반인의 건강관에서는 다음과 같은 것을 논할 것이다. 즉 건강관과 건강유지 행동, 건강의 정의, 건강유지와 질환예방간의 관계, 건강관의 이념적 기반 그리고 일반인의 건강설명이 그것이다.

건강관과 건강유지 행동

일반인의 건강관을 조사한 연구 중에는 사람들이 건강의 유지와 질환 의 원인에 관해 복합적이고 정교한 이론을 가지고 있음을 보여주는 자료 가 많다. 1950년대부터 1970년대까지 의료사회학자들이 행한 연구는 대 부분 보건의료전문가에 의해 영향을 받았다. 당시 사회학자는 다음과 같 은 주제에 관심을 기울였다. 첫째, 보건의료 서비스의 낮은 이용, 즉 이환 율 조사에 의하면 증상을 경험하는 사람 중 상당수가 치료를 받지 않았 으며 따라서 사회 속에는 질병의 빙산이 존재한다는 것이다(Wadsworth et al., 1971; Hannay, 1979). 둘째, 보건의료 서비스의 지나친 이용, 즉 많은 사람들이 사소한 일로 의사를 찾는다는 것이다(Cartwright, 1967; Cartwright and Anderson, 1981). 셋째, 환자가 의사의 조언과 지시를 듣 지 않는 경우가 많았다. 초기의 연구에 따르면 증상에 대한 사람들의 반 응은 그들의 문화적 배경에 의해 조건지어지며(Zbrowski, 1952; Zola, 1966), 전문가의 도움을 구하는 결정은 사회적 요인에 의해 매개된다고 한다(Zola, 1973). 이런 연구로부터 대두된 개념이, 증상에 대응해 나타 나는 행동인 **질병관리행동**(illness behaviour)과, 건강의 유지와 관련해 나타 나는 행동인 **건강관리행동**(health behaviour)이다(Kasl and Cobb, 1966).

일반인의 건강관에 관한 초기의 연구가 환자가 [전문가의] 도움을 구 하는 행동과 그 지시를 따르는 데에 관심을 기울였다면, 최근의 연구는 주로 건강관련 행동을 다루고 있다. 이 변화는 질환이 사회적이고 행동적

인 요인에 의해 야기된다는 사실을 더욱 인식한 결과이다. 전문가는 사람
들에게 선별검사(screening)13), 건강진단 및 예방접종과 같은 건강관리 절
차(health procedures)와, 건강한 식습관 및 운동과 같은 건강관리 실천
(health practices)에 참여하도록 촉구한다. 어떻게 하면 사람들로 하여금
건강관리 절차와 실천을 행하도록 할 것인가가 중요한 연구과제로 대두
되었고 그에 따라 많은 문헌이 발표되었다. 두 가지 중요한 이론적 접근
을 들자면, '건강통제 소재이론(health as a locus of control)'(Wallson et al.,
1978; Lau and Ware, 1981)과 '건강관 모형이론(health belief model)'(Ro-
senstock, 1974; Becker, 1974)이 있다. 건강통제 소재이론에 따르면 사
람들은 자신의 삶을 스스로 관리할 수 있다고 믿는 쪽, 아니면 관리할 수
없다고 믿는 쪽 어느 하나에 속하는 경향이 있다고 한다. 자기 안에서 우
러난 행동으로 자신의 건강을 관리할 수 있다고 생각하는 사람은 '내재
형(internals)'으로 간주되는 반면, 운명론적 견해를 가진 사람은 '외재형
(externals)'으로 분류된다. 이 이론에 따라, 면접을 통해 외재형으로 확인
된 사람에게는 내재형으로 전환시키기 위한 보건교육을 시도해볼 수 있
을 것이다.
　건강관 모형이론에서는 사람들이 자신의 건강관리행동을 변화시키기
위해 얼마나 동기유발될 수 있는지를 알아보기 위해 사람들의 믿음을 조
사한다. 동기화 정도를 나타내는 지표는 질병감수성, 질병영향, 건강관련
행동에 따르는 비용과 이득의 인지 등을 말한다. 그러나 이러한 사회·심
리학적 건강행동 모형은, 모형이 주장하는 것만큼 행동상의 변화를 예측
하지 못한다는 이유로 경험적인 비판의 대상이 되었다(Calnan, 1984b).
사회 심리학자들이 고안한 면접에서 표시한 견해가 그 사람의 향후 행위
를 정확하게 예견하리라고 보기는 어렵다. 이 이론은 사회적 행위가 일
어나는 사회·구조적 기반을 포괄하지 않았다는 이유로 이론적으로도 도
전받고 있다(Bunton et al., 1991).
　최근의 연구는 행동(behaviour)으로부터 사회적 행위(social action)로

---

13) 결핵이나 당뇨병과 같은 특정 질환을 발견하기 위해 집단적으로 검진을 실시
　하는 것. —역주

초점이 옮겨가고 있어 이론적으로 더욱 진전되었다. 예컨대 건강을 형성하는 것이 무엇인가, 사람들이 질환의 발생을 어떻게 이해하는가, 일반인이 건강을 어떻게 유지하는가 등의 문제를 연구하는 것이다. 여기에서는 일반인이 가지고 있는 건강, 질병, 질환에 대한 믿음이 자기 나름대로의 논리와 타당성을 가지며 그 자체로서 연구할 가치가 있다는 사실을 인정한다(West, 1979: 162; Stacey, 1988: 142). 이러한 연구는 일상생활의 기본전제를 밝히려고 모색하는 해석사회학적 전통 특히 현상학을 주로 원용한다(Turner, 1987: 4). 이 방법의 이점을 캘넌(Calnan, 1987: 8)은 다음과 같이 요약한다.

　　해석적 접근을 취하는 가치는 … 일반인이 자기행위에 부여하는 의미를 통해 그 행위를 이해하도록 주안점을 두는 데 있다. 또 의미란 그 자체가 일반인의 복합적인 지식과 믿음에서 비롯되며, 사람들이 그 속에서 일상생활을 해나가는 사회적 맥락과 밀접하게 연관되어 있다. 그러므로 이 접근방법은 건강에 관한 [일반인의] 믿음을 자기 류의 특유한(idiosyncratic) 것으로 치부하지 않고 그 믿음의 논리와 적실성을 강조한다.

　경험적 연구에 따르면 건강과 질병에 관한 관념은 지배적인 이념의 영향을 받고, 사회·구조적 환경에 의해 매개된다. 또한 우리가 이미 본 대로 경험적 연구는 지식, 태도 및 행동간의 불확실한 관계를 예증함으로써 사회적 행위를 이론화한다. 그러므로 이러한 연구는 사람들이 일상사에 적용하는 의미와 해석을 점검하며, 이런 점에서 사회학적 연구의 한 중심적 목적에 기여할 수 있다(Bauman, 1990: 10).

건강의 정의

　관례적으로 건강의 **부정적** 정의와 **긍정적** 정의, 그리고 **기능적**(functional) 정의와 **경험적**(experiential) 정의를 구분한다(Calnan, 1987: 17-9). 건강의 의학적 견해 — 질환의 부재 — 는 명백히 부정적이다. 이와 대조적으로 긍정적인 정의를 들어보면 세계보건기구(WHO)가 제시한 것-신체적·정신적·사회적으로 완전한 안녕상태-이 있다. 기능적인 정의란 정상적인 사회적 역할에 참여할 수 있는 능력을 의미하며(Parsons, 1979), 이것은 자아의식을 고려하는 경험적 정의와 대비된다(Kelman, 1975). 건강을 정의하는 또 다른 접근방식은 사람들이 지각하는 건강개념을 조사하는 것이다. 예를 들어 윌리엄스(Williams, 1983)는 애버딘에 사는 노인들의 면접을 통해 일반인의 세 가지 건강개념을 밝혔다. 즉 질환이 없다는 의미의 건강, 강건하거나 쇠약하거나 피곤한 차원의 건강, 그리고 기능적으로 적합한 상태로서의 건강이 그것이다. 이 세 가지 개념화는 10년전 파리와 노르망디 시골에 사는 중산층 80명을 면담했던 에르즐리슈(Herzlich, 1983)가 해석한 결과와 거의 맞아떨어진다. 그녀는 질환이 없는 상태인 '공백 속의 건강(health in a vacuum)', 나이에 따라 늘거나 줄기도 하는 질병에 대항하거나 대응할 수 있는 생물학적 능력인 '비축된 건강(reserve of health)', 그리고 흔치 않은 정상적 건강인 '평형상태(equilibrium)'를 발견하였다.

경험적 연구에 의하면 일반인의 건강관은 이런 여러 차원을 결합시키는 경향이 있다고 한다. 그러나 건강관의 유형과 사회적 위치 사이의 연관성을 시사하는 증거가 있다. 예를 들어 프랑스인 4천명을 대상으로 실시한 연구에서 두타르와 필드(d'Houtard and Field, 1984)는 비육체노동 응답자가 건강을 더욱 긍정적이고 개인화된 방식으로 개념화시키는 반면, 육체노동 응답자는 더욱 부정적이고 수단적인(instrumental) 정의를 내린다는 사실을 발견하였다. 영국에서 실시된 연구에 따르면 노동계급 여성은 기능적인 건강개념을 갖기 쉬우며(Blaxter and Peterson, 1982; Pill and Stott, 1982; Blaxter, 1983a), 그 이유는 그들이 그 속에서 사회적 의무를 수행해야 하는 경제적 압박과 상황 때문인 것으로 보인다. 예를 들어 필과 스토트(Pill and Stott, 1982: 49-50)의 연구에서 인용된 한 여성은 '좋은 엄마'는 무조건 계속 일을 해야 한다고 말한다.

혼자 살 때엔 잘못한 일이 한 두 가지가 아니었지요. 그렇지만 결혼하고 나서는 정말이지 잘못하는 일이 없는 것 같아요. 왜냐하면 잘못한 게 뭐가 있을까 걱정할 시간이 없어서 그럴 거에요. 그 뿐 아니라 식구가 있으면 아플 수도 없어요.

마찬가지로, 콘웰(Cornwell)은 성차로 갈라진 분업이 여성의 질병에 대한 반응에도 영향을 미친다는 것을 발견했다.

　남자들은 애나 마찬가지에요. 남자 때문에 꾹 참고 살아야 하는 사정은 아무도 모를 거에요. 여자는 그냥 그러려니 하고 사는 수밖에 없어요. … 아마 남자보다 여자가 훨씬 아픈 데가 많을 거에요. 하지만 식구들이 있으면 여자는 쓰러질 때까지 일해야 하지요. 여자는 해야 할 걸 다 하고난 다음에야 "좋아, 자러 가자"고 할 걸요. 반면 남자야 아무 문제가 없죠. 아프면 아무 것도 안하고 누워 있잖아요, 그렇잖아요?(Cornwell, 1984: 140)

뿐만 아니라 이러한 경험은 '인종'도 초월하는 것 같다. 영국에 사는 파탄(Pathan)[14]계 기혼여성을 조사한 연구에서 커러(Currer, 1986: 193)는, "우리는 앓을 시간이 없습니다. 아파본 적이 없어요. … 건강하든 아프든, 좋든 나쁘든 우리는 우리 일을 합니다"라는 응답자들의 말을 보고했다. 그렇다면 분명 건강의 정의는 사람들의 일상생활 구조와 관계가 있다.

그러나 건강관과 사회구조적 위치의 관계를 과장해서는 안된다. 예를 들어 중간계급과 노동계급 여성의 비교연구에서 캘넌(Calnan, 1987)은 계급간의 분명한 차이를 발견하지 못했다. 자신의 건강에 대해 질문을 받았을 때, 노동계급과 중간계급 여성은 둘다 부정적인 정의를 내리기 쉬웠다. 즉 아프지 않고 '하루를 그럭저럭 지낼' 수 있으면 자기들은 '건강하다'고 간주하였다. 대조적으로, 건강에 관해 추상적인 말로 질문받으면 노동계급 여성은 중간계급 여성보다 더 부정적이고 기능적인 정의를 내리곤 했다. 중간계급 여성은 전체적인 안녕상태에 관해 더욱 조리있게 설명하는 경향이 있었다. 그러나 캘넌은 이러한 차이가 '진짜'인지, 또는 질적 면접(qualitative interviews)의 맥락에서 서로 다른 계급이 사용하는

---

14) 파키스탄과 아프가니스탄 북서부에 사는 목축, 농경민. ―역주

담론의 산물에 불과한지는 불분명하다고 신중한 태도를 보인다. 블랙스터(Blaxter, 1990)는 대규모의 대표표본에 바탕을 둔 양적 조사(quantitative study)에서 젊은이를 제외한 응답자들이 타인의 건강상태를 평할 때 질환이 없는 것을 건강의 가장 흔한 정의로 사용한다는 사실을 밝혔다. 그녀는 또한 건강의 정의는 일생을 통해 또 사회적 성에 따라 달라진다는 것도 발견했다(Blaxter, 1990: 30). 예를 들어 젊은 남성은 건강을 체력과 튼튼한 몸이라는 관점에서 보았지만 젊은 여성은 에너지와 활력 그리고 대응능력을 강조했다. 반면에 중년의 응답자는 정신적 안녕과 자족을 거론하였다. 여성은 건강을 정의할 때 더욱 자세하게 답변하였고 사회적 관계를 꼽는 경우가 많았다.

블랙스터의 자료를 이차적으로 분석하여 아시아계, 아프리카·카리브계, 백인계[15] 집단간의 비교건강관을 조사한 결과, 백인 응답자에 비해 아시아인은 건강을 기능적인 용어로 정의하였고, 아프리카·카리브인은 건강을 에너지와 체력으로 묘사하는 수가 많았다(Howlett et al., 1992). 백인이 아닌 응답자들은 질병을 불운 탓으로 돌리는 경우가 많았다. 이 사실은 사회에서 미약한 집단일수록 질병의 원인에 관해 운명론적인 견해를 가지기 쉽다는 도노반(Donovan, 1986)의 발견을 뒷받침한다. 하울레트 등(Howlett et al., 1992: 286)은 다음과 같이 지적한다.

만일 이 사실을 권력(의 결여) 차원으로 이해한다면, 아마 건강과 질병에 관해 '운명론적'으로 나타나는 태도를 설명할 수 있을 것이다. 사실 인종차별은 흑인의 삶 속에 언제나 존재하는 요소이며 건강 및 질병과 밀접하게 연결되어 있다고 생각된다.

건강유지와 질환예방

연구에 따르면 일반인의 논리 속에는 건강과 질병 사이에 분명한 구분

---

15) 영국에서 아시아인은 주로 인도, 파키스탄, 방글라데시, 중국인을 지칭한다. 1991년 현재 전인구 54,889,000명 중 아시아인은 3퍼센트(1,637,000명), 아프리카·카리브해 계통의 흑인은 1.6퍼센트(891,000명)에 해당한다[The Central Office of Information (1995), *Britain 1996: An Official Handbook*, London: HMSO]. - 역주

이 있으며 이 두 가지가 반드시 상호 배제적인 것은 아니라고 한다 (Williams, 1983). 우리가 이미 보았듯이 건강이 때로는 질환이 없는 상태로 간주되기도 하지만, 윌리엄스(Williams)는 사람들이 심각한 질환을 가진 환자를 두고도 여전히 건강하다고 여길 때가 있음을 발견하였다. 강인하고 튼튼한 몸을 가진 사람은 질환을 '이겨내고' 그것에 대응할 수 있는 '비축된' 건강 또는 건강자산을 가지고 있다고 보는 것이다(Williams, 1983: 189). 그는 이러한 네 가지 수준의 건강을 논한다.

> 1. 건강이 일시적으로 소모된 후 전부 또는 일부 회복됨.
> 2. 국소적으로 만성질환이 생겨서 몸이 '쇠약'해진 것이 아닌가 하는 의문이 제기됨.
> 3. 복합적인 양상을 띠고 전신이 '쇠약'해진 것이 확실히 나타남.
> 4. 회복될 수 있는 기력이 소진됨.
> (Williams, 1983: 193)

이것과 관련해 일반인의 논리 속에서는 건강유지 관념이 질환예방 관념과 분리된다는 사실도 발견되었다. 캘넌(Calnan, 1987: 12)은 건강과 질환이 정반대가 아니라고 서술한다.

> 일반인의 건강유지 관념은 질환예방 관념보다. … 더욱 조리가 있다. 이 사실은 사회계급을 초월해 모든 사람들이, 단순히 서로 연결될 수 없는 여러 가지 건강개념을 동시에 구사한다는 것을 뜻한다. 그러므로 건강증진과 질환예방은 정반대, 즉 긍정적이고 부정적인 것이 아니다. 그리고 여성들은 건강을 유지할 수 있는 방법을 분명히 알고 있지만 그 방법을 써서 반드시 질환예방도 할 수 있다고 보는 것 같지는 않다.

사람들은 식이조절, 운동, 휴식과 긴장을 푸는 것이 건강을 유지하는데 도움이 된다고 여기지만 그러한 행동이 질병이나 질환의 발생을 예방할 것이라고 보지는 않는다. 질환의 원인에 관한 생각은 행동적 요인보다는 생물학적 요인을 강조하는 경향이 있다. 예를 들어 노동계급 여성을 조사한 블랙스터(Blaxter, 1983a)는 그들이 질환의 원인으로 흔히 감염이나 유전인자 그리고 환경적 요인을 꼽는 사실을 발견했다. 그러므로 질환의 원인은 대부분 개인의 통제 밖에 있다고 간주된다(Pill and Stott, 1982). 따라서 질환의 행동적인 요인은 거부되는 경향이 있다. 예를 들어 런던의 노동계급을 조사한 콘웰(Cornwell, 1984: 166)의 연구에 따르면, 24명의 피면접자 가운데 22명은 흡연과 폐암 사이의 상관관계를 믿지 않았다. 자기들이 아는 흡연자의 경험을 들면서 그와는 정반대라고 할 수 있는 좋은 '증거'가 있다고 주장하는 것이었다.

다시 강조하지만, 건강과 관련된 사회적 행위와 질환과 관련된 사회적 행위는 양자가 논리적으로 분리되어 있으며, 서로 다른 추론형태에 기반을 두고 있다는 점에서 반드시 같다고 볼 수 없다. 그러므로 과거에 생각한 것처럼 질환원인에 관한 관념은 건강유지에 관한 관념과 동일선상에 놓인 것이 아니다.

특정 유형의 사람이 더 잘 걸린다고 생각되는 질환이 존재한다(West, 1979; Calnan, 1987). 심장질환은 이것의 전형적인 본보기이다. 즉 어떤 기질을 가지고 있으며 비만형에다 지나치게 활동적인 사람은 심장질환에 걸릴 가능성이 가장 높다고 보는 것이다. 이러한 관념은 A형 성격 (type A)과 B형 성격(type B)[16]의 행동이 다소간 심장질환에 걸리기 쉽다고 설명하는 역학의 연구와 맞아떨어진다. 따라서 사람들은 보건교육가들이 제공한 정보에 의거하여 심장질환 '후보'를 가려낼 수 있다. 다시 말해 포화지방분을 섭취하고, 운동을 하지 않으며, 과도하게 활동적인 사람을 지칭한다. 그러나 데이비슨 등(Davison et al., 1991)이 지적하듯 사람들은 모든 후보가 다 심장질환에 걸리는 것은 아니고, 또 비후보도 걸릴 수가 있으며, 따라서 이것은 운수소관임이 분명하다는 식의 '통속적 역학(lay epidemiology)'을 집단적으로 믿는다. 보건증진운동가들은 단순 명료하고 직설적인 메시지를 전달하는 데에만 신경을 쓰는 나머지 이와 같은 예외성을 감안하지 못하고 일반인의 정교한 사고를 과소평가하기

---

16) 심장질환을 유발할 가능성이 높다고 생각되는 두 유형의 성격을 나타낸다. A형 성격은 완벽주의, 일벌레, 강박적 집착 등의 특징을 지니며 중산층 현대인에게서 흔히 발견된다. B형 성격은 권위에 대한 복종, 감정의 억제, 자기희생 등의 특징이 있고 노동계급에서 주로 관찰된다. —역주

쉽다. 데이비슨 등은 "현대의 보건교육 활동이, 그 목적과 정반대 방향에 놓여 있는 [일반인의] 분명히 운명론적인 문화개념의 설명력을 더 적게 가 아니라 더 많이 고려해야 한다는 것은 역설적"이라고 결론을 내린다 (Davison et al., 1991: 16).

이념과 건강관

건강과 질병에 관한 믿음은 개인적임과 동시에 사회적이기도 하며 (Herzlich, 1973: 1) 그렇기 때문에 지배적인 사회적·의학적 이념의 영향 을 받는다. 건강과 질병을 개념화하는 방식은 자제, 극기, 자율 및 의지력 의 관념이 팽배한 자본주의와 개인주의의 가치관을 반영한다(Crawford, 1984). 의존성은 부정적으로 간주되고 문제를 극복하는 힘이라는 관념은 산업화된 자본주의 사회에서 발견되는 일반적인 사회적 규범과 가치를 반영한다. 콘웰(Cornwell, 1984)은 연구대상자로부터 건강과 질병에 관한 견해와 노동에 관한 생각간에는 공통점이 있음을 발견하였다. 그들은 자 신의 건강과 근로생활을 좌우할 힘이 없음을 잘 알고 있지만 어쨌든 열 심히 일하고 자기 운명을 최대한 선용할 자세가 되어 있었다.

> [그들은] '올바른 태도'를 가지는 것이, 건강에는 몰라도, 최소한 참고 견 딜만한 삶의 방편은 된다는 생각을 진지하게 가진다. 건강한 삶을 위한 도덕 적 처방은, 쓸데없는 걱정과 불평을 하지 않거나 아프지 않으려는 태도에서 볼 수 있듯이, 사실 쾌활한 금욕주의와 같은 것이다.(Cornwell, 1984: 129)

사회학적 사고와는 대조적으로, 캘넌(Calnan, 1987: 76-81)은 연구대 상 여성들이 빈곤이 불건강의 원인이라는 생각을 믿지 않음을 발견했다. 특히 노동계급 여성은 면접조사 때 들어서 알게 된 건강의 불평등에 관 한 블랙 보고서[17](Townsend and Davidson, 1982)의 내용에 동의하지 않

---

17) 영국 노동당 정부의 사회보장부 장관이 1977년 조직했던 한 연구 실무분과위 원회의 활동에서 나온 보고서. 빈곤과 질병의 관계를 규명하기 위해 조직되었으 며 당시 왕립내과학회 회장 더글러스 블랙 경(Sir Douglas Black)이 위원장을 맡 았으므로 블랙 보고서(The Black Report)라 불린다. 최종보고서는 1980년 4월 마가렛 대처 수상의 보수당 정부에 제출되었지만, 관료들에 의해 공개적으로 차

았다. 한 여성은 다음과 같이 말한다.

아뇨, 그건 [가난은] 제게 아무 차이도 없어요. 제 말은 돈있는 사람도 우리가 걸리는 병에 똑같이 걸린다는 거에요. 잘 살든 못 살든 간에 병에 걸리는 데는 차이가 없다고 생각해요.

이 연구결과에 의문을 품은 블랙스터(Blaxter, 1993)는 어째서 사회적·경제적 환경에 가장 민감할 것 같은 사람들이 그 환경의 영향을 부정하고 자기 스스로를 탓하는지 이해하기 위해 면접자료를 상세히 검토해 보았다. 캘넌의 연구대상과 마찬가지로 한 여성은 이렇게 말했다(Blaxter, 1993: 140).

사람들의 환경이 건강과 무슨 관계가 있겠어요? 하느님이 주신 돈이 아무리 많고 온갖 좋은 걸 다 가지고 있어도 세상에서 제일 약한 애가 태어나기도 하잖아요. 또 아무 것도 없이 뼈빠지게 일만 하고 살아도 애들은 건강하기만 하더라구요.

이 사실을 놓고 블랙스터는 이 여성들은 건강을 단순히 건강한 삶을 살기 위한 개인의 책임으로 보지 않는다고 추측한다. 왜냐하면 건강과 질병은 그들의 개인적인 인생역정(personal biographies)과 밀착되어 있으며 자신의 정체성과 직접 연관되기 때문이다. 아프다는 것은 자신에게 책임이 있다는 어떤 부정적인 함의를 지니게 마련이다. 사람들이 불평등

디찬 반응을 받았다. 사회보장부 장관 패트릭 젠킨(Patrick Jenkin)은 보고서가 제시한 보건부문 투자는 예산상 불가능하다고 강조하면서, '보고서의 제안을 지지할 수 없고,' 따라서 보고서를 토론목적으로 공개는 하겠지만 '정부는 이 제안에 어떤 조치도 취하지 않을 것'이라고 서문에 썼다. 영국의학협회지(*The British Medical Journal*)나 란세트(*The Lancet*)와 같은 의학전문지가 비교적 호의적인 반응을 보인 것과는 큰 대조를 이루는 것이었다. 보고서 자체도 정부의 공식 출판물로 나오지 못하고 타자본으로 260부만 배포되었다. 그러나 블랙 보고서는 계급과 건강의 상관관계를 다룬 영향력 있는 고전으로 자리잡았고, 이 논쟁의 기본 출발점으로 인정받는다. 상세한 내용은 7장을 참고하라 [Townsend, P. and Davidson, N.(1992)(eds.), *Inequalities in Health: The Black Report*, Harmondsworth: Penguin Books, pp.1-31]. – 역주

이론에 동의하지 않는 또다른 이유는 과거의 열악한 형편과 비교해 볼 때 상대적으로 나아보이는 오늘날의 상황을 잘 알기 때문일 것이다.

또한 건강관은 생의학에 의해 영향을 받기도 한다는 것이 발견되었다. 예를 들어 블랙스터(Blaxter, 1983a)와 캘넌(Calnan, 1987)은 질환원인에 관한 관념과 본인이 느끼는 병약함이 의학적·생물학적 접근방식과 비슷한 경향이 있음을 보고하였다. 콘웰(Cornwell)은 일반인이 '의료화' 과정을 통해 의학적인 믿음을 받아들이게 되는 방식을 묘사하였다. 콘웰은 독일의 사회이론가 하버마스(Habermas)를 원용하면서, 이 때의 의료화란 [일반인의] 상식과 [전문인의] 과학적 정당화간의 상호작용인데, 보통 약한 쪽이 강한 쪽의 의견을 받아들이게 된다고 설명한다(Cornwell, 19-84: 119-23).

또한 콘웰(Cornwell, 1984)은 공개적 설명과 개인적 설명을 구분한다. 공개적 설명(public accounts)은 면접 초기에 표현되며 건강과 질병에 관한 규범적 견해를 말한다. 개인적 설명(private accounts)은 연구대상자가 여러 번 면접에 응한 후 나타나며, 사람들이 실제로 경험하는 질병이 묘사되고 도덕적 관심은 거의 나오지 않는다. 연구대상자는 자신이 건강하다는 점을 강조하기 쉬웠고 흔히 면접 초기에 밝히는 건강상태는 실제 병력(病歷)과는 아무 상관도 없었다. 예를 들어 한 여성은 다음과 같은 상태인데도 자신이 건강해서 다행이라고 말하였다.

> 캐슬린은 어릴 때 시력이 너무나 약해서 스무살 쯤 되면 맹인이 될 것이라는 이야기를 들었고, 십대에는 폐결핵을 앓았으며, 유산도 한 번 겪었고, 갑상선 결핍으로 영구적인 치료가 필요한데다, 면접 6년 전에는 자궁적출 시술까지 받은 병력이 있었다.(Cornwell, 1984: 124)

공개적 설명에서 사람들은 건강이 중요하다고 주장하고 심기증(心氣症, hypochondriacs) 환자와 꾀병환자를 경멸할 뿐 아니라, 질병은 우연히 발생한 것이고 자기 잘못이 아닌 다른 어떤 것(a separate thing)이라는 점, 즉 질병을 '타자성(otherness)'으로 입증하려 한다고 분석할 수 있다. 따라서 규범적 차원에서는 사람들이 의학적 관념 및 자본주의의 기본가치와 상통하는 견해를 표명하는 것이다. 이 때 질환은 사람이 소외될 수 있는 어떤 '물건'으로 간주된다(Taussig, 1980).

그러나 일반인이 의학적 관념을 수동적으로 받아들이지는 않으며, 의학적 관념이 그들의 사고방식과 맞지 않을 때에는 그것을 무시하거나 거부하기도 한다(Blaxter, 1983a; Calnan, 1987). 또한 의학적 믿음이 일반인에게 전해져 내려갈 뿐 아니라, 반대로 일반인의 믿음이 의학지식과 관행을 형성하기도 한다는 것은 명백하다(Helman, 1978; Herzlich and Pierret, 1987).

건강의 설명

건강을 개념화하는 방식은 사회집단에 따라 집합적으로 달라지겠지만, 사회적 환경에 따라 설명이 달라지기도 하고 시간에 따라 사람들의 생각이 변하기도 한다. 사람들은 시간과 공간을 초월한 통일된 이론이나 설명을 쓴다기보다는 개인의 관심에 따라 그때그때 조정되는 견해를 가지는 것 같다. 또한 이러한 일반인의 믿음은 전혀 성격이 다른 여러 원천에서 비롯된다는 점에서 '혼합된 기원(syncretic in origin)'(Fitzpatrick, 19-84: 18)을 가지고 있다. 그리고 사회적 맥락에 따라 건강의 설명이 달라지기도 한다. 스테인턴-로저스(Stainton-Rogers, 1991)가 지적한 대로 설명을 추구하는 것은 모더니즘의 한 특징이며, 포스트모더니즘의 장점 중 하나는 여러 가지 견해와 실재가 공존할 수 있음을 우리가 인정하도록 만드는 데 있다(2장을 보라). 스테인턴-로저스는 사람들이 실재를 구성하지는 않지만 "이야기를 엮어내는 데 명수이고, 혼란에서 질서를 창조할 수 있고 실제 그렇게 하기도 하며, 순간순간 불협화음 속에서도 세계의 의미를 잡아낼 줄 안다(Stainton-Rogers, 1991: 9-10)"고 주장한다. 70명을 대상으로 한 어떤 면접에서 스테인턴-로저스(Stainton-Rogers, 1991)는 현대사회에서 성행하는 [건강에 관한] 여덟 가지 '대안적 설명'을 밝혔다. '기계로서의 몸'은 질병이 자연적으로 발생하며 실재하는 것이라고 가정한다. '포위된 몸'은 세균의 공격을 받거나 현대생활의 스트레스를 겪는 몸을 뜻한다. '불평등한 접근성'은 현대의학의 이점을 인정하지만 그 분포[의 공정성]에 우려를 표한다. '의료의 문화적 비판'은 지배적 전통인 생의학의 부정적인 결과에 초점을 맞춘다. '보건증진'은 건강이 라이프스타일과 연관이 있다고 믿는다. '강력한 개인주의'는 개인이 만족스런 삶을 즐길 수 있는 권리를 강조한다. '신의 힘'은 건강을 '올바른 삶'과 정신적인 행복의 산물로 간주한다. '의지력'은 개인이 건강을 잘 유지해야 할 책임이 있음을 강조한다. 더 나아가 저자는 인간의 행위는 이러한 설명방식과 관계를 가진다고 주장한다. 그러나 이것은 단순한 관계가 아니다. 그 이유는 사람들의 설명이 시간에 따라 변하며, 따라서 어떤 사람의 이야기를 한번 들었다고 해서 다음에 그 사람의 행위를 예측할 수 있는 것은 아니기 때문이다. 그러므로 우리는 면접 자체를 위해 만들어지기 일쑤인 사후합리화(retrospective rationalizations)일지도 모르는 사람들의 설명만 가지고 섣부른 결론을 내리지 않도록 조심해야 한다(Drummond and Mason, 1990). 이처럼 우리는 사람들이 건강과 질병을 다중적으로 설명한다는 것을 알 수 있으며, 이 사실은 사람들의 다면적인 삶과 라이프스타일을 고려할 때 크게 놀랄 바가 아니다.

라이프스타일과 소비자문화

건강과 관련된 라이프스타일을 강조하는 요즘의 풍조는 전반적인 사회적 변화를 반영하며 포스트모더니즘 사회의 한 구성부분인 소비자문화와 뗄 수 없이 연결된 것으로 보인다. 부르디외(Bourdieu, 1984)의 『구별짓기(Distinction)』에 영향을 받은 페더스턴(Featherstone, 1991a: 84)은 신소자본가 계급이 그 자신의 특정한 성향과 라이프스타일을 확대하고 정당화할 목적으로 문화적 심상(imagery)과 정보를 생산하고 전파한다고 주장한다. 의료전문가와 보건증진운동가들은 '건강한' 라이프스타일을 정당한 것으로 선포하며, 이런 의미에서 그들은 문화사업가(cultural entrepreneurs)라 불릴 만하다. 이런 관점으로 보면, 사람들이 건강한 라이프스타일을 소비하는 건강의 소비자로 만들어진다는 점에서 건강이 상업화된다고 할 수 있다.

몸관리를 강조하는 것이 위 이론의 핵심을 이룬다(Featherstone, 1991
b; 그리고 5장을 보라). 전근대사회에서는 고도의 정신적인 목적을 위해
가혹하리만큼 금욕적인 고행의 형태로 엄격하게 몸을 관리했지만(예를
들어 털로 짠 셔츠를 입고 소박한 음식을 먹는 것), 이와 대조적으로 현대
사회의 몸관리는 외양에 신경을 쓰고 절제보다는 쾌락주의에 더 가까운
것이라 할 수 있다. 20세기의 상업적 이해와 소비자상품이 삶의 두 가지
관리를 부채질하였다. 즉 가정의 관리(예를 들어 세탁기, 진공 청소기와
식기 세척기)와 몸의 관리(예를 들어 화장품, 의복과 음식)가 그것이다.
소비자문화 속에서 몸은 쾌락뿐만 아니라 행복과 성공을 표현하는 장소
가 된다. 몸의 외관은 내적인 자아를 나타내는 것이다 - 보기에 좋으면 기
분도 좋다는 식이다. 보건교육은 몸의 관리가 상업화됨을 뜻한다. 몸의
관리와 보건교육을 다루는 대중매체는 흔히 '라이프스타일의 장점을 유
도할 뿐 아니라 신체적 건강과 외관을 스스로 감시하도록' 촉구한다(Fea-
therstone, 1991b: 184). 페더스턴(Featherstone)은 또한 체중감량과 조깅
같은 활동의 '가치전도(transvaluation)'에 주의를 환기한다. 즉 그러한 활
동의 가치가 원래의 용도가치를 뛰어넘는 다른 어떤 것으로 전환된다는
것이다. 그는 다음과 같은 예를 든다.

> 그저 달리기 자체를 위한 달리기의 관념, 목적없는 목적성, 체현된 신체의
> 성격과 맞아떨어지는 감각적인 경험 등은 시장(market)과 보건전문가들이 대
> 대적으로 선전하는 [몸 관리의] 장점 속에 완전히 포함된다.(Featherstone,
> 1991b: 185-6)

건강관련 산업은 건강한 라이프스타일의 상업화를 보여주는 대표적인
보기이다. 운동기구, 체조 비디오, 유행을 따르는 운동복 등이 건강추구
를 위해 팔린다. 글라스너(Glassner, 1989)는 현대의 건강열풍이 여타의
포스트모더니즘 활동과 닮은 특징이 있다고 주장한다. 운동자전거와 노
젓기 기구는 진짜를 '가장하는 것(simulations)'[18]이며, 체조 비디오는 춤

---

18) 시뮬라크르(simulacre)는 실제로는 존재하지 않는 대상을 존재하는 것처럼 만

과 음악 또 회고적이고 미래적인 이미지의 '혼성품(pastiches)'인 것이다. 건강열풍은 다른 점에서도 포스트모더니즘적이라고 글라스너는 말한다. 즉 자아 대(對) 몸, 내부 대 외부, 남성 대 여성, 노동 대 여가와 같은, 모더니즘에 내재하는 일종의 이원론이 흐려지게 된다. 자신의 몸매를 다듬는 것은 자아의 확대에 도달하는 길이며 건강한 몸은 효율적인 마음을 키울 수 있다. 그것은 또한 능력, 자기통제, 극기의 표시이다. 보르도(Bordo, 1990: 94)가 말하듯 "몸의 크기와 모양은 점점 더 영혼의 상태를 상징하는 개인적 내부질서(또는 무질서)의 표지 역할을 한다." 또한 그녀는 몸이 비대하더라도 관리만 철저히 하면 사람들이 용납해 준다고 주장한다(Bordo, 1991: 90). 따라서 사람의 외관은 그 사람의 내적인 정신보건에도 영향을 미칠 수 있다. 1970년대 이래 보디빌딩(body building)을 하는 여성이 증가한 데에서 볼 수 있듯이, 전통적인 관습과는 달리 보디빌딩이나 육체적 건강미가 더이상 남성의 전유물은 아니다(Mansfield and McGinn, 1993). 마지막으로 체육시설과 건강센터가 설치되어 근무자들이 거기에서 '땀흘리며 일하는' 직장이 점차 늘어남에 따라 일과 여가의 이분법이 흐려지고 있다(Glassner, 1989). 이처럼 건강추구 활동은 일의 성격을 띠게 되고 직장내에서는 여가선용이 장려된다.

여러 가지 형태의 몸관리가 소비자문화내에서 성행하는 것에는 의문의 여지가 없지만, 다른 종류의 소비와 마찬가지로 건강관련 활동의 소비도 사람들이 속해 있는 사회적·물질적 맥락에 의해 제한을 받는다. 사비지 등(Savage et al., 1992: 99-131)은 영국 중간계급의 문화, 소비, 라이프스타일의 차이를 연구하여 이것의 증거를 제시하였다.

사비지와 그의 동료들은 부르디외(Bourdieu, 1984)의 구별짓기 개념(즉 사회적 차이는 소비성향의 차이로 나타난다는 생각)을 받아들여 중산계급의 소비유형을 조사하기 위해 시장조사자료의 이차적 분석을 실시해 보았다. 그 결과 그들은 건강관련 상품과 서비스의 소비 차이가 사

들어 놓은 인공물을 지칭하며, '가장(假裝)'으로 번역된다. 시뮬라시옹(simulation)은 시뮬라크르의 동사적 의미로 '가장하기'이다[장 보드리야르 (1992), 시뮬라시옹, 『포스트모던 사회문화론』, 하태환 옮김, 민음사, 9-10쪽]. -역주

회적 차이의 가장 뚜렷한 지표에 속한다는 사실을 발견하였다. 그들은 '금욕주의적', '포스트모더니즘적', 그리고 '전통적'이라고 불릴 수 있는 세 가지의 뚜렷한 라이프스타일을 확인하였다.

금욕주의적 라이프스타일은 주로 건강과 운동에 관련되는 여러 가지 형태의 상품과 용역의 소비에 근거한 개념이다. 이러한 라이프스타일의 사회적 기반은 교육, 보건, 복지 부문에 종사하는 사람들로—주로 국가에 고용되어 있으며 문화적 자본(cultural capital)은 많지만 경제적 자본은 적은—이루어지는 경향이 있다. 이 집단은 등산, 스케이팅, 탁구, 도보여행 및 요가 등을 선호하며 '참다움'과 '자연적'인 문화를 좋아하는 것으로 보인다. 이 집단은 또한 알콜 소비량도 평균 이하이며 스누커 당구게임(가장 '건강한' 스포츠는 물론 아니겠지만)과 같은 '스포츠'도 평균 이하로 즐긴다. 이들은 헬스클럽에도 평균 이하로 가입하는데, 사비지 등 (Savage et al., 1992)은 이 사실을 회원권의 가격과, 가장하기·가장보다는 '참다움'을 선호하는 이유 때문일 것으로 풀이한다. 사비지 등은 이러한 금욕주의적 라이프스타일이, 이 집단이 몸에 관해 '전문적 지식'을 가지고 있고 영리활동의 세계로부터 상대적으로 떨어져 있는 것과 연관이 있다고 설명한다. 이와 동시에 이러한 라이프스타일은 경쟁적인 개인주의를 배제하고 또한 상대적으로 낮은 수입현실을 합리화하는 특징을 가진다. 이 집단이 내세울 것은 풍부한 문화적 자본뿐이며, 몸이 바로 이 자본을 담을 '그릇'—반드시 '잘 보존하고 가꾸어야 할'—인 것이다.

대조적으로 포스트모더니즘적 라이프스타일은 사적 부문에 종사하는 고소득자가 채택하는 경향을 보인다. 이 라이프스타일은 건강과 몸관리에 관계되는 소비행태를 보이면서 동시에 특히 먹고 마시는 데에 과도하게 탐닉하는 특징이 있다. 그러므로 이 집단은 어떤 한 가지 일관된 원칙에 의한 라이프스타일 형태에 의거하여 소비하지는 않는다. 도락을 즐기는 한편 몸관리에도 신경을 쓰는 것이다.

전통적인 라이프스타일은 공무원과 밀접하게 연관된다. 그들은 스포츠 활동에서 공굴리기(bowls)를 즐기고 스쿼시를 싫어한다는 점을 제외하고는 이렇다 할 '뚜렷한' 소비유형을 가지고 있지 않다. 그러나 공적

부문에서 일고 있는 신경영주의는(8장을 보라) 이러한 전통적 라이프스
타일을 잠식할 가능성이 높다. 예를 들어 국립보건제도(NHS)의 경영집
행부 및 수혜담당 부서의 새 본부가 들어 있는 리즈시의 퀘리 하우스
(Quarry House)는 직원들의 여가활동과 스포츠를 위해 보통 사기업체에
나 있을 법한 스쿼시 코트, 체육관 및 수영장을 갖추고 있다.

사비지 등(Savage et al., 1992)은 문화적 자산이 사회의 모든 사람들에
게 더욱 중요해지고 있으므로 높은 문화적 자본을 가지고 있는 '금욕주
의자'의 '건강한 라이프스타일'이 일반적인 라이프스타일의 변화를 선도
하는 '전위' 역할을 한다고 주장한다. 그러나 이러한 금욕주의는 낮은 소
득 때문인 까닭도 어느 정도 있으므로 소비자문화의 물질주의를 모두 받
아들이는 라이프스타일 내로 편입되고 있다. 요약하자면 사적 부문의 고
소득 집단(그리고 일부 공적 부문의 경영층)은 금욕주의적 라이프스타일
의 한 형태를 받아들이고는 있으나, 전통적인 불건강한 라이프스타일도
'함께 추구하고 있는' 것으로 보인다.

라이프스타일과 사회적 맥락

라이프스타일과 건강관련 문헌의 중심적 주제는 위험성(risk) 관념이다.
위험인자를 발견하고 통제함으로써 건강을 증진시키고 질환을 예방할
수가 있다는 것이다. 이 목적을 위해 역학자는 위험인자와 질환 사이에
상관관계가 있음을 역설한다. 예를 들어 흡연은 폐암의 위험을, '불안전
한' 성은 에이즈의 위험을 증가시킨다. 따라서 라이프스타일 논의에 중
심적인 또 하나의 개념이 통제개념이다. 개인이 라이프스타일을 개선하
여 어느 정도 질환의 위험을 통제할 수 있는지가 쟁점화되어 있다.

의료사회학자는 개인이 그러한 통제를 할 수 있는 능력에는 두 가지
점에서 한계가 있다고 본다. 첫째, 행동습관이 건강과 관련이 있긴 하지
만, 그러한 습관을 둘러싼 환경보다는 건강에 대한 영향력이 적다는 이
유 때문이다(Blaxter, 1990: 202). 블랙스터는 건강과 라이프스타일의 연
구를 통해 해로운 행동습관을 고쳐서 영향을 받을 수 있는 집단은 환경
적으로 혜택받은 사람들이라는 사실을 발견하였다. 이 발견은 '자발적으

로 선택한 습관을 통해 건강을 개선하거나 해를 입힐 수 있는 여지는 가
장 혜택받은 환경 속에 사는 사람에게나 주로 존재한다'는 함의를 가진
다(Blaxter, 1990: 233). 그러므로 건강한 행동을 강조하는 방식으로 건
강증진에 노력하면 건강의 불평등이 심화되는 결과가 빚어질 가능성이
있다(7장과 9장을 보라).

개인이 라이프스타일을 바람직하게 바꿀 수 있는 능력에 한계가 있는
두번째 이유는 모든 사회적 행위가 사회적 환경 속에 뿌리박혀 있으며
또한 환경에 의해 제한을 받기 때문이다. 여성과 흡연에 관한 논의가 이
점을 잘 말해 준다. 지난 10년 사이 전체 흡연인구는 감소했지만 여성
흡연자의 감소는 상대적으로 미미했다. 그리고 중간계급과 노동계급 여
성의 흡연 추세는 크게 벌어졌다. 게다가 1982년부터 1984년 사이 16세
에서 19세 여성흡연율은 증가하였다(Calnan, 1991: 50). 임신과 흡연은
오랫동안 중요한 공중보건과제로 간주되어 왔다(Oakley, 1989). 의학지
식이 있으면 여성이 자발적으로 담배를 끊으리라는 희망하에 흡연이 자
신과 태아에 미치는 위험을 교육시키는 것이 이 '문제'를 다루는 전통적
인 대응방법이었다. 그러나 이 방법은 여성의 삶에서 사회적으로 구조화
된 측면을 감안하지 않는다. 연구에 따르면 여성의 흡연은 자신에게 부
과되는 다중적인 과제에 직면해서 취하는 중요한 대응전략일지도 모른
다고 한다. 이것은 자녀가 있는 여성의 경우 특히 그러하다. 한 가구당
자녀의 수, 특히 편모가 세대주인 가구의 자녀수와 [여성] 흡연율은 상관
관계를 가진다(Oakley, 1989). 흡연은 또한 물질적 궁핍과도 관련이 있
다. 오클리(Oakley, 1989)는 흡연이 소득, 전세계약 기간, 자가용차 이용
도, 전화소유 및 중앙집중식 난방과 강한 역비례관계를 이룬다는 사실을
발견하였다. 그레이엄(Graham)은 여성흡연에 관한 질적 조사를 통해 흡
연이야말로 여성 일상의 한 본질적인 부분을 형성하며 가난 속에서 가족
을 돌보는 대응방식이라는 점을 보여주었다.

흡연은 경제적·인간적 상황이 절박할 때 하나의 위안이자 필수품으로 작
용한다. … 새 의복, 화장, 머리손질, 버스이용과 저녁외출이 빼앗긴 삶 속에
서, 흡연은 개인이 성인의 소비문화에 참여하는 하나의 중요한 상징이 될 수

도 있다.(Graham, 1987: 55)

이처럼 흡연은 여성의 육체적 건강을 해치는 면도 있지만 정신적 안녕을 도울 수도 있다.

음식의 사회적 조직을 다룬 연구에 따르면 음식의 소비 역시 사회·경제적 환경과, 사회적 성차, 분업과 같은 가계 내적 구조와 분리해서 생각할 수 없다고 한다. 음식소비 행태를 광범위하게 연구한 찰스와 커(Charles and Kerr, 1988)는 음식소비가 가계내에서 가부장적인 구조를 재생산한다는 것을 밝혔다. 가정에서 음식을 사서 요리하고 준비하는 것은 대개 여성이 책임졌지만 어떤 음식을 먹을 것인지를 정할 권한은 여성에게 없었다. 여성은 자신의 기호보다는 배우자와 자녀들의 기호를 우선시하는 경향이 많았다. 예를 들어 한 여성이 말한 것처럼, 남성들은 매우 전통적인 식성을 가지고 있는 수가 많았다(Charles and Kerr, 1988: 70).

> 우리 남편은 음식에 대해 굉장히 전통적이어서 중국식이나 외국음식은 입에 대지도 않아요. 또 소금이나 후추를 빼곤 다른 양념을 싫어하기 때문에 일주일 내내 같은 음식만 내놓게 돼요-저 혼자 먹으려고 사는 것은 전혀 없어요 … 연어를 먹고 싶긴 하지만 요즘은 아예 사지 않아요. 대신 가끔 참치를 먹지요. 솔직히 음식 가리지 않고 다 먹고 싶은데, 외국음식 같은 것 말이에요, 사진 않아요. 사실 혼자 먹으려고 통조림 한 통 사는 것도 너무 부담스러워 그냥 넘어가는 거지요.

따라서 여성이 가정에서 새 음식을 내놓거나 식단을 바꾸려 하면 흔히 남편과 아이들의 반대를 받기 쉬웠다.

건강한 라이프스타일 개념의 이면에는 사람들이 건강을 위한 선택을 자발적으로 할 수 있다는 전제가 깔려 있다(Blaxter, 1990: 5). 그레이엄(Graham, 1984: 187)은 음식이나 담배의 소비도 사람들이 살아가는 사회구조의 맥락에 의해 영향을 받는다는 점에서 건강을 위한 타협(healthy compromise)을 거론하는 것이 더욱 현실적이라고 말한다. 가족의 건강을 논하면서 그녀는 다음과 같이 지적한다.

건강을 위한 선택은 정신적 구조뿐 아니라 물질적 구조에 의해서도 형성된다. 부모에게 허락된 시간, 여력과 수입이 변화를 막는 장애가 된다. 그러한 환경 속에서 건강을 위한 선택은, 더 정확히 말해 건강을 위한 타협이라 볼 수 있으며, 이 타협이 날마다 되풀이되면 가족이 살아가는 일상으로 굳어지는 것이다.

최근 그레이엄(Graham, 1992)은 지난 10년간 가난한 가구의 경제적 상황이 악화됨에 따라 그러한 삶의 일상이 더욱 더 열악해지고 있다고 밝혔다. 이 상황은 건강의 필요성과 양립할 수 있는 살림예산을 짜야 하는 여성이 직면한 미묘한 과제를 더욱 복잡하게 만든다. 그레이엄(Graham, 1992: 220)은 여성이 어떻게 '건강의 자원은 삭감하면서도 건강의 요구는 유지할 수 있는 방안을' 모색하는지를 묘사한다.

라이프스타일과 위험성

우리가 보았듯이 라이프스타일의 개선은 위험성에 관한 생각과 연관되어 있다. 어떤 라이프스타일은 다른 라이프스타일보다 더욱 '위험'하다고 추정된다. 예를 들어 엄청난 양의 음식을 먹어대는 '게으른 얼간이'는 규칙적으로 건강한 식사를 하는 유연한 조깅팬보다 심장마비에 걸릴 위험이 높다고 간주된다. 그러나 라이프스타일 인자를 반드시 통제할 수 있는 것은 아니다. 예를 들어 데이비슨 등(Davison et al., 1992)은 널리 보도된 웨일즈 지역 심장보호 캠페인 기간에 실시했던 건강관의 인류학적 연구를 통해, 개인건강에 라이프스타일이 미치는 영향은 개인이 통제할 수 없는 삶의 여러 양상과 관련이 있다는 사실을 발견하였다. 조사대상자로부터 건강에 영향을 미치는 삶의 네 가지 측면을 찾아낼 수 있었다. 즉 '명백한 개인적 차이(예, 유전적 요인)', '사회적 환경(예, 직업적 위험도와 고독)', '물리적 환경(예, 기후와 공해)' 그리고 '운명론(예, 불운과 인간의 숙명)' 등이 그것이었다. 지금까지의 논의에서 이들 중 몇 가지는 다루었지만 운명론의 문제는 좀 더 고려해 볼 가치가 있다. 데이비슨 등은 일반인 사이에서 종교적 믿음과 결부되거나 결부되지 않은 개인의 숙명관이 널리 퍼져 있으며, 이것은 '될 대로 되라지'라는 표현에서 가장 잘 나타난다는 것을 발견하였다. 운수소관의 개념은 위험성 관념과 반대된다. 위험성은 수학적 확률, 합리성과 통제성의 관념을 연상시키는 반면, 운수소관은 통제할 수 없고 무작위적이며 따라서 비합리적인 어떤 것을 의미한다. 따라서 데이비슨 등(Davison et al.)은 '예측성, 규칙성과 확실성'에 근거한 보건증진운동가의 주장은 비생산적이 되기 쉽다고 말한다. 왜냐하면 그들의 주장은 일반인의 문화 속에서 발견되는 믿음과 틀릴 뿐 아니라, "담배 피우고 뚱뚱한 사람이 정말 오래 살기도 하고, 달리기 좋아하고 호리호리한 사람도 '잘만 죽더라'"는 식의 생각과도 동떨어지기 때문이다(Davison et al., 1992: 683).

역설적이게도 어떤 '전문가'는 튀긴 감자를 먹고 맥주를 과음하는 데에 따르는 위험성을 힘주어 역설하지만, 또 다른 전문가는 산업공해, 핵폐기물 저장과 원자력발전소와 관련되는 위험성을 부정하기도 한다. 위험성을 인지하는 데에는 예민하지만 위험성에 대한 반응은 정치적으로 제한되어 있다. 기든스(Giddens, 1990: 130-1)는 환경적 위험성에 관해 다음과 같이 평한다.

현대의 위험한 환경에 대해 일반인들이 폭넓은 지식을 가지고 있으므로 전문기술의 한계를 인식하게 되고, 이것은 전문성에 대한 일반인의 신뢰를 유지시켜야 하는 전문가에게 '대중홍보' 문제에 직면하게끔 만든다. … [전문가도 모르는] 무지의 영역이 있다는 사실은 전문가 개인적으로, 또한 전문지식 그 자체로도 문제를 야기하며, 일반인이 전문성에 대해 가지는 믿음을 약화시키거나 허물어뜨릴지도 모른다.

질적으로 다른 두 가지 위험성, 즉 산출 가능한 위험과 산출 불가능한 위험을 구별할 수 있다. 전자가 총합적 수준의 자료에 의거한 역학적인 또는 성향적인 위험성 모형을 의미한다면, 후자는 원자력과 같은 현상의 잠재적이고 인과적인 위력에 근거한다. 어떤 학자는 후자와 같은 위험이 존재하는 사회에서는 몸이야말로 통제 가능한 확실한 장소가 되며, 몸관리를 추구하는 것은 후기근대사회에서 유일하게 안정되고 확고한 영역을 나타낸다고 보기도 한다(Shilling, 1993: 181-2; 5장을 보라).

현대사회 속의 위험성

위험성19)에 관한 최근의 관심은 건강과 질병의 사회학 영역에만 한정
되지는 않는다. 많은 학자들이(Douglas, 1986; Giddens, 1990; Beck,
1992a) 우리가 '불안의 정치'(Turner, 1991a: 24)로 특징지어지는 사회
에 살고 있다는 사실을 지적한다. 더글러스(Douglas, 1986: 59)가 말하
듯, 위험성은 "요란스레 우리 주의를 끈다. 있음직한 위험요소들이 말끝
마다, 발걸음마다 사방에서 몰려든다." 베크(Beck, 1992a)는 그의 유명한
연구에서 현대사회를 위험으로 가득 찬 사회라고 묘사하였다. 산업사회
이전에는 불운이 운명, 신 또는 천재(天災) 탓으로 여겨졌지만 현대의 위
험성은 점점 더 산업화와 관련된 사회·경제적 과정에 의해 창조되고 있
다. 베크는 근대성이 근무조건, 교통수단, 공해 등과 같은 우리의 생활방
식에 기인한 위험성을 창조할 뿐 아니라, 또한 그 위험성을 계산과 정치
적 규제로 상쇄시킨다고 주장한다. 더 나아가 겉으로 보기에 개인적인
결과를 초래하는 것 같은 사고와 질병도 "조직적으로 야기되고, 통계적
으로 서술가능하며 그러한 뜻에서 '예측 가능한' 종류의 사건"이기도 하
다. 이것은 모든 사람이 '[상황의] 인식, 상쇄행동 및 그것의 회피를 좌지
우지할 수 있는 정치적 지배'의 대상이 됨을 의미한다(Beck, 1992b: 99).

---

19) 위험성(risk)은 위험한 일이 발생할 수 있는 통계적 확률을 말한다. 따라서 위
   험률이라고 번역할 수도 있다. 그러므로 위험성은 위험함(danger)과 구분된다.
   예를 들어 면도를 하다 다칠 위험성(위험률)은 높지만 면도행위 자체가 위험한
   일은 아니다. 또한 위험성은 두려움(dread)과도 구분된다. 비행기 사고로 인한
   사망은 매우 두려운 일이긴 하나 위험성이 높지는 않다. 위험성의 산출에는 기
   본적으로 세 가지 방법이 있다. 첫째, 어떤 현상의 실제 발생빈도를 계산하는
   것이다. 의학적으로 보아 하루에 열 개피의 담배를 피울 경우 12개월 이내에
   사망 확률이 1대 200이라는 식의 계산이 그것이다. 둘째, 어떤 일이 발생할
   수 있는 예상 가능한 원인을 모은 후 각 원인의 위험성을 산출하여 합산하는 것
   이다. 이것은 어떤 현상의 인과관계를 사전에 완벽하게 예상할 수 없다는 점에
   서 정확성이 떨어진다고 할 수 있다. 셋째, 어떤 사건의 발생예측에 인간이 틀
   릴 수 있는 확률을 계산하여 역으로 위험성을 산출하는 방법이 있다. 이것은 신
   뢰도가 가장 낮은 방법이며 예측 불가능한 현상을 과학적인 수사로 포장할 때
   사용되곤 한다[Stewart, I.(1996), "Playing with numbers," *The Guardian OnLi-
   ne*, 28 March: pp.2-3]. — 역주

그러나 이미 언급하였듯이 상상할 수 없는 결과를 지닌 현상이 출현하고 있으므로 위험성의 산출이 불가능하지는 않지만 점점 더 어려워지고 있다—"핵, 화학, 유전, 생태상의 초대형 재난이 … 위험성의 산출을 불가능하게 한다(Beck, 1992b: 101-2)." 이 재난은 전세계적인 범위를 가지며, 발생 후 취할 마땅한 후속조치도 없을 뿐만 아니라 [피해규모를] 산출할 수 있는 통계적 근거도 없다. 위험성을 점점 더 인식함에 따라 불안은 가중되며, 이미 보았듯이 '전문가'에 대한 신뢰는 더욱 실추된다 (Giddens, 1990: 130; Beck, 1992b).

대기오염, 산성비 그리고 방사능 토양 등 위험은 어디에나 있다. 핵폐기물이나 산성비 같은 현대의 위험은 제한할 수도 없고 어디에나 존재한다는 점에서 몸에 대해 끊임없는 위협이 되므로 특히 위험하다고 볼 수 있다. 베크와 기든스에 따르면 현대 삶의 위험성은 사회적 조직과 사회적 의사결정의 산물이다. 암스트롱(Armstrong, 1993a) 역시 이 점을 지적하며 오늘날의 건강위험과 19세기의 건강위험을 대비시킨다. 19세기의 건강위험이 물, 토양, 대기, 음식, 기상 등에서 비롯된 '자연'환경 및 재난과 관계가 있었다면 오늘날 산성비나 방사능처럼 건강에 영향을 주는 환경요인은 인간행위의 결과이다. 물론 현대의 건강위험이라고 해서 모두 인간이 만든 것은 아니다—예를 들어 에이즈는 바이러스가 일으킨 결과이다. 그러나 에이즈는 사회적 기반 위에서 개념화되어 왔다. 이 병은 사회적 활동의 광범위한 맥락에서 존재하며, 동성애자, 마약주사 사용자 및 수혈대상자와 취급자 사이의 복잡한 사회적 상호작용으로 이해된다(Armstrong, 1993a). 이런 점에서 에이즈는 점점 더 인간이 창조한 위험성과 같은 의미로 설명되고 있다.

몸 그리고 위험으로 가득찬 사회

사회적 질서의 위험은 몸의 질서에 관한 생각 속에 반영된다—사회가 위험에 처하면 그 속에 존재하는 몸도 마찬가지로 위험에 처한다. 메어리 더글러스(Mary Douglas, 1966)는 순수와 위험에 관한 논문에서 세계를 분류하는 상징적이고 의식적인(ritual) 방식을 논한다. '불결(dirt)'과

'부정(不淨, pollution)'은 '제자리에 있지 않은' 모든 것을 일컫는다. 즉 사회적으로 용납되는 경계나 분류를 초월하는 것, 예를 들어 식당에 욕실기구가 있다거나 부엌상에 신발이 얹혀 있는 것 등을 말한다. 따라서 정의상 '불결'은 분류하기 힘든 것, 또는 사회적으로 용납되는 경계를 벗어난 것을 뜻한다. 어떤 것이든 경계를 벗어나면 부정을 타게 되며 상징적으로 대단히 심각한 의미를 가지게 된다.

온 세상은 사람들이 서로간에 좋은 이웃이 되도록 강제하는 인간의 의도에 얽매여 있다. 따라서 위험스런 전염의 관념을 써서 특정한 도덕적 가치관을 옹호하고, 특정한 사회적 규율을 정의한다. … 부정에 관한 생각을 검토해 보면, 위험하다고 생각되는 종류의 접촉이 또한 상징적인 뜻도 지님을 알 수 있다. … 어떤 종류의 부정은 일반적인 사회질서관을 표현하는 비유로 사용되기도 한다.(Douglas, 1966: 3)

전세계적인 위협이나 부정 앞에서 어떤 사회도 안전하지 못하다는 현대의 불안은 몸의 면역 또는 그것의 결핍으로 나타난다. 터너(Turner, 1991: 24)는 다음과 같이 관찰한다.

다음과 같은 위협, 즉 화학전의 위협, 자연서식지의 파괴, 에이즈의 창궐, 북유럽 인구의 노령화와 감소 그리고 의료기술이나 의료비를 통제하지 못하는 각국 정부의 무능력을 놓고 보면 몸은 또 다시 묵시록처럼 보이기 시작한다.

다른 어떤 질환보다 부정에 관한 믿음과 사회질서 사이의 유사성을 잘 보여주는 것은 아마 인간 면역결핍 바이러스(HIV)와 에이즈[20]일 것이다. 이 병은 사람에게 위협으로 다가오며, 일부 사회집단의 반응으로 미루어 보면 사회질서 자체에 대한 위협으로 인지된다.

---

20) 에이즈(AIDS, Acquired Immune Deficiency Syndrome, 후천성 면역결핍 증후군)는 인간면역결핍 바이러스(HIV, Human Immunodeficiency Virus)의 감염에 의해 나타나는 여러 가지 형태의 임상적 증상을 통칭하는 용어이다. 이 책에서는 이 두 용어를 구분하기도 하고 혼용하기도 하나 번역에서는 대부분 에이즈 한 가지로 통일하였다. ―역주

위험성과 라이프스타일: 에이즈(AIDS)의 예

20세기 들어 다른 어떤 질환보다 에이즈는 더 극단적이고 포괄적인 반응을 불러일으켰다. 미국의 질환통제센터(The Center for Disease Control)가 1981년 첫 임상례를 보고한 이래 이 주제에 관해 쓰인 문헌의 양은 가히 기록적이었다. 에이즈만 연구하는 학술지들이 등장했고, 면역학자와 바이러스 학자는 연구결과를 의학전문지에 다투어 발표했으며, 역학자는 에이즈의 발생빈도를 유형화하고 인간면역결핍 바이러스에 감염된 사람들의 특성을 찾기 위해 온갖 노력을 기울였다. 사회과학자는 그때까지 비교적 잊혀져 온 사회집단, 특히 남성동성애자, 매춘부 및 마약 주사 사용자의 행동, 관습 및 문화를 이해하기 위해 노력하였다. 대중매체는 이 주제를 끊임없이 보도했으나, 옳지 않게 보도하고 또 도덕적 문제로 보고자 했다. 이 모든 흥분을 고려할 때 다음과 같은 의문을 품을 수 있을 것이다. 도대체 에이즈라 불리는 이 병의 정체는 무엇인가? 왜 이렇게 소동을 피우는가?

에이즈는 무엇인가?

이 질문에 명확한 답변을 하기란 불가능하다. 에이즈로 통하는 질환과 이것에 관련된 지식은 지난 10년간 꾸준히 변화를 거듭했고, 앞으로도 그러할 것이다.[21) 그럼에도 불구하고 대략적으로 말해 에이즈는 현재 인간면역결핍 바이러스의 감염에 의해 세포매개성면역이 결핍되는 현상을 가리킨다. 특히 에이즈 바이러스는 면역을 유지하는 데에 필수적인 인체 세포에 침입한다. CD4라고 불리는 이 세포가 소모되면 바이러스가 기승을 부리게 되고 질환에 대한 면역성이 떨어진다. 에이즈에 부수되는 특

---

21) 에이즈의 진단을 위한 정의는 두 차례에 걸쳐 개정되었다. 에이즈의 최초의 정의는 인간면역결핍 바이러스(HIV)의 '발견' 전인 1982년에 소개되었다. 1987년 이것은 HIV 혈청검사결과를 정의에 포함시키기 위해 개정되었다. 1993년 1월 질환통제 및 예방센터(CDCP)는 에이즈의 정의를 또다시 개정하였다. 이 새로운 정의를 도입하면 에이즈 보고건수가 급증할 것으로 생각되었다(Chaisson, et al., 1993).

징적인 질환에는 카포시 육종(Kaposi Sarcoma)과 뉴모시스티스 카리니 폐렴(Pneumocystis carinii pneumonia)이 있다. 일부 학자(Strang and Stimpson, 1990: 8)는 에이즈의 임상적 정의만으로는 감염 후 야기되는 여러 가지 건강문제를 다루지 못하므로 에이즈 대신 'HIV 질환'으로 부르기를 원한다. 에이즈 바이러스가 전파되는 경로는 혈액, 정액, 자궁경부 및 질분비액을 통해서이다. 바이러스가 침이나 눈물에서 검출되기도 하나 이것을 통해 전파되지는 않는다.

1992년 세계보건기구는 전세계적으로 에이즈는 250만 건, 에이즈 바이러스 감염은 천3백만 건으로 추산하였다(AIDS Care, 1993). 이 분야의 통계는 논란의 여지가 많기는 하지만 에이즈 이환유형을 대략적으로 나타낸다. 1992년 말 현재 세계보건기구는 1979년 이후 전세계적으로 611,589건의 에이즈가 정식으로 기록되었다고 보고했다. 이 중 51.2퍼센트는 아메리카 대륙, 34.5퍼센트는 아프리카, 13.2퍼센트는 유럽, 0.66퍼센트는 오세아니아 그리고 0.42퍼센트는 아시아에서 발견되었다(AIDS Care, 1993: 128). 1992년 말 현재, 영국에서는 1979년 이래 총 6,510건이 보고되었으며 이것은 1991년 인구 10만명당 2.0명 꼴로 발생한 셈이다. 이 비율은 같은 해 동일인구당 16.3인 미국, 8.7인 스페인, 7.1인 프랑스, 6.6인 스위스, 6.2인 이태리, 2.4인 독일, 1.5인 스웨덴, 1.4인 그리스 그리고 1.3인 노르웨이와 비교된다.

에이즈 그리고 위험으로 가득 찬 사회

어떤 면으로는 에이즈는 기든스(Giddens)나 베크(Beck)가 논의한 산출불가능한 위험성과 비슷한 특징을 가지고 있다. 손탁(Sontag, 1988: 86-87)은 이러한 경향을 다음과 같이 말한다.

대양과 호수와 산림의 죽음, 빈곤한 지역의 인구폭증, 체르노빌 같은 원전사고, 오존층의 파괴와 고갈, 이 모든 것에다 이제 에이즈를 더해 보라. … 최악의 시나리오를 좋아하는 사람이라 해도 이같이 통제 불가능한 공포를 이겨내기는 쉽지 않을 것이다.

에이즈 역병은 공포와 공황의 역병을 부른다. 사회가 최소한 얼마동안은 통제 불가능한 정서적 혼란상태에 빠진다는 점에서 스트롱(Strong, 1990)은 이것을 '전염성 심리학'이라 부른다. 인간의 가장 내밀한 접촉을 통해 전파되는 새로운 종류의 질환이 출현한 것은 개인과 사회적 상호작용의 핵심에 타격을 가하게 되며, 따라서 사회질서의 취약성을 드러내게 된다. 문제를 극히 도덕적으로 몰고가는 것은 바로 이같이 사회질서가 위협받는다고 느끼기 때문이다. 그러한 도덕화(moralizing)는 경계의 관점으로도 이해될 수 있다. 더글러스(Douglas, 1966)로부터 보았듯이, 접촉점과 부정(바이러스에 감염되는 것 따위)은 몸의 경계를 넘는다는 말이며, 그러므로 상징적인 무게를 지니게 된다. 더글러스는 몸의 경계는 은유적으로 사회적 경계를 나타낸다고 주장한다. 만일 몸이 위험한 '타자(他者)'의 위협을 받는다면 사회도 마찬가지인 것이다.

에이즈의 위협 - 공포의 '타자(他者)'

미국의 크로커와 크로커(Kroker and Kroker, 1988)는 에이즈의 공포와 방역체계 붕괴에 따르는 일반화된 공포 사이에 유사점이 있다고 주장한다. 예를 들어 그들은 에이즈를 둘러싼 의학적 수사법이 군대의 수사법과 놀랄 만큼 닮았다고 지적한다. 실제로 에이즈 담론내에서 성행하는 비유법은 군사적인 느낌을 많이 준다. 에이즈는 '내습'하고, '타격'을 가하며, '적진 점령'을 감행한다(Sontag, 1988). 에이즈 바이러스의 발생은 언제나 다른 곳에서 비롯된다. 다른 나라 아니면 '다른' 사회집단, 따라서 '일탈된' 것으로 생각되는 사회집단에서 발생하는 것이다.

에이즈의 기원에 관해서는 여러 가지 설이 있으나 손탁(Sontag, 1988: 51-2)은 이 중 가장 지배적인 설을 다음과 같이 요약한다.

에이즈는 '검은 대륙'에서 비롯되어, 아이티로 퍼진 후, 미국으로 건너갔고, 유럽으로 전파된 다음 또 … 라는 식으로 생각되었다. 에이즈는 이른바 제3세계의 또 다른 표현인 열대병의 하나로 이해된다.

에이즈가 아프리카에서 처음 발생했고 현재도 창궐하고 있다는 생각

은 빈곤, 질병과 기아가 다반사인 이 불모의 대륙을 보는 서방의 시각과
정확히 들어 맞는다(Treichler, 1989: 43-5; Patton, 1990: 77-97). 에이
즈에 관련된 과학문헌을 세밀하게 조사한 패튼(Patton, 1990: 83)은 다
음과 같이 말한다.

> 서구가 기원을 알 수 없는 치명적인 바이러스로 곤경에 처했을 때, 그들은
> 그 발생원을 다른 곳에서 찾기 시작했다. 이런 종류의 질환은 위생이 철저한
> 서구에서 도대체 일어날 수 없다는 생각 때문이었다. 그래서 서방세계의 최
> 고급 두뇌들이 에이즈의 발생원을 찾기 위한 환상적인 항해를 떠났다. 그들
> 은 서양인을 제외한 최초의 에이즈 환자가 아이티와 자이르에서 온 사람들
> 중에서 발생했다는 이유 때문에 그곳을 찾아갔다. … 아이티와 자이르인들이
> 당시 살고 있던 미국과 벨기에에서 병이 옮은 것이 아니라, 자기 나라에서 이
> 이론적인 바이러스에 '후천적으로' 감염되었다고 믿을 만한 과학적인 근거
> 는 전혀 없었다.

과학적 사고 속에 암묵적으로 존재하던 이런 이론적 근거는, 대중매체
의 '아프리카 에이즈' 보도로 인해 더욱 강화되었고 동성애자 사이에서
도 흔히 나돌았다(Kitzinger and Miller, 1992). 에이즈로부터 자기 나라
를 보호할 필요가 있다는 생각은 이민 오는 사람을 검색해야 한다는 논
의에서도 엿볼 수 있다. 에이즈에 대한 '면역'을 강화할 목적으로 미국은
에이즈 양성반응자들의 이민을 허용하지 않는다. 그러나 대부분의 국가
와 세계보건기구는 이러한 조치를 인종차별적인 행동이라고 반박했다.
에이즈와 연관된 '타자성(他者性)'은 지리학적 경계뿐 아니라 사회적
정체성에도 영향을 미친다. 에이즈는 특정 사회집단에 특징적인 라이프
스타일 질환으로 간주된다. 사실 처음 남성동성애자 사이에서 흔히 발견
된 증후군은 동성애 관련 면역결핍증(GRID, Gay Related Immune Defi-
ciency)으로 불렸다. 바이러스의 발견 이전에는 바로 라이프스타일 변수
자체가 에이즈의 원인일지 모른다고 생각한 과학자도 있었다. 예를 들어
동성애자의 '실컷 즐기자' 식의 라이프스타일과 특정 성행태가 면역기능
을 저하시킬 수도 있다는 설도 나왔다(Lacey and Waugh, 1983; Hisa et
al., 1984). 이러한 이론은 이미 사실이 아니라고 판명되었지만 아직도

대중의 의식 속에 팽배해 있고 대중매체는 '호모 돌림병'이라거나 '호모 병균'과 같은 선정적인 용어를 사용하면서 이를 화제로 삼아 왔다. 물론 이런 용어는 동성애자, 양성애자, 마약주사 사용자 사이에서 높은 발병률을 보인 에이즈가 역학적인 범주로 자리잡은 이유 때문에 강화된 점도 있다. 그리고 이 사람들은 '위험집단'이라는 낙인이 찍혔다.

'위험집단'과 '위험행동'

'위험집단' 개념은, 이런 집단에 속한 사람들은 에이즈에 걸릴 위험이 내재적으로 더욱 높으므로 일반대중을 감염시킬 가능성도 높고 따라서 다르게 취급되어야 한다는 생각을 초래하였다. 결과적으로 '위험한' 사람들과 '일반대중' 사이의 경계가 세워졌다. 패튼(Patton, 1990: 99)은 다음과 같이 말한다.

> 과학계 특히 역학과 바이러스 학계는 확연히 드러나는 방역선(cordon sanitaire)으로 소수집단, '일탈자들', 그리고 아프리카 대륙 전체를 둘러쌌다. 몇몇 나라들은 에이즈 확산을 막기 위해 집단수용소와 국경검문소를 설치하기도 했지만 사실 이런 것들이 더이상 필요하지는 않다. 에이즈 연구에 내포된 이념은 위의 집단을 골라내어 가두고 제거할 수 있는 강력한 이론기반을 창조하였다. 이렇게 할 수 있는 기제는 역설적이게도 '일반대중'과 '문제집단'을 분리하는 교육전략이다.

에이즈와 관련해 '일반대중'과 '위험집단'을 구분하는 것은 적절치 않다. 당신이나 내가 만일 '불안전한' 행동에 가담한다면, 마약주사를 사용하는 에딘버러(에이즈 이환율이 비교적 높은 도시인)의 남성동성애자만큼이나 에이즈 바이러스에 감염될 위험이 높다. 왜냐하면 에이즈의 감염위험을 높이는 것은 어떤 특수 사회집단이 아니라, 예방조치 없이 항문 또는 질성교를 하거나 소독하지 않은 주사기를 쓰는 등의 특정 활동이나 위험행동 그 자체이기 때문이다. 그러므로 에이즈의 감염위험을 높이는 것은 위험집단이 아니라 위험한 성행위 또는 위험한 행동이다. 그러므로 '위험집단' 관념은 차별적인 생각을 강화시킨다―즉 역학적 판단자료와 맞아떨어지는 정체성과 라이프스타일을 가진 사람에게 감염의 원인이 존재한다고 보는 것이다. 또한 '위험집단'에 속하지 않은 사람은 위험행 동을 피해야겠다고 조심하지 않을지도 모른다. 이 사실은 보건증진운동 에 명백한 함의를 지닌다.

감염의 기회를 높이는 것이 불안전한 행동이라기보다는 어떤 집단에 관한 문제라는 생각이 가지는 또 다른 문제점은, 그런 생각이 문제를 도 덕시하고 특히 에이즈가 특정 라이프스타일에 대한 천벌이라는 관념을 강화시킬 수 있는 점이다. 에이즈에 관한 보도를 보면 매춘부, 동성애자, 양성애자 또는 마약주사 사용자가 에이즈에 걸리면 '제 탓'이라고 하는 반면, 혈우병자, 수혈자, 모태 속에서 감염된 어린이는 '억울하다'고 묘 사된다(Wellings, 1988; Paicheler, 1992). 도덕적 담론 및 의학적 담론은 흔히 에이즈의 원인이 라이프스타일에 있다고 여긴다. 도덕적 우파(The Moral Right)는 동성애와 가족 가치관의 쇠퇴를 비난하는 자신들의 태도 를 정당화하기 위해 에이즈를 이용하였다.

'전통적 라이프스타일'을 장려하려는 움직임은 1980년대 영국의 마가 렛 대처 정부를 곤경에 빠뜨렸다. 한편으로 정부가 에이즈의 확산을 막 기 위해 캠페인을 벌일 필요가 있었지만, 다른 한편으로 대처 정부는 이 목적과 반대되는 반동성애 정책을 펴고 있었기 때문이다. 예를 들어 오 늘날 유명해진 1988년의 지방자치법 '28조'는 '동성애의 증진'을 금지 했으며, 지방자치단체 산하의 학교에서 '유사 가족관계'(동성애자간의 동거)에 관해 언급하지 못하도록 규정하였다(Weeks, 1993). 효과적인 에 이즈 정책을 개발하는 데 필수적인 자료를 수집할 목적으로 기획된 성행 동에 관한 전국조사를 대처 수상이 나서서 무산시킨 것도 이러한 이해관 계의 충돌을 보여주는 또 다른 예라 할 수 있다(Street and Weele, 1992). 그러나 이 연구조사는 그 후 비정부기관의 재정지원으로 실시되었고 그 결과가 출간되었다(Wellings et al., 1994).

에이즈의 치료법이 전무하고 그것이 사회적 행동의 결과로 전파된다 는 점을 감안한다면 그러한 활동의 조사가 필수적이다. 그러나 도덕적 우파는 에이즈 관련 사회적 활동의 전모를 감추고 싶어하는 것 같다. 그 럼에도 불구하고 지난 10년간 건강과 질병의 사회학자들은 '과거에는 관심의 대상도 되지 않고 연구도 하지 않던 문화적 하위집단의 사회적 조직양상과 라이프스타일'(Carballo and Rezza, 1990: 16)에 관한 자료와 통찰을 제공해 왔다. 남성동성애자와 양성애자(Coxon et al., 1990; Dowsett et al., 1992), 젊은 여성(Holland et al., 1992), 매춘부와 마약주사 사용자(Strang and Stimpson, 1990; McKeganey and Barnard, 1992) 사이에서 에이즈 감염위험을 높이는 행동과 실행의 사회적 맥락이 상세하게 연구되었다.

위험성의 지각과 에이즈에 대한 반응

사람들이 지각하는 에이즈의 위험성과 에이즈 퇴치방법에 대한 의견은 서로 밀접하게 관련되어 있다. 전인구의 90퍼센트에서 100퍼센트에 달하는 사람들이 에이즈가 예방조치 없는 성교와 오염된 주사기의 혼용으로 전파될 수 있음을 이해하지만, 아직도 상당히 많은 사람들이 면도기의 공동사용, 공중화장실을 통한 전파, 에이즈 환자 가까이 입원하는 것 등의 일상생활이 '위험상황'이라고 믿고 있다(Pollack, 1992: 26). 이것을 통해 왜 [에이즈에 대해 대중의] 억압적인 태도가 지속되는지 이해할 수 있기 때문에 이 사실은 중요하다. 왜냐하면 위험성의 과대평가는 강압적인 정책을 지지하는 중요한 예측지표가 되기 때문이다.

일반인이 에이즈를 인지하는 방식과 에이즈에 대한 반응을 정밀조사하기 위해 많은 연구가 행해졌다. 폴락(Pollack, 1992)은 '강압적 집단'과 '자유주의적 집단'(양 집단은 각각 총 응답자의 15퍼센트를 차지하였다)을 양극으로 해서 모두 다섯 개의 하위집단을 발견하였다. 전자는 나이 많은 중간계급과 육체노동자로 이루어지고, 개인적으로 에이즈에 노출될 위험이 없다고 생각하면서 행동양태를 바꾸지 않았다. 이들은 일상생활 속의 [에이즈의] 위험을 가장 높게 평가했으며 에이즈가 심대한 사회·경제적 결과를 낳을 것이라는 우려를 표했다. 이러한 견해를 토대로 그들은 의무적인 에이즈 검사 및 검역과 같은 강압적 조치를 선호하고 정당화하였다.

이와 정반대 극단에 있는 자유주의적 집단은 젊고(35세 이하), 고등교육을 받은 미혼 학생 또는 전문직 종사자로 이루어졌다. 그들은 흔히 에이즈에 감염된 사람을 알고 있거나 자기 자신이 검사를 받은 적이 있었고 행동을 바꾼 사람도 많았다. 이 집단은 홍보 캠페인과 교육을 제외한 어떠한 형태의 국가개입도 반대하였다.

초점집단(focus group)[22] 연구와 미국 전역에 걸친 전화 인터뷰를 이용하여 실시한 한 종합적 연구도 이와 비슷한 결론에 도달했다. 헤릭과 글런트(Herek and Glunt, 1991)는 실용주의-도덕주의, 강압-동정의 두 축으로 구성된 네 가지 경우의 집단으로 이루어진 유형을 고안하였다. '동정적인 세속주의'로 분류된 집단이 가장 큰 집단을 형성했으며(백인의 54퍼센트, 흑인의 45퍼센트), 콘돔이나 소독된 주사기의 배포와 같이 도덕과 관계없는 실용주의적인 정책을 지지하였다. '동정적인 도덕주의자'도 에이즈 환자에 관심을 표했지만 도덕적 근거에서 안전한 성행위의 교육 또는 콘돔의 배포를 반대하였다. 다행스럽게도 비교적 소수의 사람들(백인의 7퍼센트, 흑인의 5퍼센트)만이 '강압적인 도덕주의자'로 분류되었고, 이들은 강제적 조치를 찬성하고 비도덕주의적, 실용주의적 정책을 반대하였다. 마지막으로 '무원칙적 행동'으로 분류된 집단은 여러 가지 상반되는 견해를 동시에 가지고 있었으며, 연구자들은 이같은 태도가 에이즈에 내재된 양가적(兩價的) 태도(ambivalence)를 나타내는 것 같다고 해석하였다.

에이즈에 관한 지식과 에이즈의 사회적 지각 사이에는 강한 상관관계가 있는 것으로 보이지만 전염에 관한 지식이 '안전한' 행동과 연결되는 것 같지는 않다(Pollack, 1992). 앞에서 토의한 행동의 사회적 배태성(social embeddedness)을 감안하면 이 사실은 놀라운 것이 아니다. 전염과 관련된 행동은 건강 이외의 심대한 사회·문화적 조건에 의해 조건지어진다. '안전한' 행동에 관한 권고는 흔히 이 점을 간과한다. 예를 들어 젊은 여성(동성애자가 아닌)에게 '안전한 성'을 가르치는 것은 성적 접촉

---

22) 어떤 특정한 '초점'이나 문제를 조사하기 위해 소집단을 선정하여 집중적인 토의나 면접을 실시하는 조사기법. 보통 일정 기간에 여러 차례에 걸쳐 실시한다. -역주

에 내재된 [남녀간의] 권력의 성격을 감안하지 않는 것이다. 더욱이 동성
애 문화에서는 긍정적인 성행위를 지칭하는 '안전한 성(성교를 제외한
성행위)'이란 용어를(Patton, 1990: 45-6), 이성애자(heterosexist)가 쓸 때
에는 단지 콘돔을 사용하는 것만으로 정의한다는 것이다. 홀런드 등(Hol-
land et al., 1992: 144)은 다음과 같이 지적한다.

> 효과적인 콘돔사용이라는 식으로 안전한 성개념을 정의하면 성적 접촉의
> 실행 과정에서 남성의 발기와 오르가즘만을 중심에 놓는 경향을 강화시킨다.
> 콘돔으로 자신을 보호하려고 계획하는 것은 그것을 씌울 어떤 것의 존재를
> 미리 상정하는 것이다. 콘돔을 에이즈 예방의 중립적이고 합리적인 반응으로
> 볼 것이 아니라, 현존하는 가부장제의 이념과 현실에 타협하는 것으로 보아
> 야 한다.

따라서 사회맥락에 의해 매개되는 사회적 상호작용의 복합성을 감안
할 때, 믿음과 행동 사이의 단절성은 하나도 놀라울 것이 없다는 것을 알
수 있다.

결론

이 장에서는 건강, 일반인의 건강관, 라이프스타일과 위험성 사이의
여러 가지 관련양상을 살펴보았다. 또한 건강을 둘러싼 여러 담론이 현
대 사회의 중요한 측면으로 부상했음을 보았다. 그러나 건강의 이해와
건강에 관한 믿음은 집단에 따라 분명히 달라진다. 이러한 차이는 개인
이 속한 사회, 문화, 인생역정, 그리고 경제적 맥락에 의해 설명된다. 이
같은 건강담론의 출현에 중요한 점은 라이프스타일 개념이다. 라이프스
타일 개념은 흔히 개인이 선택할 수 있는 사회 생활의 여러 양상을 지칭
하며, 따라서 건강이나 흡연 등과 같은 소비양상의 개인차를 강조하는
경향이 있다. 그러나 인간의 신념과 마찬가지로 사람들의 라이프스타일
도 상당한 정도로 사회적으로 배태되어 있고 구조화되어 있기 때문에 라

이프스타일만의 해석이 유치하다는 점도 살펴보았다. 그리고 최근 건강
과 라이프스타일 담론의 핵심적인 이론원칙으로 위험성 개념이 대두된
것도 알아보았다. 이것은 특히 에이즈 논쟁에서 두드러진다. 따라서 이
장은 에이즈에 관한 위험성, 라이프스타일 및 일반인의 건강관을 비판적
으로 검토하면서 결론을 내렸다.

제4장
만성질환과 장애의 경험

서론

거의 모든 사람이 일생 중 언젠가는 아프게 된다. 병이 난다는 것은 출근이나 등교, 요리와 같은 일상생활이 방해를 받음을 의미한다. 또한 병자가 당분간 정신적으로 그리고 육체적으로 편치 않을 것임을 의미한다. 우리 사회에서 아마 가장 흔한 질병은 감기일 것이다. 감기가 들면 일하러 나가기보다 집에서 쉬고 싶어할 것이며 아스피린을 먹고 식구들이 자신에게 잘 대해주기를 바라게 된다. 감기증상이 오래 가지 않을 것을 잘 알기 때문에 며칠 내로 상태가 호전되기를 기다릴 것이다. 그렇지만 병이 만성일 때에는 이야기가 달라진다. 심장질환, 암, 천식, 다발성 경화증, 에이즈, 류마티스성 관절염, 당뇨병, 파킨슨병, 간질, 건선(乾癬), 궤양성 대장염, 노인성 치매 등과 같은 만성질환은 정의 자체가 장기적인 병이다. 그러므로 병자의 삶과 친지에 대한 영향이 더욱 심대하다.

서구 산업사회에서 만성질환은 점점 더 흔해지고 있고(Jones and Moon, 1987), 거의 대부분의 사람이 주위에 만성질환을 앓는 사람을 알고 있으며 이런 상태가 단순히 신체적인 변화만을 의미하지는 않는다는 사실도 잘 알 만큼 이런 추세는 늘어나고 있다. 예를 들어 가족 중의 한 사람이 노인성 치매를 앓는다면 환자를 간호할 책임문제와 더이상 스스로를 돌보지 못하는 친지를 가진 데에 따르는 경제적 문제 등이 발생해 가족 모두에게 큰 영향을 미치기 쉽다. 또한 이 상황은 친척간의 관계에 크나 큰 부담을 지울 수도 있다.

　그러므로 신체적 변화가 사회적으로 중대한 결과를 초래한다는 것은 명백하다. 질환은 우리 마음과 몸의 '정상적'인 기능이 사회적 행위와 상호작용에 중추적 위치를 차지한다는 사실을 상기시켜 준다. 이런 점에서 질병의 연구는 몸과 개인과 사회 사이에 일어나는 상호작용의 성격을 알게 해준다. 만일 우리 몸이 '정상적으로' 기능하리라는 점을 확신하지 못하면, 자신과 사회적 세계의 상호작용은 파탄에 이른다. 타인에게 더욱 심하게 의존해야 할 수도 있고 그 결과 우리의 자아의식이 타격을 받을지도 모른다. 예를 들어 류마치스성 관절염은 신체동작을 크게 제한할 수도 있고, 그 결과 환자는 이전 같으면 직접 하던 일을 타인에게 의존해야 할지도 모른다. 특히 독립과 주체성을 강조하는 문화권에서는 이것이 환자의 자존심을 위협할 수도 있다. 그리고 이러한 의존상태는 주로 상호성 관념(notions of reciprocity)에 기반을 둔 우리 사회의 사회적 상호작용에 특히 해를 끼칠 것이다. 프라이드슨(Freidson, 1970a: 235)은 "'너무 많은 것을 기대'하거나 '너무 많은 요구'를 하는 만성질환자는 다른 사람에게 거부당할 가능성이 많다"고 말한다. 이 사실은 타인에게 원하는 자신의 요구가 적당한지를 환자 입장에서 끊임없이 자문해야 함을 뜻한다.

　그렇다면 본질적으로 만성질환은 환자의 일상생활, 사회적 관계, 정체성(타인이 환자에 대해 가지는) 그리고 자아의식(자기 스스로에 대해 가지는)에 큰 영향을 미친다고 볼 수 있다. 사회학자가 주의를 기울여 온 것은 바로 이같은 질병의 경험(experiences of illness)이었다. 연구에 따르면 질병에 대한 반응은 단순히 신체적 증상의 특성이나 개인적 동기에 의해 결정되는 것이 아니라 어떤 사람의 인생역정이 속한 사회적·문화적·이념적 맥락에 의해 형성되고 거기에 뿌리박혀 있다는 것이다. 그러므로 병은 매우 사적이면서 동시에 매우 공적인 현상이다.

　이 장은 질병의 사회학을 지배해온 두 가지 시각을 소개할 것이다. 즉 기능주의적 접근과 해석적 접근이 그것이다. 첫째 접근은 [환자가] 병이 들었을 때 적절한 사회적 역할─환자역할(the sick role)─을 어느 정도나

취할 수 있는지를 조명한다. 이와 대조적으로 두번째 접근은 아픈 사람
과 그 친지들이 질병을 어떻게 이해하며, 이러한 이해가 그들의 행위에
어떻게 영향을 미치는가에 초점을 맞춘다. 질병에 대한 해석적 접근은
상당 부분 기능주의적 접근의 비판을 통해 형성되었으므로 이 두 가지를
차례대로 소개하는 것이 논리적일 것이다. 또한 이 장에서는 질병의 경
험을 연구함으로써 대두된 몇 가지 핵심개념과 연구성과를 논의할 것이
다. 즉 자아와 정체성 관념, 정상적인 외양을 유지하기 위한 증상관리,
불확실성, 오명(stigma) 그리고 대응전략 등이 다루어진다. 이것을 통해
만성질환을 경험하는 사람이 흔히 창조적으로 자신의 신체적 조건에 반
응한다는 사실이 명백해질 것이다.

환자역할

질병은 흔히 사회적 의무를 이행하거나 달성할 수 있는 능력과 연관된
다. 그러나 질병이 있다는 사실을 의료전문가가 판정해 주어야 한다. 이
것은 파슨즈(Parsons, 1951)의 환자역할 개념에서 핵심적 전제를 이룬다.
파슨즈는 질병의 생물학적 기반과 사회적 기반을 구분하며, 아프다는 것
은 생물학적으로 뿐만 아니라 사회적으로도 변화된 상태라고 주장한다.
그러므로 어떤 특정 문화권내에서 질병이라고 인정되는 것은 그 사회의
지배적인 규범 및 가치와 관련되어 있을 것이다(Parsons, 1979). 아픈 것
(sickness)은 일탈의 한 형태이며, 성인의 학습된 기능(learned capacities)
으로부터 탈출하려는 '무의식적 동기'이다.[23] 그러나 아픈 사람은 잘못

---

23) 파슨즈의 환자역할 개념은 심리분석이론과 욕구성향관념(the notion of need
    dispositions) 이론의 영향을 받았다. 파슨즈의 사회행위 이론에 따르면 욕구성
    향은 행위의 기저를 이룬다. 욕구성향은 정신(psyche)과 관련되며 사회적 배경
    (social setting)에 의해 형성된다는 점에서 생득적인 추동(innate drive)과는 구분
    된다. 성인으로의 사회화는 의존욕구와 불합리성을 억제하고 독립을 성취하는
    것을 의미한다. 그러므로 질병은 성인의 학습된 기능에서 벗어나려는 무의식적
    동기를 가진다. 파슨즈의 개념을 상세히 이해하기 위해서는 게르하르트(Gerha-
    rdt, 1987)를 보라.

이 없으므로 어떤 권리와 특권을 부여받는다. 따라서 환자역할은 권리와 의무를 규정한다. 아픈 사람은 정상적인 사회적 의무를 이행하지 않아도 되고 자기 병에 책임이 없다. 그러나 반대로 환자는 빨리 낫기를 바라고 이것을 위해 기술적으로 유능한 의료의 도움을 구하고 거기에 협력해야 한다고 환자역할은 상정한다. 이 '역할'은 에르즐리슈와 피에레(Herzlich and Pierret, 1987: 194)가 인용한 면접에서 나타나듯이 서구사회의 대중적인 담론내에서 확인될 수 있을 것이다.

사람이 아프면 빨리 낫기 위해 애를 쓰는 건 틀림없습니다. 제 경우엔 무슨 수를 써서라도 가능한 한 빨리 치료받기 위해 최선을 다하지요 ⋯ 그러고 보니, 저는 모범환자가 되겠네요.

그리고 다른 연구대상자는 이렇게 말한다.

건강을 회복하는 건 도덕적 의무라고 생각합니다. 자신과 다른 모든 사람을 위한 첫째 의무죠. ⋯ 그건 바로 건강을 회복시켜줄 수 있는 사람의 도움을 청하는 게 되겠죠. 의사를 찾아야 한다는 말입니다.

그러므로 빨리 낫기 위해 노력하는 사람은 어떤 사회적 지위를 부여받는다고 환자역할은 지적한다. 에르즐리슈와 피에레(Herzlich and Pierret, 1987: 53)는 다음과 같이 설명한다.

오늘날의 사회에서 병들었다는 것은 더이상 순전히 생물학적인 상태만 지칭하는 것은 아니며 어떤 지위, 심지어 어떤 집단정체성을 나타내기도 한다. 우리가 질병의 현실을 이런 관점에서 본다는 사실은 더욱 더 명백해지고 있다. 왜냐하면 우리는 마치 누구를 '교수' 또는 '석공'이라고 부르듯이, 병든 이웃을 '당뇨병 환자'라는 식으로 칭하는 경향이 있기 때문이다. 따라서 병든 상태는 사회적 인식의 한 중심적 범주를 이룬다.

그러므로 질병은 병자의 정체성을 구성할 수도 있으며 앞으로 살펴보겠지만 이 점은 만성질환자에게 특히 중요하다.

<표 4.1> 정당화의 사유와 그 정도에 따라 개인의 책임이 면제된 일탈유형

병의 심각성	정당성 결여(오명시)	조건부 정당	무조건 정당
경미한 일탈	1. 말더듬 일상적 의무의 일부 정지, 특권은 적거나 없음, 새로운 의무의 추가	2. 감기 소수 일상적 의무의 한시적 정지, 일상적 특권의 한시적 증가, 회복할 의무	3. 두흔 (곰보) 의무나 특권의 특별한 변화 없음
심한 일탈	4. 간질 몇가지 일상적 의무의 정지, 새로운 의무의 추가, 특권은 적거나 없음	5. 폐렴 일상적 의무의 한시적 면제, 일상적 특권의 추가, 치료를 요청하고 거기에 협력할 의무	6. 암 많은 일상적 의무의 영구적 정지, 다수 특권 추가

출전: Freidson(1970a).

아픈 사람의 변화된 정체성은 타인의 반응에 조건지어져 있으며 사람들의 반응은 질환 자체의 성격에 달려 있다. 예를 들어 사람들은 매우 위중한 병에 걸린 환자와 경미한 병을 앓는 환자를 다르게 대할 것이다. 이점을 염두에 두고 프라이드슨(Freidson, 1970a)은 '사회 전체적 반응(societal reaction)'이론[24](또는 '낙인'이론)을 원용하여 파슨즈의 개념을 상세히 설명한다. 어떤 사람이 환자역할을 부여받는 정도는 발단이 된 질환의 심각성과 정당성에 비례한다고 프라이드슨은 주장한다. 그는 [질환에 대한] 세 가지 종류의 정당화를 가정한다. 첫째, 질환이 치료가능하므로 환자가 나을 수 있으며 따라서 조건부로 환자역할을 정당화시켜 주는 경우가 있다. 둘째, 불치병의 경우 환자는 스스로 '낫게 할 수' 없으므로 환자역할은 무조건 정당한 것이 된다. 셋째, 오명시(汚名視, stigmatized)되는 병에 걸린 경우 환자역할을 맡는 것이 정당하지 않다고 취급되며, 환자역할의 권리와 특권이 부여되지 않는다. 그러나 이러한 사회 전체적 반응은 역사적으로 특정하며 사실상 프라이드슨의 설명은 20년 전의 미국 중산

---

24) 일탈의 낙인이론에 따르면 '사회 전체적 반응'이란 일탈에 대해 가정, 법, 경찰, 대중매체와 같이 사회적 통제를 행하는 공식·비공식적 기구가 보이는 반응을 말한다. 일탈자에 대한 이 기구들의 반응방식은 일탈의 결과에 큰 영향을 미치며 일탈을 줄이기보다 '일탈의 증폭'을 가져오는 수가 많다[Lemert, E. (1972), *Human Deviance, Social Problems and Social Control*, Englewood Cliffs, New Jersey: Prentice Hall]. - 역주

층 백인사회에 해당된다. 이 점은 <표 4.1>에 나와 있다. 파슨즈가 설명한 환자역할의 원래 형태는 5번 항에 있다.

이 유형론은 첫째, 질병의 경험이 사회적 맥락과 결부된 점을 환기시켜 주며, 둘째, 질병에 부여된 의미가 병자의 경험과 정체성에 영향을 미칠 수 있다는 점을 확인시켜 주기 때문에 중요하다.

파슨즈가 서술한 환자역할의 개념은 이념형(ideal type)이므로 경험적 실재와 반드시 대응되지는 않는다. 자신의 경험을 잠시만 생각해 보더라도 환자역할이 해당되지 않았던 경우를 떠올릴 수 있을 것이다. 예를 들어 병이 났지만 의사를 찾지 않았다거나 아픈데도 불구하고 계속 일을 하다 상태가 악화된 경우도 있을 것이다. 그러나 질병경험의 연구와 관련하여 환자역할 개념의 중요한 장점은, 이 개념이 실제 질병관련 행동과 질병경험을 평가할 수 있는 발견적 도구(heuristic device)[25]을 제공한다는 점이다. 이러한 연구는 질병관련 행동의 범위와 복합성을 드러내준다.

환자역할의 획득

지금까지 살펴본 대로 기능주의적 관점에서 보면 아픈 사람은 회복할 의무가 있으며 그러기 위해서는 치료를 받아야만 한다. 그러나 대다수 사람들은 아프더라도 의사에게 가지 않는다. 이환율 연구에 따르면 대부분의 병은 의사의 치료 없이 지나간다(Last, 1963; Wadsworth et al., 1971; Dunnell and Cartwright, 1972; Hannay, 1980). 증상의 빙산(symptom iceberg)이 실제로 존재하는 것이다. 대개 감기나 요통 또는 알레르기 같은 경미한 증상 때문에 의사를 찾아가지는 않을 것이다. 오히려 일일이 병원을 찾게 되면 의사가 짜증을 낼지도 모른다. 왜냐하면 의사가 업무에

---

25) 사회현상의 탐구를 돕기 위해 인위적 구성물을 사용하는 것. 흔히 현존하는 경험적 연구결과로부터 도출된 가정으로 이루어진다. 이념형을 사용하여 어떤 사회현상의 특성을 최대한 명확하게 서술하려는 시도가 여기에 속한다. 예를 들어 사회변동 연구에서 일정한 지표를 확정한 후 이것에 준하여 다른 변화와 차이를 비교할 수 있다. 따라서 발견적 도구는 예비적 분석의 한 형태이자 하나의 모형으로서 설명적 가치를 지닐 수 있다. —역주

서 느끼는 어려움 중의 하나가 사소한 일로 찾아오는 환자이기 때문이다 (Cartwright, 1967; Mihill, 1994). 그러나 보건전문가의 도움을 청하지 않는 것이 사소한 증상만은 아니다. 연구에 따르면 심하게 아픈 사람이라고 해서 반드시 의사를 찾는 것은 아니다(Marbach and Lipton, 1978). 자가처방을 한다거나 친지에게 상의하는 수도 있다. 예를 들어 6주 동안 여성들에게 건강일기를 쓰게 한 연구에 따르면, 평균적으로 병원 1회 방문당 친지에게 상의한 건수는 11회에 달했다(Scambler et al., 1981). 총 547회의 상의 건수 중 50퍼센트가 남편에게, 25퍼센트가 여자친구에게, 10퍼센트가 어머니에게, 8퍼센트가 여자친척에게 그리고 7퍼센트가 기타 남자친구나 아버지에게 상의한 것으로 나타났다. 물론 상의를 받은 사람은 의사를 찾아가라는 조언을 해주었을 것이다. 프라이드슨(Freidson)은 이것을 일반인 의뢰체계(lay referral system)라고 불렀다.

그러므로 진찰을 받으러 가는 결정은 단순히 증상이 있거나 심하다는 것과는 다른 여러 가지 요인 때문일지도 모른다. 졸라(Zola, 1973)는 의사의 도움을 청하게 되는 다섯 가지 요소, 또는 '촉발계기'를 발견하였다. 첫째는 대인관계에 위기가 발생하는 경우이다. 예를 들어 이혼이나 실직을 겪으면 그 전부터 있었던 병증상을 떠올리게 된다. 둘째 계기는 병 때문에 사회적 또는 인간적 관계가 방해를 받는다고 느끼는 경우이다. 무릎이 아프면 산책모임에 참여하지 못할 수도 있고, 구취(口臭)가 나면 연인과 외출을 못하게 될지도 모른다. 셋째, '인정', 즉 다른 사람이 병원에 가볼 필요가 있다고 인정을 하거나 권유하는 경우가 이에 해당된다. 넷째, 직업적 또는 신체적 활동이 방해를 받는다고 느끼는 경우이다. 예를 들어 어떤 증상 때문에 정상적으로 근무를 못하게 되면 의사의 진찰을 받아야겠다고 결정한다. 마지막으로 '증상의 시간조건화(temporalizing of symptomatology)'란 흔히, 만일 두드러기가 다음 금요일까지 낫지 않으면 의사에게 가보겠다는 식의 행동을 지칭한다. 이러한 촉발계기의 의의는 의사를 찾는 행위가 신체적 증상에 대한 단선적인 반응이 아니라 계속되는 사회적 과정이라는 것을 예증한다는 점이다. 사람들은 단순히 증상의 신체적 양상에 반응하는 것이 아니라 그러한 증상의 의미에 반응

한다(Freund and McGuire, 1991: 161). 예를 들어 복통이나 두통 또는
목이 뻣뻣한 것 같은 '흔한' 병은 '무엇 때문에 그러려니' 하고 그냥 넘
겨 버리거나 '정상으로 간주'해 버린다. 밤늦게까지 일했다거나 진한 치
즈를 과식한 것, 또는 찬바람을 쐰 정황 탓으로 아픈 이유를 돌릴 수도
있다. 이런 증상이 더욱 심각한 병의 발현이라면 그것을 인식하는 데는
시간이 걸릴 것이다. 그러므로 환자역할에 동의하는 데는 많은 시간이
걸린다. 증상의 해석은 언제나 문화적으로 특정하며 몸의 규범적 이해
(normative conceptions)와 뗄 수 없는 관계를 가진다. 클라인먼(Kleinm-
an, 1988: 13)은 다음과 같이 설명한다.

그러므로 증상과 질병이 어떤 의미를 가지는지 이해하기 위해서 우리는
우선 자아 및 세계와 연관된 몸의 규범적 이해를 파악해야 한다. 국소적인 사
회체계라 할 수 있는 이러한 [이해의] 통합적 양상은 우리가 느끼는 방식, 일
상적인 신체운용 과정, 그리고 이런 감정과 과정을 우리가 해석하는 방식을
알려준다.

증상의 해석은 맥락에 달려 있으므로 클라인먼은 보건전문가가 병증
상의 생물학적 기반뿐만 아니라 문화적 기반을 이해하는 것이 필수적이
라고 제안한다. 병의 다양한 해석은 일반인에게 국한된 것이 아니며 의
사도 병증상을 다룰 때 우리와 마찬가지로 '상식적인' 해석을 동원하기
일쑤이다. 다발성 경화증의 진단을 받은 사람의 연구를 통해 로빈슨(Ro-
binson, 1988a)은 의사도 흔히 그러하다는 사실을 밝혔다. 그러나 의사가
병진행의 평가나 진단을 하면서 [상식적인 해석을] 적용하면 심각한 결
과가 나올 수도 있다. 어떤 병자는 다음과 같이 설명한다.

저는 1975년, 76년 사이에 원인모를 병에 걸렸습니다. 지금 생각해 보니
분명히 다발성 경화증이었어요. 그 당시 저는 낮시간, 저녁시간 계속 근무했
고 살림도 맡아야 했어요. … 의사를 찾아갔더니 우울증이라 해서 치료를 받
았는데 그 후로 정말 우울증에 걸려 버렸어요. 어쩌면 자신감을 잃어서 그랬는지
도 모르겠어요 −사람들은 저를 더이상 믿지 않았고 저도 될 대로 되라는 심
정이 들어서 남들이 어떻게 생각하든 개의치 않았어요. 지금도 마찬가지이지

만 어쨌든 당시엔 그런 식으로 지낼 수 있었고 그게 반드시 제가 쇠약하거나 '아픈 것 같았기' 때문은 아니었어요 … 하지만 [우울증은 아니었지만] 저는 치료를 받았고 우울증 환자라는 딱지까지 감수했어요.(Robinson, 1988a: 20, 인용자 강조)

그러므로 우리는 환자가 의사의 도움을 청한 후에도 환자역할이 곧바로 주어지는 것은 아니라는 것을 알 수 있다. 이 단계에서조차 환자역할은 타협해야 하는 것이다. 에이즈를 앓는 한 환자의 말이 이 점을 보여준다.

저는 걱정이 됐어요. 증상은 그대로였고, 조금도 차도가 없고, 울적한데다 기운도 점점 빠지고, 몸무게는 하루가 다르게 줄었어요. 그래서 그것을 계속 얘기했지요. "보세요, 제가 나름대로 에이즈에 관해 얼마나 많이 공부했는지." 그러니까 의사는 "아, 사람들은 원래 지나치게 걱정을 합니다. 당신은 에이즈가 아니에요. 검사해 볼 필요도 없습니다"라고 말하더군요.(Weitz, 1989: 274)

이 경우 병자는 환자로서의 정당한 지위를 부여받기 위해 상당한 정도로 끈질기게 노력해야만 했다.

일반인이 부여하는 환자역할의 정당화

환자역할의 부여와 정당화는 연령, 사회적 성, 계급 및 민족과 같은 구조적 변수에 의해서도 매개된다. 예를 들어 환자에 대한 의사의 반응은 환자의 사회적 배경에 따라 달라진다는 것이 밝혀졌다(6장을 보라). 마찬가지로 상황에 따라서는 어떤 사람이 환자역할을 부여받을 수 있는 정도가 타인의 인식에 의해 좌우될지도 모른다. 이것은 환자역할의 지위를 부여하는 사회적 과정을 조사한 초등학교의 민속지적 연구에서 명백히 드러났다(Prout, 1986). 어떤 어린이는 다른 어린이보다 더 쉽게 환자역할을 부여받았다. 그것은 그 어린이가 얼마나 '나약'한가에 달려 있었다. 나약한 어린이란 '쓸모 있거나, 힘들거나 또는 경쟁적인 세계에서 요구되는 어려움을 직면할 능력이 없거나 자세가 되어 있지 않은' 어린이라고 프라우트(Prout, 1986: 120)는 설명한다. 교직원이 어린이를 '나약'하다고 보는 정도는 학부형(주로 어머니)에 대한 인상, 어린이의 나이와 성에 관련되어 있었다. 예를 들어 어머니가 '학교를 쉬게 하는' 일이 잦아서 '나약한' 아이로 알려진 티나는 목이 아프다고 했을 때 학교측에서 아무런 조치도 취하지 않았다. 이와 대조적으로 상당히 강인한 소년인 앨런이 아프다고 했을 때에는 즉시 조퇴를 시켜주었다.

따라서 환자역할을 부여받는 정당화도 도덕적 평가에 의해 영향을 받는다. 심지어 의료전문가에 의해 환자역할의 지위를 부여받은 후에도 이런 일이 일어날 수 있다. 예를 들어 병증세가 심하지 않거나 일시적으로 차도가 있으면 전문진단의 신빙성이 떨어지기 쉽다. 로빈슨(Robinson, 1988b: 58)의 다발성 경화증 연구에 소개된 조이란 환자는 이렇게 설명한다.

> 제가 어떤 때엔 휠체어를 타고 어떤 때엔 안 타는 이유를 이해하지 못하는 사람이 많습니다. … 어떤 사람들은 제가 괜찮아 보이고 상태가 좋다고 말하면 잘해주지만, 제가 상태가 안좋다고 말하면 제 말을 못들은 체하거나 심지어 괜찮아 보이는데 왜 그러느냐고 해요! 제 생각엔 휠체어를 타고 있으면 제가 꾀병을 부린다고 생각하는 사람도 있는 것 같아요. 그리곤 저를 무시하고 휠체어 미는 사람하고만 얘기하는 수도 있어요.(원저자 강조)

진단이 힘들고 특발성(원인을 찾기 힘든) 만성 통증 같은 상태는 병자에게 특히 문제가 된다. 연구에 따르면, 심한 만성 통증환자는 병명이라도 알아서 정말 아프다는 것을 사람들이 알아주기만 해도 좋겠다는 태도를 보인다(Hilbert, 1984).

지금까지 환자역할의 부여가 원래 개념이 제시하는 것보다 더 복잡하다는 사실을 알아보았다. 의미와 인식이 그 과정에 개입하기 때문이다. 마지막으로 환자역할을 바로 부여받을 수 없는 실제적인 제한을 살펴보는 것이 필요하다. 예를 들어 타인을 간호중이든지 집안 살림을 책임진 경우 일상적인 사회적 의무로부터 면제되는 것이 불가능할지도 모른다. 그레이엄(Graham, 1984)은 다음과 같이 지적한다.

주부는 다른 식구들의 병증상과 장애는 잘 알아내고 즉시 반응을 하지만 자신의 건강을 돌보는 데에는 그렇게 신경을 쓰지 않는 것 같다. 타인을 돌보는 역할 때문에 자신의 [건강]욕구에 대한 신경이 무뎌지는 것이다. 아프게 되면 사람들은 정상적인 사회적 역할과 책임을 다하기가 어려워진다. 어머니의 역할과 책임은 특히 없어서는 안되는 것이어서 어머니는 아프기도 어렵다.(Graham, 1984: 159)

책임의 추궁

프라이드슨(Freidson)의 유형론에 따르면 환자역할의 지위를 부여받았다 하더라도 반드시 책임이 면제되는 것은 아니며 여전히 자신에게 허물이 있다고 간주되는 수가 있다. 이 점은 이른바 '라이프스타일' 질환이 증가되는 요즘 특히 중요하다(3장을 보라). 예를 들어 폐암을 앓는 흡연자는 자기 병에 책임이 있다고 간주되며 의사가 진료를 거부하는 경우까지 생긴다. 또한 에이즈에 걸린 사람은 자기 잘못에 대해 대가를 치른다는 부정적인 시각을 떨쳐내기 힘든다. 웨이츠(Weitz)는 에이즈를 앓는 동성애자와 양성애자가 자신의 병이 신의 형벌이라거나 화를 자초한 것이라고 생각하지는 않지만, 병의 원인을 설명할 때 흔히 '난잡했다'는 등의 용어를 사용하는 것을 발견했다. 웨이츠(Weitz, 1989: 275)의 면접에서 한 사람은 '4년 씩이나 그 짓을 했으니'라는 식으로 말하고, 또다른 사람은 '바보 짓을 했어요. 이래도 싸지요. 어떻게 될지 뻔히 알면서 종내 그러다 이 꼴이 된 겁니다'라고 이야기했다. 이러한 수사법을 간파한 다른 환자들은 자기들이 책임질 문제라는 시각을 부정하였다. "에이즈에 걸려 마땅한 사람이 어디 있겠어요? 어떤 친구는 '우리가 호모가 아니었으면 이 병에 안 걸렸을 게 아냐?'라고 말하지만 당치 않은 소리죠."

지난 수십 년간 과학계의 문헌은 질환의 원인을 사람의 성격(personality)에서 찾는 경향이 있었다. 만일 성격이 병의 원인이라면, 예를 들어 스트레스를 잘 받고 불안을 타는 사람이 관상동맥 심장질환이나 암에 걸릴 위험이 높다면, 이것은 병자의 자아의식, 타인의 반응 그리고 병을 극복할 능력에 중요한 의미를 가진다(Pollock, 1993). 앞으로 살펴보겠지만 병의 존재가 그 사람의 자아의식에 영향을 주기도 하지만, '자기 자신

(self)'이 질환의 원인이라고 말하는 것은 더 심각한 사회·심리적 결과를 초래할지도 모른다.

요컨대 지금까지 환자역할이 문화적으로 특정한 이념형에 의거해서 질병에 반응하는 것임을 살펴보았다. 그러나 일상의 현실은 원개념 자체보다 훨씬 더 복잡하다. 증상의 해석, 진찰을 받을 결정, 병자에게 권리와 의무를 지우는 것 등이 사회·문화적 환경에 의해 매개되는 것이다. 환자역할에서 핵심적인 사실은 환자 자신이 낫기 위해서 모든 노력을 다하는 것이 중요하다는 점이다. 분명히 이 점은 만성질환자에게는 맞지 않을지도 모른다.[26] 베리(Bury, 1988: 113)는 다음과 같이 지적한다. "만성질환자나 또는 그 친지에게 사회적 상호작용의 기준이 될 단순명료한 '환자역할 규정'이 우리 사회에는 없다." 지금부터 살펴볼 것은 특별히 만성질환의 경험이지만, 질병의 의미 자체를 먼저 생각해 볼 필요가 있다.

질병의 경험

질병의 사회적 기반을 조명하기 위해서 학자들은 질환(disease)과 질병(illness)을 구분한다.[27] 클라인먼(Kleinman, 1988: 3)은 질환은 신체적 사건이며 의료인의 일차적 관심사항인 반면, 질병은 '병자와 가족 또는 [병자를 둘러싼] 사회적 연계망이 증상과 장애를 인식하고 그것과 더불어 살며 반응하는 방식'이라고 제안한다. 딩월(Dingwall, 1976: 26) 역시 '질병의 핵심적 요체' 같은 것은 존재하지 않으며, 대신 질병은 특정 경

---

26) 파슨즈의 환자역할은 흔히 만성질환이 아닌 급성질환에만 해당된다는 이유로 비판받는다. 그러나 파슨즈도 지적했듯이 만성질환을 앓는 사람은(파슨즈 자신도 약한 당뇨병을 앓았다) 흔히 치료를 통해 '정상적인' 사회기능을 유지할 수 있다 (Parsons, 1975; Gerhardt, 1987: 32-33).

27) 2장에서 보았듯이 의학지식에 대한 사회구성체론자의 접근은 질환 그 자체도 사회적 구성물이라고 주장하며, 질환과 질병을 구분하는 타당성에 의문을 던진다. 그러나 이 장에서 다루는 문헌은 의학지식의 기반 자체가 아닌 단지 질병의 경험적 측면에만 관심을 가진다.

험 범주에 따른 의미와 해석을 통해 이해되며 '생물학적인 변화와 반드
시 관련되는 것은 아니다'라고 주장한다. 딩월(Dingwall, 1976: 121)은
현상학적 접근의 필요성을 강조하면서 다음과 같이 말한다.

> 질병관련 행위(illness action)란, [질병에 관한] 지식, 가용자원 및 동기에
> 비추어, 현재 일어나고 있는 사태를 이해하기 위해 병자와, 병자가 관련을 맺
> 고 있는 사람들 편에서 벌이는 지속적인 노력의 결과이다.

따라서 사회학도라면 단순히 질병관련 행동(illness behaviour)을 관찰
하기보다는 질병관련 행위28)를 이해하려고 노력해야 한다. 전자는 증상
이 존재할 때 사람들이 행동하는 방식을 일컬으며 후자는 사람들이 질병
경험을 이해하고 해석하는 방식 그리고 결정적으로 질병경험이 사람에
게 의미하는 바에 초점을 맞춘다. 사람들의 질병경험을 들어보면 그것이
그들의 인생역정 속에 함께 짜여 있음을 분명히 알 수 있다. 질병의 경험
은 그 사람의 인생경험을 반영한다. 클라인먼(Kleinman, 1988: 49)은 이
것을 '질병의 화법(illness narrative)'이라고 설명한다.

> [질병의 화법은] 여러 가지 다른 사건과 장기적인 병과정에 일관성을 부여
> 하기 위해서 환자가 말하고 유의미한 타자가 다시 말하는 이야기를 뜻한다.
> 경험을 의미있는 방식으로 짜맞추고 이 의미를 효과적으로 전달하기 위해 문
> 화적·개인적 모형으로부터 질병의 화법을 구성하는 줄거리와 핵심적인 비유,
> 그리고 수사적 장치를 가져 온다. … 그러한 개인적 화법은 질병경험을 단순
> 히 반영하는 것만이 아니라, 증상과 고통의 경험에 영향을 미치기도 한다.

질병의 해석이 질병의 경험방식에까지 영향을 미친다는 점을 감안하
여, 클라인먼(Kleinman)은 의료인이 일반인의 이야기를 이해하고 경청하
는 것이 대단히 중요하다고 주장한다.

---

28) 행동(behaviour)은 심리학적 함의를 지닌 용어로서 인식가능하고 측정가능한
    외적·내적 자극에 대한 확인가능하고 측정가능한 반응을 일컫는다. 행동과는
    달리 행위(action)는 행위자(actor)의 주관적 의미를 포괄한다. 행위는 사회학의
    과학적 성격 규명에서 중요한 역할을 하며 질병의 사회학적 탐구에서 핵심적
    개념으로 인정된다. ─역주

예를 들어 윌리엄스(Williams, 1984)는 관절염을 앓는 사람에게 병에 걸린 원인을 물었을 때 그 사람은 이 질문을 자신의 인생역정에 관한 질문으로 해석하고 그것에 맞춰 대답한다는 것을 발견했다. 이 사실은, 질병의 원인에 관한 [사람들의] 믿음을, 윌리엄스가 이야기 재구성(narrative reconstruction)—즉 우리가 삶의 일상사를 이해하는 통상적인 방식—이라고 부른 해석적 과정의 일부로 이해할 필요가 있음을 보여준다. 사람들이 질병을 이해하는 방식은 개인의 인생역정 맥락에 포함되며, 또한 이 이해방식은 반드시 사람들이 속한 사회의 문화적 가치에 영향을 받고 그 가치 속에 편입되어 있는 것이다. 그러므로 사회학자는 특정 만성질환의 일상적 상황을 기술하고, 그 과정을 통해 질병이 출현하는 인생역정과 문화적 맥락을 조명해 왔다(Radley, 1993: 1).

궤양성 대장염-만성질환의 한 예

만성질환의 일반적 연구 결과를 알아보기 전에 특정 질환이 사람의 삶에 미치는 영향을 상세하게 논하는 것이 유용할 것 같다. 대장염 환자 45명의 질병경험을 깊이있게 조사했던 켈리(Kelly, 1992)의 연구를 이용해 궤양성 대장염(앞으로 대장염이라 부른다)의 예를 논의하기로 한다.[29]

대장염은 '대장과 직장 점막의 비특이성 염증 상태'를 말한다(Kelly, 1992: 1). 이 질환의 주요증상으로는 설사, 배변시의 출혈, 복통, 미열, 체중감소와 기력소실 등이 있다. 발병은 흔히 청년기에 시작된다. 증상은 예측하기 어렵고 심한 상태가 지속되다가 가끔씩 완화되는 식으로 진행되기 쉽다. 증상, 특히 설사를 예측할 수 없는 점 때문에 사회적 기능이 방해받을 수도 있다. 예를 들어 대화나 식사 도중 화장실로 달려가면 [사회적 기능이] 방해받고 당혹스럽게 될 뿐 아니라, 이상하게 보이는 그런

---

29) 다른 질병 연구의 예로는 다음과 같은 것이 있다. 당뇨병(Kelleher, 1988), 다발성 경화증(Robinson, 1988a), 요통(Humprey, 1989), 간질(Scambler, 1989), 유방암(Fallowfield with Clark, 1991), 만성 호흡기 질환(Williams, 1993).

행동에 대해 이유를 설명해야 한다. 화장실이 근처에 있어야 하는 것이 필수사항이 되고 이것 때문에 여행계획이나 근무환경에 문제가 생길 수밖에 없다. 증상, 특히 용변을 가리지 못하는 증상은 그 사람의 정체성에 영향을 주며 이 때문에 자아의식에까지 영향이 오기 때문에 사회·심리적인 결과도 발생한다. 켈리(Kelly, 1992: 38)는 다음과 같이 설명한다.

사회계급이나 사회적 역할을 떠나 서구문화 속의 성인 남녀라 하면 최소한 공개적으로 용변을 통제하지 못하는 사람은 아니라고 할 수 있다. 영유아시기나 노년기에 비교하여 성인의 기본적인 특징의 하나로 당연시 되는 것이 바로 항문 괄약근을 통제할 수 있는 능력이다. 그러한 통제를 못한다는 말은 성인다움과 어긋날 뿐 아니라 인격에 하자가 있음을 나타낸다.

그러므로 대장염은 병자가 자기 신체의 어떤 측면에 대해 통제력을 상실하고 이것 때문에 심대한 사회적 결과가 초래되는 상황을 말한다. 이 점에서 대장염은 '정상적인' 사회적 상호작용 속에서 몸이 차지하는 핵심적 위치에 주의를 환기시킨다.

대부분의 대장염 환자는 질환의 진행 중 일련의 단계 또는 이행과정을 거친다. 첫째, 초기증상을 경험한 후 이것을 이해해야 한다. 둘째, 증상을 다루기 위한 조치를 취하고 도움을 찾는다. 셋째, 진단을 받는다. 넷째, 진단 및 증상을 가진 채 살 수밖에 없음을 배워야 한다. 다섯째, 경우에 따라서는 대장제거 수술을 받고 회장루조성술(回腸瘻造成術)30)을 시행하게 되며 따라서 보통 사람과는 다른 방식으로 용변을 보게 된다. 여섯째, 인공용변기구를 다루고 그것과 더불어 사는 법을 배워야 한다. 이 모든 과정에서 핵심적인 사항이 있다면, 대장염 환자가 대응(coping)할 줄 아는 법을 배워야 한다는 사실이다. 대응에는 여러 측면이 있으며, 환자들이 질병경력(illness career)의 매단계마다 정서적·사회적·실제적 위협에 대응해야 한다는 것은 명백하다.

조사 대상자들은 대부분 설사나 복통과 같은 초기증상을 피로, 치질,

30) 회장루조성술(ileostomy)이란 외과적으로 복벽에 구멍을 만들어 그곳에 회장의 개구부를 내는 시술을 말한다. ─역주

스트레스, 생리통, 식중독, 신경과민, 과음과식 — 모두 완벽하게 '정상적인' — 과 같은 '상식적인 이유'에 '떠넘겨' 버렸다. 그러나 증상이 계속되면서 사람들은 어떤 행동을 취하게 '촉발'되었고 이것은 대개 의사의 진찰을 받는 형태를 취하였다. 그러나 의사도 증상을 즉각적으로 진단하지는 않았으며 연구대상자와 비슷한 설명을 하였다. 대장염의 진단에 사용되는 불쾌한 기술적 절차에도 불구하고 대부분의 사람들은 진짜 원인이 무엇인가를 발견한 후에는 차라리 안도하였다. 그러나 이것이 진단 자체의 결과에 대응해야 할 뿐 아니라 특히 증상의 만성적이고 장기적인 성격에 대처해야 한다는 사실을 약화시키지도 않았다.

증상과 함께 살아가는 법을 배우면 더 많은 대응전략(coping strategies)을 일상적으로 채택하게 된다. 핵심적인 문제는 불확실성이다. 대장염의 증상은 순환적인 경향이 있지만 완화와 악화의 기간을 예측할 수는 없다. 언제라도 설사가 나올 수 있다는 점에서도 불확실성이 존재한다. 이 문제를 해결하기 위해 사람들은 식사를 조절하고 통제하려고 노력했고 가까이에 화장실이 있는지 세심하게 신경을 썼으며 특히 공개적으로 먹고 마시는 행사와 같은 사회적 상황을 피하려고 하기도 했다. 이러한 대응전략의 중요한 목적은 가능한 한 '정상적으로' 살고, '정상적인' 정체성을 유지하는 데에 있다. 그러나 이것이 언제나 쉬운 일은 아니다. 켈리(Kelly, 1992: 37)는 다음과 같이 설명한다.

> 대장염 환자의 어려움은 내재적으로 불안정한 증상의 성격 때문에 타인 앞에서 비교적 정상적인 자아를 보여주려는 노력이 계속 위협받는다는 점이다. 이것은 인상관리(impression management)가 언제나 취약하다는 것을 의미한다.

정상성의 외양을 나타내는 데에는 보통 동조와 지원을 해줄 수 있는 친지나 배우자의 협조가 필요하였다. 그러나 켈리가 설명하듯이 병을 숨기는 것은 어렵고, 모든 사람들이 [환자의] 정상성의 유지를 기꺼이 돕는 것은 아니다. 병원에서 일하는 글로리아는 다음과 같은 경험을 하였다.

어떤 사람하고 이야기하고 있을 때였어요. 왠지 모르게 설사가 나와 버렸고 그것으로 만사가 끝이 났습니다. 그냥 설사를 해버린 거에요. 고문이나 마찬가지더군요. 옆에 있던 간호사가 제복이 젖은 걸 보았어요. 쥐구멍에라도 들어가고 싶더군요. 간호사는 저보고 집에 가라고 했어요. 그래도 저는 옷을 갈아입고 계속 근무하겠다고 우겼지요. 그러나 결국 집에 갈 수밖에 없었어요. 다음날 출근했지만 이미 모든 걸 들킨 뒤였습니다.(Kelly, 1992: 42)

그러나 한 응답자가 발견한 바대로, 질환을 미리 밝혀도 문제가 다 해결되는 것은 아니다. 이 환자가 취직이 된 후 병이 있다는 사실을 솔직하게 밝히자마자 그 직장은 취직을 무효화시켰던 것이다.

수술을 받으면 대장염은 없어지겠지만 변화된 몸과 인공용변기구를 장착해야 하기 때문에 수술결정에 직면하여 환자들은 앞으로 대응해야 할 여러 가지 문제를 심사숙고하게 된다. 변화된 몸을 지니고 사는 법을 배우는 데 따르는 정서적인 문제도 있고 인공용변기구의 사용법을 배워야 하는 실제적인 문제도 있다. 켈리의 연구에 나오는 환자들은 이러한 변화를 다루기 위해온갖 종류의 대응전략을 고안하였다. 대체적으로 용변기구를 갈아끼우는 실제적인 기술은 비교적 빨리 습득할 수 있었으며 누출과 같은 문제는 경험과 시행착오를 거쳐 극복할 수 있었다. 그웬이라는 환자는 다음과 같이 설명한다.

기구를 차는 것이 귀찮지는 않습니다. 제가 보기엔 쉬운 편입니다. 처음에 앞면과 덮개, 그리고 통 자체 순이지요. 전에 쓰던 것은 덮개, 링, 통, 그리고 통에다 클립을 끼워야 했지만 시간은 그다지 많이 걸리지 않았어요. 사흘에 한번씩 바꾸는데 실제로는 더이상 갈 수도 있습니다. 4~5일도 견딜 수 있어요. 어려운 점은 집에서 멀리 나와 있을 때 통을 버리는 문제이지요. 남의 쓰레기통에 용변통을 버리고 싶은 사람이 누가 있겠어요.(Kelly, 1992: 77)

그러나 성적·사회적 관계를 다루는 문제는 흔히 더욱 복잡하며 그 사람의 자신감에 영향을 미친다. 장기적으로 배우자와 살아온 사람은 부부관계가 큰 문제가 안되지만 그렇지 않은 경우 상황은 더욱 어렵다. 로나라는 환자의 말처럼, "이제 열여덟 살밖에 안 되었는데 이런 몸인 저를 누가 사랑하겠어요?(Kelly, 1992: 86)" 이성과의 성적 관계를 예상한 연구대상자들은 "좋은 틈을 봐서 솔직하게 털어 놓든가, 아니면 아예 인간 관계를 멀리하는" 것 같은 갖가지 대응·전략을 구사하였다(Kelly, 1992: 87).

이 대장염 연구의 결과는 특정 질환의 이해라는 관점에서뿐만 아니라 만성질환을 조사한 다른 연구와 유사한 점이 많기 때문에 중요성을 가진다. 켈리는 다음과 같이 말한다(Kelly, 1992: 48).

> 이러한 많은 연구에서 놀라운 사실은, 예를 들어 류마치스성 관절염, 파킨슨병, 또는 당뇨병의 증상은 대장염의 증상과 분명히 다르지만 이 모든 질환이 제기하는 문제가 특정한 진단을 떠나 다같이 적용되며 공통점이 많다는 사실이다.

대장염 외의 다른 [만성질환의] 연구결과도 암시하는 켈리의 연구에서 우리가 배울 수 있는 점은 만성질환이 사람들 삶의 구조 속에 얼마나 깊숙이 짜여져 있는가 하는 점이며, 만성질환이 그 사람의 자아와 정체성에 영향을 미친다는 사실이다. 질환의 일차적 진단 이전에 시작되어 그 사람의 병력기간 동안 계속되는 불확실성이 만성질환의 특징이다. 또한 그 질환의 정서적·실제적 문제에 대응하기 위한 전략을 개발하는 데에 큰 노력이 든다. 어쩌면 가장 결정적으로, 만성질환은 사람이 자신의 몸에 의존하는 정도와, 사회적 상호작용에서 몸이 점하는 의의를 우리에게 상기시켜 준다. 클라인먼(Kleinman, 1988: 45)이 간결하게 표현하듯이 "몸을 믿을 수 있다는 것은 너무나 기본적이어서 우리는 몸에 대해 전혀 생각하지 않는다—몸은 우리 일상의 경험에서 일종의 토대와도 같다. 만성질환은 그러한 근본적인 신뢰에 대한 배신이다."

스트라우스(Strauss, 1975: 7-8)는 만성질환과 관련해 다음과 같은 '핵심적 문제들'을 찾아내었다. 즉 의학적 위기와 그 관리, 증상의 통제, 의사가 처방한 치료법의 실천과 이러한 치료법에 부수된 문제의 처리, 타인과의 약화된 접촉으로 야기된 사회적 고립의 예방과 고립된 삶의 영위, 병의 악화 또는 완화 등 질환과정의 변화에 대한 적응, 타인과의 상호작

용 및 삶의 방식을 정상화하려는 노력, 치료비를 부담하고 직업을 전부
또는 일부 상실한 상태에서 살아가기 위한 호구지책 등이 그것이다. 학
자들이 만성질환과 관련된 여러 가지 문제를 발견한 것은 확실하다. 또
한 연구자는 사람들이 그러한 문제에 대응하고 반응하는 방식을 이해하
기 시작했으며 그러한 반응이 사람들이 살아가는 사회적 환경에 의해 매
개된다는 사실 또한 분명하다.

만성질환과 장애

많은 만성질환이 신체적 장애를 동반한다. 예를 들어 신체적 장애는
흔히 관절염과 같은 근골격 질환, 또는 파킨슨병, 다발성 경화증 및 중풍
과 같은 신경계 질환에서 비롯된 결함의 결과이다. 결함과 장애의 관계
는 「결함, 장애 및 장애불이익의 국제분류법(*International Classification of
Impairments, Disabilities and Handicaps*)」에 실려 있다. 이 분류법에 따르면
결함(impairment)은 생리학 또는 해부학적 구조나 기능의 상실 또는 손상
을 뜻하고, **장애**(disability)는 정상 또는 정상으로 간주되는 범위내에서 어
떤 활동을 수행할 수 있는 능력이(결함으로 인하여) 제한 또는 결여된 것
을 말하며, **장애불이익**(handicap)은 사회적·경제적·정치적 환경의 결과로
장애자에게 가해지는 불이익으로 정의된다. 여기서 장애불이익이라는 용
어는, 장애를 가진 사람이 기능을 제한당하는 것이 장애가 존재하는 **사실
자체** 때문이 아니라, 사회가 조직되어 있는 방식의 결과 때문이라는 사실
에 주의를 환기시킨다. 그러나 장애 그 자체도 이미 신체적 결함을 가진
사람들의 사정을 감안하지 못한 사회의 소산이다. 장애는 장애를 야기하
는 태도와, 장애를 야기하는 환경이 지배하는 사회의 결과인 것이다. 시
각장애, 청각장애, 활동장애와 같은 기능적 결함이 있는 사람은 특수한
욕구(special needs)가 있을 것이라고 추정하는 경향이 많다. 그러나 이러
한 욕구는 애초 그 욕구를 배제하고 무시하거나 감안하지 못한 맥락에서
보아야만 '특수한' 것이 된다. 그러므로 장애는 개인의 신체적 불능의 소

산이 아니라 사회적으로 창조된 것이다. '장애자'라는 말은 다양한 집단에 속한 사람을 한 묶음으로 처리하기 때문에 여러 면에서 논란의 여지가 있다. 그러나 이 말은 장애를 가진 사람의 약자적 지위에 주의를 환기하고, 따라서 연대감과 저항정신을 고취시키며, 장애의 정치적 성격을 조명한다는 점에서 더욱 긍정적으로 볼 수도 있다.

그러므로 장애를 야기하는 환경은 신체적이기도 하고 사회적이기도 하다. 대부분의 경우 건축환경은 신체적 손상이 없는 사람들을 위해 지어져 있다. 또한 사람들이 당연히 계단을 오를 수 있고, 길가의 기둥과 같은 장애물을 볼 수 있으며 버스에 오르기 위해 층계를 디딜 수 있을 것이라는 가정하에 설계가 이루어진다. 사회적 환경 자체도 장애를 야기시킬 수 있다—예를 들어 장애자를 비극적인 인물로 보거나 아니면 개인적인 역경을 이겨낸 인간승리의 예로 보는 경향이 있다. 보건증진 캠페인조차 부정적인 이미지를 강화하곤 한다. 미국의 웡(Wang, 1992)은 사고예방 캠페인이 우리 사회에서 장애자가 되는 것이 끔찍한 위험이라고 주장함으로써 본의 아니게 장애자를 오명시하게 된다고 말한다. 안전벨트 사용을 강조하는 포스터 중에 이런 것이 있었다. '안전벨트가 답답하다고 생각하신다면 휠체어는 어떨지 생각해 보십시오.' 웡(Wang, 1992: 1098)은 활동장애가 있는 한 여성이 이 포스터에 대해 한 말을 인용한다.

> 솔직이 말해 이런 광고를 보면 휠체어를 사용하는 게 뭐 그리 나쁜 일일까 하는 생각을 합니다. 그리고 휠체어 사용자, 수화 사용자, 의족 사용자 등은 뭔가 잘못 됐다는 이야기를 또 듣는 거지요. 장애는 부정적인 것이고 삶을 비참하게 만든다는 아이디어를 내는 사람들은 광고효과는 높일지 모르겠어요. 하지만 장애에 대해 더 잘 아는 우리들에게 그건 모욕이에요.

그러므로 위험요소를 줄이라는 캠페인은 장애에 따르는 오명을 이용하기도 하고 또 그 오명을 강화하기도 한다. 어떤 종류의 손상이 있으면 불완전한 인간이 된다는 전제가 깔려 있는 것이다.

여성과 장애를 연구한 론스데일(Lonsdale, 1990)은 장애여성이 흔히 여성다움을 무시당한다는 사실을 발견하였다. 예를 들어 장애여성은 무성적(asexual)이라는 통념이 있었다. 이것은 장단점을 지니고 있었다. 어떤 장애여성은 자기들은 최소한 장애가 없는 여성이 겪는 성적 희롱을 당하지 않아도 된다고 지적하였다. 그리고 만일 여성으로 인정되더라도 일반적인 여성처럼 으레 이성애자(heterosexual)로 간주되었다. 장애가 없는 여성에게는 아이를 가지라고들 하지만 장애여성에게는 정반대였다. 일부 보건의료전문가를 포함해서 많은 사람들이, 장애여성은 무성적이므로 어머니 역할을 해내지 못하고, 장애부모의 자식은 고생을 할 것이며, 장애는 유전이 될 수도 있는데다 육아에는 신체활동과 민첩성이 필요하다고 생각하는 경향이 있다(Lonsdale, 1990: 76). 이것은 여덟살 난 딸이 있는 한 여성의 경험에서 분명히 드러난다.

　　의사는 맨처음 "임신중절을 하세요"라고 말하더군요. 저는 싫다고 했습니다. 그랬더니 의사는 "임신이 되었어도 단종시술을 받을 수 있습니다"라고 하더군요. 저는 그것도 싫다고 했습니다. 그는 좀더 생각해 보라고 하면서 저를 돌려보냈어요. 다음에 갔을 때 의사가 생각해 보았느냐고 묻길래 안 했다고 말했어요. 이미 결심을 했었거든요. 그 다음부턴 잘 해주더군요. 그러나 [아이를 낳을 때] 병원에서는 고생을 했지요. 제가 근무력증이 있는데 어떻게 애를 낳겠느냐고 모두들 의아해 하더군요. 분만과 관련해온갖 겁주는 얘기를 다 하더라구요. 저는 아닐 거라고, 제 경우에 맞는 이야기가 아니라고 생각했어요. 병원에선 흡인장치가 필요할 거라는 등 힘을 줄 근육이 없다는 등 걱정을 많이 했어요. 그리곤 의사가 정상분만이 어려울 거라는 말을 하더군요. 그는 아이가 너무 커지면 어려울테니 미리 낳자고 권했어요. 저는 사람들이 남의 인생을 마음대로 하려드는구나 하고 생각했어요. 그래서 저는 임신 6~7개월에는 애를 절대 낳지 않겠다고 우겼습니다. 또 산전관리 때문에 병원에 들렀더니 예정일 3주 전에 입원을 해서 조기분만 준비를 하자고 해요. 저는 또 싫다고 했어요. 결국 분만일이 되었을 때 아주 자연스럽고 정상적으로 아이가 태어났어요. 그 뒤에 제 근무력증을 맡던 전문의의 말이 아주 놀랍다고, 자기는 근무력증 환자가 애를 낳았다는 소리를 들어본 적이 없다고 하더군요.(Lonsdale, 1990: 76)

의료전문직은 임신을 잠재적으로 위험한 일종의 병으로 취급하는 경향이 있으며(Oakley, 1984), 따라서 만일 장애여성이 이러한 [사고방식의] 틀 속에 들어오면 그 경향이 더욱 극단화되고 조심이 지나쳐 폐해가

올 수도 있는 것이다. 장애자가 능력이 떨어지거나 또는 정상이 아니라
는 전제는 그 사람의 자아의식과 정체성에 반드시 영향을 미칠 것이다.

자아, 정체성 및 질병

　베리(Bury, 1988; 1991)는 의미(meaning)에는 두 종류가 있다고 제안
함으로써 만성질환이 미치는 영향의 두 측면을 구분하였다. 첫째, '결과
로서의 의미(meaning as consequence)'는 직장이나 집안일의 방해 또는
증상의 관리 등 증상의 발현 뒤에 따르는 일상생활의 실제적인 측면에
대한 영향을 말한다. 둘째, '중요성으로서의 의미(meaning as significan-
ce)'는 특정 증상과 관련되는 함축과 심상을 지칭한다. 개인의 자아의식
과 타인의 반응에 영향을 주는 것은 다름아닌 중요성으로서의 의미이다.
중요성으로서의 의미는 물론 질병이 발생하는 문화에 따라 달라진다.
　우리는 대장염에 걸린 사람의 경험을 통해 만성질환이 그 사람의 자아
와 정체성에 영향을 미칠 수 있음을 보았다. 이것은 상당 부분 병자에 대
한 타인의 실제적 또는 가상적 반응의 결과이기도 하고 사람이 사는 문
화적 맥락의 결과이기도 하다. 이러한 사실은 사람들이 당연시하는 가정
과 서로 공유하는 '상황의 정의(definitions of the situation)'를 전적으로
신뢰할 수 없는 까닭에 사회적 상호작용이 더욱 어려워짐을 뜻한다. 베
리(Bury, 1988; 1991)는 이것을 '위험에 처한 의미(meanings at risk)'로
지칭하였다. 즉 만성질환자나 장애자는 끊임없이 자신들의 상황정의가
타인의 정의와 다를지도 모르는 위험을 각오해야 한다는 것이다. 예를
들어 동정을 청해도 받아들여지지 않는 수가 있으며, 반대로 '정상처럼
살려는' 노력도 증상의 악화를 걱정하는 친지들에 의해 부적절하다고 간
주되기도 한다. 따라서 이러한 관계는 더욱 세밀하게 검토해볼 필요가
있다.
　상징적 상호작용론(이 이론에 따르면 정체성은 자아와 유의미한 타자
간의 상호작용의 산물로 파악된다)의 시각을 받아들여 샤마즈(Charmaz,

1983)는 사회적 상호작용이 신체적 장애자의 '자아'에 미치는 영향을 검
토하였다. 이 연구에 의하면 대상자들이 점점 변해가는 자기 자신과, 자
기가 잃었다고 느끼는 과거의 소중한 자기 이미지를 걱정한다는 사실이
분명하였다. 샤마즈는 이 과정을 '자아의 상실'이라고 부르고 그 과정에
서 일어나는 네 가지 딜레머를 관찰한다. 첫째, 병자는 사람들이 조금이
라도 자기를 불신할까봐 타인과의 상호작용을 유심히 따진다. 둘째, 병자
는 [상황의] 자체 정의(self-definition)를 내리기 위해 타인에게 의존하는
경향이 있다. 물론 이것은 타인과의 관계를 악화시키곤 한다. 셋째, 병이
심해짐에 따라 병자는 흔히 인간관계를 유지하기가 더욱 힘들긴 하지만,
자신의 허물어져 가는 이미지를 보존하기 위해 더욱 긴밀한 인간관계를
필요로 한다. 샤마즈(Charmaz, 1983: 191)는 만일 "환자가 고통을 공공
연하게 나타내거나 자기연민, 자책감, 분노 또는 전통적으로 좋지 않게
생각되는 감정을 드러내면 그 때까지 호의를 보이는 주위 사람마저도 서
먹하게 만들 가능성이 높다"고 설명한다. 넷째, '행동(doing)'이 '존재
(being)'보다 더 숭상받는 사회에서는 관례적인 업무를 수행하지 못하는
사람은 의미있는 사회생활의 유지에 필요한 수단 자체를 잃는 경향이 있
다는 점에서, 문화적 가치의 영향에 관한 딜레머가 있다. 최근의 연구에
서 필립스(Phillips, 1990)는 신체적 장애자는 흔히 '손상된 물건(damag-
ed goods)'처럼 취급되곤 한다는 사실을 발견하였다. 그러나 이러한 '자
아의 상실'은 반드시 영구적인 양상이 아니며 샤마즈(Charmaz, 1987)는
사람들이 이런 상태를 넘어서서 '재구성된 정체성(reconstituted identit-
ies)'을 새로이 창조할 수 있는 방식을 보여준다. 샤마즈는 연구대상자들
이 '자신의 삶과 더 나아가 자기 자신을 적극적으로 창조한다'는 것을 발
견하였다(Charmaz, 1987: 318, 원저자 강조). 따라서 자아의식과 개인적
정체성은 시간과 질병경력의 각 단계에 따라 변할 것이다.

서구문화에서 자아의 내적인 개념인 자아 이미지는 흔히 몸의 이미지
와 연관되어 있고, 이것은 상당 부분 체중감량 캠페인, 광고 및 패션 산
업에 의해 형성된다(Lonsdale, 1990). 결과적으로 몸의 물리적 성격에 영
향을 미치는 조건이 부정적인 자아 이미지를 낳는 수가 있다. 이것이 항

상 적용되는 것은 아닌 점이 분명하지만 다음과 같은 네 가지 요인이 이러한 경향을 강화한다(Lonsdale, 1990: 66-7). 첫째, 예를 들어 '사고나기 전에는 참 예뻤는데'와 같은 말처럼, 어떤 상태에 대해 외부세계의 부정적 반응이 있는 경우가 여기에 해당한다. 둘째, 성인에게 정상이 아닌 몸 기능 상실이 생긴 경우도 있다. 셋째, 차갑고 단단한 금속성 기구를 사용하는 경우가 있다. 넷째, 성적 또는 사회적 배척 우려가 있을 때 부정적인 이미지가 생긴다.

인생역정의 혼란으로서의 질병

우리는 사람들이 자기 병을 이해하려고 할 때 지나온 삶의 맥락에서 그 병을 파악한다는 사실을 알아보았다. 만성질환은 그것이 물리적 몸뿐만이 아니라 여러 수준에서 한 사람의 전체 인생궤적을 방해한다는 의미에서 인생역정의 혼란(biographical disruption)으로 이해할 수 있다(Bury, 1982: 169-70).

첫째, 사람들이 당연시하는 가정과 행동에 혼란이 온다. 둘째, 사람들이 보통 사용하는 설명체계(explanatory systems)에 더욱 심대한 혼란이 발생하여 자신의 인생역정과 자아개념을 근본적으로 재고하게 된다. 셋째, 변화된 상황에 직면하여 가용자원을 동원하는 데에 따르는 혼란을 경험한다.

만성질환의 발병은 그 사람의 인생역정에 혼란을 야기시킬지도 모르기 때문에 어느 정도는 삶의 재평가가 불가피하다. 우리가 보았듯이 이것은 곧 자아상실의 과정이다. 또한 이 과정은 정체성을 변화시킬 수도 있는 삶의 반환점이 되기도 한다. 론스데일(Lonsdale, 1990: 87)은 이십대 중반에 다발성 경화증에 걸린 한 여성을 인용한다.

한 어머니로서 취약할 뿐만 아니라 한 여자로서도 약하다는 것을 느끼게 됩니다. 과거에는 독립적이었던 사람으로서 이제는 모든 것을 남에게 의존해야 한다는 걸 느끼죠. 일거리도 있었고 수입도 좋았는데 말이에요. 그런데 갑자기, 애가 있고 돈을 잘 버는 건 둘째치고 육체적으로 남에게 의지해야 하는 신세가 된 겁니다. 이 상태를 견뎌내기란 쉽지 않습니다.

그러나 또 어떤 사람들은 인생역정의 혼란이 긍정적인 결과를 가져오기도 한다는 것을 발견한다. 인생역정의 혼란은 삶의 방향을 다시 생각하게 하고, 병자가 더욱 사려깊은 사람이 될 수도 있다는 것을 의미할 뿐만 아니라, 그 전에는 상상치도 못했던 새로운 기회를 가져다줄지도 모른다. 에르즐리슈와 피에레(Herzlich and Pierret, 1987: 211)의 연구에 인용된 당뇨병을 앓고 있는 50세의 여성은 다음과 같이 말한다.

　　그 전보다 더 나은 사람이 될 뿐만 아니라 더 용감한 사람이 되기도 하지요. … 사실 자기자신을 알게 됩니다. … 이것은 분명 좋은 것이지요, 철학에 가까운 것인데요. … 패배한 사람이 갖는 숙명적인 철학이 아니라 건설적인 철학 말이에요.

따라서 몸의 신체적 기능에 변화를 초래하는 만성질환의 발병은 사람의 자아의식과 정체성에 부정적이자 긍정적인 결과를 함께 가져올 수 있다. 사람들이 겪는 고통의 크기를 부정하지 않으면서도 우리는 질병과 장애의 긍정적인 결과를 인정할 수도 있을 것이다.

자아의 정치적 맥락

그렇다면 우리는 자아, 정체성 그리고 사회적 환경이 밀접하게 연결되어 있음을 알 수 있다. 질병에 직면하여 자아의식을 유지하려는 전략은 이런 점에서 보면 우리가 일상적으로 사용하는 [삶의] 전략의 연장으로 볼 수 있다. 왜냐하면 우리가 외부세계에 자신을 드러낼 수 있는 방식―정체성―이 우리의 감춰진 자아에 영향을 미칠 것이기 때문이다. 이것은 또한 우리의 사회적·정치적 맥락에 의해 매개된다. 그러나 질병에 직면해서는 이 모든 과정이 위협받게 되며 엄밀한 점검의 대상이 된다. 윌리엄스(Williams, 1993)는 이 과정을 '미덕의 추구(pursuit of virtue)', 즉 역경 앞에서 굴하지 않으려는 미덕이라고 칭한다. 그는 8년째 류마치스성 관절염을 앓고 있는 62세의 필드 부인이 자아의 외관을 유지하기 위해 취하는 전략 또는 '도덕적 보조물(moral accompaniments)'을 묘사하면서 미덕의 추구 개념을 예시한다. 필드 부인이 취한 세 가지 전략을 통

해 우리는 질병 그 자체뿐만 아니라 자신이 속한 사회·정치적 맥락을 이
부인이 지각하는 방식도 알 수 있다. 필드 부인에게 특히 중요한 세 가지
점은 다음과 같다. 즉 독립적으로 살고 남한테 의지하지 않기, 집안 정돈,
그리고 절대로 돈을 빌리지 말 것 등이다. 물론 이런 결심은 관절염으로
고통을 겪을 때면 더욱 지키기 힘들지만 동시에 이 중 한 가지라도 못 지
킨다는 것은 병에 굴복한다는 뜻이 되므로 필드 부인에게 굉장히 중요한
의미를 갖는다. 다시 말해 '병을 참아내고 잘 지내는 방식은 이념적·사회
적 관행의 본보기이자 그것의 체현'인 것이다(Radley, 1993: 4).

건강, 튼튼한 육체 그리고 무엇보다도 생산성을 강조하는 정치적 문화
속에서는 질환을 가진 사람이 그 병과, 아직도 '건강한' 자아를 분리하고
자 하는 점은 하나도 놀라운 일이 아니다. 카야와-싱거(Kayawa-Singer,
1993)는 암진단을 받은 50명의 미국인 남녀 중 중 49명이 스스로 아직
도 건강하다고 말한다는 것을 발견하였다. '저는 아직도 건강합니다. 이
문제가 있긴 하지만 아직도 괜찮습니다'와 같은 응답이 대상자의 전형적
인 반응이었다. 카야와-싱거(Kayawa-Singer, 1993: 195)는 조사대상자
들이 "그들의 신체적 조건에도 불구하고 자신의 사회적 영역내에서 생
산적이고 유능하며 가치있는 인간으로서 온전하다는 의식을 유지할 수
있는 능력에 근거하여 건강을 정의하였다"고 주장한다. 그러므로 건강은
단순히 질병이 없는 상태가 아닌 것이다(3장을 보라).

오명

오명(汚名, stigma)과 자아의 유지에 관한 고프만(Goffman)의 업적은
만성질환 경험의 연구에 큰 영향을 미쳤다. 그는 '가상의 사회적 정체성
(virtual social identity)'(일상생활 속의 고정관념화된 인식)과 '실상의 사
회적 정체성(actual social identity)'(개인이 실제로 가지는 속성들)을 구분
함으로써 오명을 정의하였다. 오명은 가상과 실상의 사회적 정체성 사이
에 모순이 있을 때 발생한다. 고프만에 따르면 오명이란 '속성과 고정관

넘 사이에 존재하는 실로 특별한 관계'를 말한다(Goffman, 1968: 14). 오
명은 타인의 반응이 정상적인 정체성을 '해치는' 과정이다. 어느 정도 오
명시되는 특정 질환과 기능장애가 분명히 존재한다(Conrad, 1987: 10).
맥도널드(MacDonald, 1988)는 예를 들어 직장암은 그 질환 자체가 갖는
함축 때문에 오명시되는 질환이라고 주장한다.

　고프만(Goffman, 1968)에 따르면 오명화(stigmatization)의 가능성은
다음 요소에 따라 변화될 것이다. 첫째, 가시성(visibility), 즉 타인이 어떤
병증상의 징후를 인지할 수 있는 정도에 달려 있다. 조블링(Jobling, 19-
88: 226)이 묘사하듯이 건선(psoriasis)31)은 지속적으로 눈에 띄는 증상의
본보기이다.

　　건선에 걸린 사람들은 병이 세상에 드러날 경우 사회적 매력과 자존심에
　타격을 주는 반영구적인 변형 때문에 잠재적으로 피해를 입는다. 그뿐만 아
　니라 이상하고 보기 싫은 신체 부산물의 계속적인 박리(剝離), 즉 관리하기
　힘든 피부허물은 자기표현과 정상적인 일상생활을 더욱 힘들게 만든다. …
　게다가 몸을 불결하게 관리한다는 의심까지 받아야 한다. 그리고 이 병이 극
　히 전염성이 높다는 통념까지 널리 퍼져 있다.

　둘째, 첫째 문제와 연관된 점으로서 타인이 그 병에 대해 아는 정도,
즉 '인지도(know-about-ness)'를 들 수 있다. 예를 들어 어떤 사람이 간질
을 앓는다는 사실을 직장동료가 모를 수도 있다. 셋째, 상호작용의 흐름
이 방해받는 정도, 즉 단절의 정도도 중요하다. 예를 들어 심한 말더듬은
정상적인 의사소통을 방해할지도 모른다. 마지막으로 그 병자가 완전히
정상적으로 [사회생활에] 참여할 수 있는 능력에 관해 타인이 인식하는
점이 초점으로 떠오른다.

　고프만은 우리가 질병의 의미를 인식할 수 있도록 더욱 더 중요한 구
분을 찾아낸다. 보이지 않아서 단지 잠재적으로만 오명시되는 속성, 즉
'잠재적 수치(the discreditable)'와 뚜렷이 보이는 속성, 즉 '가시적 수치

---

31) 만성 반복성 피부염의 일종으로 선홍색의 비늘같은 병변을 특징으로 한다. –
　역주

(the discredited)' 사이의 구분이 그것이다. 잠재적 수치자의 문제는 자신의 지위와 정체성을 복원하는 데 있는 반면, 가시적 수치자의 문제는 이러한 자아의 결함에 관한 정보흐름을 통제하는 데에 있다.

크게 보아 일반대중은 많은 질환의 진정한 특징을 모르기 때문에 고정관념에 근거하여 반응하기 쉽다는 식의 이러한 정통적인 오명관념은 비판의 대상이 되었다. 간질환자의 연구에 따르면 이러한 전통적인 견해는, 타인의 오명시를 염려해서 [본인이 느끼는] 수치심인 내재적 오명(felt stigma)에 근거한 것이 아니라, 환자가 열등할 것이라는 [일반인의] 인식에 근거한 차별, 즉 외재적 오명(enacted stigma) 관념에 지나치게 의존하고 있다고 한다(Scambler and Hopkins, 1986; Scambler, 1989). 외재적 오명은 정통적인 오명관이 제시하는 것만큼 그렇게 많지는 않은 것으로 밝혀졌으며, 사실상 큰 불안을 야기하는 것은 바로 스스로의 내재적 오명이었다. 일단 병이 있다는 진단을 받으면 스스로 또는 주위 친지들의 강요에 의해 그 상태를 숨기게 되며, 결과적으로 '발각'될 지도 모른다는 [가상적인] 위험 속에 살게 된다. 오명의 소지자는 친지들의 가치체계를 공유하며 따라서 수치심을 경험한다. 따라서 오명을 가진 사람은 자신의 수치심을 극복할 전략을 채택하고 자신을 '정상인'으로 표현하려는 경향이 있다.

사회적 관계와 가족관계

장기적인 질환은 반드시 가족구성원의 관계에 긴장을 초래한다. 연구에 따르면 장애가 발생하면 결혼이 위기를 맞기도 한다(Blaxter, 1976; Topliss, 1979). 로빈슨(Robinson, 1988b: 62)은 아내가 다발성 경화증에 걸린 경우보다 남편이 그 병을 앓는 경우 결혼관계의 재정립에 더욱 문제가 있음을 발견하였다. 그는 병에 대처할 능력이라는 점에서 남편과 아내의 견해 사이에 큰 차이가 있음을 밝혔다. 다발성 경화증을 앓는 여성은 남성보다 자신의 대응능력에 비판적이고 다른 사람들이 자기 상황을 이해하지 못할 것이라고 느꼈지만, 이러한 여성의 남편은 배우자의 대응능력을 높게 평가하였다. 여성환자의 남편은 간병에 따른 부담을 비교적 적게 느끼며 이것은 남자가 직업을 가진 경우가 더 많고 따라서 [간병과] 분리된 행동반경을 가질 수 있는 보상을 누릴 수 있기 때문인지도 모른다. 여성은 질환과 싸워 이기고 굴복해서는 안된다는 압력을 더 느끼는 것으로 밝혀졌다. 또한 여성은 환자역할의 지위를 얻기가 특히 힘들다는 사실이 발견되었다(Robinson, 1988b: 58). 어떤 남편은 다음과 같이 말하였다.

　휠체어를 쓰면 아내에게 더 낫겠지만 거기에 탄 아내를 보기가 싫었습니다. 휴가를 다녀오면서 제가 말했지요, 집에서 휠체어 쓸 생각 말라구요. 어느 날 집에 와보니 딸애가 적십자에서 휠체어를 빌려다 놓았더군요. … 무척 화가 났지만 어쩔 수 없다는 걸 알았습니다. 그 후론 가족생활이 많이 변했습니다.(Robinson, 1988: 57)

　그러므로 가족은 실제적이고 정서적인 후원의 원천이자, 실제적이고 정서적인 갈등의 원천이기도 하다. 사실 가족생활의 일반적인 불확실성과 갈등이 만성질환의 출현으로 악화되는 측면도 있다.

대응전략

균형유지

　우리는 대장염의 경우를 통해 만성질환자에게 대응전략이 얼마나 근본적인지를 보았다. 사람들이 '무능력이나 오명에 직면하여 최대한의 상대적 정상성'(Gerhardt, 1989; 139)을 유지하기 위해 채택하는 대응전략은 여러 가지 질환을 통해 연구되었다(Locker, 1983; Kelleher, 1988; Pinder, 1988). 이러한 전략은 어느 정도는 모든 사람에게 공통적이다. 우리 모두는 어떤 행위를 할 때 그 장단점을 끊임없이 살피고, 최선의 방식으로 과제를 수행하고 목표를 달성하기 위해 선택을 하고 결정을 내린다. 핀더

(Pinder, 1988)는 이 과정을 '균형유지(balancing)'라고 지칭하고, 불확실
성과 예측불가능의 특징이 있는 만성질환에 직면하면 이러한 균형유지의
과정이 더욱 어려워짐을 파킨슨병에 관한 연구를 통해 보여 주었다. 예를
들어 환자는 흔히 약복용에 의해 증상이 완화될 수도 있고 불편한 부작
용이 올 수도 있으므로 그것에 따른 대가와 효과를 함께 고려해야 한다.
그러나 증상 그 자체의 발현이 영문도 모르게 나타났다 사라지곤 하는 불
확실성이 있으므로 양자간의 균형을 유지하기가 쉽지 않다. 또한 자기 병
에 관해 타인에게 알리지 않고 정상처럼 살아갈 것인지 그리고 그 결과
탄로날 위험도 무릅쓸 것인지를 결정해야 한다. 자신이 파킨슨병에 걸린
사실을 밝힐 것인지 아니면 사람들이 알게 될 기회를 피해서 사회적 고립
을 감수할 것인지 균형을 맞춰야 하는 것이다.

　질환의 전략적인 관리에서 균형유지가 중심적 위치를 차지한다는 사
실은 류마치스성 관절염에 관한 와이너(Weiner, 1975)의 연구에서도 상
세하게 다루어진다. 그녀는 사람들이 단지 정상으로 '통하고' 또한 병의
존재를 '덮어두기' 위해 무진 애를 쓰며 상당한 고통도 감내한다는 사실
을 발견하였다. 예를 들어 요양원의 친구를 방문한 어떤 여성은 등이 아
파 두시간 씩이나 서 있었던 경우도 있었다. 만일 다른 사람에게 청했다
면 당장 도움을 받을 수 있었지만 그것은 타인에의 의존을 의미하였다.
그러나 그저 묵묵히 참고 아픈 몸을 끌고 집으로 돌아오는 것은 자기가
아직도 독립적이라는 사실을 의미했다.

대응, 전략 그리고 스타일

　사람들이 만성질환에 적응하는 방식을 다룬 문헌을 검토하면서 베리
(Bury, 1991)는 '대응(coping)'과 '전략(strategy)' 그리고 '스타일(style)'
을 구분한다. 실제로는 이 용어가 중복되겠지만 분석적으로는 서로 구분
된다. 대응은 "개인이 병의 영향을 견뎌내거나 참는 방법을 배우는 인지
적 과정이며, … 삶의 가치와 의미를 유지하는 과정"을 말한다(Bury,
1991: 460-1). 반면에 전략은 "병에 직면하여 사람들이 취하는 조치 또
는 취하는 행동"을 가리킨다(Bury, 1991: 461). 마지막으로 스타일은 문

화적 환경과 질병의 함축된 의미를 포괄하며, "사람들이 자기 질병이나 그 치료법의 중요한 측면에 반응하고 그것을 표현하는 **방식**"을 지칭한다 (Bury, 1991: 462). 질병을 인지하고 표현하는 방식은 병자의 문화적 맥락에 따라 달라진다. 예를 들어 라들리(Radley, 1989)는 그러한 스타일의 차이가 어떻게 몸과 자아에 관한 해석 속에 배태되어 있는지를 보여주었다. 중간계급이 평가한 몸과 자아는 더욱 추상적인 용어로 표현된 반면, 노동계급의 평가는 더욱 구체적인 가치를 강조하고, 과제를 수행하거나 역할을 달성할 수 있는 능력에 초점을 맞추는 경향이 있다(Radley, 1989; Bury, 1991). 위에서 말한 대로 대응, 전략 그리고 스타일은 서로 연결되어 있으며, 이들은 불확실성과 예측 불가능성으로 인해 더욱 복잡한 양상을 띠는 공통점이 있다.

과업과 가용자원

질병의 경험은 흔히 에너지, 기술, 여력, 시간, 금전, 우정 등의 면에서 대처수단(resources)의 심대한 고갈을 의미하기도 한다. 결과적으로 병자는 이러한 제한을 극복하기 위해 여러 가지 전략을 채택한다. 이 전략은 과업이라는 형태로 개념화되었다. 코빈과 스트라우스(Corbin and Strauss, 1985)는 만성질환을 세 가지 종류의 과업으로 이해한다. 질병과업(illness work)은 치료법의 실천, 위기예방과 관리, 증상관리 및 진단관련 과업을 말한다. 일상생활 과업(everyday life work)은 집안일, 직장일, 양육, 정서노동 및 식사와 같은 활동 등 일상적인 가사업무를 지칭한다. 그리고 인생역정 과업(biographical work)이란 아픈 사람의 인생역정을 재구성하는 작업을 가리킨다.

치료법을 지키는 일도 간단하지 않다. 조블링(Jobling, 1988)은 건선에 관해 언급하면서 건선을 '치료된 것처럼 관리'하는 것은 힘든 일이라고 말한다. 환자들은 '시지푸스 증후군'에 걸렸음을 발견한다. 그리스 신화에 따르면 시지푸스는 자신의 잘못 때문에 바위를 산꼭대기까지 굴려올려야 하는 신의 벌을 받았다. 그가 정상 가까이 갈 때마다 바위는 언제나 미끄러져서 계곡으로 빠지며 시지푸스는 그 일을 처음부터 다시 시작해

야 했다. 환자도 마찬가지이다. 그들은 여러 가지 치료법을 열심히 써보
지만 상태가 거의 변하지 않음을 알게 된다.

> 과업의 부담은 환자뿐만 아니라 가족에게도 지어진다. … 치료의 물리적인
> 측면에 대응하는 것, 예를 들어 연고를 바르거나 더러워진 이불을 세탁하는
> 것은 분명히 한 가지 부담이다. 심리적인 지원은 또다른 부담이 된다. 또한
> 가족들도 그 병의 성격, 기원 그리고 의미를 설명하는 하나의 일관되고 이해
> 할 수 있는 '줄거리(story-line)'를 만들어낼 수 있다. … 그러므로 가족 구성
> 원은 집합적인 수준에서 하나의 결사체를 이루며 수행하는 과업의 중요한 가
> 용자원(그리고 세력) … 이 될 수 있을 것이다.(Jobling, 1988: 226-7)

다른 분야와 마찬가지로 [투병에서도] 사람들은 시간이 지남에 따라
상당한 양의 지식과 경험을 쌓고 또한 굉장히 정교한 기술을 발전시킬
수 있다. 이러한 지식과 기술로 인해 사람들은 전통적으로 의사와 환자
에게 부여된 역할에 의문을 제기할지도 모른다. 예를 들어 다음은 신장
투석을 받는 36세된 남자환자의 설명에서 발췌한 것이다.

> 무균시술이나 혈액 디스크 세척 또는 치료 자체를 놓고 말하자면 정말 제
> 목숨이 이 손에 달려 있는 것 같아요. … 기계는 굉장히 정밀하고 갖가지 과
> 정을 항상 감시하는 경보장치가 있지만, 주의를 기울여야 합니다, 자기 생명
> 에 자기가 책임을 져야 하는 거지요. … 물론 모든 사람이 자기 생명에 책임
> 이 있지만 … 이 정도는 아니죠. … 일주일에 세번씩, 만일 실수라도 하면 그
> 걸로 끝이죠 … 그게 꼭 제 일은 아니지만 어쨌든 제 생명을 스스로 책임져야 하는
> 겁니다. … 의학을 공부하지도 않았고 간호학을 공부하지도 않았지만, 실제로
> 그들과 마찬가지로 제 목숨에 책임이 있습니다.(Herzlich and Pierret, 1987:
> 216, 원저자 강조)

따라서 환자는 상당할 정도로 보건의료전문가로부터 독립하게 되고,
핵심적 의료제공자로서 결정을 내릴 수 있으며, 에르즐리슈와 피에레
(Erzlich and Pierret, 1987)가 말한 바대로 '의학적 논리(medical logic)'
뿐만 아니라 '사회적 논리(social logic)'에도 들어맞는 치료법을 추구할
수 있다. 의학적 논리에 의하면 환자의 생리적 상태에 가장 적합한 치료

를 엄격히 따라야 하지만, 사회적 논리는 일상생활의 다른 필요성에도
맞는 치료법을 의미한다. 예를 들어 드러몬드와 메이슨(Drummond and
Mason, 1990)은 당뇨병 환자가 의학적 논리보다는 사회적 논리를 따르
는 경향이 많아서 엄격하게 식이조절을 하지 않고 자신의 기호와 환경에
따라 먹는다는 것을 발견하였다. 에르즐리슈와 피에레(Erzlich and Pierr-
et, 1987)는 그들의 면접에서 나타난 명백한 모순점에 주의를 기울였다.
그것은 만성질환자가 '나는 환자가 아니다'라고 강조하면서도 동시에
'우리같이 아픈 사람들'이라고 자신을 지칭하는 경향이다. 왜냐하면 아
프다는 것은 그 사람의 자아와 정체성에 부정적인 함축을 가지지만, 그
것은 동시에 '환자의 세계'에 속하는 것은 그 사람이 과학과 기술에 친숙
할 뿐만 아니라 그것에 정통하다는 사실을 뜻하기 때문이라고 저자는 설
명한다. 그러므로 경험많은 환자라면 보통 보건의료전문가나 가질 수 있
는 지식을 소유하곤 한다.

자조집단

이 장을 통해서 환자가 단순히 의료의 수동적인 수혜자가 아니라, 친
지들과 함께 그 의료의 제공자도 된다는 점이 명백해졌다. 이것은 건강
과 질병의 사회학자가 오랫동안 인정해온 사실이다(Stacey, 1988). 따라
서 일반인은 보건의료전문직 내의 소위 '전문가들'의 전문지식을 능가하
는 상당한 전문지식을 가지기도 한다. 이러한 지식과 경험은 같은 질환
을 앓는 사람들 사이에서 공유되곤 한다. 자조집단(self-help groups)은
때로는 보건의료전문직의 격려 속에, 때로는 그들의 반대 속에서 탄생하
였다. 자조집단의 목적은 어떤 병을 앓는 사람에게 비공식적인 지원을
제공하고 특정 질환에 관해 일반적인 교육을 실시하며 적절한 연구를 후
원하면서 변화를 위한 로비활동을 벌이는 것이다. 에르즐리슈와 피에레
(Erzlich and Pierret, 1987: 225)는 질환과 관련된 자조집단은 비교적 새
로운 현상이며 현대 서구사회에서 명백해지고 있는 '거대한 저항운동의

일부'를 형성한다고 말한다.

자조집단은 개인적 수준과 집합적 수준에서 지원을 제공한다. 개인회원을 위해서는 정서적인 지원을 제공하며 이것은 환자의 병경력 초기의 사회적 고립과 고독을 이겨내는 데에 귀중한 도움이 된다. 자조집단의 많은 회원들이 간병의 전문기술을 가지고 있으므로 실제적인 도움도 제공할 수 있다. 에르즐리슈와 피에레(Erzlich and Pierret, 1987: 222)가 발견한 대로 자조집단은 의사의 대용이 될 수도 있다. 다음은 한 회원의 설명을 이용한 것이다.

> 하루는 X씨가 천공 부위가 터져 출혈이 된다고 새벽 세시에 우리를 불렀습니다. 그 부인이 봉합부를 죄어서 그 공간을 메울 생각은 않고 피를 계속 닦아냈다고 하더군요. 그러니 출혈이 더 심해진 거죠. 그래서 새벽 3시에 우리 두 사람이 도우러 간 거에요. 할 수 있는 최선을 다했습니다. 물론 의사에게 전화를 했지요. 그랬더니 의사 왈 "잘하고 있으니 계속 그렇게 하세요" 하더군요. 결국 해낼 수 있었습니다. 모든 투석환자들 사이에는 이런 의리가 있지요.

이 정도 수준의 지원을 할 수 있는 능력이라면 환자들이 긍정적인 정체성을 가질 만하다. 이것은 또한 공통의 문제를 지닌 사람들이 가질 수 있는 연대감에 의해 촉진될 수 있다.

집합적 수준에서는 자조집단의 연대감을 확립하여 정치적 수준의 변화를 추구할 수도 있다. 같은 병의 환자들을 동원하여 보건의료의 적극적인 소비자가 되도록 하고 편견과 차별을 극복할 목적의 활동에 동참시킬 수도 있는 것이다. 이것은 에이즈와 같은 병에서 특히 명백하다(Ouellette Kobasa, 1990).

역설적으로, 자조집단이 개인적이고 집합적인 수준에서 회원들을 위한 지원을 할 수 있지만 두 수준의 활동 사이에는 해소되기 힘든 긴장이 존재한다. 에르즐리슈와 피에레(Erzlich and Pierret, 1987: 228)가 언급하듯이 개인적 수준의 활동이 대부분을 차지하는 것이다.

> 개인이 집단의 지원을 받긴 하지만 개인적인 행동의 동기는 개인적인 것

으로 끝난다. 그것은 '나의' 병을 격퇴하고 '나의' 건강상태를 개선하는 문제
에 머문다. '보건의료사용자' 집단이란 말은 결국 개개인의 관심사안을 집합
적으로 한데 모은 표현에 지나지 않는 수가 많다.

윌리엄스(Williams, 1989)가 지적했듯이 현대의 자조집단은 개인주의
와 집단주의 두 이념 사이에서 개인주의가 우세해진, 불편한 관계의 후
예인 것이다. 자조집단은 타인으로부터의 독립과 자율의식을 고취시킨다
는 점에서 개인의 자유를 신봉하는 집단이다. 그러나 동시에 그들은 연
대의식을 북돋우려고 노력하고 국가와 기타 기관으로부터 지원과 보조
를 요구한다.

자조집단에 내재하는 긴장에도 불구하고 오늘날의 병자가 '완전히 수
동적인 경우는 거의 없음'이 분명하다(Erzlich and Pierret, 1987: 229).
사회 속에서의 환자를 다룬 역사학적 연구에서 에르즐리슈와 피에레는
사회·문화·정치적 맥락에 부응하여 환자 역시 변화했음을 발견하였다.

　　[환자의 이미지는] 집합적인 응보인 돌림병의 이름없는 희생자, 또 소외되
　고 수동적인 '환자'의 이미지로부터 새로운 문화적 존재인 '의료의 자체 제
　공자'로, 또 공식적 의료체계의 집합적 행위자인 '보건의료사용자'로, 그리고
　마지막으로 몸 자체를 새로운 정치적 행동의 기반으로 사용하는 급진적 투사
　로 변화해 왔다.(Herzlich and Pierret, 1987: 229)

결론

이 장은 환자역할 개념의 서술로 시작하여 이 개념이 질병경험의 복잡
다기한 전모를 파악하는 데 역부족이라는 점을 예시하였다. 그러한 질병
경험을 완전히 이해하기 위해서는 환자와 여타 주위 사람들이 갖는 질병
의 의미와 해석을 검토해 볼 필요가 있었다. 우리는 이러한 의미와 해석
이 광범위한 사회·정치적 맥락에 의해 형성됨을 보았다. 질병은 본질적
으로 개인적이자 또한 사회적이라고 우리는 주장하였다.

이러한 논의를 통해 몸이 함축하는 중요성이 크다는 점을 살펴보았다.

이것은 몸과 자아의 관계가 심대하게 교란되는 만성질환의 경우 특히 명백하였다. 우리는 보통 몸에 대해 잘 생각해보지 않는다. 우리는 몸이 으레 우리가 원하는대로 기능하리라는 점을 당연시한다. 그러나 툼스(Too-mbs, 1992)가 말하듯 환자가 되면 [당연하게 생각했던] 몸이 변형을 겪고 자아로부터 분리되고 소외되어 '병든 몸'이 되는 현상을 경험한다. 툼스는 자신의 다발성 경화증 경험을 서술하면서 만성질환이 있는 경우 '인간이 얼마나 필연적으로 체현된 존재인가' 하는 점을 깨닫는다고 고백한다(Toombs, 1992: 134). 사회학자들은 개인을 초월하고, 인간의 육체를 넘어서는 접근방식을 추구한 나머지 인간의 몸을 간과하는 경향이 농후했다. 그러나 최근 들어 몸 자체가 사회학적 탐구의 중요한 소재지가 되었으므로 다음 장에서는 몸에 관한 연구를 알아보기로 한다.

제5장
몸의 사회학

서론

건강과 질병의 사회학에서 몸은 여러 가지 점에서 중요하다. 앞에서 보았듯이 질병은 몸의 '정상적인' 기능을 제한할 수 있고 그에 따라 심대한 심리적·사회적·정치적 결과를 초래할 수 있다. 또한 건강은 점점 더 운동, 감량, 그리고 담배와 알콜 등 '불건강한' 제품의 억제와 같은 몸관리 활동으로 개념화된다(Crawford, 1987). 이러한 건강관련 활동은 현대 소비지향 사회에서 핵심적인 부분을 차지한다(Featherstone, 1991b). 몸이 건강과 질병의 사회학에서 중추적 위치를 점하는 또 다른 이유는 의과학(medical science)이 육체적 몸의 경계를 변화시킬 수 있는 수단을 고안해냈기 때문이다. 예를 들어 의학은 성형외과술을 통해 우리의 몸을 재구성할 수 있으며 한 사람의 내부기관을 다른 사람의 몸 속으로 옮길 수 있다. 의학은 또한 생식과정을 보조할 수 있고 태아의 유전구조에 개입할 수도 있다. 따라서 오늘날 육체적 몸의 한계와 영역은 불과 수십 년 전의 그것과 크게 다르다(Rucker, et al., 1993). 그러나 쉴링(Shilling, 1993)이 지적했듯이 여기에는 일종의 역설이 존재한다. 우리가 몸에 관하여 더 알면 알수록, 또 몸을 통제하고 몸에 개입하고 몸을 변화시킬 수 있으면 있을수록, 몸이 실제로 무엇인가 하는 점이 더욱 불분명해질 것이다. 몸과 사회 사이의 경계가 점점 더 흐려지고 있다. 이런 점에서 몸의 사회학(the sociology of the body)은 중요하고 생산적인 연구분야라

할 수 있다.

건강과 질병의 사회학에서 몸은 '분명히' 중요할 것 같은데도 불구하고 비교적 최근까지 큰 주목을 받지 못했다. 몸에 관한 문헌은 1980년대에 등장하기 시작하여 그 자체로서 하나의 독립된 분야를 이루었다(Turner, 1984; 1992; Jacobus et al., 1990; Featherstone et al., 1991; Scott and Morgan, 1993; Shilling, 1993). 이러한 연구결과는 건강, 의료 그리고 질병의 문제가 몸과 직접적으로 관련되기 때문에 분명히 건강과 질병의 사회학에 크나큰 중요성을 가진다. 그러므로 이 장의 목적은 몸에 관한 현대의 논의에서 대두된 핵심사항을 기술하고 건강과 질병에 관한 이러한 논의의 중요성을 검토하는 데 있다.

먼저 이 장은 최근 부쩍 늘어난 몸에 대한 관심의 원인을 간략히 설명한 다음 이 주제에 관련된 주된 시각들, 즉 자연주의, 사회구성주의 그리고 현상학을 소개한다. 그리고 이러한 시각을 통합하려는 최근의 이론적 경향을 논의할 것이다. 이 작업은 푸코(Foucault), 엘리아스(Elias) 그리고 부르디외(Bourdieu)[32]의 저작에 큰 영향을 받았으므로 이들의 연구에서 비롯된 관련 사상 역시 간략히 다룰 것이다.

남성 사회이론가들이 몸의 사회학에 큰 영향을 미치기는 했지만, 사회이론에서 몸의 중요성을 가장 먼저 인식하고 그것을 분명히 드러낸 것은 페미니스트 사회학자들이었다. 페미니스트는 여성 몸의 분석을 통해 몸의 생물학적 기반을 의학적·과학적으로 설명하려는 시도가 사회적으로 구성된 점, 그리고 이러한 몸의 의과학적 설명이 사회적 성의 불평등을 유지시키는 이념적 목적에 사용될 수도 있음을 밝혔다. 그들은 또한 남성이 지배하는 의료전문직에 의해 여성의 몸이 오랫동안 규제되어온 사실을 인식시키는 데 공헌했다. 오늘날 신(新)생식기술 분야보다 이러한 규제와 통제가 더욱 뚜렷이 드러나는 영역도 없을 것이다. 이 장은 이러한 분야와 관련된 사항을 다룬다.

---

32) 고프만(Goffman)의 연구도 여기에 분명히 관련이 있을 것이다. 그러나 자아의 표현과 정체성에 대해 육체적 몸이 지니는 중요성을 다룬 고프만의 생각은 4장에서 다룬다.

몸에 대한 관심의 증가

'몸의 사회학'이란 말을 논의할 수 있게 된 것은 1980년대 중반 이후에 지나지 않는다. 그러나 사회학은 오랫동안 은연중에 몸 그리고 몸의 행위와 의도에 관심을 기울여왔다. 즉 몸의 기술언어와 몸짓, 물질적 상황이 몸의 건강상태에 미치는 영향, 그리고 장애를 초래하는 질환이 사회적 상호작용, 자아 그리고 정체성에 미치는 영향 등이 그것이다. 쉴링(Shilling, 1993)은 사회학에서 몸은 사실상 없는 듯이 존재한다(absent presence)고 표현한다.

그러나 몸을 좀더 본격적으로 다루게 된 이유는 몇 가지 사회 전체적 변화 때문이다. 이 중 가장 중요한 것은 남성이 지배하는 의료전문직으로부터 자기 몸의 통제권을 탈환하려는 여성의 노력이었다. 이것은 보스턴 여성건강서적조합(Boston Women's Health Book Collective, 1989)이 발행한 책『우리 몸, 우리 자신(*Our Bodies, Ourselves*)』(1974년 초판이 발행된 뒤 76, 79, 84년에 중간되었다)이 큰 성공을 거둔 사실로도 입증된다. 페미니스트 저자들은 또한 몸의 정치적 지위에 주의를 환기시키고 여성의 몸을 통해 남성이 여성을 착취하는 방식을 보여주었다.

두번째 이유는 인간생식에 수반된 최근의 기술적 혁신 때문이다. 이것은 자연적 몸과 사회적 몸 사이의 경계가 다양해졌다는 점을 조명한다. 이 경향은 태아의 지위 그리고 인간생명의 시작과 종료 시점을 둘러싼 윤리적 논쟁을 야기하였다.

셋째, '인구의 노령화'와 같은 인구학적 요인은 끊임없이 바뀌는 인간 몸의 특징을 부각시켰다. 이러한 변화는 또한 장수와 관련된 새로운 문제를 제기하였다. 안락사 논쟁에서 볼 수 있듯이 몸의 소유권에 관해 의문이 생긴 것이다. 세속화된 현대사회에서는 스스로 목숨을 끊거나 요청에 따라 친지를 안락사시키는 문제가 국가에 대한 범죄만큼 금기시되지는 않는 것 같다.

넷째, 소비문화내에서 몸의 숭배는 점점 더 포스트모더니즘 사회의 중요한 측면을 이룬다(Featherstone, 1991a; 1991b). 몸을 건강하고 날씬하고 젊게 가꾸려는 것처럼, 몸에 대한 상업적 관심과 미적 관심이 함께 존재한다. 특히 포스트모더니즘 계열의 저자들은 생산자인 몸으로부터 소비자인 몸으로 이행된 변화에 주목한다. 예를 들어 에어로빅, 건강음식 그리고 운동 비디오 등과 같은 '건강산업'이 번창하는 것이다.

몸에 관한 관심이 증대된 다섯째 이유는 에이즈의 출현이다. 에이즈는 우리에게 의료기술의 한계를 상기시킨다. '고령화'의 시대에 젊은이들의 죽음을 속수무책으로 보고만 있기란 참으로 가슴아픈 일이다. 그리고 여성운동에서 어느 정도 영향을 받은 에이즈 환자들은 자신의 운명을 책임지고 의학적 통제로부터 독립성을 유지하기 위해 단합하였다.

몸에 대한 관심의 마지막 이유는 몸과 관련된 윤리적 문제에 관심이 늘었기 때문이다. 태아연구의 윤리성, 그리고 흡연으로 자신의 몸을 '학대'하는 사람에 대한 치료거부 등의 논쟁은 상당한 정도로 언론의 주목을 받았다. 다음과 같은 질문이 제기되고 있다. 우리 몸의 운명에 누가 발언권을 가지는가? 삶과 죽음의 경계는 무엇인가? 이러한 문제를 의료 전문가가 결정하는 것이 적절한가? 이처럼 우리 삶의 존재 그 자체를 이루는 몸에 대해 불확실성이 증가하고 있는 것이다. 톰 스토파드(Tom Stoppard)[33] 작품의 한 등장인물은 다음과 같이 말한다. "탄생만이 진짜 시작이요, 죽음만이 유일한 끝. 이 사실을 믿지 못하면 무엇을 믿을 수 있단 말인가?" 그러나 오늘날 의학기술의 발전으로 우리는 생명이 언제 시작되는지 또는 시작되어야 하는지 모를뿐만 아니라, 삶이 언제 끝나야 하는지도 모를 때가 있다. 따라서 몸과 관련된 문제가 현대의 정치적 논쟁에서 중요한 위치를 차지하는 것은 놀랄 바가 아니다.

신체지향의 사회

대부분의 사회학자들은 최근 수십 년 사이에 우리 사회가 큰 변천을 겪었다고 인정할 것이다. 이러한 새로운 전체 사회형태는 포스트모더니즘, 후기모더니즘, 포스트포디즘 등 여러 가지로 불린다. 그러나 터너(Turner, 1992)는 우리가 '신체지향의 사회(somatic society)'로 나아가고

---

33) Tom Stoppard(1937-). 체코슬로바키아 태생의 영국 극작가. —역주

있다고 제안한다. 신체지향의 사회란 몸이 정치적·문화적 활동내에서 중심적인 영역을 차지하는 사회체계를 말한다. 사회의 주요 관심사가 산업자본주의에서처럼 생산증대에 있는 것이 아니라 인간 몸의 규제에 점점 더 중점을 둔다는 것이다. 터너는 다음과 같이 말한다.

> 사람 몸 사이의 공간을 어떻게 규제할 것인가, 몸과 사회와 문화 사이의 계면(interface)을 어떻게 감시할 것인가를 두고 우리 사회는 정치적으로 몰두한다. … 우리는 안전한 성, 성교육, 콘돔 무료배포 그리고 소독된 주사바늘 제공 등을 추진해서 사람 몸[의 중요성]을 확대하고자 한다. 우리는 세계인류가 환경공해에도 불구하고 생존할 수 있을지를 염려한다. 따라서 신체지향의 사회는 몸의 규제를 둘러싸고 결정적으로, 아니 어쩌면 사활적으로 구조화되어 있는지도 모른다.(Turner, 1992: 12-3)

사회가 신체지향적이라는 사실은 페미니스트 운동, 낙태 찬반양론, 임신과 불임논쟁, 녹색운동 등 현대의 정치운동으로도 입증된다.

요약하자면 몸에 대한 관심의 증가에는 순수하게 학문적인 이유뿐만 아니라 사회적인 이유도 있음을 알 수 있다. 그러나 몸에 관해 우리가 많이 알면 알수록 더욱 실체를 파악하기 힘들게 되는 것도 사실이다. 터너(Turner, 1984: 7)는 『몸과 사회(The Body and Society)』에서 "몸에 관한 연구를 하면서 나는 점점 더 도대체 몸이 무엇인지 알 수 없게 되었다"고 실토한다. 사실상 몸이 '무엇인가' 하는 문제는 우리가 그것을 보는 시각에 어느 정도는 달려 있을 것이다.

몸에 관한 몇 가지 시각

몸에 관하여 자연주의적 입장과 사회구성주의적 입장의 양극적 시각이 있으며(Shilling, 1993), 세번째 시각인 현상학적 접근이 이 양극단을 중재한다(Turner, 1992). 자연주의적 접근은 몸이 보편적인 현상이며 사회적 맥락에 관계없이 존재하는 생물학적 실체라고 가정한다. 반면에 사회구성주의적 접근은 몸이 사회적으로 창조 또는 발명되었기 때문에 사회적·역사적 맥락에 조건지어져 있다고 주장한다(2장을 보라). 어떤 특정 시기의 몸의 실재는 단순히 몸을 관찰하고 검토하는 방식에 따른 결과일 뿐이라는 것이다. 마지막으로 현상학적 접근은 인간의 몸을 이해하는 열쇠는 마음(mind), 또는 더 정확하게는 '살아온 경험(lived experience)'이라고 제안한다. 이것은 인간은 해석하는 존재이며 따라서 각기 의미있는 방식으로 자신의 세계를 창조한다는 뜻이다.

자연주의적 시각

자연주의적인 접근(naturalistic approach)은 18세기에 출현했으며 그 이후 서구의 담론을 지배해왔다. 이 견해에 따르면 인간의 모든 행동과 사회적 관계는 생물학적인 기반에 의거해 설명할 수 있다고 한다. 사회생물학(sociobiology)이 바로 이러한 시각에 속한다. 자연주의적 접근은 인간의 모든 행동과 사회적 관계가 생물학적으로, 유전적으로 그리고 진화론적으로 결정되어 있다고 주장한다. 이것은 인간의 행위와 사회적 차이를 그 생물학적인 성향에 의거해 설명한다. 예를 들어 공격성, 지능, 그리고 최근에는 동성애와 같은 성격특질(personality traits)을 유전적 성향으로 설명한다. 사회적 차이를 생물학적으로 설명하는 이론은 정치적 변화와 투쟁의 시기에 발전한다는 주장도 있다. 예를 들어 블라이어(Bleier, 1984)는 윌슨 류의(Wilsonian)[34] 사회생물학이 1970년대 중반 어떤 식으로 제2의 페미니즘 물결에 속한 이론에 대항하기 위해 대두했는지를 예증하였다. 또한 동성애 유전자를 발견하려는 시도가 최근 요란하게 제기되고 있을 뿐만 아니라, 동성애자의 라이프스타일에 대한 대중의 불안이 언론에서 조명되는 시점에 그러한 시도가 대중매체의 큰 주목을 받고 있다는 사실은 특기할 만하다(Radford, 1993).

몸의 생물학적 기반이 인간적·사회적 생활의 모든 측면을 결정하고, 육체적 몸의 성격이 사회적 맥락의 영향을 받지 않는다는 생각을 거의 대부분의 사회학자들은 이구동성으로 거부한다. 이러한 사고는 환원주의

---

34) Edward O. Wilson(1929-). 미국의 동물학자로서 생물지리학(biogeography) 과 사회생물학의 발전에 큰 영향을 미쳤다. - 역주

적이고 명백히 결정론적이며 과학적으로도 오류라고 비판받는다(Bleier, 1984). 그럼에도 불구하고 실재하는 존재인 것 같은 몸을 자연주의적으로 이해하는 이 방식은 사회학적으로 중요한 의미를 가진다. 몸의 생물학·생리학·해부학적 이론은 몸 그 자체에 대해 설명하는 만큼이나 지배적인 정치적 이념에 관해서도 말해주기 때문이다. 암스트롱(Armstrong, 1983a)의 뒤를 이어 스코트와 모건(Scott and Morgan, 1993: 6)은 다음과 같이 지적한다. "『그레이 해부학(Gray's Anatomy)』[35]은 하나의 문화적 인공물(cultural artifact)로 이해될 필요가 있다. … 해부학 교과서로 곧이곧대로 받아들일 것이 아니라 그 자체로서 연구해 볼 과제인 것이다."

　몸의 실재는 남성과 여성간의 불평등을 설명하고 합리화하는 데 오랫동안 이용되어 왔다. 자연주의적 시각에 따르면 남성과 여성은 육체적으로 너무나 틀리기 때문에 매우 다른 삶을 영위하고 다른 식의 활동을 하는 것이 '자연스럽다'고 한다. 그러나 라쿼(Laqueur, 1990)는 이러한 차별관념(idea of difference)이 1800년대 이후에야 대두되었음을 상세히 보고하였다. 그 이전에는 남자와 여자가 생물학적 성(sex)은 같으면서 사회적 성(gender)만 다른 존재로 상정되었다는 것이다. 당시에는 여자의 생식기는 남자의 생식기와 본질적으로 같은 것이고 안팎으로 나뉜 차이밖에 없다고 생각하였다. 각 부위의 이름도 같았다. 요즘의 난소(ovary)를 당시에는 여성고환(female testicle)으로, 자궁(uterus)을 음낭(scrotum)으로, 그리고 질(vagina)을 음경(penis)으로 각각 지칭하였다. 남자는 정상이고 여자는 남자의 열등한 변형으로 여겨졌다. 남자는 여자보다 '열'이 많아서 생식기가 밖으로 돌출되어 있다고 설명하였다. 여자는 남자보다 더 냉하므로 동물에 가깝지만 동물은 인간보다 훨씬 더 냉하다고도 하였다. 따라서 남자와 여자는 구조적으로 동일함에도 불구하고, 위계적인 사고체계내에서 생각할 때 남자의 몸이 인류라는 종의 완벽한 형태로 간주되었다.

　35) 영국의 외과의사이자 해부학자였던 헨리 그레이(Henry Gray, 1825?-1861)가 펴낸 해부학 서적. 그가 1858년 발행한 『기술적·외과적 해부학(Anatomy, Descriptive and Surgical)』은 영국에서 한 세기가 넘게 해부학의 표준교과서로 사용되었으며 현재도 출판되고 있다. ─역주

그러나 17세기 말에 들어 남자와 여자는 다르다고 보기 시작했으며,
생리학적·해부학적 차이가 강조되기 시작하였다(Oudshoorn and Van
Den Wijngaard, 1991). 마틴(Martin, 1989)은 남자와 여자의 몸 속에서
기능하는 두 가지 반대과정을 서술한 19세기 생물학자 패트릭 게데스
(Patrick Geddes)[36]의 연구를 인용한다. 이 두 과정이란 '발전적·건설적·
통합적인 과정'인 동화작용(anabolism)과 '파괴적이고 하향적인 화학변
화과정'인 이화작용(katabolism)을 말한다. 이 두 가지 과정은 몸 전체를
통틀어 일어나고 전체 유기체차원과 세포차원에 모두 침투해 있다고 한
다. 여자는 본질적으로 동화적이고 남자는 이화적이라고 게데스는 주장
한다.

남자가 더욱 활동적이고 활기가 있으며 열성적이고 정열적이며 다양하다
는 것은 일반적으로 사실이다. 반면에 여자는 더욱 수동적이고 보수적이며
게으르지만 안정되어 있다. … 남자는 더욱 활동적이어서 경험을 많이 쌓을
수 있으므로 두뇌도 크고 지능도 뛰어날 것이다. 그러나 여자, 특히 어머니는
이타적인 감정을 의심할 바 없이 많이 습관적으로 지니고 있다. 남자는 더욱
강하게 보통이기 때문에 독립심과 용기가 많다. 여자는 애정이 한결같고 동
정심이 많다.(1890년 Geddes 저술; Martin 인용, 1989: 33)

그러므로 우리는 몸의 생물학적 기반을 설명할 때에 남자와 여자에 관
한 문화적 가정을 사용하기도 하고 또한 그 설명이 문화적 가정을 형성
하기도 한다는 것을 알 수 있다.

로렌스와 벤딕슨(Lawrence and Bendixen, 1992)은 미국에서 남자와
여자의 해부구조가 표현된 방식을 조사하기 위해서 1890년에서 1989년
사이에 출판된 해부학 교과서를 하나의 '문화적' 참고서로 사용하여 검
토해 보았다. 그들은 삽화와 용어와 구문을 통해 남자의 해부구조가 기
준인 것처럼 묘사되는 현상을 발견하였다. 따라서 남자의 해부구조는

36) Sir Patrick Geddes(1854-1932). 생물학자이자 사회학자로서 스코틀랜드 던디
대학의 식물학 교수를 역임하였다. 1892년 에딘버러에 세계 최초의 '사회학 실
험실'을 건립하고 생물학적 이론에 기반을 둔 사회해석 그리고 이 해석을 도시
계획에 적용하는 문제를 연구하였다. - 역주

'인간'신체의 기본형이라고 여겨졌다. 예를 들어 남자의 해부구조를 논하는 자리에서는 항상 일반적인 정관사(the)가 사용되었지만 여자의 해부구조에는 언제나 여성이라는 지칭이 분명히 표시되었다. 상세한 통계와 텍스트 분석을 통해 그들은 사회적 성의 표현에 관한 대중의 관심이 높아졌음에도 불구하고 조사기간을 통틀어 상황이 거의 변화하지 않았음을 발견하였다. 그러므로 여성의 해부구조는 언제나 기준에서 일탈된 것으로 묘사되고 '다른 것(other)'으로 간주된다는 것이다.

의학도가 배우는 몸의 개념화 방식도 중요하다. 왜냐하면 현대사회에서는 흔히 몸의 의학적 해석만이 가장 정확한 해석으로 취급되기 때문이다. 프랑크(Frank, 1990: 135-136)는 다음과 같이 말한다.

> 의학은 … 분명 몸을 개념화하고 표현하며 그것에 반응하는 여러 가지 제도적 관행 중에서도 가장 힘있는 자리를 차지한다. 오늘날 몸을 직접적으로 경험하거나 간접적으로 이론화할 수 있는 우리의 능력은 엄청나게 많이 의료화되어 있다.

몸에 관한 대안적 시각은 어느 정도는 의학개념과는 구분되는 몸 개념을 제시하려는 시도라 할 수 있다. 몸의 의학적 견해는 서구사회에서 가장 강력한 것이 사실이지만 유일한 것은 아니다.

사회구성주의적 시각

2장에서 보았듯이 사회구성주의에는 여러 가지 접근방식이 있다. 먼저 몸과 질환은 그것을 기술하는 담론, 즉 푸코(Foucault, 1976)가 '시선(gaze)'이라고 부른 것의 결과라고 주장하는 학자가 있다(Armstrong, 1983a). 반면에 몸이 사회적 관행과 사회적 맥락에 의해 형성되고 변화되는 물적 기반을 가지고 있다고 주장하는 측도 있다(Connell, 1987; Shilling, 1993). 예를 들어 서구 사회에서 남성의 몸은 여성의 몸보다 더욱 건장한 경향이 있다. 이것은 남성이 아주 어릴 때부터 근육이 발달하는 스포츠나 게임을 하도록 만들어지기 때문이라는 것이다. 따라서 사회적 기대감이 몸의 구조에 '실제적인' 효과를 미칠지도 모른다(Connell,

1987). 평균적으로 보아 영국에서는 남성이 여성보다 더 무거운 짐을 나를 수 있지만 어디서나 그런 것은 아니다. 예를 들어 모로코의 아틀라스 산맥에서는 등에 엄청나게 무거운 짐을 지고 원거리를 가는 사람은 반드시 버버족(the Berber) 여성이다. 이 짐은 영국인에게는 말 그대로 등이 부러질 만큼 무거운 것이다. 그러므로 몸의 형태와 그 잠재적 가능성은 사회적 환경에 따라 변화한다.

인류학자인 메어리 더글러스(Mary Douglas)는 이같은 시각의 또 다른 변형을 발전시켰다. 그녀는 몸을 지각하는 방식이 사회적 몸(social body)에 의해 매개된다고 주장한다. 몸은 [사회의] 분류방식에 기초를 제공하며, 반대로 몸을 지각하는 방식은 사회조직을 지각하는 방식을 닮는다.

> 사회적 몸은 육체적 몸의 지각방식을 규정한다. 몸의 육체적 경험은 사회적 범주 속에서 이해되고 언제나 사회적 범주에 의해 조절될 뿐만 아니라 특정한 사회관을 갖게 마련이다. 두 가지 몸의 경험 사이에는 지속적인 의미교환이 있으므로 한 쪽은 다른 쪽 범주를 강화시킨다. 이러한 상호작용을 놓고 볼 때, 몸 그 자체는 고도로 억제된 하나의 표현수단에 불과한 존재라고 볼 수 있다.(Douglas, 1970: xiii)

그러므로 더글러스에 따르면 몸은 모든 분류체계의 중심을 이룬다 (Douglas, 1966; 1970).

더글러스는 뒤르켕(Durkheim)의 전통을 이어받아 모든 사회가 성(聖)과 속(俗)의 요소를 함께 가지며 이 둘 사이의 경계는 사회체계의 기능에 본질적으로 필요하다고 주장한다. 따라서 사회는 무질서가 있을 경우 특정한 현상을 '어긋난 것(matter out of place)'으로 규정할 수 있는 분류체계를 발전시킨다. '불결(dirt)'이 있는 곳에 체계가 있다 … 불결의 관념은 우리를 바로 상징주의의 영역으로 인도하며 [이것과 대비되는] 더욱 명백한 순수의 상징체계와 연결시켜 준다'(Douglas, 1966: 35). 또한 사회적·육체적 경계를 초월하는 것은 무엇이나 부정(pollution)하다고 간주될 것이다. 몸의 청결관념은, '진짜' 몸과 의학지식에 관해 설명해 주는 것만큼이나 우리의 문화적 가정에 대해서 설명해 주는 셈이다.

현상학적 시각

몸에 대한 세번째 접근은 현상학적 사회학에 근거하며 '경험된 몸 (lived body)'에 관심을 가진다. 경험된 몸의 핵심적 특성은 의도성(intentionality)에 있다. 이러한 견해를 가진 리더(Leder, 1992: 27)는 '몸은 단순히 세계 속의 한 물체가 아니라, 세계를 창조하는 의도적인 실체'라고 설명한다. 그는 생의학이 마음과 인간을 도외시한채 몸의 물리적 측면에만 집중함으로써 '기계와 같은 몸(body-as-machine)'에만 초점을 맞춰왔다고 주장한다. 이 접근은 질병의 경험을 다루는 사회학에서 가장 유용하게 발전되어 왔다. 왜냐하면 이런 시각이 자아, 정체성 그리고 몸 사이의 관계를 예리하게 분석할 수 있는 가능성을 제공하기 때문이다(4장을 보라). '정상적인' 몸의 기능이 제한될 때에는 자신의 몸을 성찰해 보지 않고 그냥 살아가기란 어려울 것이다. 반대로 자신이 원하는 대로 몸이 기능할 때에는 우리는 그것을 당연시하는 경향이 있다. 우리가 아침에 일어나서 출근하기로 생각할 때, 대부분의 경우 몸을 [목적지까지] 어떻게 옮기느냐를 생각하지는 않는다. 따라서 사회학에서는 인간행위의 체현성을 무시하는 경향이 존재해 왔다. 이 문제는 몸의 사회학자들이 시정하려고 노력해 온 주요한 과제의 하나이다. 그렇게 하기 위해 이들은 위의 세 가지 시각을 종합한 일종의 합명제를 발전시키려 노력해 왔다.

최근의 이론적 동향

자연주의적 시각의 일차적 초점은 몸의 생물학적 기반이고 사회구성주의의 주요 분석관심은 사회이며 현상학은 행위자의 의도성을 중시한다는 점을 살펴보았다. 최근 들어 사회학자들은(Turner, 1984; 1992; Shilling, 1993) 이 세 가지 통찰을 결합하여 몸의 사회학을 발전시키려 노력해 왔다.

몸의 계획구도

쉴링(Shilling, 1993)은 『몸과 사회이론(*The Body and Social Theory*)』에서 몸이 미완성의 생물학적·사회적 현상으로 가장 잘 개념화될 수 있을 것이라고 주장하였다. 몸은 사회에 참여함으로써 가변적인 한도내에서 변화된다는 것이다. 예를 들어 보행, 대화 그리고 몸짓의 스타일은 우리의 성장배경에 영향을 받는다. 쉴링의 몸 이론은 몸이 구별의 표지(markers of distinction)로 사용되며 현대사회에서 자아와 정체성이 몸과 중요하게 결합되어 있다고 주장하는 부르디외(Bourdieu, 1984)의 연구에 기반을 둔다. 쉴링은 또한 몸의 행위와 자연적 기능이 사회적 감성과 맞물려 시간에 따라 변화해온 방식을 상세하게 조사한 엘리아스(Elias, 1978)의 저술에서 많은 시사를 받는다.

몸이 항상 미완성 상태(unfinishedness)에 있다는 생각으로부터 쉴링은 몸이 일종의 계획구도(the body as a project)라는 관념을 발전시킨다. 즉 몸은 "만들어져 가는 과정에 놓여 있는 실체이며, 개인의 자아정체성의 일부로서 연마하고 완성해야 할 계획구도로 볼 수 있다"는 것이다(Shilling, 1993: 5). 건강하고 잘 가꾼 몸을 창조하고 유지하는 것은 점점 더 보편화되는 몸 계획구도의 한 보기이다.

쉴링의 몸 계획구도 개념은 두 가지 명제에 근거한다. 첫째, 우리는 몸에 개입하여 몸을 변화시킬 수 있는 기술지식과 능력을 가지고 있다. 둘째, 점점 더 많은 사람들이 몸을 라이프스타일의 선택으로 어느 정도 바꿀 수 있는 미완성의 실체로 인식한다. 기든스(Giddens, 1990; 1991)의 뒤를 이어 쉴링은 위험과 불확실성이 지배하는 사회 속에서 몸은 인간이 통제할 수 있는 유일한 장소가 되었다고 주장한다.

> 몸에 투자하는 것은 사람들에게 자기표현의 수단과, 잠재적인 쾌락의 방식 및 몸에 관한 통제를 증가시킬 수 있는 방법을 제공한다. 만일 점점 더 복잡해져가는 사회를 통제하는 것이 불가능하다고 생각한다면 최소한 자기 몸의 크기, 형태 그리고 외양은 어느 정도 통제할 수 있다고 보는 것이다.(Shilling, 1993: 7)

이 맥락에서 죽음은 새로운 의미를 가진다. 자아와 정체성이 점점 더 몸의 통제와 결합된다고 가정할 때, 죽음은 그러한 통제의 궁극적인 종말을 나타낸다. 이러한 점에서 죽음과 사회의 반응은 몸의 사회학의 핵심적 측면이 되어야 한다고 쉴링은 주장한다. 죽음은 분명 몸에 대한 통제 또는 규제를 행하는 제도적 장치들, 즉 의학, 종교 및 법률의 수렴통합을 상기시켜 준다(Mellor and Shilling, 1993).

몸의 규제

터너(Turner, 1992)의 『몸의 규제(Regulating Bodies)』에서 다루어진 중심적 문제는 몸이 사회적 구성물이라는 [사회구성주의자의] 주장과, 경험된 몸의 연구에 매달려 있는 현상학자를 어떻게 타협시킬 것인가 하는 점이다. 그는 사실상 이 두 가지 시각이 다른 종류의 관심을 가지고 있으며 어떤 시각을 받아들일지는 연구자의 분석수준에 달려 있다고 제안한다. 예를 들어 사회구성주의자는 의학교과서에 나오는 몸의 사회적 표현에 관심을 가질 것이고, 반면 현상학자는 만성질환의 경험에 더욱 흥미를 느낄 것이다.

만일 우리가 몸의 존재론적 지위(ontological status)(즉 몸이 실재하느냐, 또는 그렇지 않느냐)와, 몸의 인식론적 지위(epistemological status)(몸에 관한 우리의 지식이 타당한가, 또는 그렇지 않은가)에 관한 이분법에 매달려 있다면 적절한 몸의 사회학이 방해받을 것이라고 터너는 주장한다.[37] 따라서 그는 몸이 '사회적으로 구성된 동시에 유기적으로 성립되었음'을 받아들이는 '인식론적 내지 방법론적 실용주의(methodological pragmatism)'를 제창한다(Turner, 1992: 17). 그는 몸을 쾨르퍼(Körper, 객관적이고 도구적인 몸)와 라이프(Leib, 주관적이고 생명력이 있는 몸)로

---

37) 여기에서 몸의 철학적 논쟁에 관해 상세히 다루는 것은 분명히 불필요하다. 그러나 다음 사항을 지적하는 것이 유용할 것이다. 즉 터너(Turner, 1992)는 토대주의자(foundationalists, 몸의 생물학적 기초가 우리의 존재에 영향을 준다고 믿는)와 반토대주의자(anti-foundationalists, 몸이 담론의 소재 또는 사회적 관계의 결과라고 믿는) 사이의 해묵은 존재론적 논쟁을 지칭하고 있다. 구성주의자와 반구성주의자 사이의 인식론적 논쟁은 어느 면에서는 위의 논쟁과 유사하다. 그러나 인식론적 논쟁은 지식의 성격에 더욱 초점을 맞춘다.

나타내는 독일어의 구별이 특히 도움이 된다고 주장한다. 육체적 몸에
대한 사회의 반응이 경험된 몸에 영향을 미치며, 반대로 경험된 몸의 행
위가 사회의 반응에 영향을 준다. 이 개념은 몸을 객체(thing)로서 그리
고 몸을 경험된 것으로서 이해하는 분석적 수단을 제공한다. 그는 자신
의 전략을 다음과 같이 요약한다.

　　몸을 담론적이며 동시에 현존하는 것으로, 쾨르퍼이며 동시에 라이프인 것
　으로, 사회적으로 구성된 것이며 동시에 객관적인 것으로 간주할 만한 충분
　한 이유가 있다고 생각된다. 이와 같은 이분법은 우리가 실시하려는 연구의
　종류에 따라 달라질 것이 분명하다.(Turner, 1992: 57)

물리적 실체인 몸과 경험된 몸은 개인의 몸에 대해 말하는 것이지만
터너는 사람들의 몸을 집합적으로 규제하는 문제에도 관심을 기울인다.
　그러므로 터너는 [집합적] 몸이 사회에서 통제되는 방식을 점검한 후,
그러한 규제에 가장 몰두하는 것이 법, 종교 및 의료 등의 사회제도임을
밝힌다. 이러한 제도의 역할은 몸의 탄생과 죽음의 시점에 특히 명백하
다. 종교에 의한 몸의 통제는 쇠퇴했지만 의료전문직에 의한 통제는 증
가일로에 있다. 졸라(Zola, 1972) 또는 콘라드와 슈나이더(Conrad and
Schneider, 1980)의 연구를 반영하면서 터너는 사회가 더욱 세속화됨에
따라 더욱 의료화되며 그 결과 의료가 이제는 임상적 기능뿐만 아니라
도덕적 기능까지 수행한다고 주장한다.

　　우리 시대의 의료시술은 특히 에이즈와 미혼녀의 시험관 수정에 대응하여
　도덕적 기능을 분명히 발휘한다. 그러나 이러한 도덕적 기능은 흔히 위장되
　기 쉽고, 종교적 권위보다는 과학적 권위를 믿자는 호소에 의해 정당화된다.
　… 의료는 종교의 침식으로 생긴 공백을 차지한다.(Turner, 1992: 23)

터너는 두 가지 차원에서 작동하는 분석틀―개인의 몸과 사람들의 몸
―을 발전시키면서 사회질서에 중추적인 네 가지 기본적 사회과제를 찾
아낸다. 이것을 네개의 'R'이라 부를 수 있을 것이다. 첫째, 재생산
(Reproduction)은 예컨대 성의 통제와 같은 신체적 욕구를 만족시키기 위

해 사람들을 관리하는 [사회] 제도의 창조를 지칭한다. 둘째, 몸을 규제 (Regulation)할 필요성이란 특히 의학적 감시와 범죄의 통제를 말한다. 셋째, 억압(Restraint)은 사회적 조직을 위하여 욕망과 정열을 통제하는 내적 자아와 유인(誘因)을 지칭한다. 넷째, 몸의 표현(Representation)은 외부세계의 무대에서 몸이 물리적으로 드러나는 방식을 말한다.

터너의 이러한 네 가지 개념은 푸코의 사상, 특히 정상화(normalization)와 감시(surveillance)에 관한 푸코의 저술에 힘입은 바 크다. 푸코의 개념은 현대 사회제도내에서 몸이 감시되고, 평가되며 수정되는 방식에 주의를 환기시킨다. 터너 자신도 말하듯이 최근 몸에 관한 저술이 늘어 나는 것은 '의학사와 의료사회학의 현대적 발전에 끼친 미셸 푸코의 심 대한 영향을 증언'해 준다(Turner, 1991b: 272). 푸코의 저작은 몸의 사 회학과 건강과 질병의 사회학에 너무나 큰 영향을 주었으므로 좀 더 깊 게 살펴볼 필요가 있다(2장을 보라).

푸코와 몸

전근대사회로부터 근대사회로의 변화는, 권력이 군주의 몸에 귀속되 던 주권적 권력(sovereign power)이, 권력이 전인구의 몸에 귀속되는 감시적 권력(disciplinary power)으로 대체된 과정이라는 것이 푸코의 연구를 관통 하는 중심적 주제이다. 감시적 권력은 몸이 규제당하고, 훈련받고, 유지 되고, 이해되는 방식을 말하며 학교, 감옥, 병원과 같은 수용기관을 통해 명백히 드러난다. 푸코는 [집합적] 몸의 지식이 생산되는 곳이 바로 이러 한 수용기관이라고 주장한다. 예를 들어 감옥 내의 몸의 관찰로 인해 우 리가 현재 범죄학으로 알고 있는 지식체계가 갖춰졌으며, 병원내의 몸의 관찰로 인해 의과학이 탄생했다는 것이다. 푸코는 이러한 과정을 권력／ 지식(power／knowledge)이라고 부른다.

감시적 권력은 두 가지 수준에서 행사된다. 첫째, 개인의 몸이 훈련받 고 관찰당한다. 푸코는 이것을 인간 몸의 해부-정치학(anatomo-politics)

이라고 부른다. 둘째, 첫째 과정과 함께 전인구 집단이 감시를 받는다. 그는 이 과정을 '규율적 통제: 전 인구의 생물-정치학(regulatory controls: a bio-politics of the population)'이라고 부른다(Foucault, 1981: 139). 우리가 위에서 논한 몸의 규제에 관한 터너의 주장의 기반을 이루는 것이 바로 이 두 가지 수준-개인과 전 인구집단-의 개념이다.

푸코는 이러한 권력변형의 기반은 18세기의 '인구증가'였고 이것이 인구집단을 규제할 필요를 낳았다고 주장한다(Foucault, 1980b: 171). 인구집단을 통제하는 기술은 온갖 종류의 평가와 측정이었으며 따라서 통계학이 결정적인 학문으로 대두되었다. "이러한 상황 속에서 몸-개인의 몸과 인구집단의 몸-은 [통계학적인] 새로운 변수(variables)의 소지자로 나타났다."(Foucault, 1980b: 172) 사실상 모든 수용기관-학교, 병원, 감옥, 진료소-내에서 몸을 검사하고 몸에 관한 정보를 처리하였다. 이것은 근대사회에만 존재하는 과정이다. 인간의 몸이 항구적으로 낱낱이 점검되었고 이에 따라 몸에 관한 집합적 지식이 사회정책의 발전을 가져왔으며 사회정책은 다시 몸을 변화시킬 목적에 이용되었다. 예를 들어 아동의 체중을 되풀이 조사해서 적절한 표준체중을 설정했으며 표준에서 벗어나는 아동은 체중조절을 할 필요가 있다고 간주하였다.

권력과 지식 사이의 이같은 관계를 가장 쉽게 파악할 수 있는 길은 푸코가 말한 감시적 권력의 세 가지 수단을 살펴보는 것이다. 첫째는 위계적 관찰(hierarchical observation)이다. 이것은 학교나 감옥같이 사람들을 관찰할 수 있는 장소를 말한다. 이런 장소는 관찰이 용이하도록 설계된다. 푸코의 유명한 예증은 판옵티콘(Panopticon)의 형태로 설계된 감옥이었다. 판옵티콘은 간수가 모든 수감자를 볼 수 있도록 설계되었다. 간수가 마음만 먹으면 총체적 감시(total surveillance)를 할 수 있었으므로 수감자가 자기 스스로를 감시하도록 유도하는 데에 권력의 원천이 존재하였다. 어긋나지 않게 자발적으로 행동하지 않으면 감시당할 가능성이 있었다. 판옵티콘은 또한 인간의 실험실 기능도 가진다. 그 안에 있는 모든 사람의 정보를 수집하고 대조해 볼 수 있는 것이다. 기술, 권력과 지식 사이에 연계가 존재한다. 이것은 개인과 몸에 관한 정보를 수집하는 우리 사회의 감시적 특성을 잘 나타내며, 사람들이 자기 행동을 스스로 살피도록 유도한다.

이것을 위해서는 그저 시선만 있으면 된다. 감시의 눈길, 너무나 무거운 시선이어서 개인이 자신의 감시자가 되고 이 감시를 자신에게 행할 정도로 내면화된 시선을 말한다. 이것은 극히 우수한 방식이었다. 최소한의 비용으로 지속적인 감시를 행할 수 있었기 때문이다.(Foucault, 1980a: 155)

권력의 두번째 수단은 정상화 판단(normalizing judgement)이다. 이것은 각 개인의 행위 또는 속성이 타인의 행위와 비교된다는 사실을 말한다. 개인을 평가하고 측정하면 하나의 규범(norm)이 확립된다. 푸코에게 정상성의 판별자는 교사, 의사, 사회사업가, 보건증진운동가 등으로서 이들은 어디에나 존재한다(Foucault, 1979: 304).

감시적 권력의 세번째 도구는 정상화 판단과 위계적 관찰을 결합한 검사(examination)이다. 검사대상 개인은 평가되고 수정될 수 있다. 치의학은 이 검사과정의 한 보기이다(Nettleton, 1992). 19세기 중반부터 치의학의 목적은 구강과 치아를 최대한 감시하는 것이었다. 치과전문직은 학교, 진료소와 보건소 그리고 가정에서 시행된 예방적 보건프로그램의 맥락에서 출현하였다. 특히 어머니와 어린이들이 이 프로그램에 참여하도록 했으며, 구강을 검진하고 수집된 역학적 자료를 토대로 각 개인을 평가할 수 있는 표준형을 만들었다. 치의학과 관련된 활동을 보면 신체적 일상활동이 어떻게 특정 부위에서 학습된 후 내면화되는가를 알 수 있다. 20세기 초에 학교에서 실시된 이닦기 교습은 어린이들에게 이를 닦는 방법과 치솔 바로 쥐는 법 등을 가르쳤다. 뿐만 아니라 집에 있을 때엔 언제 이를 닦아야 하는지도 가르쳤다. 오늘날에는 이닦기 교습이 아직도 실시되긴 하지만 교육방법이 덜 획일화되고 더욱 다양해졌다(Nettleton, 1992).

푸코는 1960년대 이후로 감시적 권력의 성격이 약간 변화되었다고 말한다. 18세기부터 20세기 초까지는 '권력이라면 반드시 엄격하고 심중하며 철저하고 지속적이어야 한다'고 믿었다. 그 결과 병원, 군대막사, 공

장 및 가정의 엄격한 규칙이 생겼던 것이다. 그러나 이 시기 이후로는
'산업사회가 몸에 대해 훨씬 느슨한 권력을 행사해도 문제가 없다'는 점
이 알려졌다(Foucault, 1980c: 58). 보건의료의 권력을 다룬 연구가 이
점을 확인해 준다. 예를 들어 아니와 버겐(Arney and Bergen, 1984)은 2
차대전 이후 '의료혁명'이 일어나서 해부학에 제한되어 있던 의학접근방
식이 더욱 사회·생태학적인 접근방식으로 대체되었다고 주장했다. 그들
은 의료가 이제는 신체로서의 몸뿐만 아니라 생각하는 사람을 상대로 시
술되기 시작했다고 강조한다. 사회학이 몸을 그 연구대상으로 편입하기
시작하자마자 의학도 사회적 현상(the social)을 그 연구대상 속에 포함시
키기 시작한 것이다.

몸의 정치적 해부학

판옵티콘이 19세기의 의료시술에 적합한 모형을 제공한 반면, 20세기
의료시술의 핵심을 포착하기 위해서는 또다른 설명이 필요하다고 암스
트롱(Armstrong, 1983a)은 제안한다. 그는 이것의 가장 적합한 상징으로
진료소(Dispensary)를 든다. 진료소는 약을 배포하고 지역사회의 환자를
진찰하던 장소였다.[38] 판옵티콘과 마찬가지로 진료소는 하나의 건물이
자, '하나의 새로운 인지구조(perceptual structure), 즉 질병을 보는 새로
운 방식'이었다(Armstrong, 1983a: 8).

---

[38] 암스트롱의 설명에 따르면 1887년 로버트 필립(Robert Philip) 의사가 에딘버
러시의 뱅크 스트리트에 폐결핵 진료소를 설립한 것이 진료소의 효시라고 한다.
외래환자가 진료를 받기 위해 이곳을 찾기도 했지만, 진료소는 간호진이 '환자
의 가정을 방문하여 그들이 필요로 하는 것을 찾아내고, 그들의 상황을 보고하
며, [환자와] 자선단체 사이의 징검다리 역할을 하기도 하고, 그 접촉결과를 보
고할 뿐만 아니라 건강한 생활방법을 가르친' 곳이기도 하였다. 다시 말해 의료
가 지역사회와 융합되는 계기가 생겼던 것이다[Armstrong, D. (1983), *Political
Anatomy of the Body: Medical knowledge in Britain in the Twentieth Century*,
Cambridge: Cambridge University Press, p. 7]. −역주

판옵티콘은 밀폐된 장소, 즉 학교, 병원 또는 감옥 등을 관찰자의 눈에 보여주지만, 진료소는 관찰과 지역사회를 병치시킴으로써 밀폐된 물리적 공간을 공개된 사회적 영역으로 대체시켰다.(Armstrong, 1983a: 16)

판옵티콘 구조내의 임상적 시선은 국소화된 병리를 조사했지만 진료소의 구조는 사회적 관계와 그 연계망을 관찰할 수 있게 만들었다. 병의 증상은 단순히 신체적 공간만이 아니라 사회적 공간을 넘나들게 된 것이다. 따라서 몸의 생물학적 해부학이 몸의 정치적 해부학으로 이행되었다.

의료제도내의 이러한 변화로 건강과 질병, 제정신과 광기, 유년과 노년, 정상과 비정상 등의 이분법이 흐려졌다. 몸이 이러한 양극단의 어느 한쪽보다는 연속선상에 위치하게끔 된 것이다.

사람의 행위와 행동이 사회적 맥락과 관련되어 수정되고, 변화하는 권력관계에 맞물려 있다는 사실은 몸의 사회학에 큰 영향을 미친 '사회 이론가'인 노버트 엘리아스(Nobert Elias)가 파고든 주제이기도 하다. 분석방식에서 푸코와 여러 가지로 현격한 차이가 나지만, 엘리아스는 몸의 행동양태가 형성되는 방식, 그리고 푸코와 마찬가지로 몸의 행동양태가 어째서 점점 더 개별화(individuated)되었는가 하는 점에 관심을 쏟는다. 더 나아가 두 사람은 사회학에서 오랫동안 하찮고 지엽적인 것으로 여겨져 온 문제에 주의를 기울인다.

몸의 문명화

엘리아스는 국가 및 국가형성, 그리고 개인의 행동과 예절 사이의 관련성을 연구한다. 그는 사회보다는 사회적 결합태(social configuration)의 수준에서 적용되는 '결합태적 사회학(figurational sociology)'을 제안한다.39) 사실상 엘리아스는 사회가 개인의 상호작용의 산물이라고 보았다.

---

39) 엘리아스의 사회이론에서 중심적 개념인 결합태(figuration 또는 configuration)는 '사람들이 상호의존하는 연계(nexus)'라고 정의된다. 이 연계는 모든 사회적 맥락에 존재하며 '사회기능의 연쇄'이자 동시에 '긴장의 축'이어서 협력과 갈등

그의 저서『문명화 과정(*The Civilizing Process*, 독일어 초판은 1939년 발간됨)』에서 엘리아스(Elias, 1978)는 예절, 에티켓, 행동요령, 복장, 수면방법, 식사법의 변화 및 몸에 관한 수치심과 교양의 사고방식 변화를 상세히 검토한다.

엘리아스에 따르면 문명화 과정은 중세의 궁정사회에서 비롯되었으며, 그 당시의 궁정은 사회적 이동이 더욱 유동적으로 됨에 따라 출입하는 사람들의 장래가 봉건시대처럼 출생신분만으로 결정되는 것이 아니라 군주 또는 그 신하들의 총애를 받는 정도에 따라 결정되었다는 것이다. 요컨대 사람들이 더욱 '절도있게' 행동하게끔 된 것이다.

중세인의 성격은 변덕이 심하고 감정적이라는 특징이 있었을 뿐만 아니라 무절제한 경향이 농후했고 몸의 처신을 규정하는 예법 따위는 거의 존재하지 않았다. 그러나 궁정사회에서는 몸관리예법이 발전했으며 어디에서 누구와 어떻게 자고, 식사 때에 어떻게 행동하며, 용변을 보는 적당한 장소가 어디인지 등등을 다룬 방대한 예절교범이 쓰였다. 행동의 변화는 사회적 관계에 영향을 미쳤고 사회적 관계가 변화됨에 따라 타인 앞에서 거리낌없이 내보이던 충동도 내면화되었다. 엘리아스에 따르면 이 과정은 16세기에 가속화되었다. 사람들은 몸과 관련된 행동을 스스로 통제하게 되었고 수치심과 세련미를 갖추게 되었다.

> 사람들은 점차적으로 분화되고 더욱 안정되고 차분한 예절로써 행동을 조절하도록 만들어졌다. … 과거에는 충동을 참지 못하는 존재이자 자동인형 같았던 인간에게 복잡하고 안정된 행동조절을 가르친 것이다.(Elias, 1982: 232-233)

문명화 과정은 사회화, 합리화, 개별화의 세 과정으로 이루어진다(Shilling, 1993: 164-7). 사회화(socialization)란 사람들이 자연적 기능을 숨

을 함께 야기시킨다. 모든 사회적 관계가 끊임없는 과정적 흐름(processual flux)이기 때문에 고착된 상태인 '문명'보다는 '문명화 과정'을 거론하는 것이다 [Elias, N. and Dunning, E. (1986), *Quest for Excitement: Sport and Leisure in the Civilising Process*, Oxford: Blackwell]. — 역주

기게끔 되는 방식을 말한다. 따라서 몸은 자연적 조건보다는 사회적 조건으로 규정된다. 사실상 우리는 여러 가지 자연적 기능을 불쾌하거나 혐오스럽게 받아 들인다. 예를 들어 버스 옆자리에 앉은 사람이 우리 옷에 구토를 하거나 누군가가 우리 집의 '적당치 않은' 장소에 소변을 본다고 상상해 보라. 합리화(rationalization)란 우리가 감성적이 아니라 더욱 이성적으로 되었음을 의미한다. 마지막으로 개별화(individualization)란 우리 몸을 다른 사람이 아닌 바로 우리 자신을 둘러싼 것으로 여기는 것을 말한다. 그러므로 자신과 타인 사이에 사회적으로 용납되는 거리를 두는 것이 중요하다. 이러한 과정은 소위 '문명화된 몸'[40]을 만들어내기 때문에 몸을 다루는 직종의 사람들 그리고 서구사회에서 보통 지켜지는 관습을 위반하는 사람들에게 문제를 야기시킬 소지가 있다. 이 점이 전인간호(nursing care of the body) 분야보다 더 뚜렷하게 나타나는 경우는 아마 없을 것이다.

간호와 몸

몸을 간호할 때 발생하는 문제는 이 간호가 흔히 문명화 과정에서 생겨난 우리의 감수성과 배치된다는 점이다. 1500년대부터 1900년대 사이에 '보이지 않는 감성의 장막'이 사람들 사이에 드리워졌다.

그것은 오늘날 타인의 입이나 손에 닿았던 것이 가까이 다가올 때 흔히 느

---

40) 엘리아스의 문명화 과정 개념을 의료사회학에 응용할 때에는 상당한 주의가 필요하다. 예를 들어 당시 지배집단의 전유물이었던 '문명화된 행동'의 동기가 위생관념의 대두 때문이었다고 설명하는 것 따위이다. 피넬(Pinell, 1996)은 대부분의 문명화 행동은 현대적 전염병 관념이 출현한 19세기보다 훨씬 이전에 확립되었다고 주장한다. 이 과정을 위생의 관점에서 설명하는 것은 통속적·상식적 해설이 되기 쉬우며, '이미 확립된 문명화 행동에 사후적인(a posteriori) 정당성을 추가하는' 것에 지나지 않는다고 한다[Pinell, P. (1996), "Modern medicine and the civilising process," *Sociology of Health and Illness*, 18 (1): 1-16]. – 역주

낄 수 있고, 타인의 신체기능을 보게 된다거나 그것을 언급만 하더라도 당혹해지는 점으로 확실히 드러나며, 자신의 신체적 기능이 타인의 시선에 노출된 경우 느껴지는 수치심으로도 뚜렷이 나타난다.(Elias, 1978: 69-70)

이것은 재우고 먹이고 씻기고 용변을 누이는 등 기본적 전인간호(全人看護)를 해야 하는 분야에서 가장 뚜렷하게 나타난다. '문명화'되고 '개인화'된 모든 활동을 간호사가 공개적으로 다루는 것이다. 간호업무의 이러한 측면은 오랫 동안 알려지지 않았지만 최근 롤러(Lawler, 1991)의 뛰어난 연구『장막 뒤에서: 간호, 몸간호 그리고 몸의 문제(Behind the Screens: Nursing, Somology, and the Problem of the Body)』[41]를 통해 서술되었다.

간호업무의 핵심은 몸을 돌보는 것이다. 이것은 간호사가 '문명'사회에서는 금기시되는 신체적 기능과 직접 접촉해야 한다는 점에서 문제를 야기한다. 따라서 간호사는 요령있게 사회적 경계를 협상하고 새로운 맥락을 창조해서 환자와 간호사가 둘다 수치심과 당혹감을 피할 수 있도록 한다. 간호사는 타인의 공간을 침범하는 사회적으로 미묘한 업무영역을 특별한 방법을 통해 어렵사리 타협해야 한다. 롤러는 간호사가 새로운 규칙체계(system of rules)와 특정한 맥락표지(specific contextors)를 창조한다는 사실을 발견했다. 이러한 것은 공식적으로 배우는 것이 아니라 개인의 경험을 통해 습득된다는 점에서 의미심장하다.

새 규칙체계는 '순응규칙', '의존규칙', '중용규칙' 그리고 '보호규칙'이라는 네 개의 기본적 규칙으로 이루어진다. 환자는 간호사에게 '의존'하는 입장이므로 간호사의 지시에 '순응'하도록 기대된다. 환자가 약기운에 빠져 있거나 아주 쇠약한 경우라면 이 두 가지 규칙은 아무런 문제가 없다. 그러나 환자가 회복단계에 있을 때에는 전인간호를 시행하는

---

41) 롤러가 사용한 Somology라는 용어는 그리스어의 몸을 뜻하는 'soma'로부터 저자가 만든 조어로 보인다. 저자 (Lawler, 1991)는 Somology를 '몸을 관리하는 간호'라고 정의하고, 이러한 접근방식은 간호사가 타인의 몸을 다룰 때 사용하는 '해석적이고 맥락의존적이며 주체와 객체가 통합된 지식기반'이라고 설명한다[Lawler, J. (1991), Behind the Screens: Nursing, Somology, and the Problem of the Body, Melbourne: Churchill Livingstone, pp.5-11]. - 역주

데 상당히 요령있는 협상이 필요하다. '중용'규칙은 특히 취약하며 깨지기 쉽다. 환자는 전인간호 도중에 너무 부끄러워해서도 안되고 지나치게 태연해서도 안된다. 마지막으로, 간호사가 환자가 당혹해할지도 모르는 가능성을 인정하고 그 프라이버시를 지켜주어야 하는 '보호'규칙은 사회적으로 용납되는 [범위 안에서] 몸간호가 가능하도록 해준다.

이러한 규칙을 효과적으로 시행하기 위해 간호사는 '상황을 정의'하는 다섯 가지 '특정 맥락표지'를 모색한다. 즉 제복을 착용하고, 적절한 태도로 행동하며, '축소주의'를 실천하며, 전인간호 전에 친지들이 자리를 비켜주도록 요청하면서, 사적 담화의 원칙을 지키는 것 등이다. 연구대상이 된 간호사들은 간호사 제복의 착용이 전인간호를 가능하게 만드는 데 필수적이라고 믿었다. 적절하게 처신하는 것도 마찬가지로 중요했다. 간호사는 '프로다워야'하고, 전인간호를 '실무적'으로 처리하며, '주도적'으로 행동해야 한다는 것이다. 간호사는 또한 상황을 아무렇지도 않은 양 과소평가하는 '축소주의(minifisms)'를 채택한다고 한다. 예를 들어 만일 환자가 병상에 토했을 경우, 최소한 환자 면전에서는 대수롭지 않은 것처럼 행동하는 것을 말한다. 넷째, 보호규칙을 준수하기 위해 간호사는 전인간호를 시행하기 전에 친지들에게 자리를 피해달라고 요청한다. 마지막으로, 간호사는 '사적 담화(私的 談話, discourse privatization)' 원칙을 사용한다. 이것은 '간호사가 전인간호의 어떤 기능이나 측면을 간호사와 환자 사이의 사적인 문제인 양 의논하는 담론형태'를 지칭한다 (Lawler, 1991: 166).

간호업무의(그리고 잠재적으로 환자에게도) 전인간호 중 가장 문제시 되는 것은 성과 성기에 관련된 부분이다.

몸과 성은 밀접하게 관련되어 있지만, 가부장제를 반영하는 성 그리고 몸과 성에 관한 문제거론을 회피하는 문화 사이에는 큰 차이가 있다.(Lawler, 1991: 112)

결과적으로 간호의 규칙이 파괴되거나 극도로 손상되기 쉬운 경우가 바로 성과 관련된 영역이다. 이 점은 남성 환자의 경우 특히 심하다

(Lawler, 1991: 86). 첫째, 대부분의 간호사는 여성이며 간호사와 환자의 대면은 사회적 성(gender)을 관리해야 하는 일종의 사회적 이벤트이다. 둘째, 남성다움(masculinity)과 남성의 여성지배는 흔히 몸을 통해 실현된다. 셋째, 간호업무는 흔히 성적 관계에서나 있을 수 있는 밀접한 접촉을 포함한다. 넷째, 간호사는 사회 속에서 여성이 일반적으로 경험하는 것과 같은 성적 희롱을 경험한다. 결과적으로 남성의 전인간호는 가장 어려운 경우가 된다. 진짜 환자를 상대로 처음으로 몸을 닦는 간호를 했을 때에 대다수 간호사는 환자가 여성이기를 원했다. 한 간호사는 다음과 같이 회상한다.

> 병동에 배치되었던 첫 날을 지금도 기억합니다. … 제발 여성환자를 먼저 할 수 있게 해달라고 빌다시피 했지요. 남자의 바지를 내릴 생각만 해도 끔찍했으니까요.(Lawler, 1991: 121, 원저자 강조)

환자와 간호사가 상황을 다르게 정의할 때 간호의 맥락이 깨질 수 있다. 예를 들어 간호사는 상황을 간호사와 환자의 대면으로 정의하는 반면에, 환자는 상황을 성적인 것으로 정의할지도 모른다. 또 다른 간호사는 롤러(Lawler, 1991: 151)에게 다음과 같이 말했다.

> 정말 어려운 사람들은 … 몸을 닦는 동안 발기를 시킨다든지 온갖 짓을 다 하는 환자들입니다. … 그런 사람들은 말할 수 없이 힘들죠.

따라서 남자들은 사회적으로 용인되는 몸의 행동을 넘어서서, 간호가 아닌 성적인 접촉이라는 식으로 상황을 정의하려고 한다. 다른 사람의 신체공간을 간섭하는 데에 필요한 사회적 타협은 특별히 미묘한 일이며, 어느 정도나 적당한 사회적 맥락이 창조되고 유지될 수 있는가에 달려 있다.

롤러의 연구로부터, 몸이 타인에게 드러나는 방식이 권력관계와 사회적 불평등을 반영하기도 하고 강화하기도 한다는 것을 알 수 있다. 몸이 훈련받고 사회화되는 방식이 몸의 모양, 크기, 자세 등에 영향을 줄 것이고, 그것은 다시 사회적 차이를 나타내는 표지(markers)로 간주될 수 있다. 코넬(Connell, 1987)은 남성과 여성 사이의 생물학적 차이가 그다지 크지 않으므로 그 차이를 과장하는 경향이 있다고 말한다. 민속방법론적 연구에 따르면 남성과 여성은 끊임없이 사회적 성차를 궁리하고 그것을 만들어야만 한다(Garfinkel, 1967). 코넬(Connell, 1987: 85)은 사회적 성차가 자연적인 외관을 띠게 된다고 주장한다.

권력을 가진 남성의 사회적 정의는 … 근육의 강도, 자세, 몸의 느낌과 감촉 같은 것으로 번역된다. 이것이 바로 남성의 힘을 '자연화'시키고 그것이 자연의 순리라고 보는 방식인 것이다. 이것은 몸을 제외하고는 다른 권력이 거의 없는 남성들로 하여금, 남성의 우월성과 거기에서 나오는 억압적인 관행을 유지시킬 수 있게 해주므로 대단히 중요한 관점이다.

그러므로 몸의 형상은 사회적 불평등의 재생산에 적극적으로 기여한다. 이 점에서 부르디외의 신체적 자본개념으로 보면 몸은 사람마다 다른 수단이라 할 수 있다.

부르디외와 신체적 자본

사회구조내의 위치가 몸의 건강상태에 영향을 미친다는 사실은 오랫동안 인정되어 왔다(7장을 보라). 즉 이환율과 사망률이 계급, '인종', 사회적 성 등에 의해 크게 좌우된다는 것이다. 그러나 부르디외(Bourdieu, 1984)는 반대로 몸이 사회적 위치에 영향을 줄 수 있다고 제안하였다. 부르디외는 서로 다른 네 가지의 자본형태로 사회적 불평등을 분석하였다. 사회적 서열의 위치는 다른 크기의 경제적 자본(economic capital, 돈, 부, 재산), 문화적 자본(cultural capital, 교육, 예술과 고급문화 지식), 상징적 자본(symbolic capital, 자아의 표현, 품행), 그리고 신체적 자본(physical capital, 몸의 형태, 말투, 걸음걸이, 언어)으로 이루어진다. 취향 특히 음식의 선택을 논하면서 부르디외(Bourdieu, 1984: 190)는 다음과 같이 기술한다.

> 몸은 가장 의심할 바 없는 계급적 취향의 구현이다. 이 점은 여러 가지로
> 나타난다. 이것은 우선 가장 자연적인 것으로 보이는 몸의 특징, 즉 몸의 서
> 로 다른 차원(부피, 키, 무게)과 형태(완곡하거나 네모남, 딱딱하거나 유연함,
> 곧거나 휘어짐)에서 드러난다. 이런 특징들은 수많은 방식을 통해 몸과의 전
> 체적 관련성을 드러낸다. 즉 몸을 다루는 방식, 몸을 가꾸는 방식, 먹는 방식,
> 몸을 유지하는 방식 등. …몸의 특징을 이루는 계급적 분포가 결정되는 것은
> 사실상 바로 이러한 몸과 음식 취향을 통해서이며, 이 취향은 사회적 생산양
> 식을 넘어서서 영속화될지도 모른다(다른 예를 들자면 억양이나 걸음걸이
> 등). 바로 이러한 노동과 여가시의 몸사용 방식을 통해 몸의 계급적 분포가
> 결정되며, 몸사용 방식은 다시 노동및 여가와 밀접하게 맞물려 있다.

쉴링(Shilling, 1991; 1993)은 이 생각을 발전시켜 몸이 사회적 불평등
의 재생산에 기여할 수 있다고 주장하였다.

쉴링(Shilling, 1991)은 스포츠와 몸에 초점을 맞추어 신체적 자본의
생산, 즉 스포츠, 음식, 에티켓 등을 통해 몸을 형성하는 것은 사회적 계
급에 따라 다르다고 주장한다. 그에 따르면 노동계급은 몸에 대해 더욱
'도구적' 지향을 보인다고 한다. 예를 들어 그들은 더욱 기능적인 질병관
을 갖기 쉬우며 따라서 몸을 '목적을 위한 수단'으로 취급한다는 것이다.
반면에 중간계급은 몸을 '목적 그 자체'로 취급한다. 예를 들어 그들은
몸을 날씬하게 가꾸기 위해 스포츠를 한다기보다 그러한 활동에서 우러
나오는 내재적 가치를 위해 스포츠 활동에 참여할 것이다. 물론 신체적
자본의 생산은 사람이 사는 환경에 조건지어져 있다. 예를 들어 여성은
스포츠 활동을 더 적게 하기 쉬우며 그 까닭은 여가 시간이 없거나 자신
보다는 가족의 몸을 먼저 돌봐주어야 하기 때문이다(Graham, 1984).

신체적 자본의 **전환**(conversion)은 신체적 활동을 사회적·경제적·문화
적 자본 등 다른 형태의 자본으로 이행시키는 것을 말한다. 쉴링(Shilling,
1991)은 계급과 사회적 성의 측면에서 이 전환과정을 추적한다. 예를 들
어 노동계급에 속한 남성은 스포츠를 통해 신체적 자본을 경제적 자본으
로 전환시킬 것이다. 축구선수나 권투선수가 좋은 예이다. 그러나 이러한

과정은 높은 부상위험이나 짧은 선수생명 때문에 취약하기 짝이 없으며 그 예도 지극히 드물다. 이 접근은 경험된 몸과 육체적 몸을 통합시키며, 몸을 표현하는 개념도 포괄한다. 서로 다른 사회적·문화적 배경 속에서 몸이 표현되는 방식은 또한 우리가 몸을 지각하는 방식에도 큰 영향을 미칠 것이다.

페미니즘과 몸: 여성의 몸에 관한 지각과 가정

우리가 몸을 지각하는 방식의 근저에는 문화적 가정이 깔려 있다는 것이 에밀리 마틴(Emily Martin)의 『몸 속의 여성(*Woman in the Body*)』에 등장하는 주제이다. 그녀는 다음과 같이 말한다.

> 나는 보통사람이나 의료전문가가 호르몬, 자궁, 또는 월경을 말할 때 그들이 이것말고 실제로 무엇을 이야기하는지를 알고자 한다. 여성, 남성 또는 존재목적의 성격에 관해 그들은 어떠한 문화적 가정을 내리는 것일까?(Martin, 1989: 13)

우리가 이미 보았듯이 의학교과서와 전문지에는 사회적 비유가 성행한다. 마틴은 19세기의 의학 교과서에서 몸이 어떻게 [당시의] 사회·경제적 체계를 반영하는 방식으로 묘사되었는지를 예증한다. 몸이 산업사회의 본보기를 만든 것이다.

여기에 묘사된 몸은 공장과 통신체계를 닮았고 특정 부위는 특수한 기능을 수행하였다. 20세기 들어 분자 생물학이 발전하면서 정보과학과 경영학의 비유가 받아들여져, 중추신경계가 전체 몸의 조정센터라고 간주되었다. 여성 생식기관의 지배적인 이미지는 라디오 송신소처럼 기능하는 신호전달체계의 이미지이다. 마틴(Martin, 1989: 40)은 라인(Lein, 1979)이 쓴 교과서를 인용한다.

> 신경계는 전화망과 공통된 특징을 갖는 반면, 내분비선은 라디오 송신과

비슷하게 작동한다. 전파 송신소에서 나오는 신호는 한 지역을 모두 덮지만 라디오 수신기를 틀어놓고 주파수를 잘 맞춰야만 신호를 받을 수 있을 것이다. … 생명체에서 라디오 수신기에 해당하는 것은 특정 호르몬을 받아들일 수 있는 활동적인 수용기를 가진 세포조직이다.

'여성 뇌-호르몬-난소 시스템'이란 말은 지시와 명령을 주고 받는 위계적인 방식으로 묘사되며, 따라서 서구 자본주의사회의 지배적인 조직형태와 관련을 가진다.

이것의 결과 '정상적인' 생물학적 과정이 부정적으로 그려지게 된다. 예를 들어 폐경기는 지휘체계의 와해라는 식으로 묘사되고 월경은 생산체계가 작동하지 못한 것으로 정의된다. 여성의 몸은 '또 다른 종류의 공포 … 폐업한 공장, 도산한 기업, 가동중단된 기계'로 간주된다(Martin, 1989: 45). 여기에 사용되는 비유는 여성의 전통적인 역할을 강화시킨다. 이러한 비유는 여성이 생리를 하면 아기를 가질 기회를 한 번 더 잃었다고 가정하고, 폐경이 되면 그 여성은 비생산적이며 사회의 요구에 부응하지 못하는 존재라고 추정한다.

마틴이 면접한 165명의 여성이 묘사한 자기 몸의 이미지는 의사들의 묘사를 그대로 반영하였다. 여성이 자신을 묘사하기 위해 보통 사용하는 언어는 지배적인 의학적·사회적·경제적·정치적 담론의 영향을 받기 때문에 이 사실은 그리 놀라운 일이 아니다. 여성이 사용하는 중추적 이미지는 '자신(self)은 몸과 분리되어 있다'는 것이었다. 이것과 관련된 다섯 가지 개념이 발견되었다. 첫째, '몸은 자신이 적응하거나 견뎌내야 하는 어떤 것'이다. 여성들은 흔히 자신의 몸을 불편하게 받아들였고 '불쾌한' 몸기능을 '견뎌내야' 한다고 믿었다. 둘째, '몸은 자신이 통제해야 하는' 것이었다. 여성들이 말하는 몸의 통제 정도는 각기 달랐고 몸은 잠재적으로 자기통제가 불가능해질 수도 있는 것이었다. 셋째, '몸이 신호를 보낸다'는 개념이 있었다. 이 여성들은 [자신으로부터] '분리된' 몸이 어떻게 자신에게 메시지를 보내는지 설명하였으며, 이런 메시지를 받으면 거기에 근거해서 대응을 하였다. 넷째, '월경, 폐경, 분만, 육아 등의 각 단계는(자신이 취하는 행동이 아닌) 거쳐가는 상태 또는 자기에게 일어난

상태'였다. 조사대상자들은 그것이 자기에게 그저 발생한 일이라고 여겼
으며, 그것이 육체적 몸과 경험된 몸을 합치시켜준다고 보지는 않았다.
마지막으로, "월경, 폐경 및 분만진통은 자신과 분리된 것으로 믿었다.
이러한 것들은 '그(the) 진통', '그 생리'였으며(내것이 아닌), 그것이 "오
고", 자기들은 그것을 '겪는다'고 표현하였다. 여성들은 단순히 어떤 일
이 자기 몸에 일어난다고 느꼈고 그것은 자신과 분리되어 있다고 믿었
다"(Martin, 1989: 77-8).

그러나 조사대상 여성들은 단순히 의학적 담론에 빠지지만은 않았다.
왜냐하면 동시에 대안적 담론도 사용했기 때문이다. 이 점은 특히 노동
계급 여성에게 뚜렷하게 나타났다. 중간계급 여성은 의학적 모형에 불만
을 나타내기도 하지만 그와 동시에 의학적인 언어를 구사하기도 한다는
점이 면접을 통해 분명히 드러났다. 노동계급 여성은 의학적 비유를 덜
사용하기 쉬웠고 폐경 및 월경과 분만을 삶의 한 부분으로 간주하는 경
향이 많았다. 노동계급 여성은 특히 의학적 모형뿐만 아니라 현상학적
모형도 사용하였다.

마틴은 여성이 현사회에서 성행하는 것과는 다른 세계관을 가지고 있
다고 제안한다. 이것은 여성이 자기 몸을 경험하는 방식에 따른 결과이
다. 신체적 과정은 여성과 항상 공존하므로 여성은 [이러한 경험을 통해]
가정 대 직장, 자연 대 문화, 여성 대 남성, 사생활 대 공적 생활 등과 같
은 자본주의 사회에서 구성된 이분론을 초월할 수 있다.

신체적 과정이 어디나 따라다니면서 생물학과 문화를 병치시킬 것을 강요
하기 때문에 여성은 매일 [남성과는] 다른 종류의 사회질서 개념을 경험한다.
여성의 경험은 도대체 이상화된 양분법에 들어맞지 않기 때문이다(사적인 신
체적 과정은 가정에서 시작된다). 여성은 지배적인 사회이념이 자신의 경험
을 부분적으로밖에 설명할 수 없다고 느끼기 쉽다. 현대의 지배적인 사회이
념이 여성의 경험을 절대 포착하지 못하기 때문이다. … 여성이 자신의 신체
적 과정으로부터 사회적 경험을 도출한다면 그들은 더이상 '자연으로 돌아가
자'는 식의 말을 하지 않을 것이다. 그들은 경험을 양극으로 엄격히 구분하는
남성적 방식이 아닌 다른 종류의 문화에 관해 말하고자 할 것이기 때문이
다.(Martin, 1989: 200)

　마틴의 분석은 생물학적인 것과 사회적인 것을 통합하며 따라서 생물학적 성 대 사회적 성, 또는 생물학 대 사회학 등의 양분론을 극복한다.
　이 점에서 마틴의 연구는 현대 몸의 사회학에 관한 이론적 문헌에 잘 들어맞는다. 자연주의적, 구성주의적, 현상학적 시각을 결합시킨 연구이기 때문이다. 더 나아가 이 연구는 체현된 사회적 행위의 중요성을 조명한다. 위에서 논의한 롤러의 연구와 마찬가지로 마틴의 연구도 여성이 겪는 몸의 경험이 [보편적인] 몸의 이해와 그 이론적 발전에 크게 기여할 수 있는 점을 강조한다. 우리가 몸, 건강 및 질병 사이의 관계를 가장 잘 이해할 수 있는 것은 바로 이같은 경험적 연구를 통해서이다.
　사회학적 분석을 위해 몸의 중요성에 처음 주의를 기울인 것은 물론 페미니즘이었다. 이것은 학문적 논쟁의 결과뿐만 아니라 여성의 경험의 결과에 의해서도 비롯되었다. 여성의 몸은 점점 더 의료화되어 왔으며, 제2의 페미니즘 물결의[42] 주요 목표 중의 하나는 여성 몸의 통제권을 탈환하는 것이었다. 그러나 의료기술의 혁신으로 여성의 삶과 몸에 대해 더욱 광범위한 형태의 통제가 가능해졌으므로 이 과제가 쉽지는 않다. 이것의 특히 명백한 본보기는 신(新)생식기술 분야에서 찾아볼 수 있다.

신생식기술

　몸의 규제와 생식의 통제는 몸의 사회학에서 중심적인 과제이다. 이것은 종교적·세속적인 서구 가부장적 사회에서 여러 형태로 존재해온 여성의 성적 통제와 맞물려 있다(Turner, 1984). 생식기술은 사람들을 규제하는 데 사용되었고 동시에 일부여성이(그들의 사회적·경제적·종교적 맥락에 따라) 자신의 생식을 통제할 수 있도록 하는 데 사용되기도 했다. 이러한 기술의 출현은 사회적 몸과 육체적 몸을 가르는 우리의 선입견을

---

42) 페미니즘 '제1의 물결'은 흔히 여성참정권 운동 등이 일어난 19세기 중엽부터 20세기 초까지의 시기를 포괄한다. '제2의 물결'은 1960년대 말 페미니즘에 대한 관심이 다시 일면서 시작되었다. - 역주

바꿔 놓았다. 따라서 생식기술로 야기된 문제는 몸의 사회학을 말할 때 중추적인 역할을 한다. 그러나 사람들 삶에 대한 생식기술의 영향을 결정하는 것은 생식기술 그 자체가 아니라, 생식기술이 존재하면서 그 의미를 형성하는 사회적·정치적 맥락이다(Faulker and Arnold, 1985). 기술혁신은 그 자체로서 사람들의 삶을 형성하지는 않는다. 본질적으로 사회적인 그 기술적용방식에 따라 사람들의 삶이 형성되는 것이다(Freidson, 1970a; McNeill et al., 1990).

스탠워드(Stanworth, 1987)는 생식과정에 개입하는 기술을 네 종류로 0나누었다. 첫째, 피임약, 피임용 격막, 자궁내 장치 및 콘돔과 같은 수정통제기술을 들 수 있다. 둘째, 임신과 분만을 관리하는 기술로서 태아감시, 외음절개술, 제왕절개술 및 분만겸자 등이 있다. 셋째, 초음파 또는 양막천자(羊膜穿刺, amniocentesis)[43]와 같은 검사기법은 태아의 '결함'을 감시한다. 마지막으로 불임을 치료하기 위한 수태기술이 쓰인다. 우리는 여기서 수태기술, 특히 신생식기술(NRT, New Reproductive Technologies)로 불리는 최신기술에 초점을 맞출 것이다. 이것은 제공자에 의한 인공수정[44] 및 수정촉진제, 시험관 수정, 난자 제공, 배자(embryo) 제공, 생식자(gametes)와 배자의 저온저장 등이 포함된다. 신생식기술은 다양한 수준의 장비와 기술이 필요하다. 제공자에 의한 인공수정은 1930년대부터 영국에서 사용되어 왔으며(Pfeffer, 1987) 가정에서 누구나 시행할 수 있다. 특별한 기술이 필요없는 것이다. 마찬가지로 자가수정에 의한 대리출산은 비공식적으로 이루어질 수 있다. 영국의 경우 한 페미니스트 자가수정 모임이 임신을 원하는 여성을 위해 이 방법을 전파하기도 하였다(Klein, 1984). 그러나 이러한 활동은 생식을 의학적·법적 규제하에 두기를 원하는 사람에게는 용납되기 어렵다. 인간생식기술의 윤리성을 조

---

43) 양수를 채취하기 위해 복벽을 통해 자궁내로 천공을 실시하는 기법. 다운증후군이나 이분척추와 같은 각종 결손, 유전질환의 진단뿐만 아니라 태아의 성감별을 위해서 시행되기도 한다.─역주

44) 일반적인 말로 사용되는 인공수정이라는 용어는 사용에 주의를 요한다. 이 말은 생식에 '자연적'인 방식이 있다는 함의를 가진다. 즉 남녀간의 성교를 통한 방식만이 자연적이라는 말이다. 이것이 자연적이라고 간주되는 것은 이성애적 담론(heterosexist discourse)이 지배적인 까닭이다.

사하기 위해 1982년에 조직된 워녹 위원회(Warnock Committee, 1984)는 모든 형태의 '인공적' 생식기술은 반드시 의료인의 감독하에 시행되어야 한다고 못박았다.

임신과 출산이 의학적으로 그리고 법적으로 감시되어야 한다는 믿음이 널리 퍼져 있는 것은 분명하다. 지퍼와 스벤호이젠(Zipper and Seven-huijsen, 1987)은 서유럽 전역에서 나온 여러 보고서에서도 대리출산을 규제하려는 의도가 있었음을 지적하고 이것은 여성활동의 신뢰성과 타당성을 믿지 못한 결과라고 덧붙였다. 만일 보통사람이 함부로 대리출산을 실시하면 사회질서가 위협받을 것이라는 인식이 퍼져 있었다. 워녹 보고서도 신수정기술과 배자에 대한 연구를 걱정하는 대중의 우려를 불식시킬 필요성을 되풀이해서 강조한다.

그럼에도 불구하고 사람들은 언제나 자기 나름대로의 생식방법을 창안해 왔으며 앞으로도 그러할 것이다. 시험관 수정은 더욱 복잡한 기술이다(시험관 수정과 신생식기술에 관해 상세히 알려면 Stanworth(1987), Stacey(1992), McNeill et al.(1990)을 보라). 이것은 한 여성의 난자를 채취하여 체외에서 수정시킨 후 그 여성의 자궁 또는 '대리모'의 자궁내에 착상시키는 기술이다. 이 방법으로 1978년 영국에서 처음 태어난 아기는 루이즈 브라운(Louise Brown)이었고, 최초의 '시험관 아기'라고 주목을 받았다. 이런 기술은 갖가지 법적·윤리적 문제를 야기했으며, 서구사회에서 여성 몸의 지위를 조명했다.

첫째, 부권과 모권의 문제가 있다. 지금까지는 법적으로 두 종류의 어머니, 즉 생물학적 어머니와 사회적 어머니밖에 없었지만, 이제 우리는 세번째 종류의 어머니인 대리모—또는 출생모—를 추가해야만 하는 것이다(Stacey, 1988: 252). 지퍼와 스벤호이젠(Zipper and Sevenhuijsen, 1987: 129)이 지적한 대로 '모친이 누구인지는 언제나 명백하다(mater semper certa est)'라는 법언은 더이상 만고불변의 진리가 아니다. 메어리 베스 화이트헤드라는 여성이 계약을 맺어 스턴씨의 정자로 인공수정을 받고 아기를 낳은 후 돌려주겠다고 동의하였던 미국의 스턴 일가(the Sterns)의 경우가 이 새로운 딜레머를 잘 보여준다. 해산 후 메어리 베스

화이트헤드는 아기를 돌려주기를 거부하였고 법정소송의 '전문가들'은
그녀가 어머니로서 적합치 않다고 진술하였다. 그녀는 대리모에 불과하
고 진짜 모친이 아니라는 것이었다. 그러나 정자를 제공한 스턴씨는 생
물학적 부친으로 인정되었다.

코레어(Corea, 1985)가 보고한 또 다른 사건에서, 한 남성동성애자가
여성동성애자 친구에게 자신의 정자를 제공하고 나중에 아이와 접촉하
지 않겠다는 약속을 한 경우가 있었다. 이 사람은 그 후 마음이 바뀌어
친자소송을 통해 아이를 방문할 권리를 따내는 데 성공하였다. 임신 전
기간 동안 아이를 태중에서 기르고 낳은 여성의 몸보다 남성의 정자가
더욱 중요하게 취급되는 것이다. 신생식기술로 야기된 딜레머에 반응하
는 방식은 성과 생식의 사회적 조직에 관한 기존의 관념을 강화시킨다.
모성 이데올로기가 강조되고 가부장적 가족생활이 높이 평가된다. 따라
서 워녹 보고서는 '일반적으로 말해 아이가 양친이 있는 가족에 태어나
는 것이 더 바람직하다'고 기술하였다(Warnock Committee, 1984: 11).

여기에 관련된 두번째 문제는 신생식기술이 적용되는 맥락, 즉 임신의
지위와 관련된 것이다. 여성의 몸은 생명의 창조에 더이상 중요하지 않은
것으로 여겨진다. 오클리(Oakley, 1987)는 뇌사한 여성에게 제왕절개술
을 실시하여 아이를 분만시킨 경우가 여기에 해당한다고 말한다. '임신한
여성의 지위를 인간으로 보지 않는 것이 이제 기술적으로 가능하게 되었
다(Oakley, 1987: 39).' '인공,' '대리모' 그리고 '시험관' 등의 용어가
'출산에서 임산부가 배제되는 경향'을 가져온 것이다(Stanworth, 1987:
26).' 그러나 스탠워드가 지적하듯 그러한 용어는 오해에서 비롯된 것이
다. 시험관 아기는 용어가 시사하는 것처럼 시험관 속에서 자라는 것이
아니라 한 여성의 자궁 속에서 자라나며 그 여성은 분명히 임신과 출산
을 경험한다. 인공수정으로 일단 임신이 되면 임신 그 자체에는 인공적인
요소가 존재하지 않는다. 또한 '대리모'는 임신과 출산의 전 과정에 자발
적으로 참여하는 인간인 것이다.

신생식기술에 대한 반응은 결코 획일적이지 않다. 의료전문직 내에서
대다수 의사들은 [신생식기술의] '우생학적 모형'을 받아들이지 않으며

불임으로 고통받는 여성을 돕는다는 '치료적 모형'을 염두에 두고 일한다. 불임은 하나의 질환으로 취급되며 의사들은 그 고통을 덜어주려 한다. 일반적으로 의사들이 우생학적 모형을 거부하기는 하지만, 패런트(Farrant, 1985)에 따르면 실제로는 면접한 의사의 75퍼센트가 태아에 기형이 발견되면 유산을 시키겠다고 서약하는 여성에게만 자궁천자검사를 실시한다고 말했다고 한다.

다른 경우와 마찬가지로 신생식기술에 관해서도 페미니스트의 합치된 견해가 없다. 일부 페미니스트는 신생식기술의 창조를 남성에 의한 여성 통제의 마지막 단계이자 생식권을 남성의 전유물로 삼으려는 기도가 실현된 것으로 보기도 한다(O'Brien, 1983; Corea, 1985; Corea et al., 1985; Rowland, 1985; Hanmer, 1985). 생물학적 모친은 '엄마 기계'로 전락할 것이라고 한다(Corea, 1985). 그러나 또 다른 일부는 문제가 되는 것은 기술 자체가 아니라 기술이 발전하고 적용되는 사회적 맥락이라고 주장하였다. 이들에 따르면 자연적 모성으로 돌아갈 것을 주장할 것이 아니라 지금까지 남성 주도의 과학과 의학이 맡아온 이러한 신기술의 개발과 평가에 적극적으로 참여해야 하며, 이러한 기술을 여성이 통제할 수 있도록 해야 한다는 것이다(Stanworth, 1987; McNeill, 1990). 또 다른 페미니스트는 신생식기술이 사회 불평등에 일조한다는 점을 비판적으로 예시하였다. 예를 들어 불임 클리닉은 점점 더 [의료보장이 아닌] 본인부담 진료로만 가능하다(Doyal, 1987).

사위키(Sawicki, 1991)처럼 푸코식 접근을 취하는 페미니스트도 있다. 사위키는 신생식기술을 비판한 페미니스트 연구의 중요성을 인정하면서도 남성 위주의 기술에 도전한 여성의 투쟁을 긍정적으로 해석하였다. 사위키는 푸코의 견해를 받아들여 여성이 남성에 의해 억압받고 탄압받는다는 점을 강조하는 '억압적 권력모형(repressive model of power)'과, 남성과 여성 사이의 투쟁과 저항에 초점을 맞추는 '감시적 권력모형(disciplinary model of power)'을 구분한다. 사위키는 남성의 지배가 획일적이고 정적인 것이 아니라 여성의 저항에 반응하여 변화한다고 주장한다. 위에서 본 대로 푸코는 감시적 권력이 근대성의 발전에 핵심적이었다고 주장하였다.

> [감시적 권력이] '생산체계 속에 몸을 일사불란하게 투입'할 수 있도록 한
> 만큼이나, 생식체계에 여성의 몸을 투입할 수 있는 수단을 제공하였으므로
> 가부장적 권력에는 [감시적 권력이] 없어서는 안될 존재였다.(Sawicki, 1991:
> 68)

감시적 권력은 물리력이나 폭력에 의해 작동하는 것이 아니라, 지식의
새로운 주체와 객체가 합쳐지는 새로운 규범의 창조, 즉 정상화의 창조
를 통해 작동한다. 바로 여기에 감시적 권력의 효과와, 그 권력이 몸을
통제하고 유지하는 수단이 존재한다. 사위키(Sawicki, 1991: 83)는 신생
식기술이 "지난 20년 사이 출현해온 여러 종류의 몸관리 중 한 가지이
며, 지배적인 사회기구의 변화 앞에서 여성의 몸이 더욱 유연하게 대응
할 수 있게 해준다"고 주장한다. 이러한 신기술로 인해 여성의 몸을 규제
하고 연구하고 통제하는 사회기구가 여성의 몸을 단순히 도구로 인식하
게 된 점도 있지만 신기술은 창조적인 면도 가지고 있다. 신생식기술의
채택과 사용으로 적합한 어머니, 부적합한 어머니, 불임여성, 대리모, 출
생모 등의 새로운 주체가 양산되었다. 이것의 귀결로 새로운 저항의 소
재가 창조되었다. 예를 들어 여성동성애자와 미혼모는 신기술의 사용에
제한을 두려는 시도에 저항하였다. 최근 [국가가] 여성에게 출산장소를
택할 수 있는 선택권이 있다고 공식적으로 인정한 경우가 이를 잘 보여
준다. 1960년대부터 여성들은 병원에서 아이를 낳도록 유도되었지만 이
제는 여성보건운동가와 급진적 조산사의 반대에 직면해 정부도 여성이
가정에서 출산할 권리가 있다고 천명하기에 이르렀다(Winterton Report,
1992).
  그러므로 우리는 몸이 정치적 투쟁의 장소라는 점을 인식한 점이 여성
보건운동에 큰 힘이 되었음을 알 수 있다. 남성이 찬탈했던 여성 몸의 지
식을 여성이 다시 찾고 있는 것이다. 이것은 건강과 보건의료에 있어 중
요한 의미를 지닌다. 개인은 더이상 자기 몸이 받는 대우에 관해 발언권
이 없는 수동적이고 무기력한 대상이 아니다. 몸은 정치적 투쟁의 핵심

적 장소가 되었고 보건의료 제공자와 환자 사이의 상호작용에 있어 핵심
적 차원을 이룬다.

결론

이 장은 건강과 질병의 사회학에 특히 중요한 몸의 사회학의 최근 발
전동향을 논하였다. 몸의 사회학이 중요한 이유는 이것이 몸(건강하든
그렇지 않든간에)과 사회적 상호작용 사이의 관계를 다루기 때문이다.
최근에는 몸에 관한 세 가지 주요시각, 즉 자연주의, 사회구성주의, 그리
고 현상학을 통합하려는 경향이 있다. 이 작업을 통해 두 가지 핵심개념
이 나타났다. 첫째, 몸의 계획구도(body as a project) 개념은 몸이 언제나
변화하는 상태에 있다는 사실에 주의를 환기한다(Shilling, 1993). 몸은
끊임없이 형성되고 변화하는 미완의 상태인 것이다. 따라서 사람의 몸은
자신의 행동에 의해(예, 운동), 물리적 개입에 의해(예, 수술), 문화적 기
대에 의해(예, 특정한 걸음걸이의 훈련), 사회·생물학적인 과정에 의해
(예, 노령화) 변화되고 형성된다. 둘째, 몸의 규제(regulation of bodies)는
몸을 통제하고 관리하는 정치적 차원에 관심을 기울인다(Turner, 1992).
몸은 정치적 투쟁의 핵심적 장소를 이루며, 이것이 보건의료부문만큼 명
백한 곳도 없다.

우리는 또한 정치적 투쟁과 사회적 불평등이 본질적으로 체현되어 있
음을 보았다. 예를 들어 몸은 신체적 자본의 원천이며 또한 훈련, 교육,
기타 사회화를 통해 문화적 자본이나 경제적 자본 등으로 전환될 수도
있다. 더 나아가 몸과 그 생식을 규제하는 수단은 가부장적 구조를 유지
하기도 하고 또 그것을 강화하기도 한다. 몸에 영향을 미치는 기술과 의
료시술의 적용을 통해 권력을 행사할 수도 있는 것이다.

제6장
일반인-전문가 상호작용의 사회학

서론

이 장의 목적은 일반인과 보건전문가 사이의 만남이 어떤 성격을 지니는지 알아보는 데 있다. 일반인과 환자는 여러 상황에서 갖가지 이유로 보건전문가를 만난다. 여기에는 자택에 찾아온 지역 간호사(district nurse), 종합병원의 외과전문의, 치과의원의 치과의사, 약국의 약사, 또는 건강센터(health centre)45)의 일반가정의와의 만남이 있을 수 있을 것이다. 이런 다양한 종류의 만남에도 불구하고 건강과 질병의 사회학은 대부분 의사와 환자 사이의 만남에 관심을 기울여 왔다. 그러나 전문가-환자의 만남과 관련되는 여러 다른 주제와 문제가 대두되면서 관심의 폭이 의사-환자 관계 문헌을 넘어서고 있다.

이렇게 확대된 관심이 다루는 주제는 다음과 같다. 첫째, 일반인-전문가의 관계는 폭넓은 사회적 관계와 구조적 불평등, 특히 사회적 성, '인종' 및 계급의 사회적 관계와 불평등을 반영하면서 동시에 그것을 강

---

45) 일반가정의(GP, General Practitioner)들이 공동으로 개설한 의원을 말하며, 영국의 NHS 내에서 점점 더 주류를 이루는 개원형태이다. 2인 이상 가정의, 접수요원, 지역간호사(District Nurse), 보건요원(Health Visitor), 지역사회 정신보건간호사(CPN, Community Psychiatric Nurse), 사회사업가(Social Worker), 그리고 경영담당자(Practice Manager) 등이 '일차 보건진료팀(Primary Health Care Team)'을 구성해 지역주민의 건강과 보건을 돌보는 진료형태를 말한다.-역주

화한다. 둘째, 이것과 관련하여 그러한 사회적 관계와 그 속에서 영속화
되는 가치관은 사회적 통제와 규제의 핵심적 위치를 차지한다. 셋째, 보
건전문가는 흔히 환자의 견해를 경시해 왔고, 따라서 이 문제는 현대 공
식적 보건의료의 큰 한계로 지적되어 왔다. 이 점이 중요한 이유는 3장
과 4장에서 보았듯이 대부분의 일반인이 건강과 질병에 관해 나름대로의
정교한 설명을 할 수 있는 능력이 있기 때문이다. 사회과학문헌에 따르
면 일반인은 훈련된 보건의료전문가와의 상호작용에서 중요한 역할을
수행하고자 할 뿐 아니라 그럴 능력이 있으며 실제로 그렇게 하고 있다
는 것도 알 수 있다. 넷째, 상호작용의 내용은 보건의료의 결과에 영향을
미친다. 환자가 치료받은 후 회복되는 정도, 또는 진료에 대한 환자의 만
족도가 달라지는 것이다.[46)]

   전문가-환자 상호작용의 사회학적 분석은 두 유형으로 대별된다. 첫
째, 구조기능주의와 구조갈등론적인 시각과 같은 거시적 접근방식이 있
다. 둘째, 상호작용주의와 민속방법론에서 파생된 것으로서 상호작용 그
자체의 특성에 초점을 맞추는 미시적 접근방식이 있다. 이 장에서는 이
두 가지 시각을 모두 다룬다.

   이 장은 일반인과 전문가 관계의 성격이 지난 수십 년 사이에 많은 변
화를 겪었다고 주장할 것이다. 한때는 정통한 전문가와 무지한 일반인의
만남이라고 여겨진 전문가-환자 관계는 오늘날에는 더욱 적절하고 더
욱 정확하게 '두 전문가 사이의 만남'(Tuckett et al., 1985)이라고 묘사
된다. 이러한 변화에는 몇 가지 이유가 있다. 첫째, 치료할 수 없는 만성
질환의 증가로 인해 질환부담(disease burden)의 양상에 변화가 왔다. 이
것은 의료인이 자신의 한계를 직시하고 [치료 보다는] 간호와 사회적 지
원의 중요성을 인정할 수밖에 없다는 사실을 의미한다. 둘째, 사람들이
좀더 자신의 건강을 돌보게끔 되었고 자신의 건강상태에 영향을 미치는

---

46) 피츠패트릭(Fitzpatrick, 1984)은 순조로운 환자-의사 상호작용은 진료에 있
   어 환자의 협조도를 높일 수 있는 점에서도 중요하다고 지적한다[Fitzpatrick,
   R. (1984), "Satisfaction with health care," in Fitzpatrick, R., Hinton, J., New-
   man, S., Scambler, G. and Thomson, J. (eds), *The Experience of Illness*, London:
   Tavistock, pp. 154-175]. - 역주

요소에 관해 더 잘 알게 된 점을 꼽을 수 있다. 오늘날에는 많은 질환이 사회적·행동적 요인과 관련을 가지며, 이러한 사실은 점점 더 '상식'이 되고 있다. 의사는 단순히 특정 질환에 대해 처방을 내리는 것이 아니라 점차 라이프스타일을 바르게 선택하도록 권하는 식으로 진료를 행하는 경향이 있다. 셋째, 의료기관의 '사용자들(users)'은 자신의 선택권을 행사하고 분별력 있는 '소비자'로서 행동하도록 촉구된다.(9장을 보라).

전문가-환자관계: 규범과 기대

파슨즈(Parsons, 1951)는 의사-환자 관계를 통해 자신의 사회체계이론(social system)을 예증하였다. 그의 분석은 건강과 질병의 사회학에 큰 영향을 미쳤고, 현대의 전문가-환자 상호작용에 관한 논의는 파슨즈의 이론에 많은 영향을 받았다. 파슨즈는 사회가 여러 가지 사회적 역할(예를 들어 어머니, 교사, 의사 및 환자)을 수행하는 행위자(actors)로 구성되며 이 역할이 사회의 원활한 기능을 촉진한다고 생각하였다. 이러한 관점에서 보면 의사와 환자는 어떤 역할의무(role obligations)를 수행하고 완수한다고 볼 수 있다. 즉 의사는 아픈 사람을 치료하는 대신 아픈 사람은 '환자역할'에 돌입하여 빨리 낫도록 노력한다는 것이다(4장을 보라). 이 이론에 따르면 의사는 환자를, 환자는 의사를 필요로 한다. 파슨즈가 의사-환자 사이를 상호적인(reciprocal) 관계라고 보는 것도 바로 이 때문이다.

파슨즈는 의사와 환자가 각각 권리와 의무를 가진다고 말한다. 그의 정의에 따르면 아픈 사람은 '사회적인 일탈 상태'에 있기 때문에 빨리 낫도록 노력해야만 한다. 의사는 환자가 건강을 되찾도록 도울 의무가 있다. 또한 의사는 진료를 행할 때 고도의 지식과 기술을 적용해야 하고, 이타적이면서 자기 이해관계를 떠나야 하며, 객관적이면서 감정적으로 초연해야 할 뿐 아니라 전문적인 윤리강령에 따라 행동해야 할 의무가 있다. 의사가 이러한 의무를 완수할 때 사회는 그 보답으로 세 가지 권리를 보장할 것이다. 환자의 몸과 마음을 검진할 수 있는 권리, 전문진료행위의 자율권, 그리고 환자를 대할 때 권위적인 지위를 누릴 권리 등이다.

그러므로 우리는 양자의 관계가 상호적이긴 하지만 동등하지는 않다는 것을 알 수 있다. 전문가는 힘과 지위와 위세(prestige)를 부여받는 반면 환자는 그렇지 못하다. 기능주의적 시각으로 보면 이 점은 여러 가지 긍정적인 결과를 낳는다. 즉 공식적인 지식과 기능을 지닌 사람은 합당한 보상을 받을 수 있으므로 자기의 기술을 [사회에] 적용하고자 할 것이다. 이것은 건강한 사회를 유지하기 위해서 필요하다. 또한 그렇게 되면 환자가 자격있는 의료전문가를 신뢰하게 될 것이다.

파슨즈는 의사-환자 관계의 비대칭성(asymmetry)은 문제삼지 않았다. 왜냐하면 의사의 권리와 의무에는 세 가지 사회적 규범 또는 가치, 즉 보편주의(universalism), 집단적 지향(collective orientation) 그리고 정서적 중립(affective neutrality)이 밑받침되기 때문이다. 이 말은 본질적으로 모든 사람이 평등하게 대우받아야 하고, 전문가 자신의 이익보다 환자들의 공통된 이익이 더 중요하며, 임상적 결정에 가치판단이 개재되지 않음을 의미한다. 요컨대 나이, 사회적 성, 인종 또는 계급을 불문하고 누구든지 환자역할을 정당하게 부여받으며 도움과 지원 및 진료를 받을 것이라는 뜻이다. 파슨즈는 병든 환자는 '객관적으로, 또 과학적으로 정당화될 수 있는 조건(Parsons, 1951: 435)'하에서 대우받아야 한다고 주장한다.

이것은 물론 이념형(ideal type)이며 환자역할의 부여와 마찬가지로 일상현실과는 차이가 난다(4장을 보라). 의사-환자의 비대칭적 관계가 언제나 긍정적인 결과를 낳는다는 생각은 비판의 대상이 되어 왔다. 예를 들어 환자가 의사보다 자기 상태를 더 잘 알고 있을지도 모른다. 사람들은 흔히 자기 몸에 대해 깊이있게 알게 되면서 자신의 건강과 질병에 관해 특별한 경험적 지식을 갖게 되곤 한다(MacIntyre and Oldman, 1984). 따라서 의사가 환자의 견해를 존중하려 하지 않는다면 불만의 소지가 생긴다. 자기 말에 귀를 기울이지 않는 의사 때문에 어려움을 겪었던 한 여성은 다음과 같이 말한다. "칠십 년이 넘도록 이 몸을 가지고 살아 왔는

데 어떤 이상이 생겼는지 내가 모르면 누가 알겠어요?"(Sidell, 1992)

이런 식의 '기능적인' 관계를 규정하는 가정의 근거 역시 의문시된다. 실제로는 가치판단이 의사의 진료에 개재된다. 진단과 진료가 환자의 계급, 사회적 성 그리고 인종에 따라 달라지는 것이 사실이다. 정신과 의사들에 대한 연구에 따르면 흑인환자를 진료할 때에는 전기쇼크 요법(ECT)과 약물치료를 더 많이 사용하고 정신분열증 진단을 내리기 쉽다고 한다(Littlewood and Lipsedge, 1988; Knowles, 1991). 또한 의사는 환자의 교육정도, 수입, 사회적 성에 따라(Waitzkin, 1991), 그리고 환자의 성격과 말하는 태도에 따라(Street, 1991) 제공하는 정보의 양을 조절한다는 것이 밝혀졌다. 그리고 의사가 특히 더 까다롭게 여기는 특정 환자와 특정 질환이 있다는 사실도 밝혀졌다(Stimpson, 1976; Roberts, 1985).

오늘날 질병의 전단계로서 여러 가지 행동적인 원인이 밝혀지고 있으므로 환자가 자기 병에 책임이 있다는 식의 가치판단이 내려질 가능성도 있다. 이 경우 환자는 자기 병에 죄의식을 느끼게 될지도 모른다. 또한 치료의 적합성을 놓고 가치판단을 내릴지도 모른다. 예를 들어 1993년 여름 몇몇 병원전문의들이 흡연환자에 대한 검진과 관상동맥 회로조성시술을 거부함으로써 지상논쟁이 벌어지기도 했다. 담배를 피울 경우 회복 가능성이 낮으므로 흡연자에게 의료자원을 낭비할 필요가 없다는 논리를 내세운 이 결정은 의료계 안팎에서 많은 비판을 받았다(Dean, 1993). 많은 사람들이 그러한 결정이 순수한 임상적 판단에 의거한 것이 아니라 가치판단에 따른 것이라고 생각하였다. 의료자원을 배분해서(ration)[47]

---

47) 의료자원의 배분(또는 배급)은 의료제도가 공적이든 사적이든 발생하는 현상이다. 다만 의료제도의 형태에 따라 배분의 주체가 달라질 뿐이다. 예를 들어 사적 의료제도하에서는 시장의 수요-공급기제가 배분의 주체가 되며, 공적 의료제도에서는 어떤 우선순위의 원칙에 따라 배분이 이루어진다. 배급(ration)이라는 말 자체가 전시의 물자통제와 같은 절박한 느낌을 주며 따라서 단순히 의료정책의 방법론을 넘어서는 정치적·사회적 함의를 지닌다. 배분을 둘러싼 논쟁의 핵심은 첫째, 누가 의료자원의 배분을 결정할 것인가(의료전문가, 보건당국, 의료소비자 또는 납세자 등), 둘째, 배분의 원칙을 어떻게 정할 것인가, 셋째, 배분원칙을 묵시적으로 행할 것인가 아니면 명시적으로 정할 것인가에 달려 있다 [Heginbotham, C. (1992), "Rationing," *British Medical Journal*, 304: 496-499; Schwartz, W. and Aaron, H. (1984), "Rationing hospital care: lessons from

진료효과가 가장 큰 사람에게 자원을 투입할 필요성을 놓고 벌어진 이 논쟁은 경제적·정치적 맥락에 따라 개개 환자가 받는 대우가 얼마나 달라질 것인지를 말해준다.

그러므로 전문가의 제도화된 규범과 기대, 그리고 임상 현장의 규범과 기대 사이에는 차이가 존재한다. 이 점을 간파한 프라이드슨(Freidson, 1970a)은 의사-환자 관계는 정확하게 말해 합의(consensus)라기보다는 갈등(conflict)의 특징을 가진다고 주장한다. 그는 전문가와 환자관계에 내재된 갈등의 소지 때문에 이 양자의 관계가 특별히 취약하다고 본다. 그는 이것을 '시각의 충돌(clash of perspectives)'이라고 부르며 "일반인과 전문가 사이에 존재하는 상호분리된 경험세계와 준거틀은 언제나 잠재적인 갈등관계를 형성한다"고 지적한다(Freidson, 1975: 286).

전문가-환자 관계: 갈등과 긴장

블로어와 호로빈(Bloor and Horobin, 1975)은 이러한 잠재적 갈등을 깊이있게 연구하였다. 그들에 따르면 환자의 행동에 관해 의사가 품는 두 가지 가정 때문에 갈등의 소지가 있다. 환자는 한편으로 언제 진찰을 받아야 할지 스스로 판단을 내려야 하며, 다른 한편으로 일단 의사를 찾은 후에는 무조건 의사의 판단과 해석을 존중해야만 하는 것이다. 따라서 환자는 '이중적 의무(double bind)'를 지는 것이다. 사람들은 도대체 언제 의사를 찾아가야 할지를 몰라 어려움을 느낀다. 이것은 친지를 간호할 때에 특히 더 심하다.

병원 응급실에 관한 연구에 따르면 의료진은 환자들이 '하찮은' 일로 많이 찾아온다고 여기는 경향이 있다고 한다. 다시 말해 불필요하고 경미한 경우가 많다는 뜻이다(Jeffery, 1979; Dingwall and Murray, 1983; Roberts, 1992). 응급실을 조사한 로버츠(Roberts, 1992: 114-115)에 따르면 의료제공자는 다음과 같이 말할 가능성이 높다고 한다.

Britain," *New England Journal of Medicine*, 310: 52-56]. ─역주

응급실 당직의 1: 70퍼센트는 하찮은 경우지요. 쓸데없이 많이 몰려드는 겁니다.

응급실 당직의 2: 이 중 절반 이상이 여기 있을 필요가 없는 환자들이에요.

어린 아이를 데리고 응급실을 찾는 보호자는 특히 눈총을 받는다. 그들은 필요 이상으로 염려하고 법석을 피운다고 간주된다. 어떤 의사는 로버츠(Roberts, 1992: 119)에게 "도대체 어머니들은 제정신이 아닐 정도로 걱정이 많은 것 같아요"라고 말한다. 그러나 로버츠는 일반인과 의사간에 분명 시각의 차이가 있긴 하지만 공통적인 부분도 많다고 지적한다. 보호자는 흔히 무슨 병인지 확실치 않을 때에는 '매사를 안전하게 처리하기 위해' 아이를 응급실로 데려오곤 한다.[48] 의사 역시 상황이 불확실할 때에는 [그저 관찰만 하지 않고] 일단 어떤 조치를 취해놓고 보는 경우가 많다. 보호자나 의사나 자기 행동의 결과에 책임을 느끼는 것은 마찬가지이다. 양자가 모두 핵심적인 의료담당자임을 감안하면 이것은 놀랄 바가 아니다. 아픈 아이를 낫게 하려는 점에서는 다를 바가 없는 것이다. 만일 자신의 행동근거와 그 행동의 맥락을 자세히 설명할 기회가 주어지면 그 어머니가 사실은 적절한 조치를 취했다고 밝혀지는 경우가 태반이다. 따라서 일반인-전문가관계에 내재된 갈등은 흔히 의료제공자가 환자측의 견해를 충분히 경청하지 않았기 때문에 생긴 것이다. 로버츠(Roberts, 1992: 112-3)는 다음과 같이 주장한다.

의사와 사회학자는 모두 환자(또는 보호자)를 자신 또는 아이의 건강을 돌보는 사람으로가 아니라 의료의 수동적인 수혜자로 설명하는 경향이 있다. 또한 양자는 의료를 전문가가 제공하는 상품(commodity)으로 취급하는 경향을 가진다. 응급실의 사용자와 전문가가 품고 있는 서로 다른 시각의 근저에는 이같은 가정이 깔려 있다.

환자가 의사와 공공연하게 충돌하는 일은 거의 없지만 그렇다고 해서

---

48) 영국의 NHS에서 2차 진료기관을 이용하기 위해서는 통상 환자가 등록되어 있는 일반가정의(GP)의 진료의뢰를 먼저 거쳐야 하는데, 야간이나 주말의 경우 병원 응급실로 바로 찾아가 전문의의 진찰을 청하는 수도 있다. -역주

의사의 말을 수동적으로 받아들이는 것만도 아니다. 간질치료를 받는 아동의 보호자를 대상으로 한 연구에 따르면 보호자는 받아온 약을 버리면서도 계속 의사를 찾아가고 또 계속 약처방을 받아온다고 한다(West, 1976). 하지만 의사와의 관계에 만족하지 않는 환자는 여러 가지 방식으로 갈등을 처리한다. 예를 들어 어떤 의사에 대해 공식적으로 불만을 제기할 수도 있다. 최근 국립보건제도(NHS)내에서 환자의 제소가 급격히 증가하는 추세를 보이고 있다(Audit Commission, 1993). 그러나 아직도 불만의 빙산이 존재할지도 모른다는 주장이 제기되고 있다. 왜냐하면 많은 사람들이 의료전문가, 특히 의사에 대해 불만을 표시하고 싶어 하지만 대다수는 어떤 경로를 통해야 하는지 모르며(McIver and Carr-Hill, 1989), 그 절차 또한 복잡하기로 정평이 나 있기 때문이다(Longley, 1993).

일반가정의에 대해 불만을 제기하는 사람을 보면 특히 두 가지 점이 두드러진다. 첫째, 의사의 태도(manner), 그리고 왕진을 청하는 환자 입장에서 자신의 증상이 정말 심하다고 의사에게 믿게끔 하기가 어렵다는 것이다(Nettleton and Harding, 1994). 환자를 격려하고 환자에 공감할 줄 아는 능력 또한 [의사의] 필수불가결한 소질이라고 일반인은 꼽는다. 예를 들어 한 민원인은 가정의료당국(FHSA, Family Health Service Authority)[49]에 다음과 같은 편지를 썼다. "X의사는 환자에게 신뢰감과 이해심을 불어넣을 수 있는 능력이 결여된 것으로 생각됩니다. 저는 이 점이야말로 좋은 의사의 핵심이라고 봅니다"(Nettleton and Harding, 1994: 54). 게다가 일반인은 '전문가'의 치료결정을 언제나 무비판적으로 받아들이지는 않는다. 같은 연구에 나온 한 민원인은 처방받은 약을 영국 약전(British National Formulary)에서 찾아본 후 자기 증상에 맞는 약이 아니라는 사실을 발견하고 그 약을 복용하지 않았다고 보고하였다(Nettleton and Harding, 1994: 49).

---

49) 가정의료당국은 NHS의 한 조직이며, 일반가정의의 NHS 환자진료 계약을 관리하고 주민 의료욕구의 수렴 및 평가를 담당한다. 1996년 4월부터 지역보건당국(District Health Authority)과 통합되었다. ─역주

이미 보았듯이 질환부담의 변화와 만성질환의 증가로 환자들은 점점 더 자기 증상과 예후를 비교적 잘 알게 되었다. 에이즈의 예는 특히 여기에 들어맞는 경우다. 에이즈 환자는 흔히 병의 가료와 관리에 대해 훤히 아는 수가 많고 여기에 적극적으로 참여한다. 따라서 워커와 워딩턴 (Walker and Waddington, 1991: 128)이 지적한 것처럼 "에이즈는 … 치료법을 찾는 의과학자뿐만 아니라 일반적으로 환자에 대해 의사가 전통적으로 가졌던 권위에 대해서도 큰 도전이 되고 있다."

합의적 시각과 갈등적 시각에 늘 등장하는 주제는 의사-환자 관계는 비대칭적이라는 점이다. 파슨즈와 프라이드슨은 서로간의 차이에도 불구하고 의료전문직이 지배적인 위치에 있다는 점은 인정한다. 전문가는 정당한 지위와 기술적 전문성이 있다는 주장을 통해 권력을 획득한다. 권력을 가진 전문가는 사회통제의 매개자가 될 수 있고, 그렇기 때문에 지배적인 가치관을 영속화할 수 있는 이상적인 위치를 점한다. 의사의 일상적인 활동과 관행은 최소한 잠재적으로 지배적인 이념을 강화할 수 있다.

의사-환자 관계의 이념적 기반: 거시적 접근

의료의 마르크스주의적 분석에 의하면 의사-환자의 만남은 사회의 지배적인 이념이 재생산되는 장소이다(Mishler, 1984; Waitzkin, 1984; 1989; 1991). 그러므로 의료전문직은 강력한 사회통제 기능을 수행한다. "의사가 현존하는 사회적 유형-일터에서, 가정에서, 그밖의 생활 영역에서-을 강화하는 이념적 메시지를 전파할 때, 일반사회에서 흔히 용인되는 방식으로 [인간의] 행동을 통제하게 된다"(Waitzkin, 1989: 225). 또한 환자와 만나서 건강이란 다름아닌 일할 수 있는 능력이라고 정의하고, 노동이 태만보다 가치있다는 메시지를 전함으로써 생산의 경제적 측면을 부각시킨다(Waitzkin, 1984). 더 나아가서 사회·정서적(socio-emotional) 문제를 의료화해서 단순히 기술적인 문제로 만들어 버린다. "상징적으로 의과학은 [병의] 초점을 물리적 영역으로 옮기고, 연관된 사회·구조적 문제를 탈정치화하며(depoliticize), 환자가 자신의 병을 변화시킬 수 있는 행동잠재력을 억누른다"(Waitzkin, 1984: 352).

그러나 이런 시각의 문제점은 의료인이 진퇴양난에 빠질 수밖에 없다는 것이다. 만일 의사가 환자의 사회적 환경을 고려하면 의료화의 장본인으로 몰리고, 만일 그렇지 않으면 질병의 사회적 기반을 무시한다고 비판당한다. 따라서 이런 식의 의사(擬似)마르크스주의적 시각에는 여러 가지 이론적·실증적 문제가 따른다. 블랙스터(Blaxter, 1983b: 1143)는 의료제도가 빈곤의 해결에 일조할 수 있는지를 논하면서 이 문제의 딜레머를 포착한다.

[의료가] 사회적·경제적·정치적 문제까지 취급하면 의료제국주의(medical imperialism)가 될 것이다. 반면 의료가 선진사회의 한 중요한 제도임을 감안할 때 자포자기적 태도를 취하는 것은 책임을 은근히 회피하는 것이며, 가장 중요한 문제에 대해 눈을 감는 행위밖에 되지 않는다고 볼 수도 있다.

의료전문가의 역할을 단순한 진료제공자의 역할로부터 정치적인 역할로 재정립하면 전문가-환자관계의 제한된 영역에 변화가 올 것이다(Stacey, 1980; Blaxter, 1983b).

이러한 시각의 문제점은 의료가 자본의 이익에 봉사하며, '사람들이 적절한 행동규범을 준수하도록(Waitzkin, 1989: 225)' 만든다는 주장의 실증적 타당성 여부에 있다. 이미 보았듯이 환자는 의학적 해석을 무턱대고 받아들이지는 않으며, 의료인의 충고를 곧이곧대로 따르지도 않기 때문에 이런 사회통제 이론이 암시하듯이 그렇게 쉽게 조정되는 존재가 아니다. 게다가 의사들도 점점 더 생의학적 '해결책'의 한계를 인식하고 있다. 예를 들어 우울증에 빠진 여성환자에게 일반가정의가 신경안정제를 처방하는 경향을 조사한 연구에서 게이브와 립시츠-필립스(Gabe and Lipshitz-Phillips, 1984)는 가정의가 우울증의 원인이 흔히 사회적이라는 사실과 신경안정제의 한계와 부작용을 잘 알기 때문에 약처방에 소극적이라는 사실을 발견했다. 그러나 의료인의 여성통제는 오랜 역사를 가지며 의사-환자 관계에서 가장 뚜렷한 특징을 이룬다는 것은 의심할 여지가 없는 사실이다.

의사가 자기의 권위를 얼마나 내세워야 하는지도 논란거리가 된다. 의사가 환자에게 '제일 좋은 것'이 무엇인지 잘 안다고 믿는 경우, 의사는 환자에게 자기 말을 따르라고 고집해야 할 것인가 아니면 환자의 뜻을 존중해야 할 것인가? 이 딜레머는 자궁경부 도말검사(cervical smears) 때의 의사-환자 관계를 분석한 피셔(Fisher, 1986)의 연구에서 잘 드러난다. 피셔는 의사가 '이중의 제약'을 받는다고 말한다. 만일 의사가 환자에게 도말검사를 받으라고 강권하면 온정주의(paternalism)로 비난받을지도 모르고, 그렇게 하지 않으면 환자의 이익에 봉사할 책임을 방기하게 될지도 모른다는 것이다. 피셔는 여성이 도말검사를 받을 의향이 없는 경우 실제로 의사는 언제나 환자의 뜻에 따른다는 것을 발견하였다. 따라서 피셔는 환자의 건강을 위해서 의사가 자신의 권위를 내세워야 한다고 주장하였다. 그러나 피셔는 일반인이 '분명' 건강을 위한 것처럼 보이는 선택을 하지 않는 데에는 정당하고 합리적이며 때로는 의학적인 이유가 있을지도 모른다는 사실을 간과하였다. 환자가 의사 앞에서 자신의 선택에 관해 충분히 설명할 기회를 갖지 못하는 한 진료맥락에서 내려지는 최종결정은 정의 자체로 보아도 합리적인 결정이라 볼 수 없다. 왜냐하면 부분적인 정보에 근거한 결정이기 때문이다.

여성, 의료인 그리고 이념

갈등론적 시각의 한 종류로 의료 상호작용내에서 권력의 성적인 성격을 강조하는 접근이 있다. 여러 가지 페미니스트 시각의 저술가들이 의과학과 의료관행을 뒷받침하는 성차별적 이념을 지적하였다. 예를 들어 의학교육의 내용이 성차별적임을 밝힌 원내생들의 보고가 있었다(Young, 1981). 의과대학의 교수들이 강의중 성차별적인 비유를 사용하거나 여성의 이미지를 부정적으로 묘사하는 경향도 보고되었다(Elston and Doyal, 1983). 일부 의사들이 '여성의 병'은 유독 문제가 많다는 식으로 생각한다는 사실도 밝혀졌다(Stimpson, 1976; Roberts, 1985). 더 나아가 여성을 남성에 비해 열등하다고 묘사한 의학교과서도 많았다. 즉 여성의 성을 수동적으로 그리고 이성애만이 정상적이라고 강조하며 [여성을] 비하하는 이미지를 사용하는 것이다(Scully and Bart, 1978; Martin, 1989).

여성은 여러 가지 이유로 남성보다 의료기관을 더 많이 이용한다. 남성보다 더 오래 살며, 출산능력을 가지고 있고, 환자의 간병인으로서 의료의 제공자 겸 협상자로 일할 가능성이 더 크기 때문이다. 그러므로 여성은 자기가 접촉하는 의료인에 대해 비판적이기 쉽다. 여성의 의사관과 의사의 여성관을 조사한 로버츠(Roberts, 1985)는 여성이 의사에게서 중요하게 생각하는 점이 다음과 같음을 발견하였다. 즉 친절하고, 이야기를 잘 들어주며, 시간을 충분히 주고, 진료가 지속적으로 이루어지며, 그 의사를 '알 수 있는' 기회를 가지는 것 등이었다. 또한 면접한 의사 거의 대부분은 남성과 여성의 차이, 즉 각각의 사회적 역할, 관심과 걱정의 내용 및 잘 걸리는 질병의 유형에 관해 고정관념을 가지고 있었다. 로버츠(Roberts, 1985: 53)가 지적한 대로 이 점은 "의사가 병의 '가치중립적'인 의학적 측면과 잘 분리할 수 없는 사회적 가치관을 환자에게 불어넣을 수 있는 막강한 위치에 있다는 점에서" 특히 중요하다. 그러나 로버츠가 지적한 대로 의사가 일상의 진료를 통해 [기존의] 사회가치관을 강화할지도 모르지만 그 가치관을 반드시 의사가 창조하는 것은 아니다. 그러나 일반화시켜 보면 의료제도는 역사적으로 상당한 정도로 여성다움(womanhood)이 어떤 것인지, 그리고 여성의 적절한 사회적 역할이 어떠해야 하는지를 역설해 왔다(Elston and Doyal, 1983).

이러한 관점을 따르면서 포스터(Foster, 1989)는 의사-환자 관계에 대한 페미니스트적 비판에 등장하는 네 가지 주제를 지적한다. 첫째, 여성의 질병에 관한 의사의 진단 또는 정의는 객관적인 '사실'에 의거하기보다는 주관적인 믿음에 기반을 둔다. 포스터는 여성을 묘사하는 많은 고정관념이 지극히 의문시되는 것이라고 말한다. 예를 들어 저자는 여러 산과학 교과서에서 나온 증거를 제시하면서 "정서적으로 극히 예민한 여성은 월경의 의미를 과장하지만 균형감각이 있는 여성은 그것을 무시한다"는 주장을 인용하기도 한다(Foster, 1989: 339). 둘째, 진료시에 의사

제6장 일반인-전문가 상호작용의 사회학   187

는 여성이 맡는 사회적 역할을 강화하곤 한다. 예를 들어 의사는 여성의 일차적 역할이 현모양처라고 보기 쉽다. 셋째, 의사는 전통적인 남성가치를 강화할 뿐 아니라 여성 환자에게 남성적 가치의 영향력을 행사한다. 포스터는 의사가 '무책임한' 환자가 일단 자녀를 가지면 더이상 아이를 낳지 않도록 단종시술을 권하는 사례를 조사한 연구를 거론하면서 이 점을 예시한다. 넷째, 의료통제에 저항한 여성은 방어적이고(defensive) 적대적인 반응에 직면해야만 했다.

이 문제를 보는 페미니스트의 대응은, 사회학과 사회정책학의 여타 분야에서도 그러하듯, 크게 급진주의와 개량주의 두 가지로 나뉜다(Williams, 1989; Abbott and Wallace, 1990). 급진적 페미니스트는 현대의료가 본질적으로 가부장적이고 억압적이라고 보며 이 점은 남성이 여성의 몸을 통제해온 방식으로 증명된다고 주장한다. 이 접근방식에 의하면 만족스런 의사-환자 관계는 성차별, 인종차별, 동성애 편견이 없는 환경에서, 여성에 의한, 여성을 위한 의료가 제공될 때에만 비로소 이루어질 수 있다고 한다. 반면에 개량적 페미니스트는 현존의 [가부장적] 체제를 내부로부터 바꿀 필요가 있다고 주장한다. 예를 들어 더 많은 여성을 의사와 보건관리자로 만들고, 전문가가 환자에 대해 더욱 책임을 지도록 유도하며, 의료인이 권력과 구조적 불이익의 문제를 더 많이 인지하도록 만들자는 것이다.

급진노선은 이러한 개량노선에 대해, 단순히 여성을 의료계에 더 많이 진출시킨다 하더라도 그들이 의료제도를 안으로부터 본질적으로 변화시킬 가능성은 희박하고, 남성 의료인에 비해 여성이 크게 다르리라는 보장이 없기 때문에 별다른 효과가 없을 것이라고 반박한다. 예를 들어 포터(Porter, 1990: 193)는 산부인과의 "여자의사가 환자에게 불친절하고 성차별적인 언사를 구사하며 여성의 문제에 대해 이해심이 부족하기는 남자의사와 마찬가지"라는 사실을 발견했다.

급진론자는 전통적인 의료에 대항하여 여성에게 몸의 통제권을 더 많이 부여하는 NHS 및 자조집단의 몇몇 의료기관(Orr, 1987; Foster, 1989)이 미래의 대안모델이 될 수 있다고 지적한다. 페미니스트 철학에 뿌리를 둔 그러한 의료형태는 분명 전문가와 환자 사이의 관계에 큰 변화를 줄 것이다. 그러한 새로운 의료모형의 기초를 이루는 데에는 네 가지 요소가 있다(Ruzek, 1986; Orr, 1987; Boston Women's Collective, 1989; Foster, 1989).

첫째, 의학지식의 사회적 분포(해부학, 생리학, 의료시술 절차, 간단한 기술과 치료법)를 특정 의료전문가의 독점영역으로부터 환자와 기타 준의료전문가가 공유하는 영역으로 전환할 수 있다(Ruzek, 1986: 188).

둘째, 의료기관이 집단적이고 합의에 기반한 결정을 추진하고, 공식적인 의료인과 환자 사이의 평등한 관계를 장려하는 비위계적인 조직구조를 가진다. 환자는 자신의 진료에 충분한 지식을 가지고 참여하며 자신의 몸에 대한 결정권을 행사한다. 셋째, 여성은 [건강에 관해] 배운 지식뿐만 아니라 경험에서 우러난 지식을 가지고 있으므로 그들의 견해를 더욱 진지하게 받아들인다. '남을 돌보고 타인과 나눌 줄 아는'(Ruzek, 1986: 189) [여성의] 특성을 의료전달체계의 중추적 요소로 승화시킨다. 마지막으로 의료의 질을 평가하는 기준이 전통적인 의료의 평가기준인 의료의 질적 산출물(quality outcomes)과는 달라야 한다. 여기에서 중요한 것은 여성의 건강경험 그 자체이다.

그러나 보건의료관리자에게 대안적 의료형태의 장점을 주지시키기란 쉽지 않다. 포스터(Foster, 1989: 346)는 웰 여성진료소(Well Women Clinic)에서 근무하는 한 직원의 말을 인용한다.

오후를 통틀어 여섯 명의 환자밖에 보지 않습니다. 그러니 결과는 수술 몇 건을 실시했다는 식이 아니죠. 환자들은 이 병원에 오길 잘했고 상태가 많이 좋아졌다고 감사편지를 보내기도 하지만 보통 다른 의료기관에서 결과를 평가하는 방식은 아니지요. 우리 병원을 이용하는 여성은 아마 더 건강하고, 만족도가 높은데다(신체적 상태는 같다 하더라도), 자신이 경험하는 삶에 대응하는 능력이 더 큽니다. 이건 굉장히 긍정적인 효과라 할 만하지만 대다수 보건의료관리자에게 생소한 개념인 것만은 사실입니다. 그 사람들은 의학적 모형으로밖에는 [의료를] 볼 줄 몰라요.

가부장적 가치보다는 페미니스트 가치를 반영하는 웰 여성진료소를 발전시키려는 시도는 실제로 수많은 난관을 겪어야 했다(Craddock and Reid, 1993). 진료소를 이용하는 여성들이 주도적 역할을 하지 않고 병원이 '하향식'으로 조직된 것도 문제였다. 어쩌면 역설적이게도 여성보건운동과 영국의 우파 정부는 의료기관을 의료제공자 위주가 아니라 사용자 위주로 만들고자 한다는 점에서 공통점을 가지고 있다. 웰 여성진료소를 발전시킨 크래독과 라이드(Craddock and Reid, 1993: 75)는 "우리의 결과는 소비자 선택권과 소비자 참여, 그리고 전문가의 책임의식을 제고하려는 정부의 동기와 우연하게도 일치하였다'고 씁쓸하게 설명한다."

사회이론가인 하버마스(Habermas, 1970)는 사회적 성보다는 계급에 더 관심을 쏟지만 페미니즘에 내재된 견해는 그의 비판이론과 일맥상통한다. 하버마스는 이념과 지배(domination)가 거시적 수준의 정치와 미시적 수준의 일대일 상호작용에 모두 나타난다고 본다. 의과학은 [사실은] 이념적인 존재이며, 겉으로는 객관적인 체 하기 때문에 더욱 문제의 소지가 있다. 의사-환자의 접촉에서 이념적인 메시지는 의과학의 모습으로 전달된다. 비판이론에 따르면 그러한 지배는 '왜곡된 의사소통'을 낳는다. 즉 효율적인 의사소통과 이념적이 아닌 진실한 정보의 교환은 양자가 평등한 맥락에서만 가능하다는 것이다. 만일 한 집단이 다른 집단에 의해 억압당하면-예를 들어 성차별적인 의사가 여성을 억압하면-전달되는 정보의 신뢰성에 문제가 생기고 이념적 메시지에 오염되는 것이다. 이론적으로 보아 여성에 의한, 여성을 위한 의료기관의 평등하고 비위계적인 구조라면 왜곡되지 않은 지식과 정보를 교환할 잠재성이 생기며, 따라서 여성의 복종에 일조해온 의료제도에 진정한 대안이 될 수도 있을 것이다. 그러므로 일부 페미니스트에게는 의사소통을 원활하게 할 조건과 구조를 창출할 전략을 짜는 것이 중요한 정치적 과제로 떠오르고 있다.[50]

50) 그러나 이 견해가 모든 의학지식의 기초를 의문시하는 사회구성주의의 통찰을 감안하지 않는다는 점을 지적하는 것이 중요하다. 비판이론가들이 취하는 접근방식은 지식이 이념에 물들지만 않으면 어떤 의미에서는 '진실하다'고 가정한다.

사회적 상호작용으로서의 전문가-환자 관계: 미시적 접근

사회적 행위자 사이의 상징적 의사소통 과정은 지금까지 논한 전문가
-환자 관계에 보완적인 접근을 제공한다. 이러한 미시적 수준의 분석은
[행위의] 참여자가 자신을 나타내는 방식, 자신의 정체성을 관리하는 방
식, 그리고 권력관계가 연출되고 협상되는 방식을 드러낸다. 한편으로 행
위에 대한 구조적 제약을 인정하면서도, 상호작용론적 연구는 일대일 상
호작용에 초점을 맞춰 의료전문가와 환자 관계의 복잡미묘한 양상을 예
증한다.

스팀슨과 웹(Stimpson and Webb, 1975)은 일차진료의 맥락에서 전략
－진료를 자기가 원하는 방향으로 이끌고 통제하려는 시도－이 차지하
는 중요성을 밝혔다. 그러므로 진료의 결과는 환자의 의학적 상태뿐만
아니라 [양자간의] 협상에도 달려 있다. 환자는 예행연습을 하고, 증상의
일부만 밝히며, 어떤 정보를 배제하고, 의사의 충고를 무시하는 전략을
구사한다. 따라서 양자간의 관계는 여전히 비대칭적이긴 하지만 환자 역
시 다른 형태의 권력을 지닌다.

페이거하우와 스트라우스(Fagerhaugh and Strauss, 1977)는 『동통관리
의 정치학: 전문가-환자 상호작용(Politics of Pain Management: Staff-Pati-
ent Interaction)』이라는 저서를 통해 통증에 시달리는 환자와 병원근무자
의 상호작용에서 전문가-환자 관계가 차지하는 비중을 관찰하고, 이러
한 상호작용의 내용이 통증을 효율적으로 다스리는 데 결정적이라고 주
장한다. 그러므로 진료의 향상 및 통증의 완화에는 생물학적·심리적·임
상적 창의성이 선행되어야 하는 것이다. 이들은 **협상된** 질서(negotiated or-
der) 개념(Strauss, 1978)에 의거하여, 병원을 계속되는 협상과 재협상의
과정이 일어나는 곳으로 본다. 모든 일이 협상과 균형추구의 과정을 통
해 '성취된다(accomplished)'는 것이다. 예를 들어 직원들은 자신의 업무
와 환자의 신속한 통증완화 사이에서 균형을 추구하며, 환자는 통증을
참는 인내심과 약없이 통증을 참을 때 오는 고통 사이에서 균형을 추구
한다(Fagerhaugh and Strauss, 1977: 25). 이런 점에서 보면 진료는 정치

적 과정으로 이해된다. "환자와 병원근무자는 서로 구스르고, 말다툼을 벌이고, 설득하고, 흥정하고, 협상하고, 소리치고, 명령하고, 상황을 조작하고, 속이기도 한다"(Fagerhaugh and Strauss, 1977: 8). 그들은 또한 병원이라는 장소가 의료의 생의학적 모형을 영속화한다는 점에서 위의 과정이 이념적이라는 사실에 주의를 환기한다. 저자는 "병원조직은 만성질환의 비급성적 측면(의학적 내지 비의학적)을 다루기에는 놀랄 정도로 부적절하다"고 지적한다(Fagerhaugh and Strauss, 1977: v). 그러므로 요양소 직원과 환자간 사회적 관계의 질적 측면이 환자진료에서 중요한 부분을 차지한다.

이와 유사한 연구전통에 서서 로스(Roth, 1984)는 장기요양소 네 곳의 연구를 통해 직원-환자간의 협상이 이루어지는 유형을 검토하여 직원과 환자가 서로간에 협상능력을 높이는 상태가 무엇인지를 살펴보았다. 참여자들은 흔히 서로 상반되는 목표를 가지고 있었으며 그 목표를 달성하기 위해 다양한 유형의 전략을 채택하였다. 예를 들어 직원들은 권위있게 행동하고, [갈등이 있을 때] 외부인을 끌어들여 자기편으로 만들고, 병동관리 업무를 치료업무로 가장하며, 환자요구를 들어주면서 진료라고 둘러대기도 하고, 다른 환자를 자기편으로 만들거나 심지어 환자를 [진료소에서] 쫓아내는 전략을 구사하였다. 그러나 환자들도 협상전략을 사용함으로써 [직원의] 그러한 통제방법을 수동적으로만 받아들이지는 않았다. 예를 들어 직원의 허가없이 행동하고, 외부인의 지지를 구하고, 끈질기게 요구하며, 분통을 터뜨리거나 좋은 인상을 짓고 [상급자에게] 직접적인 요구를 하기도 하였다. 로스는 이러한 곳에서 규범은 다름아닌 일련의 '묵시적인 합의'를 재생산하는 과정이며 공개적인 충돌은 드물다는 점을 지적한다.

이러한 연구에서 드러나는 것은 전문가-환자 관계가 본질적으로 불평등하지만 양자가 모두 진료의 결과에 영향을 미칠 수 있다는 사실이다. 환자는 단순히 수동적인 의료수혜자가 아니라 진료과정의 적극적인 참여자인 것이다. 의사가 이 점을 인정할 줄 알고 환자에게 진료에 참여하도록 격려한다면 전문가와 환자 사이의 관계는 호전될 것이다. 연구에

따르면 이 과정은 생각을 나누고 교환하며, 정보를 제공하고 환자를 격
려함으로써 촉진될 수 있다. 의료의 제공자와 환자 사이의 의사소통을
개선할 필요성은 인정하지만 영국의 병원 연구에 따르면 이 목표에 도달
하려면 아직도 많은 노력이 필요하다. 의사와 환자의 의사소통을 조사한
감사위원회(Audit Commission, 1993)는 "환자와 친지가 흔히 충분한 정
보를 받지 못하며, 의사소통과정이 열악하고, 우호적이지 않은 분위기에
서 진료가 행해진다"는 사실을 발견했다(Audit Commission, 1993: 29).
이것은 환자가 흔히 마음놓고 질문을 하지 못한다는 것을 의미한다.

　　어떤 환자는 다음과 같이 말했다: "예, 질문을 할 수도 있었지만 그 때는
　생각이 잘 안 나더군요 … 반쯤 벗고 누워 있는 상태여서 - 저는 낯선 사람과
　는 이야기를 잘 못합니다."(Audit Commission, 1993: 26)

　　그러나 감사위원회는 의사에 따라서 이 점에 차이가 많으며 의사소통
을 행하는 방식이 의사의 주관적인 견해에도 많은 영향을 받는다는 사실
을 발견하였다.

진료의 의식과 형식

스코틀랜드와 미국의 외래진료소에서 의사와 소아환자 보호자 사이의
천 건이 넘는 진료를 상세히 추적한 스트롱(Strong)은 '진료의 형식적인
질서(ceremonial order)가 아주 일정하다'는 사실을 발견하였다(Strong,
1979b: 38). 형식(ceremony) 개념이란 인간관계의 사회적 형태를 일컫는
말이다. 즉 형식은 진료행위가 하나의 특징있는 사회적 사건이 되게끔
하는 일단의 규칙 또는 비유적으로 말해 의식(ritual)인 것이다. 이런 개
념으로 보면 참여자의 행위는 환경에 의해 정해질 뿐만 아니라(기능주의
의 설명에서와 같이) 일종의 원천(resourse)으로 작용하기도 한다. 스트롱
(Strong, 1979b: 13)은 사회적 역할(social role) 개념보다는 '역할형(role
format)'이라는 개념을 선호하였다. 역할형은 "행위를 완전히 좌우하는
[상위] 구조가 아니라, 어떤 문제에 봉착할 때마다 사람들이 '사용하는',
일상화되고 문화적으로 실행가능한 해결책"이다. 스트롱은 의사-환자

의 만남을 사람들이 [특별한 만남으로] 인지할 수 있도록, 또 그것에 익숙해지도록 도와주는 특정한 의식이 일상적으로 존재한다고 본다. 이러한 의식은 개인적 상호작용의 차원 이전에 존재하므로 거시적 수준의 구조와 뗄 수 없이 연관되어 있다. 그러므로 개인 행위자는 이러한 구조적 요인에 의해 제약을 받는 동시에 그 구조적 요인을 이용하기도 하는 것이다.

스트롱은 이 연구의 분석을 통해 관료형, 시혜형, 임상형, 개별형 등 네 유형의 역할형을 찾아내었다. 이러한 역할형은 여러 경우에 다양하게 나타나며 간혹 서로간의 경계가 모호해지곤 한다.

관료형(bureaucratic format)은 NHS에서 가장 흔하게 나타난다. 관료형 내에서는 의사와 보호자가 모두 정중하고 예의를 차리며 갈등을 피한다. 의사는 이상화된 어머니의 이미지로써 [보호자를] 대하고 결코 드러내놓고 비난하지 않는다. 그러나 그들의 관계는 비대칭적이다. 어머니는 '지식이 부족하다'고 으레 상정된다. "어머니를 천부적으로 자애롭고 현명하다고 이상화하는 경향은, 어머니가 의학지식으로 보아 무능하다고 이상화하는 경향과 동전의 양면을 이룬다"(Strong, 1979b: 70). 이러한 비대칭성은 임상형(clinical format)에서 더욱 잘 드러난다. 이 형에서는 의사의 전문성이 특히 강조되고, 어머니가 의사를 권위있는 전문가로 여기게끔 양자간의 상호작용이 진행된다. 의사의 권위를 인정하지 않는 어머니는 [스스로] 임상평가능력이 있다는 듯이 암시하는 것이 된다. 위의 두 형에서는 '전문가'가 능력이 있다고 가정하지만 개별형(private format)에서는 의사의 능력을 '팔아야' 한다. 이 형에 속한 의사는 자신의 경력을 늘어놓으며, 환자를 동료의사에게 의뢰할 때에는 병원의 부서를 말하는 것이 아니라 특정 의사의 이름을 거론하면서 보호자에게 자신의 능력을 과시하려 한다. 아주 예외적인 상호작용에서만 의사가 어머니의 무능을 노골적으로 드러내려 한다. 스트롱은 이것을 시혜형(charity format)이라고 불렀다. 이 경우 의사는 '성격 폭로전'을 수행하며 이것은 어머니의 잘못을 드러내기 위한 심문의 형태를 띠게 된다.

이 때 어머니는 반드시 지식이 부족하고 무능하다는 취급을 받는다.

의사는 심문과 대화통제 등의 전술을 써서 어머니의 무능을 폭로할 수 있다. 다음은 스트롱(Strong, 1979b: 43)의 연구에 나오는 예로서 기저귀 발진(nappy rash)이 문제가 된 경우이다.

> 의사: 기저귀 빨래를 뭘로 하시지요?
> 어머니: 아이보리 비누를 씁니다.
> 의사: 왜 아이보리 비누를 쓰시죠?
> 어머니: 음, 세제보다 더 부드럽게 빨 수 있을 것 같아서요.
> 의사: 아이보리 비누를 쓰면 기저귀가 부드러워지는지 어떻게 아세요?
> 어머니: (어깨를 움추리며) 음 … (자기 친정 어머니와 광고에 대해 중얼거린다).
> 의사: 선전에 나온다고 다 믿으면 안 됩니다. 그건 장사에요. 장사는 장사꾼들 일이고 당신 일은 아이가 아닌가요?

그런 후 의사는 두드러기의 원인이 아기 오줌의 암모니아 성분 때문이라고 설명하고 아이보리 비누는 너무 약하다고 말한다.

> 어머니: 그래서 빨래할 때 식초를 좀 탔습니다.
> 의사: (놀란 목소리로) 왜 그랬습니까?
> 어머니: 음, 누가 그렇게 하라고 해서요.
> 의사: 누가 시키던가요?
> 어머니: 음, 어머니가요.
> 의사: 식초를 타면 어떤 차이가 있지요?
> 어머니: 음 …, 어머니 말씀으론 … 제 생각엔 … .
> 의사: 아무 짝에도 소용없는 일이에요.

그리고 나서 의사는 화학작용을 설명해 주었다.

의사는 자신의 권위와 지식을 내세울 뿐만 아니라 오직 어머니만이 자기 아이에게 가장 잘해줄 수 있다는 생각을 강화시킨다. 여기에는 비누 회사와 할머니가 이 일에 개입하려들지 모르지만 오직 어머니와 의사만이 아이를 제일 잘 돌볼 수 있다는 의미가 담겨 있다.

진료의 전과정을 통제하려는 의사의 권위는 모든 진료에서 나타나는 주제이다. "의사의 진료통제는 조직적이고, 광범위하며 거의 무소불위에 가깝다"(Strong, 1979b: 129). 의사의 통제는 갖가지 양태로 나타난다. 예를 들어 의사는 보호자의 말에 끼어들고 대화를 중간에 끊곤 하였다. 또한 의사는 [대화중] 무엇을 쓴다거나 원내생 또는 직원과 얘기를 나누고, 아이를 통해 보호자에게 이야기하고, 보호자에게 아이가 의사의 말을 잘 듣게끔 하라고 강조하며, 대화를 질문-응답식으로 이끌어가면서, 정보를 요구하긴 하나 그 이유는 설명하지 않는 등 배타적인 행동을 하는 것이었다.

하지만 보호자가 언제나 수동적이지는 않다. 그들이 의사의 권위에 도전한다면 의사-환자 상호작용의 의식적 기초(ritual bases)에 도전하는 셈이 되며, 실로 '사회적 조우의 전체질서'을 위협하게 된다. 직접적인 충돌은 매우 드문 일이며 만일 일어나는 경우에는 격앙된 감정의 교환을 각오해야만 한다. 다음은 한 어머니가 약의 부작용에 대해 잘못된 설명을 들었다고 생각해서 언쟁이 벌어진 경우이다.

어머니: 애가 금요일부터 두통이 있더니 토요일 하루 종일 아팠고 일요일에도 종일 아팠고 월요일엔 학교도 못 갔습니다.…
의사: 음, 제 생각엔 약 때문에 그런 것 같진 않습니다만.
어머니: 헤이스팅스 의사(가정의)는 그렇다고 하던데요.
의사: 음, 저는 그렇게 생각하지 않습니다.
어머니: 그게 다 약의 부작용 때문이 아닌가요?
의사: 글쎄요…
어머니: …애에게 그 약을 주시다니, 제대로 알아보는 건데.…
의사: 글쎄요…
어머니: 약국에서 설명서를 읽어 봤다구요. 그 약이 흥분제라고 분명히 나와 있었어요.
의사: (언성을 높이면서) 압니다, 그렇다면 그 약이 성인에게만 흥분제로 작용한다는 것도 읽으셨겠지요.
어머니: 약국에서 읽을 땐 그냥 흥분제로만 나와 있었어요.
의사: 그게 아닐 겁니다.
어머니: 글쎄요, 헤이스팅스 의사에게 전화를 하니 굉장히 놀라더군요. … 약의 부작용 말고 다른 이유가 있을 수 없어요. …의심할 여지가 없잖

아요. …이제 다시는 그렇게 안할 거에요. …헤이스팅스 의사도 다른 이유가 없다고 하더군요.

의사는 달래는 투는 아니지만 권위적인 태도로 위신을 되찾은 뒤 상황을 다시 장악하였다. 의사는 역설적으로 자기 권위를 제발 믿어달라는 주문을 하면서 진료를 계속하였고 어머니도 최소한 겉으로는 다시 그 의사를 '적합한 전문가'로 대우하기 시작하였다.

> 의사: 로기 부인, 제 생각으론 말입니다, 이 병은 그 약(처방약)과는 상관이 없어요. 그 약은 어린이에겐 그런 작용을 하지 않습니다.
> 어머니: 그렇다면 열이나 목 아픈 부작용이 없단 말이지요?
> 의사: 그렇습니다.

천 건의 진료 중 오직 네 건만이 직접적인 충돌로 끝났다. 따라서 진료의 맥락에서 일반인이 도전을 한다 하더라도 의사는 권위를 유지할 자원—지위, 교육 등—을 이용할 수 있는 것이다. 의사권위의 원천이 의심할 나위 없이 사회구조로부터 나오긴 하지만, 사회적 상호작용의 미묘한 수준에서 유지되고 강화되기도 한다. 이런 의미에서 민속방법론자가 말하듯 의사의 권위는 '성취'되는 것이라 할 수 있다.

의사-환자 관계의 성취

언어 및 비언어(non-verbal)로 행하는 상호작용의 사회적 조직은 민속방법론의 한 분야인 대화분석(CA, Conversational Analysis)의 영역에 속한다. 이 시각으로 보면 진료는 상호작용의 모든 참여자가 창조하고 유지하는 상호작용적 성취(interactional accomplishment)라 할 수 있다. 언어와 비언어 상호작용이 모두 검토대상이며, 한 연구에 의하면 이 양자 간에 관계가 있음이 밝혀졌다. 히스(Heath, 1984)는 가정의의 진료장면을 기록한 비디오를 분석하여 몸짓이 상호작용의 성격과 수준에 연관되어 있음을 발견했다. 예를 들어 의사가 환자에게 시선을 주면 환자 쪽에서 말을 시작하는 경우가 많았다. 반대로 의사가 몸을 돌리면 환자는 말을 멈추거나 대화를 중단하였다. 효율적인 의사소통 문제를 제기하면서 히스는 의사가 진료의 상호작용을 이해해야만 의사-환자 관계가 개선될 수 있을 것이라고 시사하였다.

히스가 상호작용 그 자체에만 초점을 맞춘 반면, 웨스트(West, 1984)는 진료 참여자의 사회적 정체성과 관련해서 상호작용을 검토함으로써 대화분석이 권력과 사회구조의 차원을 다루지 않는다는 [거시적 방법론자의] 전통적인 비판을 극복하였다. 웨스트는 대화가 구성되는 양상에 주목해서 의사-환자 상호작용을 실증적으로 분석하였다. 대화의 사회적 구성(social organization)은 말하는 사람의 사회적 지위에 따라 조직적으로 달라진다. 예를 들어 자연스런 환경에서 남자와 여자의 상호작용을 다룬 연구에 따르면 [대화] 중간개입의 95퍼센트가 남성에 의해 이루어졌다(Zimmerman and West, 1976). 이와 유사하게 의사-환자 상호작용을 연구한 웨스트(West, 1984)는 총 188건의 중간개입에서 의사가 주도한 것이 67퍼센트, 환자가 주도한 것이 33퍼센트였다고 밝힌다. 더욱이 의사의 중간개입은 환자의 나이, 민족, 사회적 성 그리고 의사의 사회적 성에 따라 편차를 보였다. 웨스트가 연구한 표본이 매우 작아(14명의 남자 환자, 4명의 여자 환자) 일반화하기가 어렵기는 하지만, 이 연구에 의하면 전문적 지위보다도 사회적 성이 더 강력한 영향력을 가지는 것이 분명하다.

의사-환자 상호작용의 불평등한 성격을 보다 더 잘 보여주는 예로서 질문의 양태를 들 수 있다. 전체 상호작용을 통틀어 773건의 질문 중 91퍼센트는 의사가 던진 것이었다. 게다가 환자가 제기한 질문은 '보류되었다(dispreferred).' 보류란 대화분석의 기술적 용어로서 주고받는 대화의 연결과 차례가 구조적으로 지연되는 현상을 말한다. 이러한 점에서 보면 환자 자신이 대화의 구성방식을 통해 의사와 비대칭적 관계를 맺는데 일조한다. 사실 환자가 얘기를 시작할 때에는 일종의 담화 장애현상이 나타났다. "간단히 말해, 환자는 질문을 위해 '입을 떼는' 것 자체가 힘드는 것 같다"(West, 1984: 89). 환자가 직설적인 질문을 하는 경우는 드물지만 웨스트(West, 1984: 99)가 말한 대로 환자는 '조건적으로(conditionally) 적절한 질문'을 하는 경향이 높다. 조건적 질문이란 직접적인 대답을 요구하지 않는, 질문 비슷한 말을 뜻한다. 예를 들어 의사가 직전에 말한 내용을 '보충' 내지 '확인'하거나, 의사의 말에 '놀라는' 표시를 하는 것 등이다. 이 관점에서 보았을 때, 양자의 관계가 비대칭적이기는 하지만 그것은 의사와 환자가 함께 창조하고 유지하는 것이라 할 수 있다. 따라서 대화의 상호작용 차원에서조차 환자는 단순히 피동적인 존재가 아니라 구조적인 불평등관계를 성립하는 데 일조하는지도 모른다.

정서노동과 보건의료 업무

지금까지 비교적 형식을 갖춘 진료상황에서 벌어지는 의사와 환자의 상호작용을 주로 살펴보았다. 만일 이같은 의사-환자 상호작용 형태에만 초점을 맞추면 공식적 의료의 한 핵심 요소인 상당한 양의 정서노동 (emotional labour)과 간호를 간과할지도 모른다. 누구나 병들고 고통 중에 있거나 낯선 환경 속에서 앞으로 닥칠 일을 두려워하고 있을 때에는 도움과 위안을 원할 것이다. 이것은 분명 의료의 중추적 기능인데도 불구하고 이같은 일은 의료제도의 서열에서 '한참 아래에 있는' 사람들이 맡아서 하기 일쑤이다. 정서노동과 관련된 기술과 기능은 흔히 그 중요성을 인정받지 못하고 대수롭지 않게 여겨진다.

호스피스(hospice)[51] 운동을 연구한 제임스(James, 1989)는 그 업무의 상당한 부분이 정서노동임을 밝힌다. 정서노동은 여성의 일이라고 여겨지고 사실상 주로 여성이 수행한다. 정서노동은 유연해야 하며 타인의 요구에 민감하게 반응할 수 있어야 한다. 제임스는 정서노동이 효과적이려면 다음과 같은 점을 갖춰야 한다고 주장한다. 즉 타인의 욕구를 이해

---

51) 호스피스는 원래 여행객과 순례자를 위해 종교단체가 운영한 안식처를 뜻하였다. 현대적 의미로는 임종이 가까운 사람을 간호하고 보살피는 병원 또는 요양소를 가리키며 1842년 프랑스, 1879년 아일랜드에서 각각 개원한 호스피스가 그 효시이다. 그러나 진정한 의미의 현대적 호스피스운동은 말기 환자를 과학적으로 간호하고 고통을 경감시킬 연구를 목적으로 1967년 런던에서 문을 연 세인트 크리스토퍼 호스피스(St. Christopher's Hospice)에서 비롯되었다고 볼 수 있다[Saunders, C. (1994), "Death, dying, and the hospice movement," in Walton, J., Barondess, J. A., and Lock, S. (eds), *The Oxford Medical Companion*, Oxford: Oxford University Press, pp.180-183]. ─역주

하고 해석할 수 있는 능력, 이러한 욕구에 개인적으로 반응할 수 있는 능력, 자기 혼자인 개인과 집단에 속한 존재로서의 개인 사이의 섬세한 균형을 끊임없이 맞출 수 있는 능력, 일 속도를 조절할 수 있는 능력, 그리고 타인의 욕구를 고려할 수 있는 능력 등이 그것이다.

남성 전문가는 흔히 '정서 관리자(emotional manager)'의 업무를 관장하는 반면 실제 일은 여성이 하게 된다. 제임스가 조사한 호스피스에서는 남성 의료부장이 '총체적 간호'를 지휘하였지만 병자에게 임종이 가까웠음을 알리는 따위의 어려운 정서노동은 여의사에게 맡겨졌다. 어쩌면 더욱 중요한 점은 그러한 말을 전하고 난 후 며칠 또는 몇 주씩 지속되는 충격의 여파이며 이것을 관리하는 일은 환자와 가장 가까운 여성 간호보조원의 몫이라는 사실이다. 간호사들은 제임스에게 나이 지긋한 간호보조원의 역할이 특히 중요하다고 진술하였다. 왜냐하면 간호보조원이야말로 환자의 걱정을 이해하는 데 핵심적인 역할을 했기 때문이다.

이 연구는 의사-환자 상호작용과 관련해서 의료의 정서적인 측면이 간혹 배제되거나 경시되는 사실을 부각시킨다. 정서적 기술은 기능적 기술만큼 대접받지 못하는 것 같으며, 흔히 조직서열이 낮은 사람이 수행하곤 한다. 이것은 의료시술의 중요한 한계라고 연구자와 일반인에 의해 지적받아왔다. 이 점은 의료의 모든 분야에 의사의 관여가 과연 적절한가하는 논쟁과 맞물려 있다. 출산 영역처럼 불필요하게 의료화된 의료분야에서 이 점이 특히 두드러진다(2장을 보라).

의료화: 출산

출산의 경험과 결과를 보는 시각은 여성과 산과의사 사이에 큰 차이가 있다. 여성과 의료전문가는 출산에 관해 서로 질적으로 다른 견해와 경험을 가진다고 한다. 그레이엄과 오클리(Graham and Oakley, 1986)는 여성과 의사가 갖는 상이한 **준거틀**(frames of reference)을 묘사하였다. 준거틀이란 어머니와 의사가 임신을 바라보는 관념, 즉 가치관과 태도의 틀을 지칭한다.

준거틀의 세 가지 핵심적 양상은 다음과 같다. 첫째, '의사가 제일 잘 안다'는 태도, 즉 출산이란 의사만이 전문가가 될 수 있는 특별한 분야라는 생각이다. 이 점은 의사와 여성의 대화에서 잘 드러난다. 흔히 여성의 말보다 진료기록부를 더 믿는 일도 생긴다.

> 의사: 현재 몇 주째입니까?
> 환자: 26주 반 됐습니다.
> 의사: [진료기록부를 보면서] 20주 되셨는데요.
> 환자: 아닙니다. 26주 반이에요.
> 의사: 그럴 리가 없습니다.
> 환자: 맞아요, 초음파 기록을 보세요.
> 의사: 초음파 검사를 언제 받으셨죠?
> 환자: 오늘이요.
> 의사: 오늘 받으셨어요?
> 환자: 예.
> 의사: [검사 기록을 읽는다] 아, 예. 26주 반, 맞습니다.
> (Graham and Oakley, 1986: 106-7)

준거틀의 두번째 측면은 의료화과정이며, 오클리는 의료화가 의학적 증거가 없음에도 불구하고 진행되었다고 주장한다. 전체 출산의 95퍼센트가 정상인데도 마치 질병처럼 취급되고 산모는 환자대우를 받는다. 출산의 전 과정이 검사, 선별검사, 초음파검사, 감시 등등 기술적인 절차로 가득 차 있다. 준거틀의 세번째 차원은 여성이 환자로 둔갑하고 출산이 분만관리로 지칭되는 것이다. 출산의 산출물(outcomes) 또는 '성공률'을 보는 태도 또한 여성과 의사 사이에 차이가 난다. 의사에게는 사망률통계가 가장 중요한 성공지표인 반면, 여성에게는 분만 그 자체의 경험과 분만이 정체성에 미치는 영향이 의미를 지닌다(Smith, 1992).

출산에 대해 사회과학계 안팎에서 나온 중요한 비판을 오클리(Oakley, 1993)는 다음과 같이 요약한다.

1. 임신과 출산은 질병이 아니다

2. 여성도 인간이다
3. 산과학은 과학적이어야 한다
4. 좋은 출산관리의 목표는 [의료지표가 아닌] 행복이다.

가정출산과 병원출산을 둘러싸고 계속되는 논쟁이 이러한 상이한 준거틀의 생생한 보기이다(Campbell and MacFarlane, 1990). 분만이 자연적인 과정임에도 불구하고 모든 어린이의 98퍼센트가 병원에서 태어난다(OPCS, 1992). 의사가 [여성에 대한] 통제권을 행사하고, 여성이 자기 환경을 통제하지 못하며, 간호와 보살핌이 아닌 개입을 하는 것이 바로 이러한 의료조직의 맥락에서이다. 이 사실은 이제 공식적으로 인정되고 있으며, 의회의 모성보호에 관한 사회복지 소위원회(Winterton Report, 1992)는 여성이 분만장소를 직접 선택할 수 있어야 한다고 제안하기에 이르렀다. 따라서 의료인에 의한 통제로부터 일반인에 의한 통제로 변화가 오고 있음을 알 수 있다. 모성보호에 관한 전문가 모임(Expert Group on Maternity Care, 1993: 9)은 다음과 같이 지적하였다.

　　모성보호의 초점을 여성에 맞춰야 한다. 산모는 현재 주위에서 일어나는 일을 자신이 통제한다고 느낄 수 있어야 하며, 전문가와 충분한 상의를 거친 후 자신의 욕구에 근거해 모성보호에 관한 결정을 내릴 수 있어야 한다.

그러나 이러한 접근방식의 변화가 쉬운 것만은 아니며 의료전문직의 일부는 변화에 저항하고 있다(Mihill, 1993).

분만장소의 변화가 전문가-환자 상호작용의 성격에 영향을 주기도 할 것이다. 예를 들어 가정출산의 경우 조산사는 더 많은 자율성을 가질 것이며 따라서 자기가 담당한 산모와 더욱 지속적인 접촉이 가능할 것이다. 오클리(Oakley, 1993)에 따르면 조산사는 훈련과정과 경험을 통해 정서노동에 더욱 익숙한 것으로 보인다.

　　산과의사의 전체 이념과 전문교육은 비정상적인 것의 통제를 지향하는 반면, 조산사의 이념과 교육은 정상적인 여성을 도와주려는 것이다. … 모든 임산부를 마치 곧 비정상적이 될 것 같은 존재로 취급함으로써 산과의사는 [정상적인 산모도] 비정상적으로 만들려는 경향이 있다. 반면에 임신한 여성을 정상적인 존재로 간주하면 그런 방향으로 나아가게 될 것이다. … 조산사는 정보제공과 자신감의 배양을 통해 직·간접적으로 정상적인 산모가 자신의 출산운명을 통제하도록 격려한다. 출산이 기술의 지배를 받을 때에는 그러한 통제권이 불가능하지는 않겠지만 상당히 어려울 것이다.(Oakley, 1993: 76)

출산과정에서 여성을 배제한 것은 의료의 다른 분야에도 영향을 미쳤다. 그러나 오늘날에는 환자, 또는 일반인이 공식적 의료제도에 더욱 적극적으로 관여해야 한다는 인식이 자리를 잡아가고 있다. 모든 의료전문가의 교육과정이 이 점을 강조하는 방향으로 개편되었다. 또한 전문가는 자기 환자를 임상적이고 병리적인 객체가 아닌 적극적인 참여자로 보게끔 유도되고 있다.

전문가-환자 관계와 사회적 담론

이 장을 통해 우리는 환자의 영향력이 미세하고 은밀하긴 하지만 그들이 의료를 단순히 수동적으로 받아들이지만은 않고 능동적으로 또 적극적으로 진료과정에 개입한다는 것을 알아보았다. 진보적인 의료개혁가들(Balint, 1956; Byrne and Long, 1976)과 사회과학자들은 오랫동안 환자가 진료와 의료제도에 더욱 개입해야 한다고 생각해 왔다. 게다가 지난 수십 년 사이 이런 경향이 심화되었고 전문가-환자 상호작용의 내용과 구조도 변화한 것으로 보인다.

많은 사회학자들이 푸코적 분석틀을 직접 받아들여 변화하는 전문가-환자 관계의 기초를 해석하였다(Armstrong, 1979; 1984; Arney and Bergen, 1984; Silverman, 1987). 이들은 전문가-환자 상호작용의 권력관계가 이제는 주권적 권력보다는 감시적 권력의 개념으로 재구성되었다고 주장하였다(5장을 보라). 다시 말해 오늘날의 의사는 환자에게 노골적이고 이념적인 통제를 덜 행사하며 덜 억압적인 접근방식을 쓴다. 오

히려 의사는 환자가 자기 의견을 드러내고, 자신의 건강에 더욱 책임을
지고 치료방향에 관해 스스로 결정을 내리도록 유도한다.

의사와 환자의 만남을 연구한 아니와 버겐(Arney and Bergen, 1984)
은 1950년 이후 양자의 관계가 상당히 변화했다고 결론지었다. 이들은
의료의 두 가지 이미지를 통해 자신의 주장을 편다. 첫째, 해부학 실습의
이미지는 사체의 절개를 묘사하고 의학의 '진리'가 해부학적 틀 안에서
발견될 것이라고 시사한다. 이 맥락에서 질환은 병리적 영역내에 위치한
독립된 존재가 된다. 두번째 이미지는 산 사람의 이미지이며 사체와 겹
쳐 보인다. 이 살아 있는 '이미지'는 의료의 새로운 초점, 즉 삶을 대변한
다. 의학적 진리는 이제 더이상 과감하게 절개를 행하던 사체 속에 있지
않고 말하는 환자의 언어 속에 있다. 아니와 버겐은 다음과 같이 주장한
다(Arney and Bergen, 1984: 169).

> 의학 자체의 논리가 바뀌면서, 의학이 침묵하는 환자를 위해 발언해준다는
> 교만한 논리를 포기하고 환자와 대화하게끔 요청받고 있다. 의사와 환자는
> [감시적] 권력이 지배하는 환경 속에서 하나의 공통언어로 대화하도록 촉구
> 된다.

이 두 가지 이미지는 아직도 우리에게 익숙하다. 실버먼(Silverman,
1987: 201)이 지적하였듯이 아니와 버겐은 '모든 경우에 타당한 설명이
아니라 [전반적인] 변화의 방향'에 주목한다. 환자중심의 의료를 주창하
는 사람들은 많은 저항을 받고 있다. 이것은 여성이 중심이 된 가정내 모
성보호를 지지한 최근의 공식보고서에 왕립산부인과학회가 비판적인 반
응을 보인 것으로도 입증된다. 또한 이것은 1980년대 중반 일부 산과의
사들이 여성중심의 출산을 장려한 웬디 새비지(Wendy Savage)라는 여의
사를 처벌하려 한 사례를 보아도 알 수 있다(Savage, 1986; Silverman,
1987: 201).

환자의 견해가 중요하다는 생각은 두 가지 의학적 담론에서 비롯되었
다(Armstrong, 1984; Silverman, 1987: 200; Nettleton, 1992). 첫째, 정
신병 및 심신성(psychosomatic) 질환의 발견으로 의학적 담론내에서 사람

들의 감정과 느낌의 중요성이 제고되었다. 둘째, 이와 비슷한 시기인 1950년대 초 역학이 사망률과 이환율의 사회적 원인에 초점을 맞추기 시작하면서 건강, 질병과 사회적 환경 사이에 관련성이 있음을 인정하게 되었다. 따라서 환자의 감정과 환경이 그 사람의 질병, 진단 및 예후의 한 부분으로 자리잡게 되었고 전문가-환자 상호작용의 결정적인 요소가 된 것이다. 이것을 게르하르트(Gerhardt, 1989: 325)는 다음과 같이 요약한다.

> 오늘날 환자는 고통을 느끼고 만족을 경험하는 인간으로서 중요하게 여겨진다. 즉 과거에 의사의 시술 자체로만 보아서는 별 문제가 되지 않던 [수동적인] 존재가 아니라 자기 자신의 전일적인 모습을 가진 인간으로 보아야 하는 것이다. 따라서 환자가 의료를 받아들이고 경험하는 방식까지 고려하는 인간화된 의료를 의사의 진료에 포함함으로써 결과적으로 의료통제에 속하는 영역이 대단히 넓어지게 되었다.

의료인을 면접한 연구를 살펴보면 위의 주장이 사실임을 알 수 있다. 예를 들어 메이(May, 1992)는 종합병원에 근무하는 간호사가 환자의 임상적 측면뿐만 아니라 사회적 측면에 관해서도 파악하려 애쓰고 이것을 통해 개개환자에 대한 간호업무를 수정할 수 있다는 사실을 발견했다. 만족스런 간호사-환자 관계를 발전시키는 데 필요한 정보의 유형을 조사한 메이는 간호사들이 환자의 가족관계, 일상생활, 가족과 친지, 환자의 염려와 걱정 등을 알고자 한다는 사실을 발견했다. 치과의사의 연구에서도 그들이 환자의 가정생활에 관한 정보를 원하고 이 정보에 의거해서 적절한 예방과 치료법을 결정한다는 것이 밝혀졌다(Nettleton, 1992: 53). 어떤 치과의사는 다음과 같이 말했다.

> 저는 환자의 사회사라고나 할까, 예를 들어 형제가 있는지, 어디에 사는지, 학교는 어떻게 다니는지 등을 알려고 합니다. 그리고 나서 보호자에게 애기를 시작하죠. 사탕을 얼마나 자주 먹이는가요? 그러면 보호자는 "별로 안먹이는데요"라고 하죠. 그런 후 저는 애들이 실제로 사탕을 어느 정도 먹는가 애기를 끌어내죠, 애들은 모두 단것을 즐기고 저 자신도 좋아한다는 식으로

말이에요, 좀 인간적으로 접근하는 거지요.

따라서 한 치과의사가 지적했듯이 오늘날의 의사는 "사실은 사적인 문제이지만 환자의 생활을 이모저모 모두 감안해야 한다."

이런 맥락에서 나타나는 의사의 영향력은, 앞서 논하였듯이 의사-환자 상호작용을 이념적 관계를 영속화하는 의료적 지배의 장소로 파악하는 의사마르크스주의 또는 구조적인 시각의 권력개념과는 다른 것이다. 여기서 말하는 권력은 건강과 의료의 담론, 즉 언어와 언어에 부수된 활동과 관행을 가리킨다. 의료의 대상을 만들어내는 것은 바로 이러한 [담론적] 활동인 것이다. 즉 한때에는 환자의 병리적 해부학이 의료의 대상이었지만 이제는 사회적 맥락 속에 자리잡은 능동적인 인간이 의료의 대상이 되었다. 물론 의료전문가, 사회과학자와 환자의 담론은 서로 연결되어 있다. 이들간의 활발한 관계가 지금까지 논한 변화를 촉진한다. 암스트롱(Armstrong)은 비유를 써서 이 점을 설명한다. 그는 슈퍼마켓의 고객과 계산원 사이의 일견 정상적인 관계를 거론한다.

> 지금까지는 양자가 자신의 역할을 잘 규정해왔다고 볼 수 있다. 그들의 상호작용은 보통 최소한에 그치며 어느 쪽도 의미의 오해나 서로간의 불만을 협상해야 한다고 생각지는 않는다. 그런데 갑자기 이 관계를 연구할 수 있는 거액의 연구비가 나왔다고 가정해 보라. 고객과 점원은 연구자에게 자기 느낌을 전하기 위해 그 관계를 곰곰히 생각해보기 시작할 것이다. 마음 속의 생각을 드러내도록 하고 오해가 있는 부분을 새롭게 조명하려고 할 것이다. 이렇게 되면 이제까지 기계적이었던 관계-쇼핑봉지와 계산대 사이의-가 새삼 문제있는 관계로 변할 것이다. 고객이 계산원의 개인적인 의미에 대응하려는 것처럼 계산원도 계산대의 일부가 아니라 스스로 '온전한 한 인간'으로 변할 것이다.(Armstrong, 1983b: 458)

그러므로 우리는 사회연구가 인간관계의 변화를 파악하기도 하고 그 변화를 촉진하기도 한다는 것을 알 수 있다. 전문가-환자 관계에 대한 이러한 '전일적인(holistic)'-전체적인 인간을 염두에 두는- 접근은, 의료인과 보건직종사자가 인간의 삶에 더욱 더 합법적으로 침투할 수도 있

다는 우려를 낳는다. 의료의 감시가 총체화되는(totalizing) 것이다. 우리
는 앞에서도 의료화의 비판에 내재된 역설을 거론한 바 있다. 다시 강조
하지만, 만일 의료가 건강과 질병의 사회적 측면까지 고려에 넣으면 의
료제국주의라는 비판을 받으며, 그렇게 하지 않으면 의료환원주의(medi-
cal reductionism)라는 비난을 면치 못한다. 따라서 인도적이고 전일적인
의료가 동시에 의료적 권력과 감시의 손길을 뻗친다는 비판을 받을 수
있다. 그러나 푸코 류의 감시개념은 의료화개념과는 다른 권력개념에 근
거하고 있다. 후자의 경우 권위적인 위치에 있는 사람의 권력이 억압적
이고 통제적인 데 반해, 전자의 권력개념은 더욱 유연하고 생산적인 것
이라 볼 수 있다.52) 그러므로 양자간의 공통점은 적다. 따라서 푸코 식의
전문가-환자 상호관계 해석은 보통사람의 사회생활과 감정을 감시하면
할수록 그에 따라 저항의 정도도 커진다는 점을 일깨워준다.

　블로어와 매킨토시(Bloor and McIntosh, 1990)는 특수분야 치료사와
보건전문가의 세계를 통해 저항의 전략을 실증적으로 연구하였다. 고객
또는 환자는 어떤 정보를 밝히고 숨길 것인지, 권고를 따를 것인지 말 것
인지, 단편적인 정보만 제공할 것인지 전문가가 '듣고 싶어하는 것'만 이
야기할 것인지 등등을 선택할 수 있다. 한 어머니는 보건요원에 대해 다
음과 같이 말하였다. "그저 당신 말이 맞다고 맞장구쳐 주고 저는 제 할
일을 하지요. 날마다 오는 것도 아니잖아요"(Bloor and McIntosh, 1990:
174). 이와 비슷하게 다른 어머니는 또 이런 말도 하였다.

　　그 사람들 듣기 좋게 얘기하지요. 만일 애가 2주밖에 안됐는데 밥을 먹인
　다는 걸 알면 화를 내겠죠. 그런 얘기는 절대 안해요. 펄쩍 뛸지도 모르는데
　요. 그저 "천만에요, 젖만 먹여요"라고 말하죠.(Bloor and McIntosh, 1990:
　176)

위에서 우리는 환자가 자기 목표를 달성하기 위해 채택하는 전략을 사
회학자가 어떻게 관찰하는지를 논하였다. 그러나 블로어와 매킨토시는

---

52) 본서의 초판에는 이 문장의 '전자'와 '후자'가 바뀌어져 있다(p. 158). 저자의
　　동의를 얻어 바로 잡았다. ─역주

새로운 분석틀내에서 전문가-고객 관계를 분석·통찰한다. 그들은 다음과 같은 사실에 주의를 환기시킨다. 즉 저항은 "그 자체로서 고려할 수는 없다. 권력이 저항을 부른다. 권력이 저항을 창조하는 듯한 감마저 든다 ―저항은 그 자체가 감시적 관계의 한 부분이다"(Bloor and McIntosh, 1990: 180). 이러한 접근은 미시적 수준에서 관찰한 전략과 협상이 전체 사회의 변화로서 이해될 수 있고 또한 사회변화에 기여할 수도 있음을 일깨워준다. 예를 들어 전문가-일반인 상호작용의 변화는 생의학에 대한 신뢰의 퇴조(Bakx, 1991), '전문가' 지식에 대한 점증하는 회의, 그리고 소비자지향 문화의 형성과 같은 사회변화를 반영하는 것이다.

결론

일반인과 공식적 의료전문가의 접촉은 건강과 질병의 사회학내에서 중추적인 연구대상이다. 대다수 사람들은 이러한 만남의 상호작용을 통해 의료제도와 만난다. 거시적·미시적 수준의 분석통합을 통해서만 이러한 만남을 바르게 이해할 수 있다. 일상의 미세한 접촉은 그 접촉이 일어나는 사회구조적·문화적 맥락에서 적절하게 이해할 수 있다. 이제까지 문헌에 나타난 전문가-고객 관계의 특성을 알아보았다. 즉 비대칭적 성격, 이념적 잠재력, 진료결정의 참여자(의사와 환자)가 대개는 비공개적인 전략을, 아주 드물게 공개적인 전략을 채택하는 경향 등이 그것이다. 지난 수십 년 사이 이러한 상호작용에 일반인의 영향이 증가된 점이 인정되었으며 그들의 참여가 증가했다는 사실도 제시되었다. 환자 또는 일반인의 역할이 증가한 것은 전문가와 의과학의 보편적인 개념에 대한 신뢰상실을 상징할지도 모른다. 소비자선택의 가치와 소비자주의의 가치(9장을 보라)를 주창하는 이념적 변화 때문에 일반인의 견해가 더욱 타당하다고 여겨지게 된 점도 있다.

제7장
사회적 불평등과 건강상태

서론

건강의 사회적 불평등은 오랫동안 인정되어 왔다. 19세기 중엽에 실시된 '노동계급'에 관한 연구에서 가난한 사람이 부자에 비해 병에 걸리기 쉽다는 사실이 밝혀지기 시작했다. 1990년대에도 상황은 크게 다르지 않다. 빈곤층은 부유층보다 수명이 짧다. 가난한 사람은 '치명적인' 질환을 앓을 가능성이 더 높다. 또한 이들은 만성질환에 걸릴 가능성도 더 크다. 20세기 들어 영국인의 평균수명은 1901년 남성 45.5세, 여성 49세에서 1993년에는 남성 74세, 여성 79세로 증가하였다(CSO, 1994). 그러나 전반적인 평균수명이 증가했다고 해서 부유층과 빈곤층간의 사망률 격차가 줄었다고 생각해서는 안된다(Wilkinson, 1989). 전체적으로 보아 건강의 절대치는 늘어났다고 할 수 있다. 그러나 부자와 상대적으로 가난한 사람의 사망률과 이환율의 격차 역시 증가했으며 이 경향은 특히 1980년대 초부터 현저하게 나타났다(Davey Smith and Egger, 1993).[53]

---

53) 이것은 영국의 상황을 말한다. 건강의 사회·경제적 결정론을 지지하는 학자들은 1980년대 들어 영국의 빈부격차가 더욱 심화되었고 이 경향이 계급간의 건강불평등에도 직접적으로 영향을 미쳤다고 본다[Davey Smith, G., Bartley, M. and Blane, D. (1990), "The Black report on socioeconomic inequalities in health 10 years on," *BMJ*, 301: 373-377]. 그러나 이런 접근이 학문적 분석이라기보다는 정치적 주장에 가깝고, 이질적인 집단인 사회계급을 건강상태의 분석단위로 사용하는데에 무리가 있다는 견해도 있다. 이 논쟁에 관해서는 다음을 보라[Klein, R. (1991), "Making sense of inequalities: A response to Peter Town-

건강불평등에 관한 문헌적 증거는 많다. 예를 들어 1986년 사회계급 IV(반숙련 육체노동자)와 V(미숙련 육체노동자) 부모에게서 태어난 아동은 사회계급 I(전문직)과 II(중간관리직)에 속한 아동에 비해 생후 1주내에 사망할 확률이 148퍼센트나 되었다(Whitehead, 1987). 이스트 앵글리아 지역의 신생아가 생후 1년내 사망할 가능성이 천명당 6.1명인 데 반해 웨스트 미들랜드 지역은 천명당 8.7명에 달한다(CSO, 1993a). 사회계급 V인 성인의 사망률은 사회계급 I에 비해 약 두 배나 높다(OPCS, 1986). 이환율도 마찬가지이다. 1989년과 1990년 사이 전문직의 만성질환 이환율이 천명당 291명이었는 데 반해 미숙련 노동자의 이환율은 천명당 478명이었다(CSO, 1992).

따라서 건강과 사회·경제적 환경 사이에 어떤 관련성이 있는 것은 분명하다. 그러나 이 관련성의 본질이 과연 무엇이냐를 놓고 논의가 활발하며 이것이 '건강불평등 논쟁'의 핵심을 이룬다. 이 논쟁은 두 가지 쟁점에 주로 초점을 맞춘다. 첫째는 건강과 사회적 환경에 관한 자료를 유효적절하게 측정하고 해석하는 방법을 둘러싼 기술적인 문제이며, 둘째는 건강과 사회적 환경간의 관련성을 어떻게 해석하느냐의 문제이다. 요컨대 이 논쟁은 경험적이자 이론적인 문제의 성격을 가진다.

건강의 불평등에 관한 연구는 사회적 환경의 지표를 이루는 변수들에 주로 집중된다. 사회계급, 실업, 사회적 성, '인종' 및 지리적 위치 등 모든 변수가 사람의 물질적 여건(주거, 교육, 교통과 소득)과 생활 및 작업환경, 그리고 사회적 지위에 영향을 미치며 이것들은 또한 건강과 질병의 유형과 연관되어 있다. 건강을 결정하는 주요한 인자 중에는 사회·환경적 기원을 가진 것이 많기 때문이다. 앞으로 살펴보겠지만, 역사적 연구에 따르면 건강의 증진은 의과학의 발전보다는 영양상태 및 빈곤의 개선과 더욱 밀접한 관계를 가진다. 이 장에서는 이러한 변수와 관련된 건강불평등의 본질을 검토할 것이다. 우선 여러 가지 건강측정 방법에 따

send," *International Journal of Health Services*, 21(1): 175-181; Townsend, P. (1991), "Evading the issue of widening inequalities of health in Britain: A reply to Rudolf Klein," *International Journal of Health Services*, 21(1): 183-189].
— 역주

르는 기술적인 문제를 부각시킨 후 건강불평등 유형을 설명하는 다양한
견해를 살펴볼 것이다.

건강의 측정

사망 또는 질환의 **발생빈도**(incidence)는 어떤 특정 기간에 발생한 병의
총 건수를 말한다. **이환수**(prevalence)란 어떤 특정 시점에 존재하는 병의
총 건수를 말한다. 발생빈도와 이환수는 보통 총 건수보다는 **비율**(rates)
(예를 들어 십만명 당 몇 건 씩으로)로 제시된다. 더욱 의미있는 비교를
하기 위해서이다. 이 비율은 또한 연령이나 성별에 특정하게 나타낼 수
있고 자료가 있는 경우 지역, '인종' 또는 직업에 따른 계급(occupational
class)으로도 나타낼 수 있다. 질병의 발생빈도는 분명히 이같은 요인에
따라서 변하므로 이런 식의 비교는 중요한 의미를 가질 것이다. 건강불
평등 연구는 대부분 사망률(mortality)과 이환율(morbidity) 자료에 의존
한다. 영국의 사망률 자료는 사망진단서(death certificate)에 근거하며 여
기에는 성, 연령, 거주지, [사망시의] 직업 또는 마지막 직업 그리고 사망
원인에 관한 정보가 기재되어 있다. 이러한 자료는 외견상 객관적으로
보이지만 사망진단의 사회적 구성에 관한 연구에 따르면 이런 유의 정보
도 편차가 고르지 않을 가능성이 많다(Prior, 1985). 예를 들어 중간계급
의 사망진단에는 한 가지 이상의 사망원인이 기재되는 경향이 있음이 밝
혀졌다. 노동계급의 사망보다 중간계급의 사망에 더 정확한 설명이 필요
하다고 생각되기 때문일지도 모른다(Phillimore, 1989).

이환율연구는 결근율, 가정의와의 상담률 및 자가질병보고(self-report-
ed illness) 등과 같이 다양한 방법으로 시행할 수 있다. 최근들어 주관적
인 안녕(subjective well-being)까지 포함하는 정교한 이환율 측정방법이
개발되고 있다. 예를 들어 노팅엄 건강 프로파일(Nottingham Health
Profile)은 증상의 유무를 직접적으로 조사하지 않고 건강에 관련된 일련
의 질문을 통해 [본인이 인지하는] 건강상태를 측정함으로써 환자나 위

험성이 있는 사람을 가려내는 방법이다(Hunt et al., 1985).[54] 블랙스터 (Blaxter, 1990)의 건강과 라이프스타일 조사 역시 의학적·기능적·주관 적 측정을 혼합한 연구다.[55]

역학과 사회학

역학(疫學, Epidemiology)은 질환과 질병의 이환수와 발생빈도를 연구 하는 학문이다. 건강불평등 연구를 위해서 역학자와 사회학자는 긴밀히 협력하며 흔히 전자가 후자에게 특정 질환의 요인에 관한 증거를 제공하 곤 한다. 아마 가장 유명한 역학적 연구로는 돌과 피토(Doll and Peto)가 1950년대에 행한 흡연과 폐암과의 상관관계 규명을 들 수 있을 것이다. 게르하르트(Gerhardt, 1989: 262)는 다음과 같이 설명한다.

역학은 의료사회학에 필요한 자료를 제공해주는 기초과학이라 할 수 있다. … [역학은] 개인을 병이나 조기사망의 위험성 또는 감수성을 어느 정도 지니

---

54) 노팅엄 건강 프로파일(NHP)은 건강상태지수(Health Status Indices)의 일종이 며 실증적 사회조사와 현상학적 사회학 전통을 접목시킨 측정방법이다. 건강상 태를 행동과학적으로 파악하므로 주관적인 건강경험을 객관적으로 타당하게 측정할 수 있다고 상정한다. 이것의 목적은 의학적으로 포착되지 않는 개인의 치료욕구를 밝혀내고, 이에 따라 제공된 보호(care)의 효과를 평가하며, 인구집 단의 건강상태 지표를 개발하는 데 있다. 응답자가 직접 설문지에 기입하도록 고안되어 있으며 1부에서는 신체기동, 고통, 숙면, 기력, 정서적 반응 및 사회적 고립 등의 항목에 응답하고, 2부에서는 직업, 가사, 사회생활, 가정생활, 성생활, 흥미와 여가 등에 관해 응답하게끔 구성되어 있다. NHP의 사회학적 설명은 다 음을 참고하라[Davies, P.(1996), "Sociological approaches to health outcomes," in MacBeth, H.(ed.), *Health Outcomes: Biological, Social, and Economic Perspectives*, Oxford: Oxford University Press, pp.94-139].－역주
55) 건강상태를 사회학적으로 측정하는 문제는 최근 영국 의료사회학계의 큰 쟁점 이 되어 있으며 '삶의 질 측정방식(quality of life measurement)'이라고 통칭된 다. 이 분야의 종합적인 안내서로는 다음을 보라[Bowling, A.(1994), *Measuring Health: A Review of Quality of Life Measurement Scales*, Milton Keynes: Open Uni-versity Press; Jenkinson, C.(ed.)(1994), *Measuring Health and Medical Outcomes*, London: University College London Press].－역주

고 있으면서 다중의 역할과 지위를 행사하는 존재로 파악한다.

역학자와 사회학자는 협력관계를 이루기는 하지만 각기 다른 패러다임에 근거하고 있다. 사회학자는 본질적으로 사회적 상호작용과 사회적 과정에 관심을 갖는 반면 역학자는 어떤 질환에 걸릴 경향이 있는 집합적인 개인들의 특성을 연구한다(Stacey, 1987).

급진적 역학과 '효능논쟁'

효능논쟁(efficacy debate)[56]은 '급진적인' 역학자들이 제기한 문제로서 하나의 독립된 연구주제가 되어 있다. 그들은 의과학이 주장하는 효과와 타당성에 도전하며(Dubos, 1959; McKeown, 1976), 갖가지 의료개입의 효율성에 의문을 제기한다(Cochrane, 1971; Oakley, 1993). 이 견해에 찬동하는 학자는 전통적인 의학사가들이 19세기와 20세기의 사망률 감소에 의과학이 큰 역할을 한 것처럼 과장했다고 본다.

1970년대 중반 이런 논쟁을 촉발한 계기는 역학자이며 인구학자였던 맥퀸의 연구였다(McKeown, 1976). 맥퀸은 생의학적 모형의 타당성과(1장을 보라) 특히 인간의 건강이 의료에 달려 있다는 생각에 의문을 던진다. 그는 건강증진을 이해하는 데 결정적인 것은 인간의 생활조건이라고 주장한다. 그는 이러한 가설을 입증하기 위해 역사·인구학적 분석을 시도하여 19세기와 20세기의 잉글랜드와 웨일즈의 인구증가는 사망률의 감소, 특히 영아사망률의 감소에 기인한다는 사실을 밝혔다. 사망률이 감소한 이유는 영양, 출산양태 및 위생상태가 개선되면서 콜레라, 디프테리아, 폐결핵과 같은 병이 줄어든 때문이라는 것이다. 예방접종과 같은 의학적 개입의 영향은 20세기 중반까지 미미한 수준에 그쳤다.

그러나 맥퀸의 주장은 사회·구조적인 요인을 무시하고 개인적이고 행동적인 요인에 치중했다는 비판을 받았다(Doyal with Pennell, 1979). 전통적인 의학관을 비판했다는 점에서는 급진적으로 간주될 수 있겠지만

---

56) 효능이 있다는(efficacious) 말은 어떤 약물이나 치료가 원래 의도한 결과를 가져와 효과적(effective)이면서 동시에 비용효과, 치료기간, 부작용 등의 측면에서 효율적(efficient)이라는 의미를 갖는다. — 역주

정치적으로는 유화적이라는 평이었다. 대다수 학자들은 생활수준의 향상이 건강의 증진에 중요한 역할을 했다는 점을 인정하지만 생활수준의 어떤 점이 가장 중요한가에 대해서는 견해가 엇갈린다. 예를 들어 블레인(Blane, 1990)은 경제주기 및 '실질'임금(즉 생필품 가격과 연동된 임금)과 관련해서 1870년에서 1914년 사이의 사망률 변동을 추적하였다. 그는 영양과 위생의 개선보다는 실질임금과 노동조건의 변화가 사회집단의 사망률 감소에 더욱 중요했다고 주장한다. 이러한 변화가 공중위생 개혁 때문만이 아니라 노동자들의 집단행동에 의해서도 이루어졌다는 것이다. 블레인(Blane, 1990: 51)은 "노동자들이 일차적으로 건강만을 위해 행동한 것은 아니었다 할지라도 집단행동의 성공에 이어 건강증진이 따른다는 것은 의학적으로 예측가능한 결과였다"고 지적한다.

이 논쟁은 개량주의와 유물론적 역사관의 차이를 반영한다. 개량주의적 시각은 공해, 라이프스타일, 영양 등 질환을 유발할 가능성이 있는 광범위한 사회적·환경적 요인을 찾는다. 개량주의적 접근은 다양한 질환발생 원인간의 상호작용적인 효과를 이해하고 질환과 질병에 걸릴 가능성이 높은 집단을 찾아내는 데 우리의 노력을 경주해야 한다는 식의 논리로 귀결된다. 개량주의자는 의학적 모형에 도전하기는 하지만 크게 보아 의학적 역학의 패러다임 내에 존재한다고 볼 수 있다. 오늘날 산업사회에서 건강의 적은 주로 '식습관, 운동, 흡연, 알콜, 약물 등과 관련된 것,' 즉 '개인적 행동'이라는 것이다(McKeown, 1976: 178).

반면 유물론적 시각은 빈곤, 열악한 주거환경 및 구조적 불평등과 같은 요인을 강조하며, 일부 학자는 이러한 요인이 자본주의 경제발전의 결과라고 본다(Navarro, 1978; Townsend, 1990a). 또 다른 학자들은 현대사회에서 건강을 위협하는 요인은 자본주의가 아니라 산업화이며 자본주의는 식생활, 영양 및 주거환경의 개선과 같은 이점을 가져왔다고 주장하기도 한다(Hart, 1982).

이러한 두 가지 관점을 보면 건강의 궁극적인 책임소재는 인과관계논쟁과 밀접하게 연계되어 있다. 예를 들어 개량주의자는 사회적 요인을 포함시키기는 하지만 수입과 부의 분배와 같은 사회·경제적 요인을 무시하고 주로 식생활, 행동 및 위생을 강조하는 경향이 있다. 이런 입장은 조기사망이 사회적 책임이라기보다는 개인적 책임이라는 관념을 영속화한다는 지적도 있다(Townsend, 1990a). 개인적 설명 대 구조적 설명의 문제는 건강불평등 논쟁에서 해묵은 이슈이며 사회계급과 건강 사이의 관련성을 둘러싼 논의에서 특히 첨예하다.

사회계급과 건강

증거

이미 지적했듯이 사망률 및 이환율의 유형과 사회계급 사이에는 분명한 관계가 있다. 블레인(Blane, 1991: 118)은 국세조사청의 자료(OPCS, 1986; 1988)를 이용해서 여러 종류의 사망률을 효과적으로 요약했다. 이 자료는 <표 7.1>에 정리되어 있다.

이 표를 통해 20세에서 64세 사이의 사회계급과 세 종류의 사망률, 즉 사산, 영아사망률, 표준사망률(SMR)간의 관계를 검토할 수 있다. 세 가지 사망률이 모두 명백하게 계급적 경사도(class gradient)를 보여준다. 사회계급 V의 부모에게 태어난 아이는 사회계급 I에 비해 사산 또는 생후 1년내 사망할 가능성이 두 배이다. 사망률을 놓고 보면 사회계급 I에 비교해서 계급 II의 남성이 사망할 가능성이 1.1배, 계급 IIIN은 1.4배, IIIM은 1.6배, IV는 1.7배, 그리고 계급 V는 2.4배나 높다. 여성의 경우도 남성보다 정도가 약간 완만하긴 하나 역시 현저한 경사도를 보인다. 이환율의 유형을 보아도 비슷한 계급적 경사도가 발견된다. 예를 들어 「1991년 잉글랜드지역 건강조사(Health Survey for England 1991)」 자료에도 이 점이 여러 지표를 통해 확인된다. 예를 들어 일반적인 건강상태를 물었을 때 <표 7.2>와 같은 응답유형이 나타났다. 특히 '극단적인' 응답을 보면 계급적인 경사도가 명백하다.

예를 들어 사회계급 I과 II의 남성은 사회계급 IV와 V의 남성보다 거의 1.5배나 자신의 건강을 '매우 좋다'고 답한 경우가 많았다. 사회계급

<표 7.1> 사회계급과 사망률

사회계급①	사산율②	영아사망률③	20세에서 64세 사이의 표준 사망률④
남성			
전문직(I)	5	9	66
중간관리직(II)	6	10	74
숙련 비육체노동(IIIN)	6	10	93
숙련 육체노동(IIIM)	7	12	103
반숙련 육체노동(IV)	9	15	114
미숙련 육체노동(V)	9	18	159
여성			
전문직(I)	4	7	68
중간관리직(II)	5	8	76
숙련 비육체노동(IIIN)	6	8	86
숙련 육체노동(IIIM)	7	9	97
반숙련 육체노동(IV)	8	12	108
미숙련 육체노동(V)	8	13	130

출전: Blane(1991: 118), OPCS(1986; 1988).
① 국세조사청장 제정 직업별 사회계급.
② 천 건의 출산당(사산 포함) 사망건수.
③ 출산아 천명당 생후 1년내의 사망건수.
④ 특정 사회계급의 사망률을 전 인구의 평균사망률로 나누어서 100을 곱한 수치.

<표 7.2> 세대주의 성과 사회계급에 따른 자가평가 건강상태

세대주의 사회계급		매우 좋음	좋음	평균	나쁨 및 매우 나쁨
남성					
I 과 II	585	43	44	10	2
IIIN	139	40	41	16	3
IIIM	456	30	42	23	5
IV 와 V	274	29	38	25	8
여성					
I 과 II	598	43	40	15	2
IIIN	256	35	43	17	5
IIIM	442	25	43	26	6
IV 와 V	382	25	41	26	8
합계	3236				

출전: White et al.(1993: 208).

I과 II의 여성은 사회계급 IV와 V의 여성보다 1.75배나 자신의 건강을 '매우 좋다'고 응답했다. 또한 사회계급 IV와 V에 속한 사람은 사회계급 I과 II에 속한 사람보다 자신의 건강을 '나쁨' 또는 '매우 나쁨'으로 응답할 가능성이 4배나 높았다.

<표 7.3>은 서로 다른 사회계급에 속한 사람들이 호흡곤란과 객담증을 경험하는 상대적인 경향을 연구하여 이환율을 좀더 '객관적으로' 측정한 결과를 보여준다.

<표 7.3> 호흡곤란과 객담증의 분포

세대주의 사회계급		호흡곤란 경험	객담 경험
비육체노동	1,582	18	6
육체노동	1,556	28	12
합계	3,242		

출전: White et al.(1993: 178; 180).
주: 응답자의 세대주가 군인, 학생, 한 번도 직업이 없었던 사람 또는 직업을 정확하게 표시하지 않은 사람은 세부항목에는 넣지 않고 합계에만 포함시킴.

이 경우 사회계급을 비육체노동-육체노동으로만 분류했지만 여전히 차이가 확연히 드러난다. 육체노동의 배경을 지닌 사회계급은 비육체노동계급보다 호흡곤란은 1.5배 이상, 객담증은 2배나 경험할 가능성이 높다. 따라서 우리는 출생부터 노년에 이르기까지 사회계급과 사망률 및 이환율 사이에는 현저한 상관관계가 있음을 알 수 있다(Arber and Ginn, 1991: 107-28). 방대한 자료를 검토한 맥킨타이어(MacIntyre, 1986: 395)는 다음과 같은 결론을 내린다.

직업에 따른 계급(본인, 부친 또는 남편)은 모든 원인 또는 특정 원인에 의한 사망, 심신질환, 신장, 신장대비 체중, 출생시 체중, 혈압, 치아상태, 수태능력 및 자가진단건강 등 광범위한 건강측정치와 명백한 상관관계를 가진다고 입증되었다.

또한 서론에서 소개한 대로 일부 연구자는 사회계급에 따른 사망률의 차이가 최근 십수년 사이 더욱 벌어졌다는 것을 입증하였다(Pamuk, 1985; Davey Smith et al., 1990; Townsend, 1990b). 예를 들어 북잉글랜드와 스코틀랜드의 여러 지역에서 부유층과 빈곤층간의 사망률 격차는 1981년에서 1989년 사이에 더욱 벌어졌다(Davey Smith and Egger, 1993). 학자들은 이것이 1980년대에 더욱 벌어진 소득격차와 연관이 있다고 지적한다.[57] 그들은 소득의 불평등상태가 대폭 악화되었다는 공식통계를 제시한다. "1979년에는 전체 평균수입의 50퍼센트 이하로 생계를 꾸리는 인구가 9퍼센트에 지나지 않았지만 1990년에서 1993년에 이르러선 그 비율이 24퍼센트로 증가하였다."(Davey Smith and Egger, 1993: 1085)

그러나 이 연구결과는 다른 연구자들에 의해 비판되었으며(Illsley, 1986; Le Grand, 1985; Klein, 1988), 측정치의 신뢰성과 타당성을 둘러싼 여러 가지 논란이 뒤따랐다. 이 논쟁은 때로 지나치게 지엽적으로 전개되어 불평등 자체보다 논의의 기술적인 세부사항이 더 중요한 것같이 비치기도 한다. 이렇게 되면 불평등문제의 해결을 지연시킬 핑계를 제공할 위험마저 있다. 카힐(Carr-Hill, 1987: 509)이 지적한 대로 "이 논쟁은 '추가연구'를 한다고 해결될 문제가 아니다. 빈곤의 근절을 위한 소득재분배 과제는 더이상 미룰 수 없다." 그러나 우리가 증거자료를 이해하려면 이 논쟁의 기본적 사안을 이해해야 하며 따라서 지금부터는 몇 가지 중요한 측정기술 문제와 사회계급 불평등을 설명하는 여러 가지 이론을 다룬다.

측정에 따르는 문제

이미 보았듯이 건강의 측정은 복잡한 문제이며 사회계급 역시 마찬가

---

57) 또한 영국의 잉글랜드 북부지역과 스코틀랜드는 잉글랜드 남부에 비해 전통적으로 건강상태가 열악하여 '보건의 남북격차'로 불리고 있다. 이 문제의 종합적 연구결과는 다음을 보라[Townsend, P., Phillimore, P. and Beattie, A. (1989), *Health and Deprivation: Inequality and the North*, London: Routledge].-역주

지다. 여기에서 네 가지 핵심 이슈를 발견할 수 있다. 사회계급의 이동, 분자·분모 문제, 자료분석 방식의 적합성 및 종합적인 개념으로서의 계급이 그것이다.

(1) 사회계급의 규모가 변화하고 있는가?

카힐(Carr-Hill, 1987: 523)은 1931년에서 1981년 사이 사회계급 I의 규모가 경제활동을 하는 전체 남성의 1.8퍼센트에서 5.7퍼센트로 217퍼센트 증가했으며 같은 기간동안 사회계급 V의 규모는 12.9퍼센트에서 5.8퍼센트로 55퍼센트 감소하였다고 추산하였다. 따라서 사회계급간의 건강불평등이 정말 변화했는지 아니면 사회계급의 상대적인 크기에 변화가 온 것인지 판단하는 데에 어려움이 따른다. 이 문제를 연구한 일슬리(Illsley, 1986: 152)는 "비교가 타당하려면 같은 것과 같은 것을 비교해야만 한다. 만일 우리가 두 나라 … 또는 두 지역을 … 장기간에 걸쳐 비교하려면 우선 비교의 경계를 명확히 설정해야 한다"고 주장한다.

(2) 분자·분모 문제

사회계급의 표준사망률은 사망진단서에 나타난 특정 직업에 속한 사망자 총수(분자)를 인구센서스에 기록된 그 직업의 총 인구수(분모)로 나누어서 산출한다. 그러나 인구센서스의 직업이 좀더 세밀하게 기재되기 때문에 사망진단서에 나오는 직업과 조금 다를 수도 있다(Carr-Hill, 1987: 513). 이미 살펴보았듯이 이 문제는 사망진단에 부수되는 사회적 과정의 문제로 인해 더욱 복잡해진다.

(3) 자료분석 기법

건강불평등 자료를 분석하는 기법은 주로 어떤 개념을 채택하느냐에 달려 있다. 개인차원의 자료를 분석해야 한다고 주장하는 연구자도 있고, 집단차원(예를 들어 사회계급)의 자료를 분석해야 한다는 연구자도 있다. 단순화의 위험을 무릅쓰고 말한다면 르그란드(Le Grand, 1985; Illsley and Le Grand, 1987)처럼 개인에 초점을 맞춘 학자는 사망률의 불평등이 줄었다고 보고하고, 집단 차원의 자료를 이용한 학자는 정반대로 보고하는 경향이 있다(Pamuk, 1985). 따라서 일견 상반되는 것처럼 보이는 증거가 사실은 연구자가 채택한 분석기법의 차이에 기인할지도 모른다는 사실을 알 수 있다.

(4) 종합적 개념으로서의 계급

사회계급의 측정은 서로 다른 직업을 서수적으로 분류한 데(ordinal classification) 지나지 않지만 사회과학자에 의해 흔히 경제적 상황의 지표로 취급된다. 그러나 사회계급과 건강간의 관계가 잘 알려져 있다 하더라도 양자간을 연결하는 실제 메카니즘은 불분명하다. 최근 사회학자들은 여러 가지 다변수 통계분석기법을 사용해서 사회계급과 그 다양한 상관요인이 건강에 미치는 영향을 발견하기 시작했다. 이 접근방법이 양자간의 연관성에 관해 완벽한 인과분석을 제공하지는 못더라도 훨씬 더 미묘한 차원의 연관성을 밝히는 데 도움이 될 것은 확실하다.

이러한 문제를 극복하기 위한 노력

이 문제를 해결하기 위해서 두 종류의 연구가 행해졌다. 첫째, 특정 직업집단에 초점을 맞추는 방법과 둘째, 단일한 동년배집단(cohort)에 속한 사람들의 삶을 종단적으로 연구하는 방법이다. 런던지역의 공무원에 관한 한 연구는-'화이트홀 연구(Whitehall Study)' 같은-공무원 직종내에서 각기 다른 직급에 따른 사망률과 이환율을 비교해 보았다. 연구자들은 직급의 고저와 각종 원인에 의한 사망률, 특히 관상동맥질환에 의한 사망률 사이에 명백한 역비례관계가 존재한다는 사실을 발견했다. 또한 최고위직급과 최하위직급 사이의 신장은 평균 5cm나 차이가 났다(Marmot et al., 1978). 공무원의 사망률 경사도는 국세조사청장제정 사회계급의 전국적인 비교사망률보다 더 가파르게 나타났다(Mormot and Theorell, 1988). 이런 연구결과를 놓고 일부 연구자는 사망률과 이환율의 사회계급 격차는 과장된 것이 아니라 오히려 과소평가되어 왔다고 주장하기에 이르렀다(Blane, 1985).

국세조사청의 종단적 연구를 이용하면 전체인구 센서스의 1퍼센트 표본에 해당하는 개인사망률 자료를 조사할 수 있다. 이 때 직업을 사망진단서가 아닌 센서스 자료에서 파악할 수 있으므로 분자-분모 문제를 어느 정도 극복할 수 있다(Fox and Goldblatt, 1982). 센서스 자료에는 여타 사회·경제적 지표도 포함되어 있으므로 사회불평등을 나타내는 한 가지 지표에 불과한 직업만에 의한 사회계급 자료의 한계를 보완할 수 있다. 예를 들어 전셋집에 살며 자동차 없이 지내는 남성의 평균사망률은 123으로서 사회계급 V와 거의 같게 나타났다(Goldblatt, 1990; Davey Smith et al., 1990).

오늘날 일부 사회학자는 직업에 근거한 사회계급 개념의 가치를 의문시하면서 생산수단(직업)보다는 소비유형이 더욱 중요할지도 모른다고 주장한다. 요컨대 소비의 사회학(sociology of consumption)이 생산의 사회학(sociology of production)에 도전한 것이다(Saunders, 1993). 전세계약 기간, 교육 및 자동차 소유가 건강과 관계를 가지는 것은 분명하다. 예를 들어 15세부터 59세(사망시) 사이 여성의 연구에 의하면 자동차가 없는 여성의 평균사망률은 135인 데 반해 자동차를 가진 여성의 평균사망률은 83으로 나타났다. 15세에서 64세 사이의 남성의 경우도 마찬가지여서 평균사망률은 각각 121과 85로 집계되었다(Smith and Jacobson, 1988: 109). 자동차 소유는 건강불평등에서 특히 중요한 지표임이 발견되었다. 예를 들어 북부 잉글랜드의 빈곤과 건강에 관한 연구에 따르면 전체 건강상태와 관련을 갖는 빈곤의 네 가지 지표 중―실업, 자동차 소유, 주택 보유 및 비좁은 집의 다식구 거주―자동차 소유가 가장 중요한 것으로 밝혀졌다(Townsend et al., 1988).

계급과 건강의 관련성

사회계급의 지표와 건강 사이에 존재하는 관련성은 사회과학자에게 한 가지 의문을 제기한다. 그러한 관계가 지속적으로 발견되는 이유가

도대체 무엇인가? 이 질문에 유일한 해답은 없으며 여러 가지 설명이 제
시된다. 개개의 설명은 각기 다른 이론적 배경에서 비롯되며 또한 제각
기 다른 정책적 함의를 지닌다. 블랙 보고서(Black Report)가 나눈 네 부
류의 설명은 이런 점에서 지난 십수 년 동안 이 논쟁의 유용한 테두리를
제공해 주었다(Townsend and Davidson, 1982).

(1) 인위적 구성물
블랙보고서에 따르면 이 설명은 계급과 건강을 측정과정에서 파생된
인위적 구성물(artefacts)로 파악하며, 따라서 양자간의 관계 또한 인위적
이라고 본다(Townsend and Davidson, 1982: 154). 가픈클(Garfinkel,
1967)의 민속방법론적 전통에 따르면 사망원인을 진단하고 확인하는 관
행은 시대와 장소에 따라 변화한다고 인정된다. 진단, 확인, 분류 및 부
호화 과정 등이 모두 계급과 건강이 관련된 것처럼 보이게 만든다는 것
이다(Bloor et al., 1987). 따라서 이 설명은 통계자료의 작성에 따르는 사
회적 과정에 우리의 주의를 환기시킨다. 건강불평등 논쟁은 나쁜 건강이
라는 개념이 계급에 따라 차등적으로(differentially) 반영되는 생물학적
범주라는 점을 대체적으로 시인한다. 이런 관점에서 보면 [나쁜 건강이
라는 개념은] '의학적인 사고를 외부에서 분석한 데 지나지 않으며 의학
의 인식론적 영역까지 거론하지는 못한 한계를 지닌 것'이라 할 수 있다
(White, 1991: 48). 그러므로 인위적 개념이라는 설명은 건강과 질환이
사회구성주의적 시각으로도 이해될 수 있음을 상기시켜준다(2장을 보
라).

(2) 건강의 선택이라는 설명
이 시각은 건강상태가 사회적 위치에 영향을 줄 수 있다고 주장한다.
건강한 사람은 사회적으로 상향이동할 가능성이 높고 건강이 나쁜 사람
은 더 낮은 계급으로 '전락할' 가능성이 많다는 입장이다. 예를 들어 워
즈워드(Wadsworth, 1986)는 1946년의 전국 동년배집단 연구(*British
National Birth Cohort*) 자료를 이용하여 어릴 때 큰 병을 앓은 사람은 더

낮은 사회계급으로 하향이동할 확률이 높음을 보였다. 비육체노동계급 출신 중 유년기에 중병을 앓았던 사람의 36퍼센트가 사회척도상 하향이 동을 기록한 반면 중병의 병력이 없는 사람의 경우 이 비율은 23퍼센트에 그쳤다. 이런 식의 설명은 사회진화론적(social Darwinist) 색채-적자생존-를 띤다. 그러나 이것이 건강선택이론의 필연적인 특징은 아니다. 예를 들어 웨스트(West, 1991)는 건강의 선택에 개입되는 사회적 과정을 이해할 필요가 있음을 상기시킨다. 그는 건강이 나쁜 사람은 [자신의 능력과는 상관없이] 사회적으로 차별받을 가능성이 높다고 주장한다. 사회적 이동을 놓고 보면 청년기의 사람이 특히 영향을 받기 쉽다고 한다.

> 청소년 시기에 초점을 맞추어 보면 건강에 관련해 큰 영향을 미치는 사회선택을 … 교육, 직업훈련, 구직과정 등에서 확인할 수 있다. 여기에서 특히 중요한 점은 특정 건강상태를 지닌 사람이 교육 및 직업세계의 '문지기' 또는 대행인들에 의해 구조적으로 선별되는 방식이다.(West, 1991: 382)

따라서 이 설명을 채택하면 '적자생존'의 논리를 암시하는 개인주의적 관점으로부터 기존의 사회구조에 내재하는 이념과 차별을 부각시키는 사회학적 해석으로 건강선택의 설명이 변함을 알 수 있다.

(3) 문화적 또는 행동적 설명

건강을 독립변수로 취급하는 건강선택이론과는 대조적으로 문화적 접근은 건강을 종속변수로 상정한다. 즉 문화적 설명은 사회계급의 차이가 생활방식의 차이를 낳고 이것이 다시 건강상태의 격차를 낳는다고 가정하는 것이다. 사회적 위치에 따라 생활방식에 차이가 난다는 설명이다. 특히 낮은 계급에 속한 사람은 흡연, 음주, 지방질과 당분을 과다섭취를 하며 운동을 적게 하는 경향이 있다. 한쪽 극단에서 보면 이러한 라이프스타일 요인이 사람의 건강을 통제하기 때문에 행동을 변화시키고 더욱 건강한 생활태도를 가지는 것은 순전히 개인문제라고 할 수 있다. 그러나 다른쪽 극단에서 보면 그러한 행동도 사람의 사회적 환경에 뿌리를 두고 있다고 간주된다. 하지만 문화적 관점으로 볼 때 이 설명 역시 개인의 행동이 건강불평등의 직접적 원인이라는 데에는 변화가 없다. 문화·행동적 시각은 현재 지배적인 의학이념 및 정치이념과 잘 맞아떨어지며 정부 공식문헌을 통해서도 강조되고 있다(Department of Health, 1992)(9장을 보라).

(4) 유물론적 설명

사회적 인과관계 류의 접근인 이 대안적 설명은 사회구조가 건강에 미치는 영향을 강조한다. 일반적으로 이 접근방식은 빈곤, 소득분포, 실업, 주거환경, 공해 및 직장과 가정의 노동조건과 같은 요인의 영향에 초점을 맞춘다(Blackburn, 1991; Payne, 1991). 예를 들어 흡연과 실직을 통제해 보아도 열악한 주거환경과 호흡기 질환 사이에 상관관계가 나타나는 것처럼 보인다(McCarthy et al., 1985; Eames et al., 1993).

일부 학자는 행동적 요인과 구조적 요인의 상호작용을 지적하면서 문화적 설명과 유물론적 설명이 수렴될 수 있다고 주장하고 양자간의 적절한 균형을 발견한다면 더 좋은 연구결실이 나올 것이라고 제안한다(MacIntyre et al., 1989). 그러나 이 의견에 동의하지 않는 연구자도 있다. 이들은 한편으로 행동이 [환경조건에 달려 있으므로] 비자율적이라는 점을 인정하면서도 다음과 같은 점을 지적한다.

> 두 설명을 결합하려는 시도는 도움이 되지 않는다. 왜냐하면 그러한 시도가 라이프스타일의 사회적 근거를 강조할 의도를 지녔다 하더라도 구체적인 이론에 들어가 보면 행동유형에 직접적인 관계가 없어 보이는 사회·경제적 환경의 영향을 배제하는 경향이 있기 때문이다. 따라서 이런 식의 연구는 라이프스타일의 변화를 유도할 수 있는 세련된 문화적 방법을 개발하는 개입수준에 그치게 되고 사회환경 자체의 변화 가능성은 무시하게 된다.(Davey Smith et al., 1990: 376)

그러므로 건강의 사회적 결정론과 관련된 논쟁의 핵심은 인과관계의 파악에 있다. 따라서 인과관계의 개념을 더 자세하게 살펴보는 것이 필요하다.

인과관계모형

사회적 요인이 건강에 영향을 미친다는 사실을 인정하는 학자들은 두
종류의 인과관계모형을 추출하였다. 게르하르트(Gerhardt, 1989)는 이
분야의 연구가 '상실모형(loss model)'과 '박탈-지배모형(deprivation-do-
mination model)'의 두 가지 유형으로 나누어져 있다고 설명한다.

상실모형

상실모형의 목적은 상실의 상황에 직면한 사람을 취약하게 만드는 속
성을 찾는 데 있다. 상실의 상황은 삶의 사건(life events) 또는 '스트레스
유발인자(stressors)'(실직, 배우자와의 사별, 지위의 상실, 친구와의 이별
등)를 통해 발생한다. 이 스트레스 유발인자는 그 전부터 이미 존재해온,
사람에 따라 다른 위험성(risks)을 더욱 악화시킨다. 그리고 이 악화과정
은 사회적 지위―예를 들어 계급, 연령, '인종', 교육 또는 사회적 성―와
같은 인구학적 특성으로 파악되는 그 사람의 '취약성(vulnerability)'의 수
준에 따라 달라진다. 한 개인이 취약하다는 것은 상실에 직면해서 그 상
황을 이겨낼 '가용자원(resourses)'이 부족함을 뜻한다. 감수성, 취약성,
스트레스 유발인자, 대응자원 등에 초점을 맞추는 이 상실모형은 건강의
유지와 보호, 질환의 회복 등에 필요한 사회적 지원(social support)의 역
할에 더욱 주의를 상기시킨다(Brown and Harris, 1978; Dean et al.,
1990; Fitzpatrick et al., 1991; Oakley, 1992).

사회적 지원이론은 뒤르켕의 연구, 특히 그의 자살과 사회적 통합에
관한 연구에 뿌리를 두고 있다(Durkheim, 1952). 개인이 사회 속에 통합
되는 것은 그 사람의 건강과 안녕에 결정적이며 이 때문에 사회적 연계
망(network)의 존재는 여러 점에서 중요하다. 블룸(Bloom, 1990)은 사회
적 연계망을 다음과 같이 요약한다. 즉 정보를 제공하고, 상황에 적응할
수 있는 행동동기를 유발하며, 진료에 협조하도록 격려하고, 운동과 적절
한 영양섭취 등의 건강증진 행동을 장려하며, 병원에 갈 때 차량편의를
제공한다거나 시장을 봐주는 등 실제적인 도움을 주는 일 따위이다. 요

컨대 "사회적 연계망 속에 통합되고 이 연계망의 도움을 이용할 수 있는 능력은 건강을 유지할 수 있도록 해줄 뿐 아니라 병이 든 경우 회복을 촉진시킨다"(Bloom, 1990: 635). 상실모형을 통해 우리는 사회적 지위의 고저에 따라 병든 사람이 더욱 취약하게 되는 이유를 이해할 수 있다. 사회적 지원은 건강상태를 예측할 수 있는 강력한 척도이자 병든 사람을 돕는 보호망이기도 하다. 이것은 질환의 예방과 건강의 증진을 위해 비공식적·공식적 보호 연계망이 중요하다는 사실을 상기시킨다.

박탈-지배모형

이 모형은 위에서 논의한 유물론적 접근과 유사하다. 이 접근은 두 가지 점에 초점을 맞춘다. 첫째는 사회적 환경─공해, 근로조건, 교육제공, 주거환경 등─이며, 둘째는 의학과 제약산업 등의 의료관련 단체가 무엇이 질환인지 판정할 수 있으므로 누리게 되는 이해관계이다. 따라서 이 접근은 집단주의를 지향하며 개인적 병리보다는 구조적 병리에 치중한다. 병은 '단순히 신체의 질환이 아니라 사회적 범죄'인 것이다(Waitzkin, 1983: x). 이 두 가지 모형은 실업과 건강간의 관계를 규명하는 데 특히 중요하다. 구조적인 요인과 개인적 상실이 모두 관련되기 때문이다. 따라서 이것은 건강불평등 논의의 쟁점이 되어 있다.

실업과 건강

직업에 따른 계급분류의 단점은 실업상태에 있는 사람을 포함시키기 어렵다는 것이다. 이 점에서 직업에 의한 계급은 현대의 사회적 조건을 기술하는 데 다소 부적합하다. 지난 십 년간 실업률이 계속 3백만 명을 넘었기 때문이다. 연례적으로 실시하는 종합가계조사(*General Household Survey*)와 같은 횡단연구에 따르면 실직한 사람이 건강문제를 가질 확률은 직업을 가진 사람보다 언제나 압도적으로 높다.

바틀리(Bartley, 1991)는 이와 관련된 연구자료의 종합평가를 보고하

였다. 바틀리는 공장폐쇄에 대한 몇 편의 사례연구를 소개하면서 미국에
서 콥과 카슬(Cobb and Kasl)이 행한 조사를 인용한다. 이 연구는 곧 폐
쇄될 두 공장의 노동자 46명과 3년동안 고용상태에 있는 통제그룹의 노
동자 54명을 비교하였다. 연구의 결론에 따르면 심신건강에 큰 변화가
온 것은 실직 후가 아니라 실직통고를 받고 '대기하던' 기간이었다. 직장
을 잃고 난 후에는 두 그룹간의 건강상태에 큰 차이가 없었다. 바틀리가
소개한 영국쪽 연구는 빌과 네더코트(Beale and Nethercott)의 연구가 유
일한데 이것은 월트셔의 정육공장 폐쇄를 조사한 것이다. 이 연구에서도
결과는 비슷하게 나왔다. 실직 전의 스트레스가 건강에 영향을 주기는
하지만 일단 실직 후에는 큰 차이가 나타나지 않았다. 장기적인 실직상
태의 영향은 분명히 크긴 하겠지만 아직 밝혀지지는 않았다.

다른 종류의 연구로는 과거 영국 보건사회보장부(DHSS)가 1978년 같
은 시기에 실직한 2,300명의 동년배집단을 추적한 조사가 있다(Moylan
et al., 1984). 실직 후 1년 뒤에는 223명이 계속 무직상태에 있었다. 이
들 중 10퍼센트가 건강이 악화되었다고 보고하였는데, 전체 표본의 경우
건강악화는 6퍼센트인 것으로 나왔다. 그러나 이 결과가 암시적이기는
하지만 통계적으로 유의하지는 않다. 더욱 신빙성있는 조사로는 1971년
전국민 인구센서스의 1퍼센트 표본을 추적한 국세조사청의 종단연구가
있다. 이 조사에 의하면 1981년 실업자의 사망률은 비실업자보다 약 36
퍼센트가 높은 것으로 집계되었다. 이런 유형을 설명하는 갖가지 시도를
바틀리(Bartley, 1991)는 비판적으로 분석하였다. 한편으로 실직의 스트
레스에 따르는 생리적 영향을 이야기하는 이론가도 있고 다른 한편으로
경제적 자원의 중요성을 부각하기도 하며, 또 다른 한편으로는 이미 병
약한 사람이 직업을 잃을 가능성도 크다는 식의 건강선택과정을 주장하
는 연구가도 있다.

사회적 성과 건강

증거

건강의 성차에 관한 연구에서 도출된 일반적 결론은 여성이 남성보다 오래 살긴 하지만 병에 걸릴 가능성은 더 높다는 것이다. 개발국의 여성은 남성에 비해 평균수명이 약 6.5세 가량 높다(United Nations, 1991). 사실상 이것은 남아시아의 몇몇 지역(특히 방글라데시, 부탄, 몰디브제도, 네팔)을 제외하고는 세계 다른 지역에서도 마찬가지이다. 개발도상국에서도 여성은 남성보다 오래 산다. 개발도상국의 남녀 평균수명 차이는 라틴 아메리카와 카리브제도는 5년, 아프리카는 3.5년, 그리고 아시아 태평양 지역은 3년이다(United Nations, 1991: 56). 지난 수십 년간 전세계적으로 평균수명이 증가했으며 여성의 평균수명 증가율은 남성보다 빨랐다. 사실상 전체 평균수명이 증가하면서 남성과 여성간의 격차도 더욱 증가하였다. 여성이 더 오래 사는 경향이 심화된 것이다. 예를 들어 일본의 경우 1950년대 중반 남성의 평균수명은 62세, 여성은 65세였던 것이 1980년대 중반에 들어서는 각각 74세와 80세가 되었다(Kane, 1991: 23). 케인(Kane)은 그 기간동안 남성과 여성의 사망률도 변화한 사실에 주의를 환기시킨다.

사망원인 역시 남성과 여성은 다르다. 이것은 <표 7.4>에 나와 있다. 이 표는 65세 이전에 사망한 사람이 상실한 생존년수에 의거하여 각종 질환의 순위(여기에 나온 질환들은 1989년 사망한 모든 사람이 상실한 전체 생존년수 중 55퍼센트의 원인을 차지한다)를 매긴 것이다. 상실생존년수(life years lost)란 어떤 사람의 예상된 평균수명과 사망시 실제 연령간의 차이를 뜻한다. 남녀를 통틀어 가장 중요한 상실생존년수의 원인은 심장질환이었다. 그러나 남성의 상실생존년수는 여성에 비해 2.7배나 높았다. 남성의 사망원인으로 2위를 차지한 교통사고는 여성에 비해 3배 이상의 상실생존년수를 나타냈다. 유방암이 심장질환에 바로 뒤이어 여성의 두번째 상실생존년수의 원인인 것으로 집계되었다. 남녀를 통틀어 폐암이 3위를 차지하였다.

<표 7.4> 특정 유형별 질환에 의한 65세 이전 사망자의 상실생존년수(1989)

질환 범주	남성	순위	여성	순위
심장질환	450,979	1	165,248	1
폐암	115,751	3	68,686	3
자동차에 의한 교통사고	123,799	2	40,195	6
유방암	429	19	150,282	2
뇌혈관계 질환	64,484	5	63,350	4
자살 및 자해	82,161	4	24,050	9
만성 폐색성 맥관계 질환	47,398	6	42,058	5
결장직장암	44,516	7	38,981	7
자궁경부암	--	--	29,651	8
췌장암	16,619	9	15,284	11
알콜 관련 질환	23,025	8	15,461	10
당뇨병	13,896	10	12,640	12
방광암	10,156	13	4,816	16
식도, 위, 십이지장 질환	9,242	15	6,254	13
화상에 의한 사망	8,845	16	5,700	14
살인 및 구타	6,390	17	4,636	17
익사	10,624	12	2,239	18
전립선암	10,942	11	--	--
독극물에 의한 사망	9,783	14	5,168	15
후두암	4,476	18	1,028	19

출전: Godfrey 자료참조(1993: 186).

여성은 남성보다 오래 살기는 하지만 높은 이환율을 보인다. 의료기관 이용통계는 흔히 이환율을 추산하는 대리수(proxy)로 쓰인다. 여성은 남성보다 가정의를 더 자주 찾아가고 병원에 입원할 확률도 높다. 그러나 맥팔레인(MacFarlane, 1990: 44-5)은 출산에 따르는 병원이용을 제외하면 15세에서 44세 사이 남성과 여성의 의료기관 이용률의 차이가 거의 사라진다는 사실을 밝혔다. 게다가 15세 미만의 소년과 44세 이상의 남성은 같은 연령의 여성보다 병원입원율이 더 높다. 여성이 남성보다 언제나 더 많이 아픈 것은 사실이다. 건강과 라이프스타일 연구에 따르면 스스로 아프다고 하는 비율 또한 여성이 남성보다 높았다(Blaxter, 1990). 정신병으로 입원하는 환자도 여성이 남성보다 많다는 것이 기정사실이다. 여성은 조울병(affective psychosis)과 신경증 및 우울증으로 입원하기 쉬운 반면 남성은 알콜과 약물중독에 관련해서 입원하는 경우가 많다. 대표성이 있는 표본조사에 의하면 12퍼센트에서 17퍼센트의 여성이 우울중에 빠지는 반면 남성의 경우 이 비율은 6퍼센트에 머물렀다(Smith and Jacobson, 1988). 그러나 이 연구결과는 각기 다른 연령층에 따라 비율이 달라지므로 자료를 신중하게 해석해야 한다. 예를 들어 여성이 정신적인 문제로 남성보다 더 많이 입원하긴 하지만 그 이유가 여성이 남성보다 더 오래 살기 때문일 가능성이 많으며 노인일수록 정신병에 걸릴 확률이 높다. 그러나 일반적인 건강관련 자료를 보더라도 남성과 여성 사이에는 큰 차이가 존재한다. 예를 들어 콕스 등(Cox et al., 1987)의 자료를 분석한 포페이(Popay, 1992)에 따르면 여성은 '언제나 피로를 느낀다'고 보고할 확률이 남성보다 훨씬 더 높았다. 자녀가 없는 가정에서 여성의 31.3퍼센트, 남성의 19.8퍼센트가 피로를 느낀다고 응답하였다. 그러나 가장 어린 자녀가 한 살 미만인 가정을 조사했을 때 이 비율은 여성의 경우 39.4퍼센트로 올라갔지만 남성의 경우에는 단지 20퍼센트에 지나지 않았다. 요컨대 여성은 남성보다 병이 더 잘 걸리는 것처럼 보이는 것이 사실이다. 그러나 여성의 병이 남성의 병보다 심각할 가능성은 적다.

사회·경제적 차이가 남성과 여성의 건강에 다같이 영향을 미치지만 그 연관성의 성격에서는 중요한 차이가 존재한다. 전통적으로 남성과 여성은 사회계급과 건강의 분석에서 구분없이 다루어져 왔다. 그리고 여성의 사망률을 고려하기 시작했을 때 여성은 남편의 직업에 따라 분류되는 경향이 있었고 독신일 경우에만 자신의 직업으로 분류되었다. 그러므로 통계에 왜곡이 있었다고 보아야 한다. 그러나 최근 들어 여성의 삶에 더욱 적합한 측정기법이 고안되었다(Arber et al., 1986; Barker and Roberts, 1986). 이미 보았듯이 사회계급의 주요 지표는 직업이며, 국세조사청장이 제정한 것과 같은 직업 분류는 흔히 여성보다는 남성의 직무에 더 적합하다. 여성의 경우에도 고용상태가 건강에 영향을 주긴 하겠지만 아버(Arber, 1990: 85)는 다음과 같이 지적한다.

여성에게 경제적 상태가 미치는 영향은 새로운 방식의 … 경제적 측정방법으로 포착하는 것이 더 나을 듯하다. 여성의 경우 고용에 따른 모든 효과 및 직업의 성격을 따로 떼어놓고, 그 여성의 경제적 환경이 [건강에] 미치는 영향만을 이론화하고 측정할 필요가 있다.

낮은 사회계급에 속한 여성이 높은 계급의 여성보다 건강이 나쁜 것은 사실이지만 그 경사도는 남성의 경우보다 덜하다. 그러나 전세계약 기간, 자동차 소유 및 직업의 종합적인 측정치와 같은 여타의 사회·경제적 지표를 사용하면 사회·경제적 지위와 사망률의 관계는 더욱 확실해진다. 예를 들어 모저(Moser et al., 1988) 등은 자동차를 소유한 비육체노동의 독신여성의 표준사망률은 69인 데 반해, 자동차 없이 육체노동에 종사하는 독신여성의 표준사망률은 178이나 된다는 것을 발견했다.

그러므로 우리는 여성과 남성 사이에는 사망률과 이환율에 격차가 있다는 것을 알 수 있다. 그러나 여성간에도 건강의 격차는 심하며 이것으로 보아 물질적 환경이 여성의 건강상태를 결정하는 중요한 역할을 한다는 사실을 알 수 있다. 성과 물질적 환경의 두 변수를 합친 효과는 노년기의 사회적 성에 따른 불평등 상태에 큰 영향을 미치는 것이 확실하다. 여성 노인은 남성 노인보다 개인소득이 적으며 남성보다 기능적 장애를 경험할 가능성이 훨씬 더 높다. 종합가계조사 자료를 분석한 아버와 진(Arber and Ginn, 1991: 122)에 따르면 60대 후반의 여성중 중상 계급 이상 여성의 경우 중급 이상의 장애를 호소할 가능성이 7퍼센트인 데 반해 비숙련계급 출신 여성의 경우 이 수치는 20퍼센트로 증가하며 80세가 될 때까지 약 두 배 정도의 격차가 이 두 집단 사이에 계속 존재한다고 한다.

사회적 성에 따른 격차는 편부모일 때에도 명백히 드러난다. 포페이와 존스(Popay and Jones, 1990)는 편부모가 정상부모보다 건강이 나쁠 뿐 아니라 편부와 편모의 건강문제 양상이 다름을 발견했다. 편부는 나이 때문에 만성질환에 시달릴 가능성이 많고 배우자와 사별했을 가능성이 높았다. 그러나 이것을 제외하고는 모든 수치상으로 편모가 편부보다 건강이 나빴으며 사회·경제적 환경도 더 열악하다는 사실이 밝혀졌다. 편모는 더 젊고 전셋집에 살 가능성이 높았으며 실직률이 높은데다 국가의 생활보조 수당에 의존할 가능성도 높았다.

사회적 성과 건강의 관계

남성과 여성의 이환율과 사망률 차이에 관한 설명은 인위적 구성물, 유전, 사회적 원인 등 세 가지로 나눌 수 있다. 인위적 구성물이란 사회 계급과 관련해 우리가 이미 토의한 대로 건강불평등이 단순히 자료를 수집하는 과정에서 발생한 결과에 불과하다고 가정한다. 예를 들어 흔히 자가평가 건강연구 자료에 근거하는 여성의 이환율은 여성이 자기 증상을 비교적 잘 아는 특성 때문에 높게 나오기 쉬운 반면, 남성은 사회화 과정을 통해 자신이 아픈 사실을 쉽게 '인정'하지 않는 수가 많다는 것이다. 그러나 이것이 항상 옳은 것은 아니다. 예를 들어 맥킨타이어 (MacIntyre, 1993)는 감기의 인지도에 관한 연구에서 남성이 의료인의 평가에 비해 자기 증상을 높게 매기는 수가 많다는 사실을 발견했다. 맥킨타이어는 이 결과로부터 사회적 성차가 인위적으로 과장된 것이라기보다는, 병을 인지하고 보고하는 역치(thresholds)가 다르다는 점을 감안하면 그 격차가 오히려 과소평가되고 있는지도 모른다는 결론을 내렸다.

유전적 요인이 남성과 여성간의 건강 차이를 어느 정도 설명할 수 있다는 것이 밝혀졌다. 예를 들어 월드런(Waldron, 1983)은 내분비 성호르몬 때문에 여성이 심장질환에 대한 저항력이 크며, X 염색체 유전자 때문에 감염성 질환에 대한 면역성이 높다는 연구결과를 인용한다. 또한 남아는 유전적으로 약하기 때문에 여아에 비해 사망할 가능성이 높다는 점도 설명한다. 그러나 이러한 유전적 차이가 일부 현상을 설명할 수는 있겠지만 위에서 논한 모든 차이를 설명하지는 못할 것이다.

사회적 원인에 따른 설명은 남성과 여성의 생활이 매우 다르다는 점에 주의를 환기시킨다. 예를 들어 남성의 높은 사망률은 사고와 폭력을 당할 위험이 높은 생활방식 때문이기 쉬운 반면, 여성의 생활은 치명적이지 않은 병에 걸릴 가능성을 높인다는 것이다. 여성이 병이 많은 이유는 남성보다 많은 사회적 역할을 맡아야 하고 이러한 다중적인 역할(multiple roles)이 건강에 해를 끼치기 쉬운지도 모른다. 또한 여성은 남성보다 빈곤을 겪을 가능성이 높고(Payne, 1991), 이 장에서 본 대로 빈곤은 질병의 주요한 결정인자이다. 그러므로 여성의 건강상태를 이해하기 위해서는 여성의 사회적·경제적 삶의 환경을 이해할 필요가 있다. 여성은 일반적인 경제적 활동의 전 영역을 통해 남성보다 불리하다. 직장에서 여성은 남성에 비해 봉급이 낮고 직급도 낮을 가능성이 많다. 또한 여성은 직장과 국가의 소득보전 부문에서도 차별을 당한다. 예를 들어 여성은 시간제로 근무하기 쉽고 기여제 국민보험이나 연금혜택을 받을 가능성이 상대적으로 낮다. 뿐만 아니라 여성은 남성보다 친지의 간호를 맡기 쉬우며 [국가의] 소득보조수준도 제한될 가능성이 높다. 가정에서 여성은 가계에 대한 결정권이 적은데도 불구하고 역설적으로 생활이 힘들 때면 살림을 잘못 살았다는 책임을 져야 한다(Miller and Glendinning, 1989).

여성, 건강 및 가사의 사회적 조직

대부분의 여성이 생활이 쪼들릴 때 그 책임을 모두 져야 한다는 사실은 여성의 불이익을 더욱 심화시킨다. 예를 들어 여성은 집에 혼자 있을 때 난방을 끄고 있기 쉬우며 자신보다 남편과 자녀의 식단에 신경을 쓴다는 사실이 밝혀졌다(Graham, 1984). 사정이 더 나쁜 것은 우리 사회에서 가사노동이 경제활동으로 인정되지 않기 때문에 여성은 자신의 일이 경제적으로 아무 가치도 없다는 생각을 하기 쉽다는 사실이다. 밀러와 글렌디닝(Miller and Glendinning, 1989: 371)은 다음과 같이 지적한다.

> 여성의 가사노동은 경제적 가치를 전혀 인정받지 못하고 가정 수입원의 일부로 대접받지 못한다. 이 때문에 가계를 '알뜰하게' 꾸리지 못해 생활이 어려워지게끔 '만들었다'는 비난을 흔히 듣게 되는 것은 바로 가정의 관리자인 여성이다.

여성의 경제적 불이익 중에서 우리가 간과하기 쉬운 측면은 최근까지 이 문제가 전혀 부각되지 않았다는 데 있다. 가정내 소득분배에 관한 연구에 의하면 여성의 경제적 상황이 심각하며 돈과 물품이 고르게 분배되

지 않고 있다고 한다(Pahl, 1990). 더욱이 여성은 남성보다 가계생활비-
특히 식품비-에 개인소득을 더 많이 지출한다. 팔(Pahl, 1990)은 다음과
같은 사실을 발견했다.

[맞벌이 부부의 경우] 아내가 가계에 상대적으로 더 많은 지출을 한다. 만
일 남편과 아내의 소득이 똑같이 오른다면 여성 소득의 증가분중 28퍼센트가
가계에 지출되는 반면 남성의 소득은 16퍼센트만이 지출된다.

그러므로 사회적 불평등이 가정에 반영되고 가정의 불평등이 다시 사
회에 반영되는 것이다(Pahl, 1990: 137). 여성의 낮은 임금을 감안할 때
생활수준을 올려서 여성과 어린이의 건강상태를 개선하려면 경제적 혜
택이 여성에게 직접 돌아갈 수 있는 정책을 실시해야 할 것이다.

가사노동의 부담

포페이와 바틀리(Popay and Bartley, 1989)는 가사노동이 건강에 미치
는 결과를 연구하였다. 여기에 따르면 가정의 '근로조건'-환기, 소음,
습기, 냉온, 화장실 사용, 구급시설-이 건강상태에 영향을 미친다는 사
실이 발견되었다. 전체적으로 보아 소음을 제외하면 정규직장의 근무환
경이 가사노동현장의 근로조건보다 양호한 것으로 나타났다. 런던의
1,700가구를 조사한 한 연구결과를 보면 위의 사실이 중요한 의미를 가
진다. 정규직장에 다니며 자녀가 있는 여성의 경우 일주일 평균 64시간,
시간제 근무일 경우에는 75시간, 전업주부일 경우에는 87시간의 가사노
동을 하였다. 표본이 된 전체 여성중 57퍼센트가(자녀의 유무를 떠나) 하
루에 최소한 5시간을 가정에서 '근무하였다'. 이것은 14퍼센트의 남성만
이 가사노동을 한 것과는 대비된다(Popay and Bartley, 1989: 91).
경제적으로 어려운 여성이 가정에서도 불건강한 환경에서 생활할 가
능성이 분명 높지만 포페이(Popay, 1991)는 빈부에 관계없이 자녀를 둔
어머니에게 공통적인 심리·사회적인 측면이 있음을 발견하였다. '좋은
어머니'가 되어야 한다는 사회적·도덕적 압력이 사회계급을 통틀어 존재
하는 것이다. 앞에서 본 대로 부유한 가정의 여성도 경제적으로 남편에

의존할 가능성이 높으며 대개의 가정에서 음식을 장만하고 자녀의 의복을 준비하는 것과 같은 보호활동의 책임은 여성의 몫이다. 포페이는 다음과 같이 말한다(Popay, 1991: 25).

> 사회적 성의 사회구조와 이념은 사회계급에 상관없이 팽배해 있다. 이러한 구조와 이념은 유아기에 이미 시작되어 경제활동 연령인 청장년기를 거쳐 노년까지 이어지면서 여성을 가정내 역할에만 묶어두는 역할을 한다. 이러한 여성의 역할은 구직의 가능성과 경제적인 통제권을 제한하여 극히 부유한 가정내에서조차 상대적인 빈곤상황을 조성한다.

포페이는 여성이 경제적 통제권이 없으므로 자신의 욕구를 무시하고 주변의 욕구만 보살피게 된다고 주장한다. 이러한 요인 때문에 여성의 잔병이 많은지도 모른다.

지금까지 여성의 높은 이환율과 낮은 사망률의 원인을 간단히 살펴보았다. 여기에 따르면 사회적 성의 문제를 제대로 다루지 않는 사회·경제적 분석은 필연적으로 왜곡된 세계관을 낳는다는 것을 알 수 있다. 노동이 건강과 소득분배에 미치는 영향은 사회적 영역에서 검토되어 왔지만 가정의 영역에서 이러한 영향을 검토하기 시작한 것은 비교적 최근의 일이다. 사회적 성에 따른 불평등이 오랫동안 간과되어온 것처럼 '인종'에 따른 건강유형의 문제도 지금까지 숨겨져 왔다. 사실 '인종'과 건강의 문제는 여태껏 건강과 질병의 사회학내에서 비교적 주목을 받지 못한 것이 사실이다(Ahmad, 1992).

'인종'과 건강

지난 수십 년간 '인종(race)'과 건강에 관한 역학 문헌이 증가해 왔다. 이 문헌은 건강상태가 '인종적으로' 유형화된다는 점을 보여준다. 역학연구에 비해 이 문제에 관한 사회학적 연구는 미미한 형편이다(Ahmad, 1993). 이러한 연구의 불균형은 여러 가지 결과를 낳았다. 첫째, 지금까

지 실시된 연구는 여러 사회집단의 생물학적이고 개인적인 특성에만 초
점을 맞춤으로써 생의학적 접근방식을 취하는 경향이 있었다. 둘째, 소수
인종에 공통적인 건강문제를 도외시하고 겸상적혈구빈혈(sickle cell ana-
emia)[58], 지중해빈혈(thalassaemia)[59], 구루병과 같이 특정 집단에만 주로
발견되는 병을 취급하는 경향이 있었다. 셋째, 어떤 경우에는 '인종' 그
자체가 건강과 질병의 원인을 제공하는 독립변수로 취급되어 왔다. 넷째,
'인종'과 '민족성(ethnicity)'의 개념을 명확히 별개의 개념인 양 처리하
고 이 개념이 사회적으로 창조된 범주라는 사실을 무시하는 경향이 있었
다.[60] 마지막으로 '인종'이 민족주의, 식민주의, 제국주의, 인종주의 등에
의해 형성된 사회적 관계를 나타내는 지표역할을 어느 정도나 할 수 있
는가 하는 점이 간과되곤 하였다. 이런 이유로 '인종'과 건강에 관한 소
위 역학적 '증거'는 신중히 취급할 필요가 있다.

증거

컬리와 다이슨(Culley and Dyson, 1993)은 '인종'이 건강에 미치는 유
형을 소개하였다. 인도에서 태어난 사람은 평균 이상의 심장질환, 당뇨
및 폐결핵을 앓고 있다. 그러나 몇 종류의 암과 기관지염의 경우는 평균
이하의 이환율을 보인다. 아프리카와 카리브제도에서 태어난 사람은 뇌
졸중, 고혈압, 당뇨병이 많다. 영국 전체 남성의 사망원인중 3분의 1이

---

58) 유전성의 용혈성 빈혈로서 혈액 속의 적혈구가 낫 모양으로 변형되는 특징을
    보인다. 아프리카 중부지역의 원주민에게서 많이 발견된다.-역주
59) 유전성 용혈성 빈혈의 한 형태이며 원래 그리스어의 바다를 뜻하는 '*thalassa*'
    에서 비롯된 병명이다.-역주
60) 인종은 생물학적 동질성을 지닌 집단으로 정의되어 왔지만 이 정의의 신체적·
    문화적 의미를 둘러싸고 수많은 수정을 거쳐왔다. 오늘날 대다수 사회학자는
    인종이 사회적으로 창조된 범주라고 보며 인종집단간의 우월성과 착취상황을
    부각하기 위해 이 단어에 따음표를 붙여 쓰는 경우가 많다. 반면 민족집단
    (ethnic group)은 다른 집단과 구분되는 역사, 문화, 언어, 종교, 규범 등을 지닌
    동일체로 정의되지만 이 또한 논란이 없는 바가 아니다. 인종적 정체성과 관련
    해서 민족성(ethnicity)이라는 말을 쓰는 경우도 있지만 인종적 속성이 민족성을
    구성하는 필요조건은 아니다. 이 책에서 논하는 '인종'과 '민족'은 주로 영국사
    회에 사는 소수집단을 지칭한다.-역주

순환계 질환이지만 50세 이하의 인도출신 남성에게서 이 비율은 약 50
퍼센트로 높아진다(Balarajan and Bulusu, 1990). 잉글랜드와 웨일즈 지
역의 허혈성 심장질환과 뇌혈관계 질환의 이환율은 각 '민족집단'에 따
라 다양하게 나타난다(Balarajan, 1991). 예를 들어 1979년에서 1983년
사이 허혈성 심장질환에 의한 사망률은 인도출신 집단에서 가장 높게 나
타나며 남성은 136, 여성은 146의 표준사망률을 보이는데 이 중에서도
특히 20세에서 29세 사이의 젊은 남성은 표준사망률이 313이나 되었다.
이런 '인종적' 차이는 여타 요인을 고려하지 않았으므로 오해의 소지가
있다. 이러한 격차가 인종 그 자체에 관련된 것인지 아니면 소위 '인종'
과 건강간의 관련성이라는 말이 다른 중요한 변수를 숨기지나 않는지 조
사해 볼 필요가 있다. 예를 들어 폴레드낙(Polednak, 1990)은 흑인과 백
인 사이의 사망률을 비교하여 연령별 사망률이 흑인이 더 높다는 사실을
발견하였다. 그러나 교육수준을 통제해 보았을 때 흑인의 사망률이 더
낮게 나왔던 것이다.

어머니의 출신국가와 연관시켜 출생통계를 분석하여도 중요한 차이가
발견되었다. 체중미달, 사산, 출산관련 사망과 영아사망률은 일반적인 건
강상태, 특히 여성의 건강상태를 나타내는 중요한 지표이다. 방글라데시,
인도, 동아프리카 출신의 여성에게서 태어난 아이의 평균체중은 영국출
신 어머니의 아이보다 300그램이 가벼웠으며 카리브제도와 파키스탄 출
신 어머니가 낳은 아이는 100그램이 가벼웠다(Parsons, et al., 1993). 이
차이는 통계적으로 유의하다. 그러나 출산통계 분석에 의한 연구는 매우
복합적이다(Parsons et al., 1993: 59-60). 1990년 영연방국가 출신 어머
니에게 태어난 어린이의 사산율 및 영아사망률은 영국에서 태어난 어머
니에게서 난 어린이보다 40퍼센트 높았다. 그러나 방글라데시 출신 어머
니의 사산율이 영국 출신 어머니의 사산율보다 상당히 높긴 했지만 신생
아사망률은 낮게 나타났다.[61]

---

61) 일반적으로 신생아사망률(neonatal mortality)은 생후 4주내의 사망비율, 영아
사망률(infant mortality)은 생후 4주부터 1년 사이의 사망비율을 말한다. 사산
(still-birth)은 사망한 상태의 출산을 말한다. 출산관계 통계에서는 사산까지 포
함한 총 출산건수와, 살아서 출생한 출산아(live-birth)의 출산건수를 구분한다.

측정에 따르는 문제

'인종'과 건강에 관한 자료를 비교하는 것은 극히 문제가 많다. '민족 집단' 또는 '인종집단'을 정의하는 보편적인 기준은 없다(Pearson, 1991). 예를 들어 '아시아인' 따위의 집합적 정의는 그 자체로서 처리하는 것이 좋은 피부색, 출생지, 종교, 언어 등의 광범위한 요인을 구분없이 취급하는 경향이 있다. 위에서 인용한 대부분의 자료는 출생지를 '인종'의 지표로 삼고 있다. 그러나 영국에 사는 흑인의 40퍼센트가 영국에서 태어난 사실을 보더라도 그와 같은 자료의 문제점을 알 수 있다. 따라서 그러한 자료는 영국에 거주하는 흑인의 건강상태를 말해준다고 하기보다는 이주해온 흑인의 건강상태를 말해줄 가능성도 충분히 있다.

그러나 지난 10년 사이 '인종'을 측정하는 기법이 더욱 발전하였다. 1991년의 센서스는 최초로 민족에 관한 네 가지 질문항목을 신설했으며 이 네 가지 지표는 완전히 만족스럽지는 않지만 추후 더욱 세밀한 2차 분석이 가능하게끔 구성되어 있다. 이 지표는 우선 면접조사원이 평가한 응답자의 '흑인' 또는 '백인' 여부, 응답자의 출생지, 응답자 부모의 출생지, 그리고 1983년부터 실시한 중요항목인 응답자 자신이 생각하는 민족 등으로 구성되어 있다.

아마 '인종'과 건강의 측정에서 가장 큰 문제는 개념 자체의 명확한 기준이 없다는 점일 것이다. 연구자는 도대체 인종을 생물학적으로 생각하는가 아니면 사회적 특성이라고 생각하는가? 연구자가 선정한 지표가 측정하려는 대상과 그 측정결과의 해석은 '인종'에 의한 건강불평등의 유형화를 설명하는 데 영향을 미친다.

인종적 불평등의 설명

'인종'에 의해 건강상태가 유형화되는 이유로 유전, 문화, 사회구조 세 가지의 설명이 가능하다. 처음 두 가지 요인이 어느 정도 영향을 미치긴 하겠지만 사람들이 살아가는 사회적 환경과 그 속에서 사람들이 경험하는 사회적 관계가 가장 중요한 고려사항이라는 점을 뒷받침하는 증거가

―역주

있다. 그러나 이미 보았듯이 이 분야의 연구는 대부분 생의학적 성격을 가졌으므로 그러한 사회·구조적인 설명은 간과되어 온 경향이 있다.

유전적 설명은 위에서 본 대로 몇몇 유전성 혈액질환의 이환에 영향을 미치고 기타 몇 가지 질환과 영아사망률에 일정 역할을 하겠지만 이것만으로는 건강상태의 광범위한 '인종적' 유형을 설명하기는 불가능하다.

사회계급과 연관해 이미 논의했듯이 문화적 설명은 사람들의 행동의 측면에서 건강의 차이를 설명한다. 노동계급이 중간계급보다 불건강한 라이프스타일을 유지하고 건강을 위한 활동을 하지 않는다고 추정하는 것처럼, 흑인은 흔히 종교 또는 문화적 신념에 기인해서 불건강한 라이프스타일을 영위한다고 생각하기 쉽다. 예를 들어 아시아계 어린이에게서 발병률이 높은 구루병은 비타민 D의 결핍 때문에 발생한다고 생각된다. 아마드(Ahmad, 1989)는 이 현상이 한결같이 부적절한 식습관과 피부에 흡수되는 햇빛을 가리는 의복의 착용 때문이라고 설명된다는 사실을 지적한다.

근친혼―사촌 이내의 가까운 친척 사이의 결혼―역시 점점 더 문화적 설명의 한 방편으로 이용되고 있다(The Lancet, 1991). 근친혼이 상염색체성 퇴행질환을 유발할 가능성이 높다는 것이다. 그러나 이러한 설명에는 두 가지 문제가 있다. 첫째, 문화적 영향을 과장하는 경향이 있다. 아마드(Ahmad, 1993: 21)는 "아시아인, 특히 영국의 파키스탄계에서 높은 근친혼이 의학계에서 이들의 건강을 설명하는 확정적인 '설명적 가설'로 자리잡았다"고 말하면서, 점점 더 많은 연구자들이 "출산의 '산출물(outcome)', 혈액질환, 암, 안질환 등 어떤 병이든지 이 새로운 설명의 옷걸이에 걸기 시작했다"고 지적한다. 둘째, 친척 사이의 결혼이 가져오는 건강과 사회적 이점은 무시된다. 예를 들어 남편의 입장에서는 지리적·문화적 고립에 의해 마땅한 배우자를 찾기 힘들고, 재산 특히 토지를 보존하기 용이하다는 이유로 그리고 아내는 숙모가 바로 시어머니가 되는 친척집으로 시집을 가게 되어 심리적 안정과 사회적 지원을 받을 수 있기 때문에 근친혼이 성한다는 것이다. 또한 이민국 직원이 가까운 친척과의 중매결혼을 진짜 결혼으로 간주하는 경향이 있다는 점도 지적된다

(The Lancet, 1991).

사회적 요인을 배제하고 '인종'과 건강의 격차 문제에만 치중하는 역학적 연구는 연구결과를 문화적으로 설명하는 경향이 있다. 왜냐하면 건강의 격차가 사회적 맥락에 의해서가 아니라 어떤 '민족집단'의 특성에 기인한다고 상정하기 때문이다. 따라서 보건교육 캠페인을 강화하자는 식의 상투적인 결론이 나오곤 한다(10장을 보라). 예를 들어 심장질환 발생비율을 조사한 한 연구(Balarajan, 1991: 563)는 "특히 우려되는 바는 인도계 이민자의 허혈성 심장질환 증가율이다. 따라서 특별한 공중보건 캠페인뿐만 아니라 추가연구가 요망된다"는 결론을 내린다.

이런 식의 접근이 갖는 문제점은 개인에게 책임을 전가하고, 문화를 병적인 양 간주할 뿐만 아니라 건강격차의 주원인을 찾지 못한다는 데 있다. 따라서 해결책도 제한적일 수밖에 없다.

이런 시각에서 보면 건강과 의료의 인종적 불평등은 문화적 차이와 문화적 결함 때문이라고 설명되어 버린다. 소수집단 측에서는 사회에 통합되려는 노력이, 의료전문가 측에서는 문화적 이해와 사려깊은 배려가 필요하다는 식의 뻔한 결론이 나오는 것이다. 개인적이고 제도적인 인종차별 문제는 이러한 설명 앞에서 설 자리가 없어진다.(Ahmad, 1993: 2)

또한 소수집단의 건강한 행동과 '건강한' 문화적 관행은 쉽사리 무시되는 것 같다. 예를 들어 아시아계 여성은 흡연과 음주율이 낮다. 지역사회의 보건을 향상시킬 전략을 수립하기 위해 북부지역의 한 보건당국이 용역을 의뢰한 연구에 따르면 빈민가에 거주하는 일단의 아시아계 여성들은 "이런 캠페인[금연, 금주 등]은 우리에게 아무 소용도 없어요. 담배 피우고 술 마시는 사람이 아무도 없는 걸요"라고 응답하였다. 그들은 자신의 심신건강이 나쁜 이유로 사회적 고립, 인종차별 횡포에 대한 불안과 그 빈도, 냉습한 주택 등을 꼽았다(Nettleton, 1993: 25).

그러므로 사회·구조적 설명은 흑인이 병에 걸리기 쉬운 이유가 그들이 물질적으로 빈궁하기 때문이라고 가정한다. 이것은 또한 제도화된 인종차별과 관련을 지닌다. 블랙번(Blackburn, 1991: 36-7)은 이 견해를 다음과 같이 요약한다.

소수민족집단 특히 흑인은 실업률이 높거나, 임금수준이 낮으며, 열악한 주거환경, 그리고 백인에 비해 사회적·교육적으로 낙후된 지역에서 사는 수가 많다. 흑인은 백인 노동계급의 불이익과 그 이상의 불이익을 한꺼번에 겪는다.

저자가 '그 이상'이라고 말한 것은 다름아닌 흑인이 일상적으로 경험하는 인종차별이다. 인종차별은 제도적인 수준과 개인의 수준에서 모두 발생한다. 흑인은 경제적으로 낙후된 지역에 거주할 가능성이 높을 뿐 아니라, 1991년의 인구센서스에 나타나듯이 소수민족집단은 빈민주거지역에 집중되어 있으며 전국적으로 고르지 않게 분포되어 있다(Balarajan and Raleigh, 1993). 그들은 또한 주택을 구할 때에도 차별을 받는 수가 많다(Ginsberg and Watson, 1992). 예를 들어 런던시 타워 햄릿구의 방글라데시 가구를 대상으로 한 연구에 따르면 이들은 구청당국으로부터 허술한 공영주택을 불하받기 쉽다고 한다(CRE, 1988). 게다가 이들은 비좁은 집에 살 가능성이 높다. 1991년 현재 전국 가구중 일인당 둘 또는 그 이상의 방을 가진 가구가 절반이 넘는 데 비해 세대주가 파키스탄 또는 방글라데시인일 경우 이 비율은 일곱 가구중 한 가구에 지나지 않았다(CSO, 1993b).

이런 현상은 식민지배를 한 영국의 과거 때문에 비롯되었다(Williams, 1989). 영국에 흑인이 살기 시작한 역사는 500년이 넘지만 다수의 이민이 본격화된 것은 2차대전 후 노동력이 부족했을 때였다. 당시 영국정부가 후원하고 국립보건제도, 런던시 교통국, 영국 호텔레스토랑 협회 등이 주축이 되어 외국노동력의 이주를 적극적으로 유치했었다(Patel, 1993: 116). 현재도 흑인은 저임금 육체노동직, 직조, 섬유와 같은 위험업종, 가사보조 등의 분야에 많이 분포되어 있으며, 교대근무를 해야 할 경우가 많다. 흑인은 또한 특히 불황기에 해고되기 쉬운 산업에 많이 진출해 있으므로 직업안정도가 낮다(Bhat et al., 1988). 이런 역사를 노년의 한 아시아계 여성은 다음과 같이 표현한다. "우리 부모들은 여기에 불려온 거

나 마찬가지예요. 필요할 때엔 데려다 쓰고 이제 우리가 늙고 병드니 죽
게 내버려 두는 거지요"(Nettleton, 1993: 38). 실제로 흑인 노인의 건강
은 무시되어 왔고 의료서비스도 분명 인종차별적인 요소가 있다(Patel,
1993). 유색인종을 차별하는 데에는 고정관념도 한몫을 한다. 예를 들어
아시아인은 모두 대가족이 모여 살기 때문에 사회적 지원이 필요없다고
가정하곤 하지만 위에서 본 바와 같이 일부 아시아계 여성의 가장 큰 걱
정은 사회적 고립과 소외 그리고 범죄의 두려움이었다(Nettleton, 1993).
　건강과 질병의 인종적 유형은 역사적으로 또한 본질적으로 인종주의
적인 사회 속에서 형성된 흑인의 포괄적인 경험을 감안하지 않고서는 이
해될 수 없다. 우리가 '인종'과 건강상태 사이의 연관성을 발견한다면 그
것은 흑인의 건강궤적을 형성하는 그들 특유의 어떤 이유 때문이 아니라
그들이 살아가야만 하는 이 사회의 맥락에 숨어 있는 어떤 이유 때문일
것이다.

지리적 불평등과 세계적 불평등

　사망률과 이환율은 공간적으로도 유형화되어 있다. 사회계급, '인종',
사회적 성 및 연령 등과 같은 건강관련 사회적 요인이 지리적으로도 불
평등하게 분포되어 있다면 이것은 분명 건강의 지역적 격차로 나타날 것
이다. 경제적으로 낙후된 지역의 사망률이 높은 것은 확실하다. 영국에는
건강상태의 측면에서 남북격차가 명백히 존재한다. 그리고 이러한 지역
격차는 잉글랜드와 웨일즈 내에서도 발견된다. 이스트 앵글리아 지방의
표준사망률이 83.4인 데 비해 북부지역에서는 이것이 116으로 상승한다
(Eames et al., 1993). 임즈 등(Eames et al., 1993)은 빈곤수준과 병동의
사망률 수준을 추가로 조사하여 어떤 지역의 빈곤과 사망률간에는 강력
한 상관관계가 있음을 발견했다. 사망률이 높은 지역은 주민의 흡연율이
높고 지방질 섭취율이 높으며 운동도 적게 할 가능성이 높았다.
　건강에 영향을 미치는 다른 여러 가지 요인과는 별개로 지리적 위치만

을 놓고 볼 때 이것이 건강을 좌우하는 정도를 파악하기란 극히 어렵다. 경제적 빈곤, 주택, 이주와 같은 요인과, 수질, 대기오염, 기후와 같은 환경요인 사이에는 필연적으로 어떤 상호작용이 있게 마련이다(Britton et al., 1990). 한 지역의 사망률이 그 지역의 보건의료 수준을 반영하지 않는다는 점은 흥미로운 사실이다(Eames et al., 1993; Mackenbach et al., 1990). 이 발견은 위에서 논한 대로 보건의료 서비스와 상관없이 역사적으로 건강상태가 현저히 개선되었다는 맥퀸의 주장을 뒷받침한다. 킴과 무디(Kim and Moody, 1992)는 국제적으로 117개국의 보건의료비 지출 수준과 건강상태를 조사한 결과 보건의료에 투자한 지출이 영아사망률을 낮추는 데 큰 도움이 되지 않았다는 사실을 발견했다. 이와 대조적으로 교육, 칼로리 섭취율, 위생적인 식수공급 수준과 같은 여타 사회·경제적 부문의 투자는 건강상태 증진에 기여한 것으로 나타났다.

퀵과 윌킨슨(Quick and Wilkinson, 1991)은 선진 자본주의사회를 조사하여 나라의 국민총생산(GNP)과 평균수명간에 관계가 있음을 발견했다. 그러나 한 나라가 부유할수록 국민이 더 건강한 것은 아니었다. 그들은 어떤 수준 이상으로는 소득이 증가해도 수명이 더 증가하지는 않는 일인당 평균소득의 한계점이 있다는 사실도 알아냈다. 퀵과 윌킨슨에 따르면 핵심적인 변수는 불평등이었다. 어떤 나라가 평등을 지향할수록 국민이 더 건강한 것이다. 불평등은 빈곤층의 건강상태뿐 아니라 전체국민의 건강상태에 해를 끼친다. 그들은 연구대상 국가에서 평등한 소득과 평균수명간의 상관관계를 발견했다. 네덜란드, 노르웨이, 일본 등과 같이 비교적 고른 소득분포를 가진 나라는 비교적 평균수명이 높았다. 그러나 우리는 이러한 자료를 해석할 때 몇 가지 점에서 신중을 기해야 한다. 첫째, 연구에 포함된 국가의 수가 제한되어 있으므로 조사대상국을 늘려도 같은 결과가 나올지는 알 수 없다. 둘째, 평균수명에 영향을 미치는 것이 평등한 소득 그 자체인지 아닌지가 확실치 않다. 예를 들어 국민 전체의 교육환경 및 교육수준과 같이 건강에 영향을 미치는 다른 어떤 요인이 이들 나라에 있을 수도 있다. 셋째, 평균수명은 현재의 소득분포를 반영하기보다는 그 나라 국민의 과거생활을 반영할지도 모른다.

소위 산업화된 나라와 개발도상국 사이의 사망률 및 이환율의 차이는 극심하다. 신빙성 있는 자료수집이 어렵기 때문에 개발도상국의 자료가 사망률과 이환율을 과소평가하고 있을 가능성이 높다(Timmeas et al., 1988). 그러나 전세계를 통해 평균수명에 격차가 존재하는 것은 분명하다(United Nations, 1991). 영아사망률은 흔히 건강상태를 말해주는 중요한 지표로 간주된다. 1985년 유엔에 자료를 제출한 36개 아프리카 국가중 출산아 천 명당 영아사망률이 50 이하인 곳은 두나라에 불과했다. 그리고 이 중 28개국은 영아사망률이 100 이상이었다(World Health Statistics, 1989). 이 수치는 1987~88년 사이 영아사망률이 9.1인 잉글랜드, 10.1인 미국, 4.8인 일본과 비교된다(Department of Health, 1992: 6). 개발국과 개발도상국의 모성사망률(maternal mortality rates)은 다른 어떤 보건지표보다도 더 큰 차이를 보인다. 대다수 선진개발국은 모성사망률을 극히 낮은 수준으로 떨어뜨리는 데 성공했다. 개발도상국도 모성사망률 감소에 성공한 경우가 많다. 예를 들어 빈곤한 국가인 잠비아는 출산아 십만 명당 모성사망률이 151인 데 반해 부탄은 1700, 소말리아는 1100에 달한다(United Nations, 1991: 57-8).

사망과 질환의 원인도 세계적으로 상당한 편차를 보인다. 인구학자와 역학자가 말하는 건강의 전이(health transition)란 지리적 위치에 따라 병의 성격과 정도가 달라지는 현상을 지칭한다. 사회·경제적 변화와 관련해 사망률과 이환율의 원인이 변천한다는 사실을 확인한 것이다(Lopez, 1990). 따라서 건강의 전이는 전염성 질환의 감소와 비전염성 퇴행성 질환(순환계 질환, 암, 소화기계 질환 및 선천성 장애 등)의 상대적 증가를 동반하는 보건수준의 향상을 의미한다(Phillips, 1990: 35; Kjellstrom and Rosenstock, 1990). 나병, 이질, 폐결핵, 말라리아와 같은 전염성 질환과 기생성 질환은 바이러스나 박테리아의 특정 병인을 가지고 있지만 병에 대한 저항력이 사회·경제적 요인에 의해 매개된다는 점을 간과해서는 안된다. 이런 질환은 과거 서구에서도 창궐한 적이 있기 때문에 단순히 '열대성' 질환만은 아닌 것이다(Doyal with Pennell, 1979).

이와 관련해서 등장하는 역학적 전이(epidemiological transition) 개념이란 사회·경제적 조건과 건강조건의 향상으로 인해 낮은 평균수명 및 감염성 질환에 의한 높은 영아사망률 상태로부터, 높은 평균수명과 퇴행성 질환에 의한 사망으로 역학적 특성이 전이되는 것을 말한다. 역설적으로 전염성 질환의 감소와 상관이 있는 산업개발 등의 요인이 비전염성 질환의 상대적인 증가원인을 제공하기도 한다. 예를 들어 켈스트롬과 로젠스톡(Kjellstrom and Rosenstock, 1990: 194)은 흡연, 석면공해, 자동차 사고 및 살충제 생산의 영향을 논하면서 다음과 같이 지적한다.

경제발전이 이루어지면서 과거에는 비위생적 생활과 실내환기, 영농관련 사고로 대별되던 환경 및 근로상의 위해요인이, 오늘날에는 도심 대기공해, 유해물질 배출과 자동차 사고 등으로 계속 변화해 왔다.

또한 제3세계의 열악한 건강은 서구의 식민주의와 제국주의의 측면에서도 이해할 필요가 있다(Doyal with Pennell, 1979). '북반구'가 '남반구'에 가한 투자와 착취의 결과 생태계가 파괴되었으며 제3세계는 차관을 통해 원조받은 액수보다 더 많은 이자를 지불하는 재정위기를 겪어야 했다.

결론

이 장에서는 사회계급, 사회적 성, '인종' 및 지리적 위치와 같은 변수에 따라 건강불평등 상태가 조직적으로 존재함을 살펴보았다. 또한 이러한 변수들이 서로 작용하면서 건강과 질병의 불평등과 관련해 복잡한 사회적 유형을 낳는다는 점도 알아보았다. 그러나 보건의료서비스가 이런 불평등유형에 적절하게 대응하고 있는 것 같지는 않다. 이십수 년 전에 이미 튜더하트(Tudor-Hart, 1971: 412)가 지적한 대로 '양호한 의료제공과 지역주민의 욕구는 반비례하는 경향이 있다'. 이러한 '의료제공의 반비례 법칙(inverse-care law)'은 물질적으로 빈곤한 사람일수록 의료서비스 제공률이 낮은 지역에 살 가능성이 높다는 사실을 뜻한다. 그러나 이 상태가 개선되더라도 건강불평등은 단순히 의료의 제공을 늘린다고 해서 해결될 수는 없다. 이미 보았듯이 건강불평등은 주로 보건의료 영역 너머에 존재하는 요인들의 영향을 받기 때문이다.

제8장
후기모더니즘과 공식적 의료의 사회적
관계변화

서론

2000년대를 앞두고 새롭게 대두되는 지배적인 사회형태에 주목하는 사회학자가 많다. 많은 사람들이 이러한 사회적 변화를 근대성(moderni-ty)에 기초한 사회구조가 근본적으로 새로운 질서로 대체되는(Lash and Urry, 1994) 포스트모더니즘화(postmodernization)의 한 과정으로 이해한 다(Crook, et al., 1992). 그러나 기든스(Giddens, 1990; 1991)와 같은 학자는 현대사회가 다른 형태로 대체되고 있는 것이 아니라 근대성의 핵심을 이루는 여러 양상이 더욱 역동적이고 한층 더 강화된 모습으로 바뀌고 있을 뿐이라고 주장한다.

> 현대세계는 '통제불능의 세계(runway world)'이다. 사회변화의 속도가 과거 어떤 세계보다 빠를 뿐 아니라 기존의 사회적 관행과 행동에 미치는 변화의 폭과 깊이가 과거와는 비교하기 힘들 정도로 넓고 깊다.(Giddens, 1991: 16, 원저자 강조)

따라서 기든스는 현대를 후기모더니즘(late modernism)이라고 부르는 것이 더욱 적절하다고 강조한다. 이 말은 기존의 사회적 관계와 사회구조가 내부적으로 유동적인 상태에 있음을 의미한다. 사회조직 역시 끊임없는 개편과 변화의 대상이 되고 있다. 이 장은 이러한 사회 전체의 변화가 공식적인 의료업무의 사회적 관계에 얼마나 반영되는지를 검토한다. 국립보건제도(NHS)[62]는 전 역사를 통해 항상 개편의 대상이 되어 왔지만(Levitt and Wall, 1992) 최근의 변화는 그 자체로서도 중요할 뿐 아니라 후기모더니즘의 사회·문화적 변동과 불가분의 관계를 이룬다는 점에서도 중요하다.

이 장은 위의 맥락에서 공식적 의료의 사회적 관계변화를 점검한다. 이것을 위해서 NHS의 최근 변화뿐만 아니라 과거의 주요한 변화도 알 필요가 있다. 예를 들어 의료전문직의 역할이 NHS 개편 후에 어떻게 변화했는지를 충분히 이해하려면 전문직화(professionalization)의 사회·역사적 과정의 이해가 선행되어야 한다. 그러므로 우선 근대성과 후기모더니즘 상황 속의 전문직에 관한 문헌을 살펴보기로 한다. 다음은 후기모더니즘 속에서 전문직의 지배상황이 쇠퇴하는 증거를 검토하고 현재 대두되는 있는 대안적인 의료형태를 알아본다. 이런 변화는 NHS의 개편과 연관지어 이해해야만 한다. 그리고 일부 학자가 포스트포디즘(post-Fordism)이라고 이해하기도 하는 NHS 개편현황을 알아본 후, 공식적 의료업무의 사회적 관계변화와 그에 따른 변혁, 즉 '신경영주의'의 대두, '새로운' 전문가 집단인 보건경제학자의 출현 및 개편된 NHS 속에서 변하고 있는 보조직 업무 등을 다룬 최근의 사회학 연구실적을 검토하면서 결론을 내린다.

---

62) 1948년 영국 노동당 정부에 의해 설립된 National Health Service(NHS)의 정확한 성격은 그 명칭에 잘 반영되어 있다. 국유화되어 있으면서 국가의 일반예산으로 운영되고 원칙적으로 진료비는 무료이고(National), 병의 치료뿐만이 아니라 국민의 질병예방과 보건증진에도 똑같이 비중을 두며(Health), 개인의 지불능력에 의해서가 아니라 각자의 필요한 욕구에 따라 서비스를 제공받는 공적인 봉사조직(Service)이라는 의미를 가지고 있는 것이다. 전통적으로 NHS는 영국 사회복지제도 중에서 핵심부분을 이루어 왔고 따라서 '복지국가 왕관의 보석'이라고 불린다. 1980년대 들어 보수당 정부에 의해 추진된 NHS의 대대적인 개혁은 NHS의 기본구도를 살리면서 더 큰 효율성과 합리성을 부여할 수 있는 방안에 초점이 맞추어져 있다[Klein, R. (1995), *The New Politics of the NHS*, 3rd ed., London: Longman]. ─역주

의료전문직의 사회학

사회학자들은 관심의 대상인 전문직에 대해 다음과 같은 질문을 제기해 왔다. 전문직의 특징은 무엇인가? 왜 어떤 직종만이 전문직의 지위를 얻는데 성공했는가? 전문직으로부터 인정을 받기 위해 일반 직업집단은 어떤 전략을 구사하는가? 전문직화 전략이 어느 정도나 계급, 사회적 성및 '인종'에 의해 좌우되는가? 서로 다른 전문직간의 사회적 관계는 어떠한가? 후기모더니즘 사회에서 어느 정도나 전문직이 쇠퇴하고 있는가? 여러 가지 면에서 위의 질문들은 전문직을 다룬 문헌에 시대적 순서대로 나타나고 있다.

전문직의 특징은 무엇인가?

20세기 초의 사회학이 노동, 분업, 산업화, 사회질서 등의 문제에 치중한 것을 감안하면 전문직에 대해 상당히 많은 관심을 보인 것은 놀라운일이 아니다. 법률과 의료 등의 전문직은 특별한 지식을 가지고 있으면서 집단적인 이타정신을 베푼다고 간주되며 따라서 자유민주사회의 한근간으로 취급된다(Carr-Saunders and Wilson, 1933). 과거에 사회학자를 괴롭힌 질문은 왜 어떤 직업만이 전문직이 되는가 하는 점이었다. 연구자들은 전문직의 특성 또는 속성을 속속들이 연구하였고 이 결과는 다음에 잘 나와 있다(Freidson, 1970a; 1970b; Morgan et al., 1985).

전문직은 보통 네 가지 핵심적인 특성을 가지고 있다고 인정된다. 첫째, 특수한 지식과 오랜 교육기간이 필요하다. 전문직의 일원이 되기 위해개인은 오랫동안 직업훈련을 거쳐야 하므로 일반인이 갖지 못하는 특수한 지식을 갖추게 된다. 그 결과 일반인은 '전문가'에 의존하게 된다. 둘째, 이러한 의존성 때문에 전문인은 자기 고객(clients)의 이익을 위해 최선을 다해야 한다. 다시 말해 이타적이어야 한다. 셋째, 비전문인이 전문인의 직무를 수행하면 불법적이 되므로 전문직은 업무의 독점권을 행사한다. 넷째, 전문인만이 동료 전문인의 업무능력을 평가할 수 있으므로 자체감독권을 가지며 그런 의미에서 자율적이다. 기능주의적 시각에 의하면 이러한 속성을 지닌 직종은 복잡한 현대사회가 효과적으로 기능하기 위해서 절대적으로 필요하다(Parsons, 1951). 예를 들어 전문적인 기술과 지식을 가진 사람과 고객의 이익을 자기 이익보다 앞세우는 의료전문인만이 진료행위를 할 수 있다는 것이다. 이런 식의 관점으로 보면 전문직은 합당한 사회지위와 보수 및 자율권을 누릴 권리가 있다.

그러나 이런 접근은 제한된 가치밖에 지니지 못한다. 첫째, 전문인 스스로가 주장하는 자신의 특성을 나열하는 것은 전문직의 이상과 가치를 단순히 추종하고 강화하는 데 불과하다. 둘째, 이러한 무비판적 접근은 정태적(靜態的)이고 몰역사적이며, 특정 직업이 전문직으로 대두되는 과정과 그 이후 전문직 집단간에 일어난 분업의 사회적·경제적·정치적 요인을 포착하지 못한다. 셋째, 전문직은 자신의 이익보다는 사회의 이익에 봉사한다고 간주된다. 그러나 이런 주장이 반드시 정확하지는 않으며 기능주의적 마르크스주의자는 전문직이 자본주의의 도래에 기여하기도 했고 또 자본주의가 전문직의 출현을 촉진하기도 했다고 주장한다(Johnson, 1977; Navarro, 1978). 전문직의 속성을 중시하는 접근은 전문직이 그 지위를 가지게 된 것이 그 자체에 내재하는 어떤 본질적 특성 때문이었을 것이라고 간주한다. 의학의 경우 그 성공이 생의학적 과학의 특수지식 때문이었다고 가정하는 식이다. 그러나 비판자들은 의료전문직이 자신의 우월한 성과를 국가와 대중에 확신시킬 방편으로 의과학과 동반자 관계를 맺었고 이것이 직업적 폐쇄전략을 촉진하는 데 이용되었다고 비판한다(Larson, 1978).

사회적 폐쇄전략과 직업적 통제전략

전문직이 꼭 필요해서 대두된 것이 아니며 자신의 이타성 때문에 사회적인 정당성을 확보한 것도 아닌 것은 분명하다. 베버적인 시각으로 볼 때 전문직은 역사적으로 특정한 사회·정치적 과정의 결과로 형성되었다고 생각된다(Parkin, 1974). 여러 직업집단이 자신의 직무에 합법적인 독점권을 확보하고 전문직에의 접근을 엄격히 제한하는 사회적 폐쇄전략(strategies of social closure)을 추구하였다. 의학은 스스로의 자율통제권만이 아니라 프라이드슨(Freidson, 1970a)이 준의료전문직(para-medical professions)이라고 부른 간호직과 조산술 등 타 직종의 업무와 경계도 설정할 권한을 가진다. 계급, 사회적 성, '인종'적인 면에서 국가와 사회의 지배계층과 가장 근접해 있는 구조적 특성을 지닌 직종이 전략적 성공을 거둘 가능성이 가장 높다(Johnson, 1977; Witz, 1992).

직업적 통제에 관한 문헌에는 두 가지 중요한 이슈가 존재한다. 첫째는 전문인과 그들의 '시장(markets)'간의 관계, 그리고 둘째는 전문집단 서로간의 관계이다. 이러한 관계가 어떤 성격을 띠느냐에 따라 직업집단이 누리는 전문직 지배(professional dominance)의 정도가 결정될 것이다(Freidson, 1970b). 시장과 관련해 볼 때 어떤 전문직의 전략적 성공은 소비자의 욕구를 통제하고 정의할 수 있는 능력에 달려 있을 것이다. 소비자가 어떤 직업집단에 의존하는 정도는 전문직의 전문성과 일반인의 무지에 달린 것이 아니라 양자간의 사회적 거리(social distance)와 양자간의 상대적인 사회·경제적 지위에 달려 있다. 의사와 소비자간의 사회적 거리는 과학이 아니라 기예(art)라고 일컬어지는 임상적 판단(clinical judgement)에 의해 좌우된다. 불확실성 / 기술성 비율(Indeterminacy / Technicality ratio)이 높을수록, 다시 말해 의사가 명문화되어 있고 공개된 지식이 아닌 상대적으로 더 직관적이고 비명문화된 지성을 가지고 있을수록 양자간의 사회적 거리는 더욱 벌어진다(Jamous and Peloille, 1970).[63] 존슨(Johnson, 1972)에 따르면 이것은 의사가 집단적 유형(collegiate type)

63) 이것은 전문직의 의사결정권(decision-making)의 맥락에서 이해해야 한다. 불확실성/기술성 비율을 제안한 원저자들은 의료행위에 내재하는 불확실성과 표준화하기 불가능한 점이 의사의 전문적 결정권한에 절대성을 부여한다고 설명하고 이 맥락에서 프랑스 대학병원의 예를 든다[Jamous, H. and Peloille, B. (1970), "Professions or self-perpetuating systems? Changes in the French University-Hospital system," in Jackson, J. A.(ed.), *Professions and Professionalization*, Cambridge: Cambridge University Press, pp.109-152]. 반면 의료인의 결정과정을 객관적으로 명문화하고 그 결과를 외부적으로 평가한다면(기술성 비율 증가), 일반인뿐 아니라 의료경영 주체의 권한도 늘어날 것이다[Feinglass, J. and Salmon, J.W. (1990), "Corporatization of medicine: The use of medical management information systems to increase the clinical productivity of physicians," *International Journal of Health Services*, 20 (2): pp.233-252]. ─역주

의 직업적 통제를 행사한다는 것, 다시 말해 제공자가 소비자의 욕구와 그 욕구의 충족방식을 결정하는 것을 의미한다. 따라서 의료소비자는 의과학에 대한 이해가 부족하고 지식도 제한되어 있으므로 자신의 건강과 질병에 발언권이 없어 진다. 그러나 이 유형은 존슨이 파악한 다른 두 가지 직업적 통제형태와 대비된다. 즉 고객이 의료욕구를 결정하는 **후견자적 유형**(patronage)—18세기의 의료가 여기에 해당한다(Jewson, 1976)—과, 국가와 같은 제삼자가 생산자와 소비자 사이에 개입하는 **중재적 유형**(mediation)이 그것이다. 직업적 통제의 두번째 측면은 어떤 직종이 자신의 업무내용을 합법적으로 통제하는 것, 즉 전문직의 자율성이다. 엘스턴(Elston, 1991: 61)은 세 종류의 자율성을 구분한다. 즉 전문직이 자신의 보수를 스스로 결정할 수 있는 **경제적 자율성**(economic autonomy), 의료문제에 관해 정당한 전문인으로서 정책을 결정할 수 있는 권리인 **정치적 자율성**(political autonomy), 그리고 업무의 기준을 정하고 임상시술을 감독하는 **임상적 자율성**(clinical autonomy)이 있다. 자율성과 관련해서 일부 전문직이 자신의 업무내용뿐 아니라 타직종의 업무까지 제한하는 것을 일컬어 전문직 지배(professional dominance)라고 한다(Freidson, 1970b).

치과보조원(dental dresser)에 대한 치과전문직의 통제를 조사한 라킨(Larkin, 1980)의 역사적 연구가 바로 전문직 지배의 한 예이며, 집단적인 이타성보다는 자기이해를 강화하는 것이 바로 전문직 지배임을 보여준다. 치의학은 1921년 영국의료심의회(General Medical Council)가 치의학교의 규제를 통해 회원자격을 제한하기 시작하면서 '폐쇄된' 전문직이 되었다(1956년까지 치의학계는 완전한 자율성을 갖지 못했다).[64]

---

[64] 의료심의회는 1858년 제정된 의료법에 의해 설립되었다. 의료심의회는 사이비 의료인을 규제해야 한다는 대중의 요구와 의료전문직 자율성 사이의 타협책이었다. 심의회의 핵심적 기능은 의학교육의 질을 감독하고, 유자격 의료인의 등록을 관장하며, '전문적 기준에 비추어 불미스런 행동을 저지른' 의료인을 규제하는 것이다. 여기에는 의료인의 자격박탈권까지 포함된다. 현재 102명의 위원으로 구성되어 있으며 54명은 전체 의사 중에서 선출되고, 35명은 의과대학 및 왕립전문의협회에 의해 파견되며, 13명은 왕실에 의해 일반인 중에서 지명된다. 일반인의 지명비율은 향후 대폭 증가할 가능성이 높다. 치과계는 1957년 영국치과의료심의회(General Dental Council)가 발족됨으로써 완전한 자율권을

1921년의 치과의료법에 따르면 공직에 있는 치과보조원은 법적인 한도
내에서 '간단한 치과시술'을 할 수 있게 되어 있었다. 영국치과의학협회
(BDA)는 보건부에 압력을 가하여 이 규정을 최소한으로 해석하도록 해
서 '간단한 시술'의 범위가 비외과적 시술과 극히 단순한 처치 이상을 넘
지 않도록 하였다. 1923년 더비셔, 슈롭셔, 셰필드의 보건당국은 치과보
조원을 고용하여 관내에서 간단한 치과시술을 행하도록 하면서, 치의학
의 완전한 직무폐쇄를 허용하면 새롭게 시작된 학교구강보건 사업이 방
해받을 것이라고 주장하였다. 당시만 해도 치과진료를 못받는 아동이 많
았기 때문이다. 보건부는 치과의학협회의 편을 들어 현지조사도 하지 않
고 치과보조원이 행하는 구강검진 또는 어떠한 치과시술도 불법이라고
결정하였다. 보건부는 더비셔의 계획이 "치과의사에게 단기간의 임상경
험밖에 없는 무자격 여성과 함께 일하도록 강요함으로써 훈련받은 전문
인(남성)의 권위를 훼손시킬 것"이라고 경고했다(Larkin, 1980: 225, 원
저자 인용). 라킨은 명확하게 거론하지 않았지만 이 예는 직업적 통제의
또 다른 측면, 즉 전문직의 성차별 문제를 드러낸다(Witz, 1992).

전문직의 성차별

의료전문직의 현저한 성차별에도 불구하고 베버적 분석은 최근까지
사회적 성에 대해 눈을 감아 왔다. 결과적으로 의료의 전문직화를 포괄
적으로 이해하지 못한 것이다. 치유의 업무가 여성의 손에서 남성의 통
제로 넘어가는 과정과 전문직의 출현은 보조를 같이한다. 위츠(Witz,
1992: 74-5)가 말하듯 "치유행위에서 여성의 참여가 배제된 것은 바로
의료시술이 제도적으로 가정의 영역에서 시장의 영역으로 전환되었기
때문"이다. 물론 환자를 보살피는 것이 대부분 여성의 몫이었다는 점에

획득하였다[Kilpatrick, R. (1994), 'General Medical Council', in Walton, J.,
Barondess, J.A. and Lock, S.(eds), *The Oxford Medical Companion*, Oxford: Ox-
ford University Press, pp. 306-312]. — 역주

서 여성이 계속 치유행위에 참여한 셈이지만(Stacey, 1988), 의료시장 영역에서는 여성이 남성의 통제하에 속하게 되었다.

위츠(Witz, 1992)는 신베버학파적인 시각에서 전문직화를 설명하면서 성적으로 구분된 직업전략의 성격을 검토했다. 전문직 전략은 세 가지 점에서 성적 구분 양태를 보인다. 첫째, 의료종사자는 남성이거나 또는 여성이다. 둘째, 사회적 성에 따라 연대가 형성되곤 한다. 셋째, 직업적 폐쇄전략은 전략 자체의 범위를 넓히기도 하고 좁히기도 해온 가부장적 테두리 안에 위치한다. 즉 남성과 여성이 전략적으로 동원할 수 있는 자원이 다른 것이다. 따라서 전략과 구조 사이, 다시 말해 '성적으로 구분된 전략적 행동방향과, 가부장적이고 신축적인 구조 사이에' 상호작용이 존재하는 것이다(Witz, 1992: 52).

<그림 8.1> 직업영역 폐쇄전략: 개념적 모형

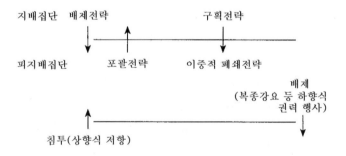

출전: Witz(1992: 45)

위츠는 <그림 8.1>에 나와 있는 대로 네 가지 직업적 폐쇄전략을 논한다. 지배적인 집단은 두 가지 전략을 구사한다. 첫째는 외부인의 전문직 접근을 제한하면서 내부 사안을 자체적으로 처리하는 직종 내부적 통제인 **배제전략**(exclusionary strategies)이며, 둘째는 관련있는 준전문직에 대해 직종간의 통제를 행하는 **구획전략**(demarcatory strategies)이다. 전문직 교육기관에 여성입학을 금하는 것이 **성차별적 배제전략**(gendered exclusionary strategies)의 한 본보기이다. 또한 치과의사와 치과보조원의 경우에서처럼 지배적인 집단이 여성의 업무영역을 포위해서 한정하는 것은 **성차별적 구획전략**(gendered demarcatory strategies)이다. 대조적으로 피지배 집단은 자신을 배제한 직업의 구성원이 되기 위해 노력하는 **포괄전략**(inclusionary strategies)을 구사한다(예를 들어 여성이 의료전문인이 되는 것). 또한 피지배집단은 지배집단이 자신들의 능력에 대해 가하는 직종 내부통제에 반발하면서, 역으로 배제전략을 구사하여 자신의 지위를 강화하는(예를 들어 조산사) **이중적 폐쇄전략**(dual closure strategies)을 구사하기도 한다. 따라서 여성은 구조적으로 취약한 자신의 위치로부터 이러한 두 가지 전략을 추구하였다.

여성과 의학: 포괄전략

'합법적인 또는 그에 상당하는 유자격 의료인'만이 의료시술을 행할 수 있도록 해서 의료전문직의 자율성을 합법화한 것은 1858년의 의료등록법이었다. 이 법에서 의료인이란 사람(person)을 지칭하며 말 자체로 보아 여성을 배제하지는 않았다. 사실 미국에서 의사면허(MD)를 받았던 엘리자베스 블랙웰(Elizabeth Blackwell)은 첫해에 의료심의회에 의사등록을 했다. 그러나 영국에서는 여성이 의학교육기관에 입학해서 면허시험을 치를 수 없었다. 따라서 남성의 권력은 국가의 법제정이 아니라 근대의 대학과 전문직 단체에 의해 가장 효과적으로 제도화되었던 것이다. 이러한 권력현장이 궁극적으로 도전받은 것은 몇몇 여성의 강인한 의지를 통해서였다. 의료인이 되기 위한 여성의 투쟁은 생생하게 기록에 남아 있다(Jex-Blake, 1886; Stacey, 1988; Witz, 1992; Roberts, 1993). 엘리자베스 가렛 앤더슨(Elizabeth Garrett Anderson), 소피아 젝스블레이크(Sophia Jex-Blake), 에디스 페치(Edith Petchy) 등과 같은 여성은 전문직 남성의 온갖 도발과 차별, 학대에 직면해야 했다. 예를 들어 천신만고 끝에 에딘버러의 시험장에 도착했던 이들은 다음과 같은 수모를 당했다.

시험장 밖에는 구름떼같이 사람들이 몰려 있었고 우리들 면전에서 정문이 안에서 닫혔다. 문을 닫은 젊은이들은 '안쪽에 서서 담배를 피우고 위스키 병을 돌려가며 입에 담지 못할 상소리를 하면서 우리를 괴롭혔다'.(Jex-Blake, 1886: 92; Witz 인용, 1992: 90)

이 군중은 심지어 시험장에 양을 몰아넣는 짓까지 저지르는 것이었다. 이에 따라 분리전략으로서 1874년 런던여자의학교(London School of Medicine for Women)가 창설되었다. 이 방법도 초기에 난관을 겪어야만 했다. 수련병원을 찾기가 어려웠으며 기존의 의과대학으로부터 시험내용을 인정받아야 했기 때문이다. 마침내 시험을 인정해 준 것은 1876년 아일랜드의 킹즈 앤드 퀸즈 의과대학(the Kings and Queens College of Physicians)이었다. 젝스블레이크가 이끄는 다섯 명의 여성이 에딘버러에서 공부를 마친 후 시험을 쳐서 의사등록을 한 것도 1877년 아일랜드의 더블린이었다. 이런 간략한 역사를 통해 가부장적 권력의 주된 현장이 민간 조직, 대학, 단체였다는 위츠의 주장이 입증된다. 남성의 직업적 폐쇄전략은 주로 국가의 지원과 승인을 받는 것이었다. 대조적으로 여성의 전문직 전략은 민간사회에 깊이 뿌리내린 남성의 권력에 도전하는 것이었다.

여성과 산파술: 이중적 폐쇄전략

조산사와 남성의료인 사이의 투쟁역사는 상당히 자세하게 기록되어 있다(Oakley, 1976; Donnison, 1977; Verluysen, 1980). 19세기에 현대의학이 태동하기 전에는 많은 여성이 산파로 생계를 유지했으며 대다수의 여성이 출산시에는 다른 여성의 도움을 받았다. 산파는 대부분 무면허였고 구전으로 산파술을 익혔다. 그러나 이미 17세기로 거슬러 올라가 남성산파가 이 직종에 파고들기 시작했다. 이들은 여성산파는 '정상분만'만 취급하고, 조금이라도 의심스런 경우에는 자기들이 분만겸자와 같은 기구를 써서 개입해야 한다고 주장하면서 여성의 활동을 제한하려고 했다.

이미 보았듯이 의학이 단일한 자율적 집단이 된 것은 1858년 의료등 록법이 시행되면서부터이다. 따라서 의사는 다른 의료인의 활동을 규제 하는데 노력을 기울였다. 산파술도 예외가 아니었다. 그러나 여성 산파는 자신의 전문직을 계속 유지하고자 했고 산파업무가 사라지지 않도록 대 항전략을 썼다. 위츠(Witz)는 위에서 설명한 대로 성적으로 구분된 전문 직 전략이라는 관점에서 이러한 투쟁을 사회학적으로 분석하였다. 남성 의료인이나 여성산파가 통일된 전략이 없기는 마찬가지였다. 남성 의료 인은 구획전략 중 두 가지의 직종간 통제전략을 채택했다. 가정의는 출 산의 전과정을 독점하고 산파를 산과간호사로 두려는 통합전략(incorpora- tist strategies)을 따랐다. 반면 산과의사는 산파가 자신의 능력범위 안에 서 일하고 정상분만만을 취급하는 한 그들의 전문직 움직임을 지지하였 다. 따라서 산과의사는 탈기술전략(de-skilling)을 쓴 것이다. 결국 성공한 것은 후자였다. 산과의사는 의무등록제를 도입한 1902년의 조산사법 (Midwives Act)을 지지하였다. 그러나 조산사는 완전한 전문직 자율권을 얻지 못했다. 그들은 남성의료인의 지시를 받게 되었으며 의료심의회가 임명한 등록부서에 의해 면허를 받아야 했다. 만일 조산사가 직무영역을 벗어나 분만과 관련해 외과적으로 개입하거나 의료인의 업무까지 처리 하면 면허가 취소될 수도 있다는 규정은 의미심장하다.

1902년의 조산사법은 단순히 의료전문직의 활동으로 제정된 것은 아 니다. 산파도 자신의 미래를 확보하기 위해 싸웠다. 특히 그들은 자신의 직종의 종말을 가져올 수도 있는 통합전략을 저지하는 데 결정적인 역할 을 했다. 위츠에 의하면 여성의 전문직 전략에는 두 가지가 있었다. 즉 '개혁적 이중폐쇄'와 '순응적 이중폐쇄'가 그것이다. 전자가 시간적으로 앞 선 전략인데(1860-70년대) 이 전략을 채택한 여성의학협회(Female Medi- cal Society) 및 조산사산과협회(Obstetrical Association of Midwives)는 자 신의 업무영역을 확장하고 정상과 비정상 분만을 모두 취급하고자 했다. 그들이 쓴 방법은 자격전술(credentialist tactics)로서, 능력과 지식을 얻기 위해 교육과 정규시험을 통해 남성의료인과 대등하게 경쟁하자는 것이었 다. 그러나 1902년의 조산사법을 가능케 한 것은 순응전략이었다. 1880

년대에 조산사회(Midwives Institute)는 전문인 등록을 위해 자격전술 보다는 합법화전술(legalist tactics)을 채택했다. 그들은 산과의사가 제시한 교육과 등록계획에 대체적으로 찬성했다. 비록 완전한 전문직 자율성을 획득하지는 못했지만 최소한 정상분만은 의료전문직의 간섭없이 관장할 수 있는 등 몇 가지 자율성은 획득하는 데 성공한 것이다. 남성이 주도한 산과협회는 두 가지 이유에서 이 계획에 찬성했다. 첫째, 산과의사가 감당하기 힘들 만큼 업무의 양이 많았다. 또한 숫적으로 감당할 수 있었다 할지라도 대다수 분만은 오랜 시간이 걸렸고 정상분만이어서 남성 의료인의 '흥미'를 끌지 못했다. 둘째, 산파를 부르는 여성은 대개 빈곤했기 때문에 그들의 분만을 도와서 얻을 수 있는 경제적 이득이 별로 없었다.

요컨대 조산사의 역사는 의료전문직으로부터 부분적인 자율권을 획득한 결과를 낳았다. 이것은 국가와의 직접적 정치협상의 결과가 아니었다. 의료전문직이 국가와의 관계를 중개했기 때문이다(Witz, 1992: 126). 그러나 시술능력과 업무영역을 둘러싼 투쟁이 1902년의 법에 의해 완전히 해결된 것은 아니었다. 이와 반대로 오늘날에도 출산의 통제와 직무구획을 놓고 열띤 논쟁이 벌어지고 있다. 예를 들어 1992년 의회의 사회보장 소위원회는 모성보호 실태를 조사한 후 출산이 지나치게 의료화되어 있고 주로 남성 산과의료인에 의해 지배되고 있다는 결과를 발표했다(Winterton Report, 1992). 소위원회는 이 상태를 정당화할 명분이 없음을 발견하고 조산사의 역할이 확대되어야 한다고 권고하였다. 이 논쟁이 아직도 산과의사, 조산사 및 그런 문제에 관심을 가진 여성 사이에서 활발하게 전개되고 있음은 두말할 나위도 없다.

'인종'과 의료전문직

NHS는 영국에서 흑인과 소수민족을 가장 많이 고용하는 기관이다(Ward, 1993). 그러므로 의료계 내의 분업이 사회적 성차뿐만 아니라 '인종'에 의해서도 유형화되는 것이 놀라운 일이 아니다. 직종내에서, 또

직종 사이에서 유색인종은 조직적으로 차별받고 있다. 그들이 저임금직급에 고용될 가능성은 평균을 넘는다. 관리층보다는 청소와 세탁 등의 가사역과 취사에 고용될 가능성이 높으며 전문적인 훈련을 받더라도 국가공인간호사(SRN)가 아닌 자격인정간호사(SEN)에 그칠 확률이 높고 노인과나 정신과와 같이 인기없는 분야에서 일할 가능성이 높다(Rashid, 1990). 런던의 한 병원을 조사한 도얄 등(Doyal, et al., 1981)에 따르면 가사역의 84퍼센트, 취사의 82퍼센트가 외국인 근로자였다. 의료부문의 인종차별에 관한 연구는 비교적 그 수가 적으며 의료직 근무자의 인종에 관한 자료를 항시 취합하지는 않기 때문에 이런 연구는 더욱 힘든다. 외국출신으로 NHS에 근무하러 오는 의사와 간호사 숫자는 기록되어 있지만 일단 도착한 다음의 정보는 거의 없는 형편이다.

NHS 내의 인종차별 실상을 알려면 제국주의와 식민주의를 이해해야 한다(Williams, 1989). 1948년 NHS의 설립 이후 1950년대와 60년대의 팽창기에 노동력 부족현상이 발생했다. 정부는 따라서 값싼 노동력을 확보하기 위해 영연방을 찾았고 이 목적을 위해 고위직 간호사들을 해외에 파견했다. 1971년 현재 15,493명의 외국 학생간호사중 40퍼센트 이상이 서인도제도, 29퍼센트가 아시아, 27퍼센트가 아프리카와 모리셔스, 그리고 3퍼센트가 피지, 통가, 셰이셸제도, 버진아일랜드 출신이었다(Akinsanya, 1988). NHS의 간호인력 모집은 1962년, 1965년의 영연방이민법의 규정에 제한받지 않았으며 1970년 최고조에 달했다(Blaxter, 1988; Pearson, 1987). 그러므로 의료부문의 맥락에서 계층화의 실상을 이해하려면 이주노동의 정치경제학을 반드시 연구해야 한다. 이주노동력의 착취는 역사적으로 특정한 식민통치의 과거에 뿌리를 두고 있지만, 역사 그 자체가 의료현장에서 유색인이 경험하는 제도화된 인종차별과 사적인 인종차별을 설명해 주지는 못한다.

평등고용(equal opportunities)이라는 말은 실제적인 변화라기보다 단순히 형식적인 구호에 지나지 않았다. 사실 보건부문의 고용관계 연구에 의하면 인종차별이 널리 퍼져 있는 것이 분명하다.

'인종차별'이란 사람들이 능력이나 자격 등 순수하게 일과 관련된 이유와
는 관계없이 피부색, 인종, 출신지 등에 근거해서 고용, 승진 및 인사상으로
불이익을 당하는 것을 의미한다.(Ward, 1993: 168)

1976년의 인종관계법은 고용주가 특정 부서에 적게 분포되어 있는 집
단에게 교육기회를 주는 전향적 조치를 취하도록 했지만 1980년대 중반
까지 상황은 별달리 개선되지 않았다(Akinsanya, 1988). 예를 들어 6개
지역보건당국을 조사한 연구에 따르면 '꼭대기'까지 올라간 흑인간호사
는 거의 없었다(Agbolegbe, 1984). 지역간호국장은 한 사람도 없었고 60
명의 간호과장중 두 명만이 흑인이었다. 최근 실시된 평등고용 전략개발
을 위한 전국조사에 따르면 응답한 지역보건당국중 40퍼센트만이 소수
민족 근무자의 처우를 점검할 장치를 가지고 있었고, 14퍼센트만이 관련
자료를 실제 검토했으며 7퍼센트만이 구체적인 조치를 취한 것으로 집계
되었다(Iganski, 1992). 의과대학 내의 조사에 따르면 입학과 그 후의 경
력에서 '인종'에 의거한 차별이 교육기회를 제한하고 있음이 밝혀졌다
(Anwar and Ali, 1987; McKeigne et al., 1990; Esmail and Everrigton,
1993). 이 연구를 보면 왜 소수계 출신 의사가 가장 인기없는 전문과에
몰려 있고 수련병원에는 적게 분포되어 있는지 알 수 있다(Ward, 1993).
흑인간호사에 관한 백스터(Baxter, 1988)의 연구에 따르면 이들은 취
직, 배치, 승진의 각 단계에서 차별을 당했으며 제도적인 차원과 사적인
차원에서 인종차별을 경험한 것으로 나타났다. 이 연구는 면접에 응한
간호사 33명의 경험을 파악할 수 있었던 점뿐만 아니라 발언권이 없는
사람들을 대변해 주었다는 점에서 소중한 업적으로 생각된다. 조사대상
자들은 국가공인간호사가 아닌 자격인정간호사가 되도록 강요받아 온
사실도 보고하였다. 자격인정간호사는 해외에서는 인정받지 못하기 때문
에 일부 간호사는 해외에서 직장을 구하기가 쉽지 않았다. "이 자격으로
는 귀국해서 취직하기가 곤란하므로 국가공인 코스를 밟고 싶다고 분명
히 밝혔지만 교수님은 별 신경을 쓰지 않으셨어요"(Baxter 인용, 1988:
26). 간호사를 돕기 위해 존재한다고 흔히 생각되는 간호학교와 간호사
노조도 흑인간호사의 지원에 소극적임이 밝혀졌다. 흑인간호사는 야간당

직을 불공평하게 많이 서야 하는 등 궂은 일에 배치되고 낮은 지위의 업무를 맡도록 강요당한다는 사실도 보고했다. 또한 이들은 인종적인 고정관념의 피해를 받는 현실을 토로했다. 이것은 일상적인 근무환경에서 일어날 뿐만 아니라 다음의 경험이 보여주듯 교육이나 승진을 위한 면접에서도 일어난다.

> 정신과 교육을 받은 후 일반간호교육과정에 응시했습니다. 면접에서 간호부장이 다음과 같이 말씀하시더군요. "우리 학교에선 영연방에서 온 학생을 많이 받지 않습니다. 한 해에 한 명만 받는 것을 원칙으로 합니다. 여기가 의사, 교사, 변호사의 딸들이 입학하는 이름있는 교육병원이라는 걸 잘 알지요? 제복상태, 발표능력, 학업이 모두 수준 이상이어야 합니다. 일단 6주의 시험기간으로 조건부 입학허가를 주겠어요. 만일 수준에 미달하면 퇴교시킬 겁니다."(Baxter 인용, 1988: 51)

그러므로 의료부문의 구조적인 불평등은 계급이나 사회적 성에 의한 것만큼이나 '인종'적으로도 중요하다. 이것은 인종차별적 이념 및 관행과 더불어 NHS가 출현한 역사적·식민통치적 맥락에서 이해하여야 한다. NHS는 보건부문에 존재하는 인종차별 현실을 번번이 부인해 왔고 평등한 고용현황의 감독도 제대로 행하지 않았다. 취업과 배치에서 이미 불이익을 당하고 있는 흑인들은 최근의 의료기구 개편 결과 더욱 어려운 처지에 놓였다. 아킨사냐(Akinsanya, 1988: 447)는 다음과 같이 지적한다.

> NHS는 1948년 창립된 이래 의료기술 발전과 인구학적 변동에 대응하기 위해 여러 차례의 개편을 단행했다. 그러나 소수민족 간호사의 역할은 이러한 변화에 맞춰 개선되지 않았다. 직급의 상향이동이라는 중요한 관점에서 보면 조직의 개편이 있을 때마다 이 집단은 뒤처지기만 했다.

최근 경영주의와 경영자질을 더욱 강조하면서 과거에 상급경영교육이나 훈련의 기회를 갖지 못했던 소수집단은 또다시 간접적인 차별을 받고 있다. 일반적으로 전체 경제구조의 개편과, 특히 보건부문의 개편은 인종적 불평등을 더욱 악화시킬 것이다.

요컨대 근대성의 상황하에서 보건부문의 전문직화를 위해 직업적 통제와 전문직 자율성을 놓고 투쟁이 벌어졌음을 보았다. 또한 전문직 집단간, 그리고 집단내의 사회적 관계가 계급, 사회적 성, '인종'으로 뚜렷이 특징지어짐을 살펴보았다. 이제 우리는 후기모더니즘의 상황 하에서 전문직 자율성과 지배라는 문제가 어떻게 형성되고 있는지 알아볼 것이다.

의료전문직의 지배가 쇠퇴하는가?

NHS 내에서 의료전문직은 언제나 지배적인 집단이었다. 그러나 직업적 통제의 경계는 사회·경제적 과정과 정치적 과정에 의해 중재된다는 점에서 유동적이라 할 수 있다. 의료전문직 자신의 직무내용 통제권이 변한 것처럼 주변의 준전문직에 대한 의료전문직의 통제권도 변화를 겪을 것이다. 따라서 전문직 지배는 상대적인 개념이다. 프라이드슨(Freidson, 1986)은 의료전문직의 지배가 쇠퇴중이라는 비판에 맞서 이러한 상대성을 강조한 바 있다. 이러한 비판은 탈전문직화(de-professionalization)와 프롤레타리아화(proletarianization) 이론의 형태를 띠고 등장한다. 이 두 가지 이론은 의사가 점차 외부적 규제의 대상이 되면서 직무내용의 통제권을 상실하고 있다고 본다. 요컨대 오늘날 전문직 자율성과 전문직 지배의 종언을 목격하고 있다는 것이다.

프롤레타리아화 이론(Oppenheimer, 1973; McKinlay and Stoeckle, 1988)은 다른 직업과 마찬가지로 의학 역시 점점 더 자본주의 체제에 편입될 것이며 따라서 필연적으로 생산수단에 대한 통제권을 잃을 것이라고 가정한다. 더 나아가 의료와 의료관련 전문직이 경영통제의 대상이 되면서 자신의 업무로부터 점차 소외될 것이라고 한다. 탈전문직화 이론(Haug, 1988)은 전문인과 국가와의 관계보다는 전문인과 고객과의 관계, 특히 현대의학의 문화적 위기와 의료의 효능에 관한 소비자의 회의에 초점을 맞춘다. 그러나 엘스턴(Elston, 1991)이 지적했듯이 특히 영국적 맥락에서는 두 이론의 타당성을 검증하기가 어렵기 때문에 주의해야 한다. 왜냐하면 이 두 가지 이론은 점점 더 관료화되는 의료체제와 현저하게 자본주의적인 의료전달체계를 가진 미국에서 비롯되었기 때문이다. 그러나 이 이론은 전문직의 힘이 절대적이 아니라는 점에 우리의 주의를 환기시켜주므로 참고할 가치가 있다. 그러므로 전문직 지배와 전문직 자율성은 역사적으로 조건지어진 개념이다. 지금부터는 첫째, 의료업무의 변화와 둘째, 대안적 의료의 대두를 살펴봄으로써 이 점을 검토해 볼 것이다.

변화하는 의료업무의 성격

의료행위의 성격에 전반적인 변화추세가 일어나는 것을 네 가지 점에서 확인할 수 있다. 첫째, 이미 보았듯이 직업적 통제는 불확실성/기술성 비율과 연관되어 있고 이것은 다시 구조적인 조건에 의해 강화된다(Johnson, 1977: 106). "의료의 불확실성을 유지시키는 이념적·정치적 과정이 자본의 요구와 합치될 때에만 직무의 집단적 통제까지 포함하는 전문직 지배가 발생한다." 그러나 지난 20여 년간 임상지식은 점차 명문화(codified)되었다. 예를 들어 진단목적의 전문적인 컴퓨터 시스템(즉 지식을 인공지능화하는 것)이 개발되었다. 따라서 진단과 예후에 관한 결정에서 불투명한 해석과정인 '직관적' 임상판단에 의존하지 않고, 특정 지식 기반에 조직적으로 논리를 적용시켜 나온 결과에 의존하는 것이다. 이렇게 되면 불확실성/기술성 비율에 명백한 변화가 오게 된다.

두번째 변화는 불확실성을 유지시키는 '이념적·정치적 과정'에 관련된 것이다. 세계적인 경제개편 맥락에서 노동력 재생산에 대한 관심은 줄고 복지예산의 통제가 주된 관심으로 떠오르고 있다. 의료인은 의료시술에 따르는 비용에 대해 점점 더 많이 알게 되고 임상결정에 경제적인 고려를 하지 않을 수 없게 되었다(Paton, 1992). 예를 들어 '약품처방 예산지침(indicative drug budget)'의 도입으로 가정의가 처방하는 약 종류에 제한이 가해졌고 의료시술에 여러 형태의 계약제를 도입한 것은 전문직-시장의 관계가 점차 제삼자에 의해 중재되고 있음을 의미한다. 또한 고객(환자)의 욕구는 개별의료인의 판단에 의해서가 아니라 의료구매자 (purchasers)[65]가 실시하는 고객욕구 평가조사에 의해 파악될 것이다.

셋째 변화는 전문직의 지배현상이 퇴조하면서 여타 의료관련 전문직 의 지위, 자율성 및 숫자가 상대적으로 증가한다는 것이다(Elston, 1977; 1991). 스테이시는 이 점을 다음과 같이 포착한다.

> 의학지식의 발달, 기술진보, 그리고 선진자본 사회에 존속하는 사회조건 등으로 의료 내의 분업은 증가일로에 있다. 비의료인, 과학자, 기술자의 수와 범위가 증가한 것처럼 지난 40년 사이 전문분야와 전문분야내의 세부 전문분 야가 대폭 늘어났다. … 이들은 모두 의사가 의존해야 하는 집단인 것이 다.(Stacey, 1988: 182)

지식의 분업이 더욱 복잡해졌다는 것은 의사가 다른 전문집단의 전문 성에 더욱 더 의존해야 함을 의미한다. 이것과 관련해 한때는 의사가 독 점하던 업무가 다른 전문인에게 넘어가는 변화도 나타난다. 예를 들어 1992년 이후 지역사회 간호사(community nurse)는 몇 가지 약처방과 상 처치료를 할 수 있는 권한을 부여받았다(Pascall and Robinson, 1993).

넷째, 경우에 따라 '전문가'와 일반인의 지식격차가 줄어들고 있다. 일 반인과 의료소비자는 점점 더 보건과 의료문제에 관한 지식이 늘어날 뿐 만 아니라 그것을 잘 파악하고 있다. 이것은 대안적인 지식과 정보를 제 공하는 자조집단이 늘어나는 것을 보아도 알 수 있다(Watt and Rodmell, 1993). 또한 사람들이 제공받는 의료에 점점 더 불만을 표시할 가능성이 높아졌다(Nettleton and Harding, 1994). 대안적 치료법을 사용하고 대 안적 의료인에게 상의하는 사람이 많아지는 것을 보면 전통적인 과학적 의료에 대한 사람들의 태도가 변하고 있음이 틀림없다. 그러므로 지배적 인 의료전문직이 대안적 의료의 인기에 대해 착잡한 반응을 보인 것은

---

65) NHS 내에서 의료서비스와 자원을 구입하는 부서. 구체적으로는 지역보건당 국 (DHA)이나 독립채산제 병원 트러스트의 구매 담당부서를 말하지만, 가정의 공채소유제(GP Fundholding)가 시행되면서 가정의도 독자예산을 갖고 병원 트 러스트로부터 의료서비스를 구매할 수 있게 되었다.-역주

놀랄 바가 아니다.

대안적 의료의 대두

지난 십 년 사이 '대안적(alternative)' 의료인의 수는 증가일로에 있다. 그러나 이런 여러 가지 치유체계와 치료법의 대두는 전혀 새로운 현상이 아니다. 사실 19세기 전만 해도 영국의 의료체계는 통일성없이 다양하고 다원적인 것이 특징이었다(Stacey, 1988: 33-46). 그러나 생의학의 발전과 그에 따른 의료전문직의 헤게모니 장악으로 인해 대안적 치유형태는 상대적인 쇠락의 길을 걸었다. 오늘날 상황은 상당히 달라졌다. 근래에 비정통적 치료법에 대한 관심과 그 사용이 증가하면서 대안적 의료인의 수도 따라서 증가하였다. 정통의료가 비정통의료를 대하는 태도도 공공연한 적대감에서 내키지 않는 협조로 변화하였다.

비정통의료를 부르는 명칭도 토론의 대상이 되었다. 학자에 따라서는 정치적·실용적 이유로 특정 용어를 선호하는 수도 있지만, 흔히 '비정통적(non-orthodox)' '대안적' '보완적(complementary)' '전일적(holistic)' '전통적(traditional)' '비통상적(unconventional)' 등과 같은 수식어가 뒤섞여 사용되고 있다. 예를 들어 삭스(Saks, 1992: 4)는 '대안적 의료'라는 명칭을 선택한다.

> 대안적 의료라는 말은 영국의 맥락에서 역사의 어떤 시점에서건 의료기득권층의 지원을 받지 못한 모든 의료시술 형태를 포괄할 수 있다. [이러한 차별의 양상은] 정통적인 의학연구지원방식, 또는 주도적인 의학전문지의 호의, 아니면 일반의학교육과정을 통해서 드러난다.

그는 '보완적 의료'라는 용어를 거부한다. 그 이유는 보완이라는 말이 "엄격하게 보아 정통의료와 근본적으로 상치되는 철학에 기초한 동종요법(homoeopathy)과 같은 치료법을 배제하기 때문"이다(Saks, 1992: 3). 반면 샤마(Sharma, 1992: 6)는 '정통의학과의 협력가능성을 암시하는' 보완적이라는 용어를 선호한다. 샤마의 경험적 연구에 따르면 이것이 '환자의 실제행동과 의료인의 견해를 더 잘 반영'한다고 한다. 비정통의료행위와 그 사용이 증가함에 따라 1980년대에 정통의료와 비정통의료 사이의 관계는 점점 더 악화되었다. 그러나 최근 들어 의료전문직은 좀 더 유화적이 되었다.

대안적 의료인을 찾는 사람이 정확하게 얼마나 되는지 추산하기는 힘들다. 종합적 연구가 거의 없으며 시행된 연구가 다른 연구자에 의해 반복되지 않아서 전체적 경향을 확인하기 어렵다. 소비자보호협회가 실시하고 영국의학협회가 인용한 연구에 따르면(BMA, 1993) 이 숫자는 전국민 4명당 1인의 비율이라고 한다. ≪사회동향(Social Trends)≫은 열 명 중 한사람이 동종요법이나 정골요법(整骨療法, osteopathy)66)을 사용한다고 보고했다(CSO, 1994: 105-6). 이 조사는 대안적 의료인의 범주를 따로 집계하지 않으므로 현재 활동중인 치료사의 전체 규모는 파악하기 힘들다. 1985년의 한 연구는 인구 십만 명당 12명의 대안적 의료인이 있을 것으로 추산했지만 현재는 이 숫자보다 훨씬 더 많으리라고 일반적으로 생각된다.

대안적 요법의 인기에 대해서는 여러 가지 설명이 제시되었다(Bakx, 1991; Sharma, 1992). 선진자본주의가 포디즘(Fordism)에서 포스트포디즘으로 이행되는 과정과 함께 생산에 대한 소비자의 영향력이 커졌다는 설명이 있고, 과학의 정통성과 생의학에 대한 믿음이 퇴조했다는 설명, 자신의 건강에 관한 정보를 적극적으로 추구하는 경향과 자기에게 맞는 치료법을 선택할 수 있는 소비자의 자신감의 반증이라는 설명도 있으며, 생의학이 치유하지 못하는 문제를 일반인이 직접 해결하려는 시도라는 설명 등 다양하다. 박스(Bakx, 1991: 33)는 이러한 주장을 다음과 같이 요약한다.

생의학은 실제적 헤게모니와 이념적 헤게모니를 둘다 잃을 위험에 처해

---

66) 주로 뼈(특히 척추)와 근육을 조작하여 질환을 치료하는 요법이다. 미국인 의사 Andrew T. Still(1828-1917)이 창안하였다. 영국에서는 1993년 정골사법 (Osteopaths Act)이 제정되었고 1997년부터 공인정골사 면허를 가진 사람만이 시술을 할 수 있게 되었다. 따라서 정골요법은 정통적 의료계 밖에서 최초로 전문직화에 성공한 대안요법인 셈이다. - 역주

있다. 그 이유는 첫째로 소비자와 문화적으로 거리가 멀어졌고, 둘째로 희망
찬 선전과는 달리 근대성 그 자체에 의해 창조된 질병을 퇴치하는 데 실패했
으며, 셋째로는 환자가 생의학적 의료인에 의해 심신에 부정적인 경험을 겪
고 더욱 소외되었기 때문이다.

그러나 생의학에 대한 불만의 수준을 과장하지 않도록 조심해야 한다.
이미 언급한 대로 샤마는 인터뷰를 통해 이용자들이 생의학에 대한 직접
적인 불만으로 대안적 요법을 찾는다기보다 생의학과 대안적 의료를 동
시에 이용한다는 사실을 발견했다. 한 응답자는 이렇게 말한다.

> 약초치료를 한다고 해도 의사나 병원이 없어선 안돼죠. 두 가지를 같이 쓰
> 는 게 좋을 것 같아요. 약초로 금방 진통효과를 얻을 순 없지만 고혈압이나
> 스트레스에는 아주 좋은 것과 같은 이치 아니겠어요?(Sharma, 1992: 82)

대안적 의료인이 향후 의료와 치유에 더욱 중요한 역할을 맡을 가능성
이 높다. 그들이 독자적인 시장을 확보하고 있는 것은 분명하며 따라서
전통적인 의료인에 대해 참된 의미의 대안을 제시하고 있는 것이다. 그
러므로 의료전문직이 최근 들어 이들의 활동에 더욱 주목하는 것이 놀라
운 일이 아니다. 전통적 치료법과 함께 대안적 치료법을 병용한 의료전
문인이 극소수 있긴 했지만, 대다수 의료전문직은 잘해야 무시, 최악의
경우 적대적인 태도를 보여 왔다. 여기에는 두 가지 이유가 있다. 첫째,
대안적 요법의 이론적 기반이 전통적인 의과학과 완전히 배치되는 경우
가 많으므로 생의학의 지식기반에 도전하는 것으로 비친다. 간단히 말해
'진리'가 아니라는 주장이 그것이다. 대안적 의료에 대한 대중의 관심에
대응하여 1983년 영국의학협회가 구성한 대안적 요법 실무분과는 1986
년『대안적 요법(*Alternative Therapy*)』이라는 보고서를 발간하였다(BMA,
1992). 보고서에서 제일 긴 부분(78페이지중 30페이지)이 과학적 방법의
장점 및 생의학의 타당성과 그 성취를 자세히 다루고 있는 점은 의미심
장하다. 여기에 따르면 생의학은 '시류를 떠나 사회적 가치와 정치적 편
견으로부터 자유롭고,' '미신, 마술, 초자연적인 신조로부터 필연적이고
점차적으로 분리되어 왔다'고 한다(BMA, 1992: 212). 또한 '전혀 근거

도 없이 원시적인 믿음과 진부한 관행으로 회귀하는' 대안적 요법의 기반과, 현대의학의 과학적인 기반은 큰 대조를 이룬다고도 한다(BMA, 1992: 216).

둘째, 의료전문직은 스스로 공중보건의 합당한 수호자로 자처한다. 그들은 일반대중이 '소위 대안적 요법'에 의해 해를 입을지 모른다는 우려를 표시하면서(BMA, 1992: 215), 의료전문직이 환자에게 이러한 위험을 알려야 한다고 주장한다. '환자가 일부 대안적 의료인의 진료를 통해 큰 위험에 처할 수도 있음을 주지하도록 도와야 한다'는 것이다(BMA, 1992: 228). 따라서 대안적 요법은 전통적 과학의 패러다임에 뿌리를 내리고 있는 엄격한 과학적 방법으로 평가받아야 한다고 이들은 주장한다.

그러므로 우리는 1986년까지만 해도 영국의학협회가 대안적 의료를 백안시하였고 그것을 폄하하려고 노력했음을 알 수 있다. 그러나 의학협회의 이러한 노력은 대세를 막기에는 역부족이었고 점점 더 많은 사람들이 갖가지 종류의 치유와 시술자를 찾고 또 혜택을 입은 것으로 보인다. 이런 연유로 해서 영국의학협회가 대안적 의료를 더 깊게 연구한 결실인 두번째 보고서『보완의학: 좋은 시술을 위한 새로운 접근(Complementary Medicine: New Approaches to Good Practice)』을 펴내게 되었는지도 모른다 (BMA, 1993). 보고서 제목의 변화가 가리키듯이 영국의학협회는 더이상 비정통적 의료가 단순히 정통적 의료와 배치된다고 주장하지 않고 함께 공존하거나 한걸음 더 나아가 전통의료를 '보완'할 수 있을 것이라고 시사하기에 이르렀다. 이 보고서는 정통적 의료인과 비정통적 의료인 사이의 적절한 경계를 확실하게 설정한다. 대안적 의료인이 합법적으로 활동할 수 있는 영역을 구획지으려는 것이다. 보고서는 전문직화와 자율규제가 대안적 의료인과 대중에게 다같이 좋을 것이라고 찬성하면서도, 국가로부터 전문인 자격을 인정받는 의료집단은 의료전문직인 의사로부터도 지지를 받아야 한다고 말한다. 보고서는 또한 '독자적 임상과목'인 침술, 척주지압요법(chiropractic), 동종요법, 약초요법, 정골요법 등의 대안의료가 '좋은 시술(good practice)'을 해야 할 필요가 있음을 부각시킨다.

어떤 요법이든 좋은 시술을 행하려면 각 요법을 대표하는 단체가 다음 사항을 갖추어야 한다. 즉 조직구조, 통일된 회원등록절차, 정규 의료인과의 관계를 규정한 지침, 공인된 교육기관의 적절한 교육, 효과적인 윤리강령, 시술 능력의 수준규정, 연구활동 장려 등이다.(BMA, 1993: 141)

그러므로 의료전문직은 대안적 의료가 점점 더 전문직화하고 자율성을 갖추기를 원하지만 동시에 대안의료의 활동범위를 설정하려고 노력하는 것 같다. 예를 들어 보고서는 정통의료인에게 환자를 의뢰할 시기를 알기 위해서 대안적 의료인이 의과학을 잘 알아야 할 필요가 있다고 재삼 강조한다.

대안적 의료인은 특정 시술의 절대적 및 상대적 금기상태(contra-indication)와 더불어 자기 능력의 한계와 특정요법의 적용범위를 숙지해야 한다. 이와 함께 특정요법을 써서는 안되는 상태와 환자의 증상이 가정의에게 즉시 의뢰해야 할 상태임을 인지할 능력이 있어야 한다.(BMA, 1993: 136-7)

보고서는 또한 대안요법을 쓰더라도 필요한 경우 전통적 의료인에게 지체없이 도움을 청하여야 한다고 강조한다. 가정의 역시 자기 환자중 대안요법의 이용자가 어떤 치료를 받고 있는지 수시로 통보받아야 한다고 보고서는 역설한다.

따라서 의료전문직의 헤게모니는 전통적인 의료내부조직의 개편과 대항적인 의료 패러다임의 출현으로 심대한 변화의 대상이 되었다. 이러한 변화는 어쩌면 후기모더니즘과 관련된 사회·경제적 변동 및 문화적 변동의 지표인지도 모른다. 이제 우리는 이러한 변동이 NHS 전반에 어떤 영향을 미치는지 고려해 볼 것이다.

국립보건제도의 개편

앞에서 소개한 NHS의 변화와 발전은 아무 이유없이 생겨난 것이 아니다. 의료부문의 변화는 사회 전체의 변동을 반영하며 학문적으로 보면

모더니즘에서 포스트모더니즘으로 전환되는 차원과, 포디즘에서 포스트
포디즘으로 전환되는 경제적 차원으로 특징지어진다. 이러한 전환은
1970년대부터 우리가 목격해오고 있는 거대한 변화를 지칭한다. 즉 복지
국가의 맥락에서 대중의 보편적인 욕구를 획일적이고, 온정주의적이며,
전문가가 주도하는 관료적 정책으로써 충족시키던 현실로부터, 복지다원
주의(welfare pluralism), 준(準)시장(quasi-markets) 및 소비자주권으로 복
지의 개념이 옮겨간 것을 말한다(Williams, 1994). 그러한 사회변동은
NHS의 개편에서도 뚜렷이 감지된다. 이러한 개편은 보건업무의 성격규
정에 중차대한 영향을 미쳤고 이 점은 건강과 질병의 사회학에서 중요한
연구분야로 여겨지고 있다(Hunter, 1990). 지금부터 이러한 변화의 성격
과 파장을 상세히 검토해 볼 것이다.

  의료서비스의 개편과정은 1970년대 중반 선진자본사회에서 일어난
복지제공의 '위기'에 대응하는 색채가 짙다. 오프(Offe, 1984)에 따르면
[복지]국가체제에 내재하는 모순이 현상태의 보건복지제공을 유지할 수
없게 만들 것이라고 한다(Fitzpatrick, 1987). 오프는 국가를 단순히 자본
의 도구로 보는 전통적인 마르크스주의 이론을 배격하고, 대신 국가가
정치·행정체계, 경제체계, 정당화체계(legitimation system) 등 세 가지
요소를 가진 체제라고 주장한다. 정치·행정체계인 정부는 나머지 두 요
소를 화해시키기 위해 끊임없이 노력한다. 한편으로 정부는 자본축적을
장려해야 하고(경제체계), 다른 한편으로는 사회통합과 정치적 지지(정당
화체계)를 끌어내야 한다. NHS는 여기에서 파생되는 문제를 대변한다.
보건서비스는 한편으로 국가자원을 소진시켜 자본축적을 위협하지만, 또
다른 한편으로는 국민의 인기가 대단히 높다. 오프의 분석에서 핵심은
사회정책이 계급적 욕구(정당화) 또는 자본의 욕구(경제), 어느 한쪽에만
편중해서는 안된다는 것이다.

  사회정책은 국가조직의 내적인 문제, 즉 노동의 욕구와 자본의 욕구라는
  양극점에 어떻게 일관성있게 대응할 수 있는가 하는 데서 문제의 해답을 모
  색해야만 할 것이다. … 문제는 국가자체의 기구와 그 집행이 이러한 양립성
  을 갖추지 못한 데 있다.(Offe, 1984: 104; Fitzpatrick 인용, 1987: 231)

이런 도전에 대한 국가기구 차원의 대응이 조직개편으로 나타나는 것이다. 1980년대를 통해 NHS는 조직과 의료제공방식에 관련해 큰 변화를 겪었다. 클라인(Klein, 1989)과 같은 학자는 NHS가 창설된 근본원칙(주로 일반조세로 예산을 책정하고 이용시 거의 무료인 점)은 변하지 않았음을 부각시켰다. 이와 대조적으로 다른 학자는 이런 변화를 흔히 개편(restructuring)이라고 부르긴 하지만 실은 근본적인 변화가 발생했다고 주장한다(Davies, 1987; Kelly, 1991). 플린(Flynn, 1992: 4)은 이 점을 "예산배정, 분업 및 조직구조, 의료서비스 제공의 판단기준과 목적 등의 면에서 기존의 형태에 심대한 변화가 초래된 과정"이라고 정의한다. 의료서비스의 개편은 주로 다음과 같은 변화를 수반한다. 즉 새로운 기구계획수립 절차, 자금운용한도 설정, 실적지표의 도입, 사업계약시 입찰제 실시 의무화, 효율성 제고로 예산절감, 독립채산제 조직설립 허용, 시장경쟁원리 도입과 소비자우선주의, 전문직 지배의 억제 및 기업적 문화의 정착 등이 그것이다.

따라서 NHS가 창설된 의도와 목표는 크게 변하지 않았다 하더라도 완전히 새로운 원칙이 도입된 것은 분명하다. 입찰제 실시를 통한 민영화 원칙(the principle of privatization)이 정해졌고 세탁, 청소, 취사와 같은 업무는 외부용역제로 전환되었다. 조직 내부에서 의료서비스를 사고파는 내부시장(internal market)을 통한 시장경쟁원칙(market principles)이 추가되었다. 국가와 자선단체 및 사설단체간의 협력을 통한 복지다원주의 원칙(the principles of welfare pluralism)이 구체화되었다. 「환자헌장(Patient's Charter)」이라는 형태로, 소비자주의 원칙과 경영실적에 따른 상여제의 도입으로 기업정신을 장려하였다. 소비자지향적이고, 권한부여(empowerment)와 자조(self-help)를 장려하고, 탄력적으로 조직을 운용하자는 이 새로운 체제는 획일적이고 관료적이며 온정주의였다고 여겨지는 1970년대의 의료서비스와 크게 대조된다.

소비자가 주도하는 의료서비스는 전문가 주도형의 서비스 전달체계와 대비되는 광경을 펼친다. 양자를 함께 놓고 보면 전문가집단은 자원을 아낄 줄도 모르고 환자와 고객의 선택에 귀를 막은 존재로 비친다. 복지다원주의는

자유 및 선택권과 동맹을 이룬다.(Davies, 1987: 315)

따라서 이런 변화맥락에서 전문직의 자율성이 줄어들고 직업집단간의 관계가 변화하며, 전문가와 경영인 사이의 상대적인 영향력이 바뀔 가능성이 높다.

포스트포디즘과 보건의료

1970년대 복지국가의 재정위기로 입증된 자본주의의 위기가 실은 포디즘에서 포스트포디즘으로 이행되는 과정의 현상이었다고 이해하는 학자도 있다(Burrows and Loader, 1994). 이 용어는 조직과 생산방식 및 그것의 사회·정치적·문화적 결과를 지칭한다. 포디즘적 생산양식은 표준화된 상품의 대량생산과 지속적인 대량소비가 함께 일어나는 형태를 말한다. 헨리 포드의 '블랙 카' 자동차 생산이 그 전형적인 예이다. 대규모의 표준적이고 자본집약적인 생산과정은 엄격한 서열식, 관료적 경영구조의 특징을 가지며, 노동자의 업무는 단순반복적이고 과학적 경영원칙에 따라 관리되었다.

이와 대조적으로 포스트포디즘은 소비자의 요구와 분절화된 시장의 기호에 맞게 조직된 생산기법을 특징으로 한다. '블랙 카'에 더이상 만족하지 않는 소비자는 더욱 까다로운 성향을 보인다. 생산과정을 탄력있게 운용하려면 분권적인 노동자 업무와 분산적인 근무조직이 필요하다. 여기에 따라 다방면의 업무를 맡을 수 있는(skill-flexible) 핵심인력과, 시간제 근무가 가능한(time-flexible) 주변인력—저임금을 받으며 고용이 불안정한 노동자—이 생겨난다. 이 과정에서 육체노동직은 퇴조하고 서비스 관련직 및 전문직종이 상대적으로 팽창한다. 소비자주의의 관점에서 보면 이 현상은 더욱 다양한 상품과 서비스, 그리고 끊임없이 늘어나는 개인적 라이프스타일과 취향을 촉진하게 된다. 특정 고객을 겨냥한 상품생산을 위해서는 정보기술의 도움을 얻어 소비자의 특성에 관한 자료를 수집하는 것이 결정적으로 중요하게 되었다.

이러한 원칙은 포드자동차의 선전인 '모든 것은 고객이 원하시는 대로' 라는 문구를 NHS 발전방향으로 인용한 경영전략에서도 엿볼 수 있다(NHS Management Executive, 1993). 따라서 소비자 우선이라는 수사가 NHS 개편을 합리화시키는 것이다. 러네이드(Ranade, 1994: 27-8)는 NHS의 변화중 특히 포스트포디즘적인 현상으로 네 가지를 꼽는다. 첫째, 정보기술(IT)의 급속한 신장은 '의료서비스의 기술적인 효율과 더욱 개별화된 서비스의 향상'을 가져올 잠재력을 지닌다. 둘째, 의료서비스가 더욱 '분절화하고 다원화'되고 있으므로 NHS의 경영 스타일에도 큰 영향을 미친다. 셋째, 개편과 함께 도입된 정보 시스템을 관장하는 근무자와 탈기술화된 지원업무 종사자로 NHS 근무자가 양극화되는 현상을 보인다. 넷째, NHS의 인력이 점점 더 기능적으로 또한 숫적으로 신축성있게 관리되는 특징이 나타난다.

포스트포디즘 이론은 우리에게 NHS에서 현재 일어나는 변화를 이해할 수 있는 발견적 도구를 제공하며, 노동과정(labour process)과 조직역학에 나타나는 변화의 성격에 우리의 주의를 환기시킨다. 이런 변화의 결과를 알아보기 위해 아주 다른 세 가지 부문의 예를 들어 검토해 보고자 한다. 즉 신경영주의의 대두, 보건경제학자라는 전문집단의 출현, 및 보조업무의 외부용역이 그것이다.

신경영주의

1980년대에 들어서 의료서비스의 관리방식에 급격한 변화가 왔다. 1960년대부터 1983년 사이에는 의료서비스가 소위 '외교모형(diplomacy model)'의 관리형태를 취했다(Harrison et al., 1990). 이 모형하에서 관리자는 의료서비스의 방향을 제시하거나 변화시키는 것이 아니라 조직내의 마찰을 줄이고 의사가 환자를 돌보는 데 전념할 수 있도록 돕는 역할을 맡았다. 외교모형의 특징은 네 가지다(Harrison et al., 1990: 103-4). 의사는 임상적으로 자유롭게 개별환자에 관한 치료결정을 내릴 수 있었으므로 관리자보다 영향력이 강했고 이런 결정이 전체적으로 모여 의사집단이 의료서비스의 형태를 결정할 수 있었다. 둘째, 관리자는 적극적이라기보다는 대응적이었고 혁신자라기보다는 문제해결자에 불과했다. 셋째, 관리자는 외부사회와 소비자의 욕구를 고려하지 않고 조직의 내적인 문제에만 치중하였다. 넷째, 기존상태(status quo)에 대한 비판적 분석이 거의 없어서 변화의 양상이 느리고 점진적이었다.

신경영주의(new managerialism)라는 용어는 1980년대에 출현하였고, 후기모더니즘, 포스트포디즘의 조직에 더 맞다고 생각된 민간부문 경영방식인 적극적인 개입, 동적이고 창의적인 경영방식으로 외교적 관리방식을 대체한 것을 지칭한다. 이것은 정부가 의료서비스에 더욱 관여하기 시작한 결과였다. 1979년 집권한 보수당은 의료서비스를 분권화시키겠다는 애초의 공약과는 달리 서비스의 방향에 일일이 간섭하기 시작했다. 예를 들어 정부는 1982년 지역보건당국(DHA)이 광역보건당국(RHA)에 사업계획안을 제출하고 광역보건당국은 다시 연례보고서를 보건부 장관에게 제출해야 한다는 보고절차를 도입했다. 1983년 정부는 세인스버리 슈퍼마켓 체인의 전무이사인 로이 그리피스(Roy Griffiths) 주도의 실업가들로 팀을 구성해 NHS의 전반적인 경영상태를 검토하게 하였다. 그리피스(DHSS, 1983a)는 NHS에 필요한 것은 '민간부문'의 경영방식이며, 특히 명확한 결과와 기준치의 목표를 정해놓고 지속적으로 실적을 평가할 필요가 있다고 결론지었다. 이 중에서도 특히 핵심적인 권고사항은 1974년 NHS 개편시 도입되었던(Levitt and Wall, 1992) 의사, 간호사, 행정직원으로 구성된 '합의제 관리팀(consensus management team)'을 폐지하고 명확한 업무를 위임받은 일반 '계선직(係線職)' 경영인을 모든 부서에 배치하자는 것이었다. 보고서는 다음과 같이 의료서비스의 문제를 요약했다. "요컨대 플로렌스 나이팅게일이 오늘날 NHS의 회랑에 등불을 들고 나타난다면 이곳의 책임자가 누구인지 찾으러다닐 것이 분명하다"(DHSS, 1983a: 12). 강력한 경영방침과 민간부문의 정신은 '창의성과 신속성, 활력을 불어넣을' 뿐 아니라, '혁신과 비용절감을 위해 끊임없는 모색을 추구'할 것이라는 주장이었다. 정부의 백서 『환자를 위한 봉사(Working for Patients)』(Department of Health, 1989a)와 함께 발표된

홍보비디오는 "NHS가 영리를 추구하는 기업은 아니지만 더욱 기업처럼
변할 수 있습니다"라고 선전하였다(Kelly 인용, 1991: 132). 따라서 이번
의 변화는 그 이전의 개편처럼 단순히 의료서비스의 구조적 조정이 아니
라 그 가치관과 문화를 변혁시키려는 것이었다.

이러한 새로운 유형의 경영하에서 의료서비스의 통제구조가 변화하였
으며 경영인은 "여태까지 의사가 말단의 서비스 전달방식을 결정해온 방
식에 익숙한 조직에 어떻게 하면 정치적 우선순위를 강제할 것인가"(Co-
usins, 1988: 211)라는 정부의 결정적인 딜레머를 정면공략하기 위해 노
력했다. 따라서 NHS 내의 모든 활동과 그 결과를 정확하게 측정하기 위
해 온갖 종류의 실험과 시도가 뒤따랐다.[67] 엘스턴(Elston, 1991: 69)은
이렇게 말한다.

'투자한 만큼의 가치'를 거두자는 압력으로 경영평가와 임상활동의 통제
를 위한 수많은 기법이 쏟아져 나왔다. QA, PI, DRG, QALY 같은 신조어는
새로운 시대, 즉 관료적 평가를 통해 NHS 내에서 의사의 자유로운 임상활동
을 전향적으로 제한할 수 있을 것이라고 약속한다.

이들 약자는 의료의 질 보장(quality assurance), 실적지표(performance
indicator), 진단명별 포괄수가제(diagnostic-related groups), 삶의 질에 따
라 조정된 생존년수(quality-adjusted life years)[68]를 각각 지칭한다. 이런

---

67) 국가가 의료서비스의 재원을 제공하고 의사(특히 종합병원근무 전문의)는
NHS에 고용된 형태의 공적 의료서비스라는 맥락에서 이같은 경영개편을 이해
해야만 한다. NHS 내에서 의사가 의료자원을 비교적 임의로 쓰는 임상적 자유
를 누려왔고, 정부의 개편은 이런 의료자원 지출과정을 더욱 효율적이고 투명
하게 관리하는 데 목적이 있지만 이 때 비용절감은 의사 개인의 소득이나 이해
관계와는 별 상관이 없다. 문제는 의료전문직의 임상결정권한과 의료복지예산
절감 사이에 어떻게 균형을 맞추는가 하는 점이다. 이에 따라 의사가 직접 의료
서비스의 경영인으로 변신하는 경향도 생기고 있다. 이런 추세의 사회학적 비
판은 다음을 참고하라[Hunter, D.J. (1992), "Doctors as managers: Poachers
turned gamekeepers?" *Social Science and Medicine*, 35 (4): 557-566]. ─역주
68) 삶의 질에 따라 조정된 생존년수(QALY, '퀘일리'라고 발음)는 의료비지출의
객관적인 판단기준과 특정진료의 비용효과 등을 산출하기 위해 고안된 보건경
제학적 개념이다. 이 개념은 NHS의 자원배분에 따른 합리화와 그 윤리성 논쟁

등등의 경영관련 조치는 "의료업무의 내용, 생산성, 의료자원 이용, 의료
질의 기준 등을 경영원칙에 입각해 결정하는 것이므로, 전문직 자율성이
라는 관점에서 보면 이전의 관행에서 크게 벗어나는 것이다"(Flynn, 19-
92: 183). 그러므로 경영쇄신의 목표는 의료인으로 하여금 진료결정을
내릴 때 임상적 판단만이 아닌 다른 요인도 감안하게 함으로써 생산성과
효율성을 높이자는 데 있다.

서비스의 개편과 특히 일반 경영개념의 도입은 간호전문직의 자율성
도 감소시킬 가능성이 높다. 예를 들어 일반경영 구조의 도입으로 경영
결정에 관한 상급 간호사의 영향력이 제한되었다. 간호사의 계선관리책

을 촉발하는 기폭제 역할을 했다[Williams, A. (1985), "Economics of coronary
artery bypass grafting," *British Medical Journal*, 291: 326-329]. QALY는 수명
과 삶의 질이 다 함께 중요하다는 전제에 기초하고 있다. 완벽한 삶의 질로 1년
을 사는 것을 한 단위(1 QALY)로 설정하고 이것에 드는 진료비용을 역으로 산
정하는 것이다. 이렇게 해서 각각의 진료에 따라 상대적인 비용의 순위를 정할
수 있게 된다. 어떤 진료를 받은 후 예상되는 평균 생존년수에 예상되는 삶의
질 지수를 곱해서 QALY 지표를 산출한 다음, 이 진료에 든 총경비를 QALY 지
표로 나누면 1 QALY를 얻기 위한 비용을 구할 수 있다. 여기서 문제가 되는
것은 삶의 질 지수를 계산하는 방식인데 윌리엄스(Williams, 1985)는 기능장애
의 정도와 고통의 정도 두 가지 기준치로 삶의 질을 표현하자고 제안한다. 정상
적인 기능과 고통없는 상태를 1로, 사망을 0으로 놓고 이 사이의 여러 단계를
지수화하는 것이다. 예를 들어 1만 파운드의 경비가 든 수술을 받은 후 예상 생
존년수가 10년, 예상 삶의 질 지수가 0.5라면 1 QALY를 얻는 데는 2천 파운드
가 든다는 계산이 나온다. QALY 개념의 기본적 설명은 다음을 보라[Carr-Hill,
R.A. (1989), "Background material for the workshop on QALYs: Assumptions
of the QALY procedure," *Social Science and Medicine*, 29 (3): 469-477]. 사회학
적 비판은 다음을 보라[Mulkay, M., Ashmore, M. and Pinch, T. (1987), "Mea-
suring the quality of life: A sociological invention concerning the application of
economics to health care," *Sociology*, 21 (4): 541-564]. 삶의 질 측정을 포괄적으
로 다룬 연구는 BMJ의 시리즈를 보라[Fitzpatrick, et al., (1992), "Quality of
life measures in health care. I: Applications and issues in assessment," *British
Medical Journal*, 305: 1074-7; Fletcher, A. et al., (1992), "II: Design, analysis,
and interpretation," *BMJ*, 305: 1145-8; Spiegelhalter, D. J. et al., (1992), "III:
resource allocation," *BMJ*, 305: 1205-9]. 삶의 질의 공리적 접근에 대한 윤리적
고찰은 다음을 보라[Crisp, R. (1994), "Quality of life and health care', in Ful-
ford, K.W.M., Gillett, G. and Soskice, J.M. (eds), *Medicine and Moral Reasoning*,
Cambridge: Cambridge University Press, pp.171-183]. —역주

임이 상급 간호사에서 일반 경영인으로 넘어간 경우가 많다. 결과적으로 점점 더 결정과정에서 간호전문직의 판단기준을 감안하지 않는 비간호직에 의해 간호사가 관리되는 경향이 늘고 있다. 이것은 또한 간호직에 존재하는 성적 분업 상황을 악화시킨다. 1966년 새먼 보고서(Salmon Report)가 나온 이후 도입된 간호사의 계선관리제에는 남성 간호사가 주로 참여하였다. 1987년 현재 전체 간호사중 남성은 10퍼센트 미만이었지만, 수간호사와 간호사 교육 책임자 자리의 50퍼센트를 차지하였다(Gaze, 1987). 그리피스 보고서(Griffiths Report)에 의해 신설된 지역보건 일반경영인 직책의 3퍼센트만이 여성에게 돌아갔다(Cousins, 1988). 그러나 포터(Porter, 1992)는 미시적 수준에서 간호사-의사간의 성차가 좀 더 평등하게 변했다는 것을 발견하였다. 하지만 "의사와 관련해서 사회적 성의 문제가 부분적으로나마 해결되려는 시점에서 다른 부분에서 이 문제가 다시 심각하게 재등장했다는 사실은 참으로 역설적이라 하지 않을 수 없다"(Porter, 1992: 524). 문제의 소재가 신경영주의의 성적 차별구조 속에 위치하게 된 것이다.

내부시장을 통해 강화된 비용절감 정책으로 간호직의 업무성격에 더욱 큰 변화가 올 것이다. 의료제공자(병원 등)는 다른 제공자와 경쟁하기 위해 가능한 한 저렴한 비용으로 의료서비스를 판매하려 할 것이다. 이렇게 되면 단위노동비용이 강조되고 모든 보건직 종사자에 영향을 미칠 것이다. 간호직에서는 고급인력을 임금이 싸고 자격이 낮은 간호보조원으로 교체한다는 이른바 '기술대체(skill-mix)' 개념이 대두되었다(DHSS, 1986). 러네이드는 다음과 같이 말한다(Ranade, 1994: 32).

> 1990년 9월에서 1991년 사이 NHS의 정규간호사 15,400명이 조직을 떠났지만-5.2퍼센트 감소-무자격 간호직은 17퍼센트인 137,400명이나 증가하였다. 이로써 유자격 간호사와 무자격 보조원의 비율이 61:23에서 58:28로 바뀌었다.

결과적으로 이미 본 대로 간호직이 핵심 고급인력 간호사와, 자격이 떨어지는 주변 보조직으로 양극화되는 포스트포디즘적인 움직임이 일고 있는 것이다. 그러므로 경영자의 입장에서는 자격이 많이 필요한 업무와 자격이 적어도 되는 업무를 구분할 필요가 더욱 늘어났다. 교육이 더 필요한 자리는 기술적인 업무일 가능성이 많으므로 간호사가 병상을 지키기보다는 기술직으로 전출될 우려가 높다. 그러나 '기술대체'의 평가연구에 의하면 간호업무의 수준은 대체적으로 간호사의 자격과 교육수준에 비례하므로 무자격 보조원이 지나치게 많아질 경우 환자간호의 질이 떨어질 수도 있다(Carr-Hill, 1992).

신경영주의의 정신과 실천으로 보건전문직의 업무가 결정되고 중앙정부의 정책목표를 추진할 수 있었지만 여기에 따른 저항도 만만치 않았다. 예를 들어 임상예산 편성안(의료전문직이 비용을 감안하여 업무내용을 결정하는 것) 실험은 그다지 효과적이지 못했다(Pollitt, 1988). 자신의 업무에 재량과 통제권을 가진 의사가 의료조직내에서 자유롭게 소비하는 비용이 더이상 당연시되지는 않았지만, 그와 동시에 의료시술의 높은 불확실성/기술성 비율 때문에 경영인은 의료인에게 상당히 많은 자유를 계속 허용하지 않을 수 없었던 것이다. 헌터(Hunter, 1991)는 의료서비스 내의 통제권을 의료전문직에서 경영쪽으로 이전하려는 시도가 다양하게 나타났으며 일부 의사는 임상자율성을 더 잃게 될까봐 경영에 직접 개입하는 것을 주저하는 현상도 나타났다고 주장한다. 따라서 의료서비스 전체를 통해 근무환경이 집단간의 타협과 충돌, 투쟁이 일상화된 '정치의 현장'처럼 되었다(Clegg, 1989). 클렉에 따르면 의료서비스 내의 권력은 점점 더 푸코식의 감시적, 판옵티콘적 권력을 닮아가며(5장을 보라), 의료전문직이 정보기술의 감독을 받으므로 의료인은 점차 자신의 행동을 스스로 감시하게끔 되어 간다고 한다.

더 나아가 일부학자는 우리가 현재 다른 형태의 통제는 줄고 대신 감시(monitoring)가 늘어난 '회계감사식 사회(audit society)'에 산다고까지 제안한다. 감시기법을 통해 새로운 지식체계가 늘어나고 이것은 다시 사람들을 감사하는 데 쓰인다는 것이다. 공중보건직 관리가 전체인구의 동태에 관한 지식을 수집하고 배포하는 것처럼 의료전문직의 동태를 평가할 메카니즘이 고안되고 있는 것이다. 감사는 국민의 통제권 행사라는

점에서 정당화되는데 이것은 집단적인 자원(예, 국민의 세금)을 쓰는 집
단은 철저한 조사의 대상이 되어야 한다는 뜻이다(Power, 1992). 그러나
전문직은 아직도 그러한 개입을 NHS의 근본목적에 상치되는 것으로 보
며, 예산이 없어서 아픈 환자를 치료하지 못한다는 식의 견해를 퍼뜨림
으로써 정치적·대중적 지지를 얻어낼 수 있다. 이렇듯 경제적 고려와 사
회적 정당화 사이의 모순은 사회 전체 차원에 팽배해 있는 것이다(Offe,
1984).

   감사, 책무성, 조직의 합리화, 효율 등 신경영주의의 중추적 고려사항
들을 명확한 표현과 학문적인 관점으로 담론화한 것은 보건경제학자
(health economists)라는 전문집단이다. 이 집단을 사회학적으로 간략히
살펴보면 후기모더니즘의 복잡한 환경에서 어떤 결정을 내리기 위해 합
리적인 근거를 제공하려는 이 집단에 대한 이해가 깊어질 것이다.

새로운 직업집단: 보건경제학자

   1970년대 말부터 보건의료제도내에서 보건경제학자라는 새로운 전문
집단이 출현하였다. 그 이전에는 이러한 집단이 존재하지 않았지만, 보건
의료비가 급증하고 효율성이 강조되는 한편 의료전문직이 경제적 결과
라는 측면에서 자신의 실적을 스스로 감시할 필요가 있다고 정부가 인식
하면서부터 보건경제학자가 의료라는 무대에 등장할 시기가 무르익었던
것이다. 애쉬모어 등(Ashmore et al., 1989)은 보건경제학자가 채택하는
직업적 전략을 연구하여 그들이 얼마나 전문직의 목적을 달성했는지 평
가해 보았다. 보건경제학자의 의도는 NHS 내에 경제적 합리성(economic
rationality)을 도입하는 것이다.

   보건경제학자는 NHS의 경제적 활동을 더욱 합리적으로 만들려는 집단적
   인 목적을 가지고 있다. … 그들이 사용하는 합리성의 개념이란 의료서비스
   전체의 행동을 통일하고, 모든 경제적 결정과정의 목표와 수단을 조직적으로
   검토하며, 의료제도내에서 정치적 요인의 영향력을 대폭 줄이자는 것을 의미
   한다.(Ashmore, et al., 1989: 36)

합리성 개념은 주어진 목적을 최대한 달성하기 위해 가용자원을 가장 효율적으로 사용하는 합리적인 행위자 모형에 근거한다. 애쉬모어 등은 보건경제학과 그 인접분야가 사용하는 담론의 다중성을 이해하기 위해 희곡과 같은 문체로써 분석을 시도한다. 보건경제학자가 자신의 목적을 달성하기 어려운 것은 그들이 이처럼 담론을 중의적으로 사용(multipli-city of discourses)하기 때문이라고 애쉬모어 등은 주장한다. 보건경제학자가 채택하는 전략을 검토해 보면 이 점이 드러난다.

첫째는 의료제공자에게 경제학의 장점을 설득하려는 교육적 전략이다. 이것을 위해 교육과정을 운영하거나 보건학술지에 기고하는 등의 활동을 한다. 그러나 이 점에서 보건경제학자는 취약한 입장에 놓인다. 왜냐하면 상대방의 현재 행동을 지나치게 비판하지 않으면서도 경제지식의 중요성을 확신시켜야 하기 때문이다. 예를 들어 의료인을 대상으로 할 때에는 의료서비스의 경제악화 책임이 개별의사가 아닌 조직체계에 있다고 말해야 한다. 둘째 전략은 직접개입으로, NHS 내에서 직접 근무하거나 특정 정책의 결정에 영향력을 미칠 수 있는 연구기관 등에서 일하는 것이다. 여기에 따르는 문제는 연구의뢰자 또는 정책결정자의 요구에 연구를 어떻게 맞추느냐 하는 점이다. 세번째 전략은 일반대중에게 의료서비스내에서 경제학의 필요성을 강조하기 위해 공개적 토론에 참여하는 것이다. 그러나 이 때에도 미디어의 전달과정을 통해 보건경제학자의 견해가 왜곡되기 마련이다.

그러므로 보건경제학자는 성취하고자 하는 이상적인 목표가 있지만 그 이상을 적용하는 과정에서 수정을 겪어야 하는 것처럼 보인다. 예를 들어 경제학자는 의료전문인이 경제적 측면을 더욱 잘 알도록 하기 위해 그들을 기술적으로 보조할 수 있다고 하면서도 내적으로는 의료서비스의 기반이 되어야 할 합리성을 잘 알고 있는 자신이 더욱 중요하다고 느끼며, 따라서 경제적 정책을 더욱 철저히 수행해야 한다고 생각한다. 애쉬모어 등(Ashmore et al., 1989)은 따라서 보건경제학자가 '강한 계획(strong programme)'과 '약한 계획(weak programme)'을 가지고 일한다고 생각한다. 전자는 NHS 전반에 경제적 비효율성이 팽배해 있고, 의료인이 경제원칙에 무지한 현실은 시정되어야 하며, 합리적인 행위는 외길이므로 정치의 입김은 합리성의 달성에 장애가 된다는 입장이다. 그러나 활동의 현실적인 제약 때문에 대두된 후자의 계획에 따르면 경제학은 세계를 이해하는 여러 방법 중 하나에 불과하고, 보건경제학자는 의료인을 돕는 기능인 역할을 할 수 있으며, 정치가 의료문제의 협상과정에 필요한 부분이라는 점(연구비를 조달하고 정책을 수행하는 것은 더 말할 나위도 없고)을 인정한다. 애쉬모어 등(Ashmore, et al., 1989: 191)이 주장하는 바는 보건경제학의 담론이 다른 담론에 의해 수정을 겪는다는 사실이다.

　　일상적인 담론, 전문직 권력의 담론, 정치적 담론 등등 여러 가지 담론이 있지만 경제학자는 간단히 말해 합리성의 담론을 선택한다. 그러나 다른 담론을 가진 사람들을 경제학자처럼 생각하고 행동하게 만들 수 있는 유일한 방법—응용경제학의 성공에 핵심적인—은 일상세계의 실제적인 요구에 적응하는 길밖에 없는 것이다.

의료제도를 경제학자가 생각하는 합리성 모형에 근접하도록 만드는 궁극적 목적을 달성하는 데 경제학자의 효율성을 방해하는 것은 바로 이 같은 담론의 다중성이다. 그러나 이러한 합리성에 부응하기 위한 갖가지 변화가 의료서비스내에서 일어나고 있다. 노동력을 더욱 신축적이고 저렴하게 조달하기 위해 업무를 외부입찰로 해결하려는 보조직 고용구조의 변화가 그 예가 되며 아래에서 살펴보기로 한다.

현대 NHS 내의 보조직 업무

경제적 신축성은 포스트포디즘의 발전에 부수되는 핵심적 양상의 하나이다. 핀치(Pinch, 1994)는 복지국가의 변화를 분석하는 데 관련되는 두 가지 신축성을 찾아낸다. 기능적 신축성(functional flexibility)은 노동자의 기술범위가 늘어나서 여러 가지 업무에 배치시킬 수 있고, 기능간의 경계가 흐려졌다는 것을 의미한다. 한 가지 기술을 가진 노동자에게 여러 가지 업무를 맡기는 것이다. 예를 들어 핀치(Pinch, 1994: 210)는 한 NHS 병원 트러스트가 300명에 달하는 용원, 보조직, 취사, 세탁 담당직원이 '일반 의료서비스 노동자(generic health care service workers)'가 되는 조건으로 이들의 업무를 외부입찰에 붙이지 않기로 했다는 예를 보고한다.

숫적인 신축성(numerical flexibility)은 변화하는 수요에 맞춰 시간제 또는 한시적 계약직을 늘림으로써 노동력의 공급을 조정하는 것을 말한다. 예를 들어 1979년에서 1988년 사이 스코틀랜드의 NHS에서 상근 보조직은 62퍼센트나 감소한 반면, 시간제 근무는 거의 8퍼센트가 늘어났다(Pulkingham, 1992: 404). 펄킹엄은 두 종합병원의 고용유형 변화를 조사하여 이 변화가 근무의 성격과 보수수준에 어떤 영향을 미쳤는지 알아 보았다. 첫째, 높은 보수를 줄이기 위해 주말근무가 대폭 감소되었고 주당 20~25시간제로 계약하는 시간제 고용자가 늘어났다. 둘째, 교대근무가 8시간제에서 4~5시간제로 줄었다. 경영측에서 보면 노동자가 보다 짧은 시간동안 집중적으로 일하는 것이 바람직하기 때문이다. 셋째, 서무직원은 주당 40시간 근무하는 노동자 한 명을 두는 것보다 20시간 근무자 2명을 쓰는 것이 연간 300파운드가 절약된다고 말하였다. 이런 '절약'이 생기는 까닭은 [고용주가 내는] 국민연금 기여분과 퇴직금이 줄거나 없어지기 때문이었다(Pulkingham, 1992: 405).

시간제 근무자는 30세 이하이고, 혼자 살며, 무주택자일 가능성이 많으므로 노동인력의 구성이 변하게 된다. 노동자의 입장에서 보아 이런 변화로 파생되는 또 다른 결과는 환자와 인간적으로 교류할 수 있는 업무만족도가 사라지는 것이다. 이것은 또한 다음과 같은 점에서도 결함이 있다. 직원들이 병동에서 병동으로 옮겨 다녀야 하기 때문에 어느 한 곳에도 귀속감을 못 느끼게 되므로 "자기가 맡은 병동의 일을 제대로 마무리하지 못했다고 생각하며, 환자와의 비공식적 교류를 못하게 된 것을 대단히 싫어하였다"(Pulkingham, 1992: 406). 따라서 보조직 근무자가 환자와 관련된 업무를 할 수 없게 만드는 새로운 근무조건이 강제된 것이다. 이것은 환자와 근무자에게 모두 대단히 중요한 변화인데, 그 이유는 제임스(James, 1991; 1992)가 지적한 대로 보조직 근무자가 행하는 정서적 노동이 상당히 큰 역할을 하기 때문이다. 이렇게 되면 간호사는 이전에 보조직 근무자가 맡았던 업무와, 주어진 시간내에 보조직원이 하지 못하는 일까지 모두 떠맡아야 하기 때문에 간호업무에 미치는 영향이 적지 않다(Cousins, 1988: 223).

보조직 근무자의 고용구조가 변한 것은 취사, 세탁, 가사직 업무를 외부계약으로 해결하라는 정부의 방침 때문이다(DHSS, 1983b). 입찰에 붙여도 실제로는 내부적으로 계약되는 경우가 태반이다. 그렇지만 입찰을 따내기 위해 노동자와 노동조합은 보수와 근무조건의 악화를 감수해야만 한다(Cousins, 1988). 그렇지 않아도 NHS 보조직원은 이미 전국에서 가장 저임의 노동자였고 대부분이 흑인 또는 여성이었는데, 외부계약 조치는 "여성이 많이 맡는 일을 더욱 저임의 불안정하고 취약한 업무로 만듦으로써 기존의 성적 차별을 강화하였다"(Cousins, 1988: 225). 따라서 신경영주의의 담론에서 중추적인 위치를 차지하고 보건경제학자의 경제적 합리성 모형으로 정당화된다는 포스트포디즘의 '신축성'은 이미 불리한 입장의 노동자의 삶을 더욱 어렵게 만드는 결과를 낳았다.

결론

이 장은 공식적인 보건의료의 맥락에서 업무의 개편과 조직형태의 개편으로 나타난 사회변동 과정을 다루었다. 우선 의료전문직의 변화와 그것이 현대의 계급, 사회적 성 및 '인종'의 사회적 관계에 의해 어떻게 형성되는가를 살펴보았다. 그리고 특히 의료업무의 성격변화와 대안적 의료의 출현에 의해 전문직 지배가 퇴조한다는 증거가 있는지도 알아 보았다. 의료업무의 성격과 대안적 의료는 사회·경제적 변동 및 문화적 변동과 관련성을 지닌다. 그 다음 NHS의 개편을 일반적으로 논의하였다. 그리고 신경영주의, 보건경제학 및 '신축성' 있는 보조직 노동인력을 창출하기 위한 노동시장 전략수행 등을 통해 포스트포디즘적 생산양식의 발전에 기반을 둔 이론을 소개하고 예시하였다. 지금까지 논한 공식적 의료업무의 변화상이 세기말 현대 영국사회의 후기모더니즘, 포스트포디즘적 이론에 따른 변동양상과 대체적으로 일치하는 것을 알 수 있었다.

제9장
현대영국 보건정책의 사회학적 분석: 보건의료의 새로운 패러다임?

서론

이 장은 최근 주목받고 있는 보건정책상의 세 가지 조류, 즉 보건증진과 '신공중보건,' 병원에서 지역사회내 보호로 바뀌는 경향 및 소비자주의의 대두 등을 고찰할 것이다. 이 세 가지 보건정책 과제를 특별히 선정한 이유는 이것이 암스트롱(Armstrong, 1993b)이 '총체적 건강을 위한 새로운 관리양식'이라고 부른 경향을 대변하기 때문이다. 다시 말해 이런 경향은 사람들이 점점 더 건강을 스스로 감시하고 유지하게 되고 환자는 점차 장기 수용기관 밖에서 보살핌을 받으며 보건과 의료에 관해 자신의 의견을 드러내게끔 되는 흐름을 뜻한다. 건강과 질병의 사회학은 주로 세 가지 점에서 이러한 보건정책의 발전에 기여했다. 첫째, 이러한 경향의 대두를 분석하고, 둘째, 정책내용 자체에 비판을 가하며, 셋째, 사회학자로서 특정 보건 프로그램이나 보호 프로그램의 장단점을 진단, 평가하는 작업에 참여할 수 있다. 이 장은 보건정책의 최근 동향을 알아보지만 일반적인 보건의료 정책이나 정치적 측면을 포괄적으로 다룰 의도는 없다. 이 분야를 자세히 다룬 연구가 많기 때문이다(Klein, 1989; Small, 1989; Harrison et al., 1990; Ham, 1992; Paton, 1992; Butler, 1992).

보건증진과 신공중보건

지난 몇십 년 사이 의료의 강조점은 치료에서 예방으로 전환되어 왔다. 1970년대 중반부터 보건정책 문헌은 질병을 치료하기 보다는 보건을 증진시킬 필요가 있음을 강조하였다(DHSS, 1976a; 1976b; 1977). 이런 변화에는 네 가지 원인이 있다. 첫째, 정책입안가들이 효능논쟁(7장을 보라)의 영향을 받아서, 첨단의료기술에 투자를 늘려도 그 결실이 크지 않다는 사실을 인식하게 되었다. 둘째, 질환부담의 양상이 변했다. 감염성 질환은 줄었지만 대신 사회적·행동적 요인에 의해 발생되는 만성질환이 늘어났다. 셋째, 노령인구가 증가하면서 이미 과중한 부담을 안고 있던 의료서비스에 더 큰 하중이 가해졌다. 마지막으로 불황의 시기에 한없이 늘어만 가는 의료수요를 처리해야 하는 의료서비스의 재정상태가 더욱 악화되고 있다.

데이비스(Davies, 1987)는 NHS의 예산과 관련해서 창설 후 현재까지 세 단계의 정책변화를 지적한다. 초기 20년간은 의료의 수요와 공급이 제한없이 늘었고 그 결과 더욱 더 많은 예산을 의료서비스에 쏟아부을 수밖에 없었다. 그 다음 10년간은 의료서비스 제공을 더욱 효율적이고 비용-효과적으로 만들기 위해 공급측을 통제하였다. 현재를 포함한 셋째 단계에서는 공급과 수요를 함께 관리하고 통제하려고 노력한다. 수요측의 통제란 사람들이 자신의 행동을 바꾸고 더욱 건강한 삶을 살게끔 만드는 것을 말한다. 사실상 노동당과 보수당의 보건정책 핵심주제는 사람들이 스스로 건강한 생활방식을 택함으로써 자신의 건강에 더욱 책임을 지도록 만든다는 것이다. 예를 들어 노동당의 『예방과 보건(*Prevention and Health*)』 백서(DHSS, 1977: 39)는 다음과 같이 기술한다.

오늘날 영국인의 병은 대부분 무절제와 현명하지 못한 행동 때문에 일어난다. 따라서 현재 예방의학의 가장 큰 잠재성과 또한 가장 큰 문제는 건강에 대한 행동과 태도를 변화시키는 데 있다. 개개인은 자신의 건강과 안녕에 더욱 직접적으로 개인적 책임을 인지함으로써 자신과 가족 및 공동체를 크게 도울 수 있다.

1980년대와 1990년대에도 주요 보건정책 문헌은 계속해서 질환의 예
방과 보건의 증진을 강조하였다. 예를 들어 정부백서『보건증진: 일차보
건의료 개선을 위한 정부시책(*Promoting Better Health: the Government's
Programme for Improving Primary Health Care*)』(DHSS, 1987)은 'NHS의
다음 목표'가 '병을 다루는 서비스에서 건강을 다루는 서비스로 변화'하
는 것이라고 강조하였다. 한걸음 더 나아가『국민의 건강(*Health of the
Nation*)』(Department of Health, 1991a; 1992) 백서는 예방가능한 조기
사망을 줄임으로써 국민의 건강상태를 높이자는 전략적인 접근을 선보
였다. 정부 입장에서 보았을 때 이러한 보건정책을 수행하는 데 가장 적
합한 보건의료 영역은 일차보건의료, 가정의 및 공중보건의학인 것이다.

예방, 일차보건의료 및 가정의의 역할

일차보건의료는 흔히 효과적인 질환예방의 핵심적인 주체로 인식된다
(WHO, 1978). 영국에서 가정의와 일차보건의료팀(primary health care
team)은 보건증진의 중추적인 업무를 맡는다고 간주된다(DHSS, 1987).
1990년 가정의들은 특별히 보건증진과 질환예방을 진료조건의 일부로서
시행한다는 새로운 계약을 정부와 체결했다(Department of Health,
1989b). 보건증진 클리닉을 열고 예방검진을 유도하기 위해 가정의의 보
수체계가 바뀌었다. 또한 가정의가 여러 종류의 보조직원을 고용해 보건
증진활동을 벌이도록 하였다.[69] 그러나 가정의가 예방업무를 전담한다는
것은 단순히 정부방침 때문만은 아니었다. 그것은 다른 여러 요인의 결
과였으며 특히 가정의 스스로가 전문적인 기능을 창출하려는 의도를 가
졌던 점도 한 원인이 되었다.

사실 가정의가 전문적인 정체성을 확립하기 위해 예방을 이용한 측면
도 없지 않다(Armstrong, 1979; Davies, 1984; Calnan, 1991). 왜냐하면
NHS가 창설된 초기에는 가정의의 지위가 그다지 확고하지 못했기 때문
이다. 당시 NHS는 치료와 개입, 의료기술 등에 주안점을 두었으므로 종

---

69) 이 점과 최근의 변화—1993년 발효된 가정의의 신계약 이후—에 관해서는
Yen(1995)을 보라.

합병원에 근무하는 의사가 더욱 안정된 위치와 높은 사회적 지위를 누릴
수 있었다. 결과적으로 지역보건당국과 가정의는 '정책상의 냉대를 면치
못하였다'(Davies, 1984: 281). 병원의료 앞에서 박대를 받은 가정의는
스스로의 전문성을 발휘할 독자적인 지식체계를 모색하였다. 그 결과 가
정의는 종합병원의 생의학적 접근과 대별되는, 인생역정을 고려하는 전
일적 의료(biographical and holistic medicine)라는 대안을 발견하였다
(Armstrong, 1979). 인생역정적 접근에서는 환자마다의 개별성, 심신의
통합, 환자의 인생역정과 환경을 파악하기 위해 병증상 이상의 전체적인
측면을 고려할 필요성이 있음을 강조한다. 이런 식의 접근에 이론적 근
거를 제공한 것은 의사이자 정신분석가였던 베일린트와 그의 추종자들
이었다(Balint, 1956). 따라서 예방업무가 가정의의 중요한 이론적 근거
가 되었으며 그것의 정치적인 효용성이 늘어 나면서 병원의료와 비교될
만큼 지위가 상승하였다. 최근 들어 병원과 임상의료의 효능성이 점점
더 의문시됨에 따라 일차의료와 전일적 의료의 장점이 더욱 인정받고 있
는 실정이다.

또한 의료전문직 단체도 가정의의 진료에서 예방이 갖는 잠재성을 이
론적으로 뒷받침하였다. 1980년대 초에 왕립가정의협회(RCGP)는 예방
부문에서 가정의가 맡을 수 있는 역할에 관해 다섯 편의 보고서를 발간
하였다(RCGP, 1981a; 1981b; 1981c; 1981d; 1982; 1983). 여기서 예방
의 주된 영역 세 가지가 확인되었다(Davies, 1984; Calnan, 1991). 첫째,
진찰을 통해 가정의는 환자의 병증세를 돌볼 수 있을 뿐만 아니라 진찰
기회를 이용해 선별검사(screening), 흡연과 건강한 라이프스타일에 관한
충고 등 예방적 활동을 실시할 수 있다. 둘째, 가정의는 자신이 관리하는
환자의 건강을 총체적으로 파악할 수 있는 좋은 위치에 있다. 왜냐하면
환자 등록부의 연령 / 성별기록의 데이터 베이스를 통해 선별검사, 예방
접종, 건강진단 등을 시행할 집단을 골라낼 수 있기 때문이다. 따라서 가
정의는 전 인생과정을 통해 결정적인 단계마다 선별검사 및 필요한 개입
을 함으로써 생애주기적 접근(life-cycle approach)을 추구할 수 있다. 마
지막으로 가정의는 학교 등의 기관과 협조해서 지역사회보건에 참여할

수 있다.

그러나 가정의가 예방업무를 맡는다는 전문직의 이상은 여러 점에서 비판의 대상이 되었다. 첫째, 이것은 본질적으로 개인주의적 접근이며 주로 일대일 접촉에 의존한다. 둘째, 위의 보고서는 가정의의 관할인구(practice populations)를 논하지만 이것은 실제로는 이 인구 중의 특정 개인들에 대한 감시의 확대를 뜻한다. 데이비스(Davies, 1984: 272)는 다음과 같이 지적한다.

> 생애주기와 라이프스타일의 강조는 개인이 자유의지를 가진 행위자이면서도 동시에 생물학에 지배되어 여전히 의사의 통제를 받으며 선별검사에 자기 몸을 맡기는 수동적인 존재라는 상반되는 메시지를 전하게 된다. 후자의 모형을 따르면 인간의 정상적인 생물학적 단계마다 감시와 검진이 필요하며, 그 때마다 아무 이상이 없다는 의사의 확인이 필요하게 된다.

셋째 비판은 이 경향이 의료화의 확산을 촉진시켜 사람의 삶이 의료에 의해 더욱 지배되도록 만든다는 것이다(2장과 6장을 보라). 넷째, 능동-수동적인 전통적인 의사-환자 관계는 의사의 상담역할 또는 지원역할과 잘 맞지 않는다. 마지막으로 예방에 대한 이런 식의 접근은 사람들의 건강상태를 결정하는 사회·경제적 환경을 고려하지 못한다.

신공중보건

일차의료의 질환예방과 보건증진담당에 대한 관심이 커지면서 공중보건에 대한 관심도 다시 일기 시작했다(Bunton and Macdonald, 1992; Bunton et al., 1995). 1974년의 NHS 개편 결과(Levitt and Wall, 1992), 지방자치단체의 보건직 공무원이 NHS에 흡수되었고 지역사회의학(community medicine)이라는 새로운 분야가 생겨났다. 그러나 1980년대 들어 지역사회의학이 방향을 잃었다는 우려가 제기되었다(Lewis, 1986). 지역사회의학의 발전방향을 점검한 에이치슨(Acheson, 1988)은 『잉글랜드의 공중보건(Public Health in England)』이라는 보고서를 발표했고 여기서 제기된 제안이 대부분 채택되기에 이르렀다. 이 제안은 공중보건의사

(public health doctor)—과거의 지역사회의사(community medical practitioner)를 공중보건의학 전문의로 개칭한 것—를 활성화하고, 보건당국은 공중보건담당관을 임명해 그 지역 또는 광역의 공중보건실태를 매년 보고하도록 하자는 것이었다. 공중보건 이슈는 정부의 녹서 및 백서『국민의 보건(The Health of the Nation)』(Department of Health, 1991a; 1992)에서도 제기되었다. 여기에서 국민의 건강상태와 질환예방 목표달성치를 평가하고 감시한다는 전략적 접근의 윤곽이 잡혔다. 공중보건이 지향해야 할 임무를 명시한 것이다.『국민의 보건』은 5개 핵심영역과 4개 위험인자 목표에 초점을 맞췄다. 5개 핵심영역은 심장질환과 뇌졸중, 암, 정신질환, 성보건, 사고 등이며, 4개 위험인자는 흡연, 식이, 혈압, 에이즈 등으로서 모두 라이프스타일, 사회적 조건, 위험인자와 관련된 것이다(3장을 보라).

공중보건의학의 재등장을 과거의 공중보건과 구분하기 위해 **신공중보건**(the new public health)이라고 부른다. 애쉬튼과 세이머(Ashton and Seymour, 1988)는 유럽과 북미의 공중보건을 네 단계로 정리한다. 1차 단계는 산업화와 도시화가 급속히 진행되면서 발생한 보건문제에 대처하기 위한 것이었다. 1848년과 1870년의 공중보건법(The Public Health Acts)은 주택, 위생, 음식에 관한 규정을 다루었다. 2차 단계는 1870년대 이후로서 보건당국의 관심이 개인에 집중되기 시작했으며 개인위생과 예방접종에 치중하였다. 3차 단계인 1930년대부터 새로운 약품이 개발되고 감염성 질환이 감소하면서 애쉬튼과 세이머가 치료의학의 전성기(therapeutic era)라 부른 시대가 도래하였다. 그러나 치료의학의 기본전제가 도전받기 시작한 1970년대에 들어(1장을 보라) 공중보건의학은 4차 단계 즉, 신공중보건기로 접어들었다. 이러한 새로운 공중보건형태의 핵심을 포착하고 그것의 부흥을 시대순으로 설명하기 위해 애쉬튼과 세이머는 캐나다의 보건부 장관이었던 마크 럴론드(Marc Lalonde, 1974)가 펴낸 보고서를 변화의 지표로 인용한다. 이들은 신공중보건을 다음과 같이 묘사한다.

  신공중보건이라는 접근방식의 출현은 환경의 개선과 개인적인 예방조치, 그리고 특히 노인과 장애인을 위한 적합한 치료적 개입을 합친 것이다. 그러나 신공중보건은 단순히 인간의 생물학적 이해를 넘어서서, 라이프스타일 때문에 야기되는 보건문제의 사회적 측면도 중요하다는 점을 인정한다. … 그러므로 현대의 보건문제를 순전히 개인적인 문제라기보다는 사회적인 문제로 보는 것이다. 여기에 깔려 있는 전제는 지역적이며 또한 전국적인 확고한 사회정책의 마련이며, 이것은 다시 말해 위의 문제를 해결하기 위해서는 여러 분야에서 보건증진을 지원하는 '건강한 사회정책'이 필요하다는 것이다.(Ashton and Seymour, 1988: 21)

  그러므로 우리는 신공중보건이 '환자와 병원으로부터, 보통사람과 그들의 삶으로 초점을 이동'시켰음을 알 수 있다(Martin and McQueen, 1989: 2). 공중보건이 특정 질환과 위험인자에 치중하는 경향이 아직도 남아 있긴 하지만, 『국민의 보건』에서 강조된 것처럼 이러한 문제의 사회적 기반을 감안하기 시작한 것이다. 럴론드(Lalonde, 1974)에 의하면 보건정책이 효과적이려면 의료제공, 라이프스타일 또는 행동요인, 환경공해 및 생체적(biophysical) 요인 등 네 가지 차원을 고려해야만 한다. 이 제안은 세계보건기구(WHO)에 의해 전세계적으로 파급되었다. 세계보건기구는 1981년 「만인의 건강을 위한 서기 2000년까지의 세계전략 (Global Strategy of Health For All by the Year 2000)」을 수립하였으며, 세계보건기구 유럽지역국은 2000년대까지 달성할 목표를 독자적으로 설정하고 그 전략을 개발하였다(WHO, 1985). 세계보건기구의 국제적 전략은 국가차원과 지방차원의 활동에 모두 영향을 미쳤다. 이 전략은 일차보건의료의 개발, 지역사회 참여, 부서와 기관간의 협조 등에 기반을 둔다. 세계보건기구의 이론적 근거는 5개 주요부문의 확장을 통해 건강과 질병의 생의학적 관점을 넘어서자는 것이었다. 여기서 5개 부문이란 자조(self-care), 의료서비스와 관련 서비스(교육, 사회복지)의 통합, 보건증진과 예방의학, 치료 및 재활의 통합, 소외집단의 욕구충족, 그리고 지역사회 참여를 말한다.

보건증진

보건증진(health promotion)은 '만인의 건강'을 달성하는 데 가장 효과적인 방안이라고 소개된다. 오타와에서 개최된 보건증진을 위한 제1차 국제회의는 오타와 헌장(the Ottawa Charter)을 채택하고 보건증진의 목표와 철학을 제시하였다(WHO, 1986). 세계보건기구의 보건증진개념은 건강과 라이프스타일이 사회·경제적 환경과 불가분의 관련을 지닌다고 본다. 그러나 이것은 개인과 지역사회의 권한부여만 강조하고 사람이 살아가는 사회·경제적 맥락을 등한시한다는 비판을 받았다(Navarro, 1984; Strong, 1986).

우리는 서로 다르지만 연결된 두 가지 개념, 즉 보건증진과 신공중보건이 1980년대 들어 대두되었음을 알 수 있다(Bunton and Macdonald, 1992). 배고트(Baggot, 1991: 194)가 "보건증진은 … 현대 공중보건의 핵심적인 특징으로 이해된다"고 지적한대로 두 가지 개념은 분명히 연관된 개념이라 할 수 있다. 따라서 보건증진이 공중보건에 추진력을 제공하고, 공중보건은 보건증진을 자기영역에 포함시키는 동맹이 결성된 것처럼 보인다. 보건증진은 건강에 대해 자발적인 풀뿌리식 접근에 기반하지만 영국에서는 보건증진이 지역보건당국의 핵심기능이 되었고 현재의사가 맡고 있는 공중보건담당관직의 업무영역에 속한다. 보건증진과 신공중보건이 정부의 주류적인 보건정책과 의료에 편입되었지만, 그 개념 자체는 기존의 질환예방정책과 '전통적인' 보건교육에 대한 급진적인 비판으로부터 대두되었다. 이러한 비판은 사회과학자와 지역사회보건운동에서 함께 제기되었다.

보건증진의 사회학적 비판

소러굿(Thorogood, 1992)은 보건증진에 응용된 사회학(sociology as applied to health promotion)과 보건증진의 사회학(sociology of health promotion)을 구분하였다. 전자는 사회학이 보건증진의 기법과 실천을

다듬고 개발하는 방식을 지칭하는 반면, 후자는 보건증진 자체의 기본전제를 비판적으로 분석한다. 다시 말해 사회학은 보건증진운동을 확대시킬 수도 있고 그것에 비판적일 수도 있다. 소러굿은 사회학이 보건증진에 기여할 수 있는 세 가지 방법, 즉 권력의 분석, 사회계층의 이해 그리고 일반인의 건강관 연구를 제안한다. 이와 대조적으로 보건증진 자체에 대한 비판은 다음과 같은 점을 분석하고자 할 것이다. 즉 개인 대 구조의 문제를 해결하지 못한 점, 보건증진의 이념적 기반, 보건증진이 오히려 구조적인 격차와 차별을 심화시킬 수 있다는 점, 권한부여라는 개념의 오류, 새로운 사회통제형태의 이론화 등이다.

보건증진에 응용된 사회학

보건증진개념은 어느 정도 전통적인 보건교육의 비판에서 비롯되었다. 전통적인 보건교육방식은 어떤 사람에게 정보를 주면 그 정보에 의거해서 행동할 것이라는 가정에 입각한 단순한 행동변화모형이었다. 그러한 모형은 사회적 행위의 구조적 차원을 감안하지 않으므로(Bunton, et al., 1991), 비생산적일지도 모른다(Farrant and Russel, 1986; Rodmell and Watt, 1986). 이 모형은 본질적으로 개인주의적인데다 자본주의의 이념적 전제를 강화시킨다. 복잡다기한 질환의 사회적 원인을 무시한 채 피해자(병에 걸린 사람)만 비난하는 것이다. "피해자를 비난하는 이념(victim-blaming ideology)은 … 사람들의 상황이 개인책임이라고 가르치고 … 계급의 현실과 건강의 사회적 불평등에 계급이 미치는 영향을 오도하는 경향이 있다"(Crawford, 1977: 672).

또한 전통적인 모형은 보건교육의 입안과 시행에 '하향식' 접근을 하고 교육대상자의 견해와 사회·문화적으로 달라지는 건강관 및 그 실천형태를 감안하지 않는다는 점에서 엘리트주의라 할 수 있다. 이러한 규범적인 스타일은 그 사회의 지배적인 가치체계—영국의 경우 백인중산층—를 반영하는 경향이 있으며, 보건교육의 의제가 전국민의 보건욕구에 의해 결정되지 못하게 되는 결과를 낳는다. 보건증진의 근본적인 전제는 사람들이 자기 행위를 스스로 통제하게끔 만들어 건강한 삶을 영위하도록 고

무하는 것이다. 그러므로 지식-태도-행동(Knowledge-Attitude-Behaviour)의 단순한 관계에 입각한 유치한 가정으로부터, 권한부여(empowerment) 개념으로 접근이 변화하였다. 권한부여란 사람들에게 구조적 조건이 개인의 자유선택에 제약을 가한다는 사실을 인식시킴으로써, 적절한 결정기술(decision-making skill)을 촉진하고 사회적 행위와 정치적 행위를 장려하는 것을 말한다(Tones, 1986).

사회학이 분석하는 권력 및 사회구조와 행위와의 관계는, 사회변혁의 제약요인과 사회변혁의 잠재성을 보건증진 캠페인이 인식할 수 있게 하는데 결정적인 역할을 한다(Thorogood, 1992: 48). 위험인자로 간주되는 행동이 실제로는 사회적 삶 속에 깊숙이 자리잡고 있음이 연구결과 밝혀졌다. 제3장에서 논한 여성과 흡연의 '문제'는 이 점을 잘 말해준다.

일단 사람들이 지식을 가지면 건강을 위한 선택(healthy choices)을 할 수 있으리라는 것이 전통적인 보건교육의 중추적인 생각이었다. 그레이엄(Graham, 1984)은 사회적으로 구조화된 삶의 맥락을 감안할 때 사람들은 차라리 건강을 위한 타협(healthy compromise)을 한다고 보았다. 이 점은 크게 보아 담배, 알콜, 식품제조업자보다는 소비자에게 치중하는 경향이 있는 예방정책에 중요한 의미를 지닌다. 예를 들어 정부는 기업의 이해관계와 조세수입 때문에 연초산업에 개입하는 것을 주저해왔다(Taylor, 1984). 16세 이하 청소년에게 담배판매를 금하고 텔레비전과 라디오의 담배광고를 금지하는 법이 있기는 하지만 영국정부는 [법제정 보다는] 엽연초산업과 자발적인 협상을 맺는 것이 좋다는 태도를 보여왔다. 또한 담배포장의 건강경고문을 더욱 강화하자는 유럽연합의 안에도 반대했다(Calnan, 1991).

보건증진이 효과적이려면 구조적 불평등의 핵심적 형태인 '인종' 문제를 인식해야 한다. 따라서 흑인과 소수민족을 이질적이고 병적인 집단으로 취급하는 경향을 보인 전통적인 보건교육이 비판의 대상이 되었다(Pearson, 1986). 일부 보건캠페인은 구조적인 제약을 무시하고 문화적 차이만을 강조하여 제도적인 인종차별이 잊혀지는 결과를 빚기도 했다. 피어선(Pearson, 1991)은 산전관리 교육, 수르마(surma, 눈화장), 구루병 및 식이 등에 관한 보건 캠페인을 분석하여 이 캠페인이 인종간의 차별 의식을 강화하고, 백인, 중산층의 지배적인 가치관에 부합되도록 라이프스타일을 변화시키려는 경향이 있음을 밝혀냈다.

소러굿(Thorogood, 1992)이 제안한 대로 사회학이 보건증진에 기여할 수 있는 셋째 방법은 일반인의 건강관을 연구하는 것이다. 제3장에서 보았듯이 일반인은 의사의 충고를 무조건 받아들이지는 않으며, 보건운동가의 권유 또한 단순히 수동적으로 받아들이지는 않을 것이다. 일반인의 건강관은 보건교육가보다 역학자의 건강관과 더욱 가깝다는 사실이 밝혀졌다(Davison et al., 1991; Frankel et al., 1991). 역학에서는 보건문제에 불확실한 점이 많다는 사실을 인정하며, 예를 들어 콜레스테롤과 심장질환간의 관련성이 아직도 논의의 대상인 반면, 보건교육가는 이런 사실을 무시하고 단순명료하며 직설적인 메시지를 선호하는 경향이 있다는 것이다(3장을 보라). 따라서 보건증진이 일반인의 복합적인 건강관을 감안하지 않으면 보건교육이 효과를 보지 못하게 될 것이다.

보건증진과 신공중보건의 사회학

보건증진과 신공중보건의 이론적 근거는 전통적인 보건교육보다 더 폭넓은 사회·구조적 접근을 취한다는 것이다(Martin and McQueen, 1989). 위에서 논한 사회학적 비판이 이러한 변화에 기여했고 또한 이런 변화를 환영하였다. 그러나 보건증진의 사회학은 이렇게 새롭고 급진적인 접근방식의 전제—규범과 가치—에 의문을 던졌다(Thorogood, 1992).

첫째, 개인 대 구조의 논쟁(개인이 라이프스타일을 변화시킬 수 있으려면 구조적 변화가 어느 정도나 요구되는가를 둘러싼)이 계속되고 있다. 보건증진과 신공중보건의 담론과 행동이 일견 급진적인 것처럼 보이지만 라이프스타일, 위험성, 행동 등과 같은 용어가 아직도 성행한다. 정책과 관행이 '위험인자 접근방식'에 의해 좌우되고 있다. 이것은 '개인이 특정 질환을 가질 확률을 특정 행동이나 라이프스타일 요인과 관련된 특성으로 파악하는' 접근방식이다(Martin and McQueen, 1989: 4). 위험인자의 '삼위일체'—흡연, 식이, 운동—를 말하기도 한다. 맥퀸(MacQueen,

1989)은 이것의 원인을 연구하였고 보건증진이라는 집합적 개념이, 사회
가 개인주의적인 이념을 가지고 있을 때 출현했다는 사실에 주의를 환기
한다. 이 두 개념이 서로 잘 부합된다는 것이다.

왜냐하면 보건증진과 신공중보건의 수사는 사회적이지만 그 행동적 기초
를 따져보면 개인적 차원의 행위에 국한되기 때문이다. 사회적 조건이 건강
의 결과를 좌우한다고 하면서도 이것의 해결책은 식사를 잘하고, 운동을 열
심히 하고, 술을 줄이고 담배를 끊는 것이라고 주장하는 공중보건 캠페인에
대한 설명으로 이것말고 무엇이 있겠는가?(MacQueen, 1989: 342)

둘째, 비판적 사회학은 보건증진의 기반이 되는 이념을 파악할 수 있
다. 그 이념이란 과학적 의료와 합리성에 관련되어 있다. 보건증진의 집
합적 개념은 만일 생활의 사회·구조적 제약이 제거된다면 사람들이 합리
적인 건강선택을 할 수 있을 것이라고 가정한다. 그러나 무엇이 합리적
이며 무엇이 과학적인지는 과학적 의학이 가르쳐준다고 전제한다.

따라서 건강한 행동은 합리적인 행동과 동의어가 되는 것 같다. 이러한 합
리성의 담론은 의과학적 패러다임에 속하며, 이 패러다임 자체가 건강과 질
병을 정의하게 된다. 이런 식의 초점은 건강을 위한 선택만을 찬양하며 다른
담론에 의거해 선택한 행동결정은 무시하게 된다.(Thorogood, 1992: 61)

보건증진의 세번째 비판은 이것이 성차별, 인종차별, 동성애차별의 이
념을 강화한다는 것이다. 예방이 '모든 사람의 책임'이라고 말하지만
(DHSS, 1976a), 주로 여성, 특히 어머니에게 교육이 집중되므로 차라리
'모든 어머니의 책임'이라고 말하는 편이 더 정확할 것이라고 그레이엄
은 지적한다(Graham, 1979). 그러므로 여성은 자신의 건강뿐만 아니라
타인의 건강도 책임져야 한다는 믿음이 강화된다.

이러한 긴장은 에이즈 예방과 안전한 성생활 장려 프로그램에도 분명
히 나타난다(3장을 보라). 성에 관한 정보와 충고를 제공해야 할 공중보
건상의 욕구가 분명히 있는데도 불구하고, 사람들의 다양한 성행동의 실
상을 인정하지 않으려는 경향이 있다. 대신 정부의 에이즈 캠페인은 전

통적인 가족생활과 일부일처제 개념만을 강화했으며, 동성애자와 비동성
애자, 흑인과 백인, 젊은이와 노인, 매춘부와 고객, 마약주사 사용자와 비
사용자 사이의 해묵은 이분법을 재생산하게 만들었다(Aggleton and Ho-
mans, 1988: 4). 워트니(Watney, 1988: 58)는 이러한 관행이 다음과 같
은 효과를 낳았다고 주장한다.

　　에이즈 바이러스와 에이즈 자체의 문제는 에이즈의 의미규정을 둘러싸고
　　벌어진 치열한 투쟁의 와중에서 소실되고 말았다. 에이즈 바이러스는 온갖
　　이익집단이 자신의 가치관을 선전하기 위해 이용하는 꼭두각시인형 신세가
　　되었다. 에이즈는 그 자체로서는 불변의 '진실'이란 게 없지만 온갖 종류의
　　사회적·성적·정신적 불안을 대변하는 강력한 응축기가 되고 말았다.

　정부로서는 전통적인 도덕관과 이념을 유지하는 것이 보건증진의 목
표 자체만큼이나 중요한 것처럼 보인다. 질환예방과 도덕성의 담론이 합
치되는 것이다.
　네번째 문제는 권한부여의 오류(fallacy of empowerment)라고 부를 수
있다. 흔히 사회에서 건강이 가장 나쁜 집단은 가장 힘이 없는 집단이다.
보건교육과 보건증진은 오랫동안 여성과 노동계급을 대상으로 펼쳐져
왔다. 그러나 보건교육이 전통적으로 치중해온 바로 그 집단은 자기들의
행동을 통제하고 변화시키려는 외부의 시도에 저항해 왔다. 이 점은
1970년대 지역사회보건운동(the community health movement)의 출현
으로도 명백히 드러난다. 패런트(Farrant, 1991)는 이 운동의 출현배경에
는 여성운동, 흑인과 소수민족 집단의 보건운동, 전통적 의료에 대한 대
중의 불만고조, 보건문제를 다루는 지역사회사업가, 사회적·경제적·정치
적 건강결정인자를 해결하려는 보건운동가 등이 있다고 말한다. 지역사
회 보건운동에는 세 가지 주요부문이 있다(Watt and Rodmell, 1993). 세
가지 모두 의료의 지배를 비판하는 데에 공통점이 있다. 첫째, 특정한 병
에 공통된 관심을 가지고 모인 사람들인 자조집단(self-help group)이 있
다. 둘째, 보건전문가 또는 공식적 의료의 권한 밖에 있는 문제, 즉 주거
조건 또는 어린이 놀이터 등에 관심을 가진 지역사회보건단체가 있다.

셋째, 지역주민이 스스로 보건욕구를 파악하고 이러한 욕구를 해결하기 위한 행동을 조직하도록 돕는, 직업 보건운동가가 추진하는 지역사회개 발계획(community development projects)이 있다. 처음 두 부문은 보건 전문인의 활동을 '보충'하는 반면, 세번째 활동은 보건문제를 확고하게 정치문제화하고 기존의 권력구조에 도전한다는 점에서 '대립적'이라고 특징지을 수 있을 것이다.

지역사회참여, 지역사회 권한부여 및 지역사회개발은 세계보건기구의 '만인을 위한 건강' 전략의 성공에 결정적이라 생각된다. 세계보건기구 (WHO, 1985: 11)는 "지역사회의 보건개발이 주민을 위해서 이루어질 뿐 아니라 주민에 의해서 이루어져야 하는 점이 만인을 위한 건강의 기 본철학이다"라고 말한다. 사실 1980년대 중반 이후 NHS는 지역사회개 발계획의 중요성을 점점 더 인식해 왔다. 그러나 지역사회개발에 관심이 증가한 진정한 이유는 그것이 현재 보수당 정부의 지도이념과 '맞아떨어 지기' 때문인지도 모른다. 패런트(Farrant, 1991: 462)는 다음과 같이 말 한다.

지역사회개발에 대한 NHS의 때늦은 관심은 복지국가의 위기 및 지역사회 보호, 자원봉사 운동, 권한분산, 소비자주의 등과 같은 폭넓은 추세와 관련지 어 이해할 필요가 있다.

따라서 지역사회개발의 명분이 정작 비판하고자 하는 대상에 의해 역 으로 이용당할 가능성이 존재한다. 또한 지역사회개발이 공식적 의료제 도의 전문적 구조 속에 흡수되면서 정치적 잠재력을 잃어가는 측면도 없 지 않다. 이같은 우려는 지역사회개발계획이 국가의 재정보조에 의존하 는 경우도 있기 때문에 더욱 가중된다. 만일 이 운동으로 지역사회가 관 계당국(국가)에 성공적으로 도전하게 된다면 먹이를 주는 손을 물어버리 는 우를 범할 가능성도 있는 것이다(Beattie, 1991: 178).

지역사회개발과 관련된 또 다른 문제는 권한부여(empowerment) 개념 그 자체이다. 그레이스(Grace, 1991)는 보건증진과 지역사회개발운동이 권한을 부여함과 동시에 통제를 가하기도 한다고 주장한다. 권한부여란 지역사회 주민이 행동을 취할 결정권과 자신의 삶을 신장시킬 권한을 가지게 되는 것을 의미한다. 자신이 판단한 욕구를 스스로 충족시킬 방법을 강구하도록 주민을 격려하는 것이다. 그러나 미리 설정된 의제를 가진 타인이 흔히 이러한 욕구를 결정해서 강제하는 경우가 많다고 그레이스는 지적한다. 욕구를 파악하는 절차 자체가 잘못 되면 건강상태에 대한 [진정한] 욕구와 의도를 가진 주민을 한낱 '소비자'로 전락시킬지도 모른다. "보건증진은 권한부여라는 약속을 지키는 것이 아니라 개인을 소비자 자본주의 모형에 맞춰 단순히 '건강의 소비자'로 만들어 버린다"(Grace, 1991: 330). 뉴질랜드의 보건증진운동가 21명을 면담한 연구에 따르면 보건증진과 마케팅 담론간에 직접 비교되는 두 가지 주제가 있다고 한다. 이것은 첫째 제공과 봉사, 둘째 계획, 변화, 통제였다. 보건운동가는 사람들이 [건강에 대한] 자신의 욕구를 인지하도록 도와주고 싶어하면서, 동시에 그 욕구를 사람들이 스스로 파악하기를 원한다. 그러므로 결과적으로 대중은 건강과 관련된 욕구라는 언어를 제공받는 셈이 된다. 따라서 사회적 마케팅(social marketing, 마케팅 기법을 제품과 서비스에 사용하는 것이 아니라 사회적 이슈와 목적에 사용하는 것)이 보건증진의 핵심기법으로 간주되는 것이다(Lefebvre, 1992).

보건증진과 신공중보건의 사회학이 마지막으로 비판하는 점은 이러한 조류가 새로운 형태의 사회적 규제로 대두된다는 것이다. 전통적인 보건교육이 사회학자로부터 너무나 편협한 시각을 가졌다고 비판받은 반면, 보건증진과 신공중보건은 생활의 여러 측면과 폭넓은 사회적 행위를 포괄하려는 광범위한 시각을 취한다. 건강문제의 조언을 받는 보통사람에게 정보만 제공하는 것이 아니라 [보건증진에] 협력하고, 음주나 음식, 흡연 등에 관해 자신이 느끼는 바를 표현하도록 고무한다(Armstrong, 1983a; Bunton, 1990; Nettleton, 1992). 보건증진의 기치 하에 생활의 여러 측면이 면밀한 감시의 대상이 되고 사람들이 건강에 관한 자신의 행동에 책임을 지도록 만드는 것이다. 건강에 관한 사회적 규제의 형태가 외부적 접근에서 내부적 접근으로 이동했음을 확인할 수 있다. 단순히 행동방법을 알려주거나 아플때 의학적 개입으로 치료하는 데 그치지 않고 점점 더 사람들이 자신의 건강을 스스로 감시하도록 유도하고 건강한 태도를 주입시키려 한다. 그러므로 건강의 통제가 자기 안에서 우러나오게끔 유도한다는 것이다.

사회 전체에 건강관련 이슈가 폭증하면서 개인과 사회집단이 점점 더 건강상태의 책임이 스스로에게 있다고 느끼게 되므로 의미심장한 결과가 초래될 가능성이 있다. 이같은 우려는 에이즈와 관련해서 잠재적으로 가장 심각하다. 플러머(Plummer, 1988: 47)는 이 점을 부각시킨다.

> 에이즈가 우려와 관심, 예산책정, 연구와 간호 등이 필요한 치명적인 질환이면서, 동시에 겉으로 드러나는 것보다 더 부정적인 갖가지 새로운 반응을 야기할 수 있는 대단히 상징적인 사건이라는 점에 이 병의 역설이 존재한다. 의료전문직은 치료보다 통제를 행할지도 모르고, 정부는 계몽보다 규제를 하려할 가능성이 있으며, 언론은 정보가 아닌 역정보(disinformation)를 제공할 수도 있고 일반대중은 이해하기보다 희생양을 찾을 소지가 있다.

보건증진과 신공중보건의 개념

보건증진과 신공중보건의 출현에 관한 논의를 통해 이 분야에 많은 긴장이 내재하고 있음을 살펴보았다. 이 조류는 집단주의와 개인주의의 이념에 동시에 부합되는 것처럼 보이고, 좌파와 우파의 정당이 모두 선호하는 정책이면서, 기득권층과 지역사회집단이 함께 지지하는 담론이다. 전통적인 정치적 성향을 뛰어넘는 정책형태로 대두되고 있는 것이다. 사회학적으로 흥미를 끄는 것도 바로 이 때문이다. 비티(Beattie, 1991: 167)는 보건증진전략의 논리적 가능성을 열거하고 예방정책이 폭넓은 정치적 지지를 얻는 이유를 설명해주는 개념적 윤곽을 제시하였다. 이것은 <그림 9.1>에 나와 있다.

비티의 유형론은 권위적이냐 절충적이냐를 가르는 '개입의 양식(mode of intervention)'과, 개인적이냐 집단적이냐를 나누는 '개입의 초점(focus of intervention)' 등 두 가지 이분법에 기반을 둔다. 첫째는 건강설득기법이다. 이것은 공중보건전문가가 개입하여 '하향식'이고 규범적인 방식으로 개인의 행동을 변화시키려는 개입방법이다. 이 전략은 오랜 역사를 가지고 있으며 전통적인 보건교육 역시 이 범주에 속한다. 1914~1918년 사이 제1차 세계대전중 실시된 성병예방 캠페인과 1980년대의 에이즈 홍보캠페인이 대표적인 예이다. 정부는 높은 선전효과 때문에 이 방식을 선호하며, 사람들의 행동에 미치는 영향이 적다는 증거에도 불구하고 계속 이 방법을 고수한다.

<그림 9.1> 보건증진전략: 비티의 유형론

(1) 권위적-개인적 건강설득기법	(2) 권위적-집단적 보건행동 법제화
(3) 절충적-개인적 건강문제 개인상담	(4) 절충적-집단적 지역사회보건개발

출전: Beattie(1991: 167).

두번째 전략은 '보건행동의 법제화'이다. 첫째 방법이 정치적 우파가 선호하는 접근이라면 이 방식은 좌파의 영역이라 할 수 있다. 다시 말해 공중보건전문가를 활용해서 법제정에 영향을 미치는 것이다. 예를 들어 대기정화법(Clean Air Acts), 상수도수불소화 사업 또는 담배광고 통제 등이 여기에 속한다.

세번째 '건강문제 개인상담'은 본질적으로 개인주의에 가까우므로 정치적 우파가 선호할 가능성이 높지만 정치적 경계를 넘어설 가능성도 있다. 이 접근은 개인 또는 집단 상담을 통해 사람들이 자신의 행동을 돌아보고 라이프스타일을 바꾸도록 유도하는 방법이다.

마지막으로 '지역사회보건개발'은 전통적인 의료형태를 비판하고 보건을 증진시킬 대안적 수단을 강구하려는 집단적 행동접근이다. 이 방법은 집단주의적 전통에 확고하게 자리잡고 있지만 이미 보았듯이 정치적 우파가 이 방법을 이용할 가능성도 있다.

이러한 네 가지 보건증진 전략은 분명히 보건전문가의 역할에 큰 의미
를 지닌다. 예를 들어 건강설득기법에서는 전문성이 강조되지만, 지역사
회개발에서는 전문성이 도전받고 새로운 형태의 평등한 전문가고객
관계가 예상된다. 더 나아가 각 접근방식은 각각 다른 관리형태를 의미
한다. 각 접근이 서로 다른 방식으로 보건증진운동가와 소비자 양자를
함께 사회화하거나 [사회적으로] 형성한다. "이 견해에 따르면, 각각의
보건증진전략은 개인의 주관성과 사회적 의미를 해석하는 각기 특정한
[인지]양식을 가지고 그 테두리내에서 대중을 '찬양'하고, 동원하기도 하
며, 대중을 변화시키거나 또는 대중을 '사회화(socialize)'하기도 한
다"(Beattie, 1991: 192-3). 보건증진전략이 달라지면 개인의 경험과 의
료의 대상이 달라지고 또한 보건정책도 달라지게 된다. 예를 들어 병원
이라는 맥락에서 다루는 건강과 질병은 지역사회에서 다루는 그것과는
차이가 난다. 이제부터 그러한 문제를 살펴보기로 한다.

병원에서 지역사회보호로

19세기 초까지만 해도 공식적 의료는 주로 병든 육체만 다루었으며,
이 상태는 병원의 영역에서 치료하기에 가장 적합했다. 이와 대조적으로
현대의 보건의료는 여러 기관에서 담당하며 지역사회내의 보건유지와
보건증진도 이에 포함된다. 이 절에서는 이러한 정책변화를 간략히 소개
하고 접근방식의 변화원인을 검토한다.
　정책분석가들은 2차세계대전 이후 모든 정당이 '불안정한 정치적 합
의'(Walker, 1989; 1993)의 형태로 지역사회보호에 지지를 표한 사실에
주목하였다. 어린이, 노인, 학습장애자(learning difficulties), 신체장애자,
정신질환자 등은 지역사회내 보호가 수용기관내 보호보다 더 바람직하
다고 간주되었다. 예를 들어 정신보건의 경우, 1959년의 정신보건법
(Mental Health Act)은 가정, 숙박시설 및 사교클럽 등과 같은 지역사회
서비스의 범위를 확대시키겠다는 의사를 표명하였다. 노인정책과 관련해

서 1958년 보건부 장관은 "노인에게 가장 좋은 안식처는 바로 가정이라
는 점을 노인대상 서비스의 기본원칙으로 하고 여기에 필요하다면 호별
방문 서비스를 추가할 수 있을 것이다" 라고 발표했다(Townsend, 1962:
196; Land 인용, 1991: 209).

큰 종합병원의 단계적 폐쇄방침은 1962년의 「종합병원 대책(Hospital
Plan)」으로 거슬러 올라가며, 이 대책은 병원의료보다 지역사회보호의
필요성을 강조한 보건부 시책 「보건과 복지: 지역사회 보호개발(Health
and Welfare: The Development of Community Care)」에 의해 다시 보완
되었다(Ham, 1992: 20-1). 최근 들어 런던 지역에서는 병원서비스 합리
화의 일환으로 병원진료보다 지역사회내 의료가 더욱 중시되고 있다. 톰
린슨 보고서(Tomlinson Report, 1992: 8)는 다음과 같이 말한다.

> 장기적으로 통원치료와 지역사회내 보호가 활성화되고, 이에 따라 병원입
> 원 시설의 중요성이 상대적으로 감소할 것으로 전망된다. 당뇨병, 뇌졸중, 천
> 식, 에이즈 등의 만성질환은 점점 더 병원보다 지역사회에서 더 효과적으로
> 대처할 수 있으며 환자에게도 양질의 서비스를 제공할 수 있다고 판단된다.
> 런던의 빈민지역에서는 역사적으로 종합병원을 훨씬 더 중시해왔다. 따라서
> 이차진료를 일차진료로 대체하는 데 [따르는 비용의] 잠재적 규모는 상당할
> 것으로 추산된다. 이러한 전망을 실천에 옮기려면 응급진료(이차진료)와, 일
> 차진료 및 지역사회 부문간의 예산 균형이 변해야 할 것이다.

워커(Walker, 1989)에 따르면 전후의 정치적 합의(postwar consensus)
가 '불안정'했던 이유는 정부의 공식적 입장에도 불구하고 1980년대까
지 실제 서비스전달 현장에서는 거의 변화가 없었기 때문이라고 한다.
1980년대 이후 탈병원화(de-hospitalization)가 가속화되었고 더욱 더 많
은 사람이 자신의 가정, 숙박시설, 친척집 등에서 살게 되었다. 전후의
불안정한 합의가 '지역사회내 보호(care in the community)'를 추구했다
면(즉 지방자치단체가 지원서비스를 직접 제공함으로써), 그 후의 시기는
지방자치단체는 관리만 하며 서비스의 시행은 친지, 자원봉사기관, 사설
수용시설, 사회사업 담당부서가 맡는 형태인 '지역사회에 의한 보호(care
by the community)'의 특징을 지닌다. 결과적으로 지방자치단체는 보호

의 제공자가 아니라 조력자(enabler)이자 조정자(coordinator)가 되었다
(상세한 내용은 다음을 보라. Department of Health, 1990; Land, 1991;
Hoyes and Means, 1993; Walker, 1993). 사회정책의 중추적 원칙은 사
람들이 가능한 한 자신의 가정, 또는 지역사회내의 '가정과 같은' 환경에
서 살 수 있어야 한다는 것이다. 사회정책 분야에서 지역사회보호정책에
관한 논쟁은 지역사회보호 제공과 그 방법론의 장단점에 주로 집중되었
다. 이 논의의 초점은 사회적 성, 민족, 빈곤 및 지역사회보호 정책간의
관계, 서비스 이용자집단의 정책결정 참여부재, 정책공약의 이상과 지역
사회보호 서비스 분야의 만성적인 예산부족 현실 사이의 간격 등에 집중
되었다(Baldwin, 1985; Walker, 1987; Dalley, 1988; Langan, 1990;
Graham, 1991; Rogers, et al., 1992). 이와 대조적으로 사회학적 연구는
주로 [보호의 초점이] 병원으로부터 지역사회로 옮겨가는 일반적인 추세
를 분석하였다.

병원에서 지역사회로의 이동원인 설명
　전후의 정책변화를 사회학적으로 분석할 때 여태까지 주로 정신과 보
호와 정신질환 분야에 초점을 맞춰왔다. 병원에서 지역사회로 정신질환
분야가 이동한 원인으로 치료적, 경제적, 의료모형의 개념변천 등 세 가
지 설명이 제시되었다(Busfield, 1986). 치료적 또는 기술적 설명은 1950
년대에 등장한 신경이완제(neuroleptic drugs)가 거둔 효과를 지적한다.
제약학의 혁신으로 정신질환자가 지역사회 속에서 살 수 있는 능력이 있
으며 위험성도 없다(자신과 주변에 모두)고 간주되었다는 것이다. 그러나
이런 식의 진보적-과학적 설명은 타당성이 없다. 첫째, 시기문제가 제기
된다. 버스필드(Busfield, 1986: 326)는 화학적으로 합성된 약물이 등장
하기 전부터 정신과 병상의 숫자가 줄기 시작했다고 지적한다. 둘째, 약
의 효과를 과장하였다. 정신의학자들이 주류의학에 편입되고 학문적 소
외를 벗어나며 자신의 지위와 경력을 신장할 목적으로 약물의 효과를 부
풀렸다고 주장하는 학자도 있다(Treacher and Baruch, 1981). 셋째, 약물
을 써서 정신질환자를 지역사회내에서 살게 했다 하더라도 이것으로 정

신질환자 이외의 집단에서도 보호유형이 바뀐 것은 설명하지 못한다.

두번째는 장기입원 요양의 경비가 너무 들어서 지역사회로 옮기는 것이 비용을 절감할 수 있는 대안이었다는 설명이 있다. 마르크스주의의 한 변형인 이 설명은 대규모 수용기관에 비용을 투자하는 것이 분명 자본의 이익을 위협할 것이라는 사실에 주의를 환기시킨다. 예산이 부족하면 지역사회보호라는 해결책이 매력적으로 보일 것이라는 설명이다 (Brenner, 1973; Dear, et al., 1979; Brown, 1988). 수용환자 감소가 영국보다 더 일찍 시작된 미국에서 연구를 행한 스컬(Scull, 1977: 135)은, '분리적으로 실시되던 사회통제가 상대적으로 훨씬 많은 비용이 들게 되고 또한 합리화하기가 어려워진 데 대한' 반응으로 탈수용화(de-institutionalization)가 추진되었다고 지적했다. 대규모 수용시설의 폐쇄가 몰고 온 효과는 정신질환자의 방치와 빈민화였다.

> 많은 환자가 사회생활의 틈새에서 잊혀져 갔고 구세군 숙박소, 인보관(隣保館) 등등 영락한 사람의 전통적인 의지처에 기대는 신세가 되었다. 그 중 일부는 아무도 원치 않는 사람들을 수용해서 장삿속을 차리는 새로운 사설기관-양로원, 중간거주시설(halfway house) 등-의 돈벌이 대상이 되었다.(Scull, 1977: 152)

경제적인 해설로 정책변화를 설명할 수 있는 것이 사실이지만 이 설명은 전체적이지 못하다. 예를 들어 국가간 비교연구에 따르면 재정위기와 수용보호의 퇴조 사이에는 아무런 상관관계가 없다고 한다(Rose, 1986: 56). 또한 지역사회보호가 저렴한 대안이라는 주장도 점점 더 의문시되고 있다.

세번째 설명은 의료모형 또는 의학지식 그 자체의 내용을 검토한다. 이 설명에 따르면 기존의 정신보건정책 연구는 정신의학 지식의 변화와 정신과의 진료법이 밀접하게 연관되어 있다는 사실을 간과했다고 한다. 다시 말해 정신의학의 담론적인 맥락을 검토할 필요가 있다는 것이다. 즉 정신과와 정신질환에 관해 말하는 사람들이 무엇을 이야기하는지, 그들이 무엇을 행하는지, 그리고 이런 활동을 통해 그들이 구성하려는 대상이 무엇인지 등등을 알아야 한다는 것이다. 프라이어(Prior, 1991: 486)는 "각각의 담론은 대상을 관찰하고 측정하고 조직하는 특유의 기법 뿐만 아니라 특유의 초점대상을 지니고 있다"고 주장한다. 정신병 수용 시설을 면밀히 관찰한 프라이어(Prior, 1991: 487)는 "이러한 수용기관은 외부로부터가 아니라 내부로부터 몰락하였다"고 결론짓는다. 장기수용 소내의 핵심적인 관심대상은 환자의 행동이었다. 프라이어는 정신과병동 의 간호정책 및 환자의 평가 등이 환자의 일상활동도(activities for daily living)에 초점을 맞춘다는 사실을 발견했다. 예를 들어 간호계획을 세울 때에 병 자체를 보는 것이 아니라 환자의 행동을 기준으로 삼아 그것을 관찰하고 평가하고 교정시키려 했다. 돈관리, 신체관리, 정확한 언어 등 에 초점을 맞춘 행동척도(behavioural scales)가 평가목적으로 고안되었다. 물론 다른 평가기준도 있었지만 특히 행동에 의한 평가가 병원 전체를 통해 압도적으로 많았다. 그러나 정상적인 행동을 평가할 수 있는 최적 의 장소는 정상적인 사회환경임이 분명하다. 이 점에서 수용기관은 적합 한 곳이 아니라고 여겨지며 따라서 행동문제가 있는 사람을 지역사회가 관리하는 것이 바람직하다고 간주하게 된 것이다. 다음은 프라이어 주장 의 핵심이다(Prior, 1991: 487).

환자의 행동을 치료의 초점대상으로 선택함으로써 정신의학과 정신간호는 정신과 병원내에 자신의 의술을 국한시켰던 이론적 근거를 잃게 되었다. 새 로운 초점대상이 나타나면서 전문적 정신의학 시술을 '바깥'세계로 확장시킬 필요가 생겼다.

의학과 간호학만이 환자의 행동에 독점권을 가지는 것이 아니므로 정 신질환의 관리와 통제에 다른 전문가의 개입 역시 정당하다고 여겨지게 되었다. 행동의 차원만을 다루게 되면 병의 근저에 있는 기질적인 문제 를 고려할 필요가 없어진다. 2차대전 이후 '새로운 정신병화(psychiatri-zation) 경향과 정신병 인구의 분화'로 특징지어지는 '정신의학시술 대상 의 급증'(Rose, 1986: 83) 현상이 일어나면서 행동치료법이 급격하게 늘 어났다. 정신의학의 대상 역시 알콜중독에서 식욕부진, 단순불안에 이르기까지 폭넓게 증가하였다. 사실 정신의학은 정신병만 다루는 것이 아니라 모든 정신보건분야를 다루기 때문에 그 [의료적] 잠재성은 지역사회 내에서 실현될 수밖에 없다.

그렇지만 이렇다고 해서 정신의학에 종사하는 모든 사람들이 지역사회내 보호를 환영한다고 가정해서는 안된다. 생의학적 접근을 선호하고 새로운 치료형태와 새로운 유형의 전문인을 회의적으로 보는 전통파가 아직도 존재하는 것이 사실이다. 그러나 전통주의자와 개혁주의자간의 논쟁의 결과 대안적인 전략과 기법이 확립된 점도 있다.

> 향정신약품을 사용하는 병원, 정신 치료계, 페미니스트 자조집단, 사회사업집단 시설, 지역사회 간호사 등등 여러 다양한 집단이 함께 정신보건의 영역을 개척했으며 정신병의 관리를 위한 기술을 발전시켰다.(Rose, 1986: 83)

따라서 구금수용시설 보호에 대한 비판이 정신의학을 개편하고 새로운 형태의 정신보건시술을 창조하는 데 일조한 것이다.

이러한 설명에 공통된 점은, 의과학 또는 사회과학의 대상은 그 대상을 둘러싼 학문 활동의 결과물이라는 사실이다(2장을 보라). 보건의료조직의 변화를 이해하려면 연구의 초점이 되는 대상이 어떻게 구성되는가를 먼저 조사해야 한다. 병원내에 위치한 의료의 일차적 대상은 병든 육체이다. 지역사회에 위치한 의료의 중추적 대상은 아플 잠재성과 건강해질 잠재성을 동시에 가지고 있는 전인적 존재이다. 수용기관내의 보호와 통제는 푸코가 판옵틱 권력(Panoptic power)이라고 묘사한 반면(5장을 보라), 지역사회 주민의 보호와 통제는 암스트롱(Armstrong, 1983a)의 '진료소 권력(Dispensary power)'으로 특징지어진다.

판옵틱 권력에서 진료소 권력으로

진료소는 19세기 말경 주로 폐결핵환자의 선별검사, 진단, 치료를 위해 설립되었다. 이 점에서 진료소는 병원과 지역사회의 접촉면이 된 것이다. 그러나 암스트롱(Armstrong, 1983a: 8)은 진료소가 새로운 진료형태의 건물일 뿐만 아니라 '새로운 인지구조ー이전과는 다른 발현형태로 질병을 보는 새로운 관점'이라고 말한다. 따라서 진료소(Dispensary, 단순한 건물과 구별하기 위해 대문자 D를 쓴다)의 개념은 세 가지 면에서 '질병을 해석하는 새로운 방식'이었다. 첫째, 진료소는 지역사회로 파고든 새로운 방식의 의료조직이었다. 진료소는 병원의 담장 밖에서도 활동하면서 지역사회에서 질환을 찾고 감시하는 보건전문인의 조정센터 역할을 담당하였다. 둘째, 의학적 시선(medical gaze)이 신체내부로부터 사람들 몸과 몸 사이의 공간으로 옮겨졌다. 질환의 병리가 정태적이고 국소화된 것일 뿐만 아니라, 사회적 몸(social body) 사이를 돌아다니기도 한다는 사실이 밝혀졌고 따라서 사람간의 접촉, 관계 및 호별방문에 초점을 맞출 필요가 있었다(Rose, 1985; Nettleton, 1991). 셋째, 감시가 지역사회로 확대됨에 따라 강조점이 아픈 사람으로부터 잠재적으로 아픈 사람으로 이동하였다. 결과적으로 정상과 비정상, 병과 건강, 광기와 제정신간의 이분법이 종말을 맞았다. 그러므로 진료소는 의료의 재편, 새로운 질병개념, 새로운 감시형태를 낳았다. 따라서 푸코적 시각으로 해석한다면 "1948년부터 시작된 영국의 포괄적인 의료제도 및 최근 대두된 지역사회보호개념과 그 중요성은 일반사회 속으로 깊숙히 파고든 새로운 양태의 권력시선을 보여주는 것에 지나지 않는다"(Armstrong, 1983a: 100). 보건증진과 지역사회내 의료제공은 환자와 수진자에 큰 영향을 미쳤다. 보건증진과 관련해 위에서 논하였듯이 더이상 수동적인 몸을 병원에서 치료하는 것이 아니라 적극적인 인간으로서 자신의 건강에 참여하도록 촉구되고 있는 것이다. 후기모더니즘 사회의 지배적인 소비자문화를 감안할 때 보건의료를 둘러싼 이슈가 점점 더 이같은 담론으로 표현되는 것도 무리가 아니다(Hugman, 1994). 그러므로 '총체적 건강을 위한 새로운 관리양식'의 형성에 기여한 보건정책의 세번째 조류는 소비자주의라 할 수 있다.

소비자주의와 국립보건제도

지난 수십 년 사이 보건정책은 온정주의의 강조에서 소비자주의의 강조로 변하였다(Klein, 1989). 환자는 점점 더 정당한 요구사항과 욕구를 가진 소비자로 간주되며 의료서비스는 이것을 충족시킬 의무가 있다는 것이다. 지난 십 년동안 전개된 의료서비스 개혁의 맥락에서(Department of Health, 1989a; 1992) 소비자주의란 다음과 같은 현상을 의미한다. 환자의 선택권을 극대화하고, 적절한 정보를 제공하며, 의료서비스의 수준을 향상시키고, 소비자의 의견을 참작해서 서비스의 질을 보장하고, 소비자의 만족도를 조사하고, 욕구를 측정할 수 있는 수단을 개발하고, 진료예약기간을 단축하며, 서비스에 만족하지 않을 경우 불만을 표시하도록 만드는 것 등이다. 이런 현상은 분명히 시장과 기업문화에 부합되는 소비자주의의 한 모형이다(Kelly, 1991). 즉 집단적인 의사표현이나 참여라기보다는 개별소비자의 권리를 장려하는 것이다. 이 점은 사람들이 의료의 '고객(customer)'으로 대우받아야 한다고 명시한 「환자헌장(Patient's Charter)」(Department of Health, 1991b)에서 가장 뚜렷이 나타난다. 따라서 사람들이 자신의 권리로서 적절한 의료서비스를 받을 수 있도록 보장하기보다는 고객의 보호라는 점을 더욱 강조하게 된다(Plamping and Delamothe, 1991; Montgomery, 1992). 그 결과 근무자의 태도와 의사소통, 서비스를 제공하는 환경, 예약기간 및 홍보활동 등에 주로 신경을 쓰게 된다(Hayden, 1990). 이것은 소비자가 실제 임상진료에까지 관여하지는 못한다는 사실을 의미한다. 이 점에서 보면 소비자주의는 피상적이며 의료의 본질적인 측면을 숨기는 겉치레에 불과한지도 모른다. 윈클러(Winkler, 1987)는 오늘날의 소비자주의를 '슈퍼마켓 모형'이라고 불렀다. 소비자는 진열되어 있는 상품을 선택할 수도 있고, 하지 않을 수도 있지만, 중역회의실에서 일어나는 의사결정 차원에까지는 개입하지 못한다. 이 사실은 소비자주의라는 선전에도 불과하고 NHS 내에서 소비자를 대변하는 기존의 공식창구였던 지역사회보건심의회(the community health council)가 확충되지 않은 것만 보아도 명백하다. 실제로 의료서비스

개혁이 시작되면서 심의회의 기능은 축소되었다.

　그러므로 보수당 정부가 추진하는 소비자주의는 많은 결함을 지닌다. 의료개혁의 핵심에는 환자의 선택권(patient choice)이라는 개념이 자리 잡고 있다. "영국내 모든 지역의 환자에게 더 나은 의료혜택과 더 많은 서비스 선택권을 부여한다"(Department of Health, 1991a: 3). 그러나 학자들이 지적했듯이 의사(疑似) 시장(quasi-market)의 맥락에서 개별소비자가 자신의 선택권을 행사하기는 불가능하다(Paton, 1992; Walker, 1993). 왜냐하면 소비자가 직접 서비스를 구입하는 것이 아니라 구매담당부서(예를 들어 공채소유 가정의, 또는 보건당국)가 구입하게 되어 있기 때문이다. 게다가 일단 구매자와 제공자 사이에 특정 의료서비스계약이 맺어지면 개별 소비자가 다른 제공자를 선택할 수 있는 소지가 거의 없어진다. 또한 의료개혁으로 환자가 자신이 등록된 가정의를 더욱 쉽게 바꿀 수 있게 되었다고들 한다. 그러나 아직도 환자가 가정의를 교체하는 데에는 여러 가지 제한요소가 많다. 예를 들어 집과의 거리, 교통수단, 경제사정, 시간, 직장, 가사, 그리고 '골칫거리'로 낙인찍힐지도 모른다는 염려 등이 그것이다(Leavey et al., 1989).

　현재 시행되는 소비자주의의 시행방식 때문에 소비자보호를 부르짖을수록 경영주의가 강화되는 역설이 생긴다. 의료경영인은[70] 사람들의 여론을 파악하려 하지만 이러한 여론을 실제로 업무에 반영할 수 있는 장치가 부족하다. 따라서 소비자 만족도 조사(consumer satisfaction survey)는 조사를 위한 조사로 끝날 가능성이 높다. 또한 의료를 제공자와 구매자로 나눈 까닭에 구매부서가 적절한 구매를 하기 위해서는 소비자의 욕구를 평가해야 할 필요가 있으며, 의료경영인도 구매계약을 체결할 때 사람들의 욕구와 취향을 감안해야 한다. 그러나 이런 절차는 계약담당자(contract manager), 욕구평가담당자(needs assessor), 의료질관리자(quality manager) 등 경영구조를 더욱 복잡하게 만든다. 그러므로 소비자가

[70] NHS 경영인(manager)은 지역 및 광역보건당국, 병원 트러스트, 또는 가정의 건강센터에 계선별, 직급별로 폭넓게 분포되어 있다. 이들은 주로 공채를 통해 뽑힌 직원이지만 고위직의 경우 사기업체의 전문경영인이 영입되기도 한다. 의사나 간호사 출신이 경영직을 전담하거나 겸직하는 수도 있다.－역주

무엇을 원하는지를 최종적으로 결정하는 사람은 소비자가 아니라 이들 경영인이다(Klein, 1991: 1351). 요컨대 소비자는 상의를 받을지는 몰라도 참여는 할 수 없다. 다시 말해 소비자가 의견을 밝힐 수는 있지만 의사결정과정에 영향을 미치지는 못하는 것이다.[71]

사회학자들은 온정주의에서 소비자주의로 바뀐 이러한 변화를 이론적으로 정립하고 이런 변화가 실은 사회의 더 큰 변화를 암시할지도 모른다고 주장하였다. 예를 들어 박스(Bakx, 1991)는 소비자주의의 대두와 대안적인 소비 및 의료형태의 증가는 문화적 변동, 즉 모더니즘에서 포스트모더니즘으로 가는 변동의 일부라고 말한다. 왜냐하면 과학적인 정통성에 기반하여 우월한 지식을 과시하며 의료제공의 독점권을 행사하는 생의학은 본질적으로 모더니즘에 속하기 때문이다. 그러나 오늘날 모더니즘에 대한 믿음은 많이 줄어들었다(8장을 보라). 생의학적 의료로부터 소외되어 온 결과 사람들은 다시 자신의 몸의 통제권을 되찾고자 하며 자신을 상대로 행해지는 진료와 제공서비스에 대해 발언권을 행사하고자 한다. 실제로 NHS의 책임자는 이 사실을 잘 알고 있다. 예를 들어 NHS 경영집행부(NHS Management Executive, 1993: 6)는 『총체적 의료질관리(Total Quality Management)』라는 문헌에서 NHS가 "전문인의 견해에 의해 좌우되는 서비스로부터 탈피해서, 더욱 융통성 있게 환자의

---

71) 소비자의 만족도는 흔히 조사실시 주체가 미리 설정한 개념틀에 의해 좌우될 위험성이 있다[Fitzpatrick, R. and Hopkins, A. (1983), "Problems in the conceptual framework of patient satisfaction research: an empirical exploration," *Sociology of Health and Illness*, 5 (3): 297-311]. 따라서 소비자만족도 조사, 더 나아가 일반인의 의료서비스 평가를 위해서는 다음과 같은 요소가 고려되어야 한다. 즉 진료를 원하는 사람이 가진 목표, 의료이용 경험의 차원, 특정 의료제도가 근거한 사회·정치적 가치체계, 일반인의 건강관 등이 평가의 개념틀 안에 포함되어야 하는 것이다[Calnan, M. (1988), "Towards a conceptual framework of lay evaluation of health care," *Social Science and Medicine*, 27 (9): 927-933]. 또한 환자가 확연하게 만족, 불만족이라는 식으로 의료서비스를 개념화하는지도 의문이다. 특히 수술을 위한 입원과 같은 생소한 상황에 놓이면 그 상황을 해석할 준거틀 자체가 불명확할 가능성이 높다[Meredith, P. (1993), "Patient satisfaction with communication in general surgery: Problems of measurement and improvement," *Social Science and Medicine*, 37 (5): 591-602]. — 역주

의견을 귀담아 듣는 서비스가 되어야 한다"고 기술했다. 경영집행부는 수준높은 상품을 생산해서 성공한 일본의 기업으로부터 배워야 한다고 주장한다. 이 때의 수준이란 물론 소비자의 관점에서 보는 수준이다(8장을 보라).

NHS의 변화는 선진자본주의 사회에서 일어나고 있는 경제적·이념적으로 촉발된 심대한 변동의 일부일 가능성이 높다. 제프리즈(Jefferys, 1991: 231)는 의료서비스의 변화에 대해 언급하면서 다음과 같이 말한다.

> 필자가 옳다면 NHS에서 현재 진행중인 변화는 단순히 피상적이거나 역사적으로 하찮은 현상이 아니다. 의료서비스의 변화는 최소한 어느 정도로는, 세계경제라는 맥락에서 불안정해진 영국의 자본주의 제도에 일고 있는 본질적인 변화의 결과이다.

보건의료의 새로운 패러다임?

카스텔(Castel, 1991)은 현대의 의료제도를 고찰하면서 우리가 오늘날 보건의료의 변동 또는 혁명을 경험하고 있다고 제안한다. 이러한 변화로 의료인-환자 관계가 종언을 고하고, 의료전문직의 역할이 보건전략가로 바뀌며, 점점 더 인구의 [역학적인] 정량적 특질(profile)을 강조하며, 소비능력이 없어 후기모더니즘에 참여하지 못하는 집단이 잠재적으로 배제될 것이다.

카스텔(Castel, 1991)은 이러한 변화를 '위험함(dangerousness)'에서 '위험성(risk)'으로 바뀌는 과정으로 설명한다(3장을 보라). 여태까지는 진단과 처방능력이 있는 의사가 심신의 질환을 치료해왔다. 이들은 만일 병이 있을 가능성이 조금이라도 있으면 발병을 막기 위해 미리 안전조치를 취하는 편을 택하였다. 다시 말해 환자는 잠재적으로 '위험한(dangerous)' 존재였던 것이다. 그러나 오늘날의 의료는 단순히 증상만을 대상으로 하지 않고, 예방정책전문가가 위험인자(risk factor)라고 부르는 개인의 특성을 그 대상으로 잡는다. '전문과로 나뉜 병원(clinic of the subject)'이 '역학적 병원(epidemiological clinic)'으로 대체되고 있다. 역학적 병원이 란 "기존의 의사-환자 관계를 대체할, 다양한 기능을 수행하면서도 명 확한 목표를 가진 전문분야이다. 이것이 의사의 종말을 절대 의미하지는 않겠지만 의료시술의 한 획을 긋는 변화로 기록될 것이 분명하다"(Castel, 1991: 282). 따라서 우리는 더욱 정밀하게 '조직적인 사전탐지(systematic pre-detection)'를 확률적으로 계산할 수 있는 기술을 쓰는 새로운 감시양 식의 태동을 목격하고 있다.

이러한 심각한 변화에는 두 가지 결과가 따른다. 첫째, "진단과 치료가 분리되며 치료기능은 가료만을 전문적으로 맡는 분야로 이전된다"(Castel, 1991: 290). 의료인의 핵심 기능은 고객을 평가하고 이 평가에 의거 해서 고객이 취해야 할 적합한 조치를 찾아주는 것이 될 것이다. 그러므 로 인구집단은 예컨대 연령, 사회계급, 직업, 사회적 성, 라이프스타일, 인간관계, 주거지, 동거인 등 그 정량적 특질(profile)에 근거해서 관리된 다. 이런 요인들이 모여 사람들의 '위험성'을 이루게 된다. 두번째 결과 로 의료인이 행정가에 예속되게 된다. 의료경영인들은 점점 더 의료직 종사자를 관리하기보다 전체적인 보건전략가(health strategist)의 역할을 수행하고 있다.

> 행정직은 신기술을 거의 절대적으로 통제할 수 있기 때문에 완벽에 가까 운 자율성을 행사한다. 현장근무자(의사)는 전문적인 진단활동으로 파악한 정 보를 경영인에게 제공하는 단순보조직으로 전락하게 된다. …이러한 정보는 특히 컴퓨터 자료망에서 의료인과 전혀 관계없는 경로를 통해 보관되고 처리 되며 배포된다.(Castel, 1991: 293)

이같은 변화는 역학자료와 설문조사자료에 의거한 보건욕구평가에 전 력을 기울이는 보건의료의 실상에서 명확하게 드러난다. 예컨대 『국민의 보건(The Health of the Nation)』(Department of Health, 1992)과 같은 전 략은 개인의 건강보다 집단적인 건강상태를 개선하기 위해 고안되었다.

결론

이 장은 현대보건정책에서 서로 연관된 세 가지 주제, 즉 보건증진과
신공중보건, 병원의료에서 지역사회보호로 바뀌는 변화, 보건의료의 신
소비자주의 대두 등의 사회학적 분석을 검토하였다. 이러한 세 가지 정
책분야는 전체의료의 변동상을 상징적으로 나타낸다고 생각된다. '총체
적 건강'의 새로운 관리양식을 지향하는 이같은 변화의 결과로 전통적인
전문가-환자 관계에 종말이 오고, 이와 관련된 보건감시전략이 출현하
며, 건강한 인구집단의 역학적 특성을 분석하게 될 것이다. 또한 공식적
이고 제도화된 형태의 전통적인 보건의료가 비공식적이고 지역사회에
기반한 대안적 보호형태로 변화될 것이다. 이런 변화와 관련해서 '전문'
의료제공자와 의료소비자간의 구분이 흐려지는 현상이 나타난다. 최소한
보건정책의 공식설명에 따르면 의료소비자가 의료제공의 형태를 결정할
수 있어야만 한다. 또한 건강과 질병의 사회학이 이같은 변화를 분석해
왔을 뿐만 아니라 그 변화에 기여한 점도 있음을 논증하였다. 이 책 전체
에서 보았듯이 건강과 질병의 사회학은 전통적인 보건의료의 생의학적
접근을 극복할 대안을 창출하는 데 한 몫을 했다. 이 책은 지금까지 환자
의 전인적 성격이 중요하고, 수용보호가 아닌 지역사회보호를 택해야 하
며, 질환과 질병뿐만 아니라 건강의 가치 역시 소중하고, 건강과 질병 및
의료에 관한 일반인의 견해를 중시해야 한다는 점 등을 강조하였다.

참고문헌

Aakster, C. W. 1986, "Concepts in Alternative Medicine," *Social Science and Medicine*, 22, 2: pp.265-273.

Abbott, P. & Wallace, C. 1990, *An Introduction to Sociology: Feminist Perspectives*, London: Routledge.

Acheson, D. 1988, *Public Health in England: The Report of the Committee of Inquiry into the Future Development of the Public Health Function*, London: HMSO, Cm 289.

Ahmad, W. I. U. 1989, "Policies, Pills and Political Will: Critique of Policies to Improve the Health Status of Ethnic Minorities," *The Lancet*, pp.148-150.

_____. 1992, "Is Medical Sociology an Ostrich? Reflections of 'Race' and the Sociology of Health," *Medical Sociology News*, 17, 2: pp. 16-21.

Ahmad, W. I. U.(ed.). 1993, *'Race' and Health in Contemporary Britain*, Buckingham: Open University Press.

AIDS Care. 1993, "World Health Organization Global AIDS Statistics," 5, 1: pp.125-128.

Agbolegde, G. 1984, "Fighting the Racist Disease," *Nursing Times*, 18 April, pp.18-20.

Aggleton, P. & Homans, H.(eds). 1988, *Social Aspectos of AIDS*, London: Falmer Press.

Akinsanya, J. A. 1988, "Ethnic Minority Nurses, Midwives and Health Visitors: What Role for them in the National Health Service?" *New community*, XIV, 3: pp.444-451.

Anwar, A. & Ali, A. 1987, *Overseas Doctors: Experience and Expectations*, London: Commission of Racial Equality.

Arber, S. 1990, "Revealing Women's Health: Re-Analysing The General Household Survey," in H. Roberts(ed.), *Women's Health Counts*,

London: Routledge.

Arber, S., Dale, A. & Gelbert, N. 1986, "The Limitations of Existing Social Class Classigications for Women," in A. Jacoby(ed.), *The Measurement of Social Class*, London: Social Research Association.

Arber, S. & Ginn, J. 1991, *Gender and Later Life: A Sociological Analysis of Resources and Constraints*, London: Sage.

Armstrong, D. 1979, "The Emancipation of Biographical Medicine," *Social Science and Medicine*, 13A: pp.1-3.

_____. 1983a, *Political Anatomy of the Body: Medical Knowledge in Britain in the Twentieth Century*, Cambridge: Cambridge University Press.

_____. 1983b, "The Fabrication of Nurse-Patient Relationships," *Social Science and Medicine*, 17: pp.457-460.

_____. 1984, "The Patient's View," *Social Science and Medicine*, 18: pp. 737-744.

_____. 1993a, "Public Health Spaces and the Fabrication of Identity," *Sociology*, 27 3: pp.393-410.

_____. 1993b, "From Clinical Gaze to a Regime of Total Health," in A. Beatiie, M. Gott, L. Jones, L. Sidell(eds.), *Health and Wellbeing: A Reader*, London: Macmillan.

Arney, W. R. 1982, *Power and the Profession of Obstetrics*, London: University of Chicago Press.

Arney, W. R. & Bergen, B. 1984, *Medicine and the Management of Living: Taming the Last Great Beast*, London: University of Chicago Press.

Ashmore, M., Mulkay, M. & Pinch, T. 1989, *Health and Efficiency: A Sociology of Health Economics*, Buckingham: Open University Press.

Ashton, J. & Seymour, H. 1988, *The New Public Health*, Milton Keynes: Open University Press.

Atkinson, P. 1981, *The Clinical Experience: The Construction and Reconstruction of Medical Reality*, Aldershot: Gower.

_____. 1988, "Discourse, Descriptions and Diagnoses: Reproducing Normal Medicine," in Lick, M. & Gordon, D.(eds.), *Biomedicine Examined*, London: Kleuwer Acdemic Publishers.

Audit Commission. 1993, *What Seems to bo the Matter: Communication between Hospitals and Patients*, London: HMSO.

Baggott, R. 1991, "Looking Forward to the Past? The Politics of Public Health," *Journal of Social Policy*, 20, 2: pp.191-213.

Bakx, K. 1991, "The 'Eclipse' of Folk Medicine in Western Society," *Sociology of Health and Illness*, 13, 1: pp.20-38.

Balarajan, R. 1991, "Ethnic Differences in Mortality from Ischaemic Heart Disease and Cerebrovascular Disease in England and Wales," *British Medical Journal*, 302: pp.560-564.

Balarajan, R. & Bulusu, L. 1990, "Mortality Among Immigrants in England and Wales 1979-83," in M. Britton(ed.), *Mortality and Geography: a Review in the mid-1980s, England and Wales*, London: OPCS Series, DS No.9.

Balarajan, R. & Raleigh, V. S. 1993, "The Ethnic Population of England and Wales; the 1991 Census," *Health Trends*, 29: pp.113-116.

Baldwin, S. 1985, *The Costs of Caring: Families with Disabled Children*, London: Routledge and Kegan Paul.

Balint, M. 1956, *The Doctor, His Patient and the Illness*, London: Pitman.

Barker, R. & Roberts, H. 1986, "Social Classification Scheme for Women," *Working Paper No.51*, London: Social Statistics Research Unit, City University.

Bartley, M. 1990, "Do We Need a Strong Programme in Medical Sociology?" *Sociology of Health and Illness*, 12, 4: pp.371-390.

_____. 1991, "Health and Labour Force Participation: 'Stress' Selection and Reproduction Costs of Labour," *Journal of Social Policy*, 20, 3: pp.327-365.

Bauman, Z. 1988, "Is There a Postmodern Sociology?" *Theory, Culture and Society*, 5, 2-3: pp.217-238.

_____. 1990, *Thinking Sociologically*, Oxford: Basil Blackwell.

Baxter, C. 1988, *The Black Nurse: an Endangered Species*, Cambridge: Training in Health and Race.

Beattie, A. 1991, "Knowledge and Control in Health Promotion: a Test Case for Social Policy and Social Theory," in J. Gabe, M. Calnan & M. Bury(eds.), *The Sociology of the Health Service*, London: Routledge.

Beck, U. 1992a, *Risk Society: Towards a New Modernity*, London: Sage.

_____. 1992b, "From Industrial Society to Risk Society: Questions of Survival, Social Structure and Ecological Enlightenment," in M. Featherstone(ed.), *Cultural Theory and Cultural Change*, London: Sage.

Becker, M. H. 1974, "The Health Belief Model and Personal Health Behaviour," *Health Education Monographs*, 2: pp.324-508.

Berger, P. L. & Luckmann, T. 1967, *The Social Construction of Reality*, London: Allen Lane, Penguin Press.

Bhaskar, R. 1979, *The Possibility of Naturalism*, Brighton: Harvester.

Bhat, A., Carr-Hill, R. & Ohri, S. 1988, *Britain's Black Population*(2nd edn), Aldershot: Gower/Radical Statistics Group.

Blackburn, C. 1991, *Poverty and Health: Working with Families*, Milton Keynes: Open University Press.

Blane, D. 1985, "An Assessment of the Black Report's Explanantions of Health Inequalities," *Sociology of Health and Illness*, 7, 3: pp.423-445.

_____. 1990, "Real Wages, the Economic Cycle, and Mortality in England and Wales, 1870-1914," *International Journal of Health Services*, 20, 1: pp.43-52.

_____. 1991, "Inequality and Social Class," in Scambler, G.(ed.), *Sociology as Applied to Medicine*, London: Bailliere Tindall.

_____. 1976, *The Meaning of Disability*, London: Heinemann.

_____. 1983a, "The Cause of Disease: Women Taliking," *Social Science and Medicine*, 17: pp.59-69.

_____. 1983b, "Health Services as a Defence Against the Consequences of Poverty in Industralized Societyies," *Social Science and Medicine*, 17, 16: pp.1139-1148.

_____. 1990, *Health and Lifestyles*, London: Routledge.

_____. 1993, "Why Do Victims Blame Themselves?," in A. Radley(ed.), *Worlds of Illness: Biographical and Cultural Perspectives on Health and Disease*, London; Routledge.

Blaxter, M. & Peterson, L. 1982, *Mothers and Daughters: A Three Generation Study of Health Attitudes and Behaviour*, London: Heinemann Educational Books.

Bleier, R. 1984, *Science and Gender: a Critique of Biology and Its Theories on Women*, New York: Pergamon Press.

Bloom, J. R. 1990, "The Relationship of Social Support and Health," *Social Science and Medicine*, 30, 5: pp.635-637.

Bloor, M. & Horobin, G. 1975, "Conflict and Conflict Resolution in Doctor-Patient Relationships," in C. Cox & A. Mead(eds.), *A Sociology of Medical Practice*, London: Collier Macmillan.

Bloor, M. & McIntosh, J. 1990, "Surveillance and Concealment: a Comparison of Techniques of Client Resistance in Therapeutic Communities and Health Visiting," in S. Cuningham-Burley & N. McKeganey, *Readins in Medical Sociology*, London: Routledge.

Bloor, M., Samphier, M. & Prior, L. 1987, "Artefact Explanations of Inequalities in Health: an Assessment of the Evidence," *Sociology of Health and Illness*, 9, 3: pp.231-264.

Bordo, S. 1990, "Reading the Slender Body," in M. Jacobus, E. Fox Keller & S. Shuttleworth(eds.), *Body/Politics: Women and the Discourses of Science*, London: Routledge.

Bornat, J., Pereira, C., Pilgrim, D. & William, F. 1993, *Community Care; A Reader*, London: Macmillan.

Boston Women's Health Book Collective. 1989, *The New Our Bodies, Ourselves: a Health Book by and for Women*, British 2nd edn edited by A. Phillips & J. Rakusen, Harmondsworth: Penguin.

Bourdieu, P. 1984, *Distinction: A Social Critique of Judgement and Taste*, London: Routledge.

Brenner, M. H. 1973, *Mental Illness and the Economy*, Harvard: Harvard University Press.

British Medical Association(BMA). 1992, "Report on an Alternative Medicine"(partially reproduced version of BMA(1986), *Alternative Therapy*, London: BMA), in M. Saks(ed.), *Alternative Medicine in Britain*, Oxford: Clarendon Press.

British Medical Association(BMA). 1993, *Complementary Medicine: New Approaches to Good Practice*, London: BMA.

Britton, M. et al. 1990, "The Influence of Socio-Economic and Environmental Factors in Geographic Variation in Mortality," in M. Britton(ed.), *Motrality and Geography: A Review in the Mid-1980s*, OPCS, London: HMSO.

Brown, G. & Harris, T. 1978, *The Social Origins of Depression*, London: Tavistock.

Brown, P. 1988, "Recent Trends in the Political Economy of Mental Health," in C. J. Smith & J. A. Giggs(eds.), *Location and Stigma: Perspectives on Mental Health and Mental Health Care*, London: Unwin Hyman.

Bunton, R. 1990, "Regulating Our Favourite Drug," in P. Abbott & G. Payne(eds.), *New Directions in the Sociology of Health*, London: Falmer Press.

Bunton, R., Murphey, S. & Bennet, P. 1991, "Theories of Dehaviour Change and Their Use in Health Promotion: Some Neglected Areas," *Health Education Research*, 6, 2: pp.153-162.

Bunton, R. & Macdonald, G. 1992, *Health Promition: Disciplines and Diversity*, London: Routledge.

Bunton, R., Nettleton, S. & Burrows, R.(eds.). 1995, *The Sociology of Health Promotion: Critical Analyses of Consumption, Lifestyle and Risk*, London: Routledge.

Burrows, R. & Loader, B.(eds.). 1994, *Towards a Post Fordist Welfare State?*, London: Routledge.

Bury, M. 1982, "Chronic Illness as Biographical Disruption," *Sociology of Health and Illness*, 4: pp.167-182.

_____. 1986, "Social Constructionism and the Development of Medical Sociology," *Sociology of Health and Illness*, 8: pp.137-169.

_____. 1988, "Meanings at Risk: the Experience of Arthritis," in R. Anderson & M. Bury(eds.), *Living with Chronic Illness: the Experience of Patients and their Families*, London: Unwin Hyman.

_____. 1991, "The Sociology of Chronic Illness: a Review of Research and Prospects," *Sociology of Health and Illness*, 13, 4: pp.451-468.

Busfield, J. 1986, *Managing Madness: Changing Ideas and Practice*, London: Unwin Hyman.

_____. 1994, *Women and mental Health*, London: Macmillan.

Butler, J. 1992, *Patients, Policies and Politics: Before and After Working for Patients*, Milton Keynes: Open University Press.

Byrne, P. & Long, B. 1976, *Doctors Talking to Patients*, London: DHSS.

Calnan, M. 1984a, "Women and Medicalization: an Empirical Examination of the Extent of Women's Dependence on Medical Technology in the Early Detection of Breast Cancer," *Social Science and Medicine*, 18, 7: pp.561-569.

_____. 1984b, "The Health Belief Model and Participation in Programmes for the Early Detection of Breast Cancer: a Comparative Analysis," *Social Science and Medicine*, 19: pp.823-830.

_____. 1987, *Health and Illness: the Lay Perspective*, London: Tavistock.

_____. 1991, *Preventing Coronary Heart Disease: Prospects, Policies and Politics*, London: Routledge.

Campbell, R. & MacFarlane, A. 1990, "Recent Debate on the Place of Birth," in J. Garcia, R. Kilpatrick & M. Richards(eds.), *The Politics of Maternity Care*, Oxford: Clarendon Press.

Carballo, M. & Rezza, G. 1990, "AIDS Drug Misuse and the Global Crisis," in J. Strang & G. Stimpson(eds.), *AIDS and Drug Misuse: The Challenge for Policy and Practice in the 1990s*, London: Routledge.

Carr-Hill, R. 1987, "The Inequalities in Health Debate: a Critical Review of the Issues," *Journal of Social Policy*, 14, 4: pp.509-542.

_____. 1992, *Skill Mix and the Effectiveness of Nursing Care*, University of York: Centre for Health Economics.

Carr-Saunders, A. M. & Wilson, P. A. 1933, *The Professions*, London: Oxford University Press.

Cartwright, A. 1967, *Patients and Their Doctors -A Study of General Practice*, London: Routledge and Kegan Paul.

Cartwright, A. & Anderson, R. 1981, *General Practice Revisited: A Second*

Study of patients and Their Doctors, London: Tavistock.

Castel, R. 1991, "From Dangerousness to Risk," in G. Burchell, C. Gordon & P. Miller(eds.), *The Foucault Effect: Studies in Governmentality*, Brighton: Harvester Wheatsheaf.

Central Statistical Office(CSO). 1992, *Social Trends*, London: HMSO.

_____. 1993a, *Regional Trends 28*, London: HMSO.

_____. 1993b, *Social Trends*, London: HMSO.

_____. 1994, *Social Trends*, London: HMSO.

Chaisson, R. et al. 1993, "Impact of the 1993 Revision of the AIDS Case Definition on the Prevalence of AIDS in the Clinical Setting," *AIDS*, 7: pp.857-862.

Charles, N. & Kerr, M. 1988, *Women, Food and Families*, Manchester: Manchester university Press.

Charmaz, K. 1983, "Loss of Self: a Fundamental Form of Suffering in the Chronically Ill," *Sociology of Health and Illness*, 5: pp.168-195.

_____. 1987, "Struggling for a Self: Identity Levels of the Chronically Ill," in J. A. Roth & P. Conrad(eds.), *Research in the Sociology of Health Care*, vol. 6, *The Experience and Management of Chronic Illness*, Greenwich, Connecticut: JAI Press Inc.

Clark, D.(ed.) 1993, *The Sociology of Death*, Oxford: Basil Blackwell.

Clarke, J. 1981, "A Multiple Paradigm Approach to the Sociology of Medicine, Health and Illness," *Sociology of Health and Illness*, 3, 1: pp. 89-103.

Clegg, S. 1989, *Frameworks of Power*, London: Sage.

Cochrane, A. L. 1971, *Effectiveness and Efficiency: Random Reflections on Health Services*, Nuffield Provincial Hospital Trust.

Comaroff, J. 1978, "Medicine and Culture: Some Anthropological Perspectives," *Social Science and Medicine*, 12B: pp.247-254.

_____. 1982, "Medicine, Symbol and Ideology," in P. Wright & A. Treacher(eds.), *The Problem of Medical Knowledge: Examining the Social Construction of Medicine*, Edinburgh: Edinburgh University Press.

Commission for Racial Equality(CRE). 1988, *Homelessness and Discrimina-*

tion, London: CRE.

Connell, R. 1987, *Gender and Power*, Cambridge: Polity Press.

Conrad, P. 1987, "The Experience of Illness: Recent and New Directions," in J. Roth & P. Conrad(eds.), *The Experience and management of Chronic Illness Research in the Sociology of Health Care*, vol. 6, Greenwich: JAI Press.

Conrad, P. & Schneider, J. W. 1980, *Deviance and Medicalization: From Badness to Sickness*, St Louis: C. V. Mosby.

Cooperstock, R. & Lennard, H. L. 1979, "Some Social Meanings of Tranquillizer Use," *Sociology of Health and Illness*, 1, 3: pp.331-347.

Corbin, J. & Strauss, A. 1985, "Managing Chronic Illness at Home: Three Lines of Work," *Qualitative Sociology*, 8, 3: pp.224-247.

Corea, G. 1985, *The Mother Machine*, New York: Harper and Row.

Corea, G., Duelli Klein, R. et al.(eds.). 1985, *Man-Made Womes: How New Reproductive Technologies Affect Women*, London: Hutchinson.

Cornwell, J. 1984, *Hard-Earned Lives: Accounts of Health and Illness from East London*, London: Tavistock.

Cousins, C. 1988, "The Restructuring of Welfare Work: the Introduction of General Management and the Contracting Out of Ancillary Services in the NHS," *Work, Employment and Society*, 2: pp. 210-228.

Cox, B. et al. 1987, *The Health and Lifestyle Survey*, Cambridge: Health Promotion Trust.

Coxon, A. P. M., Davis, P. & McManus, T. 1990, *Longitudinal Study of the Sexual Behaviour of Homosexual Males Under the Impact of AIDS, (Project Sigma). A Final Report to the Department of Health*, London: HMSO.

Craddock, C. & Reid, M. 1993, "Structure and Struggle: Implementing a Social Model of a Well Woman Clinic in Glasgow," *Social Science and Medicine*, 36, 1: pp.67-76.

Crawford, R. 1977, "You are Dangerous to Your Health: the Ideology and Politics of Victim Blaming," *International Journal of Health Services*, 7: pp.663-680.

_____. 1984, "A Cultural Account of 'Health': Control, Release, and the Social Body," in J. McKinlay(ed.), *Issues in the Political Economy of Health Care*, London: Tavistock.

_____. 1987, "Cultural Influences on Prevention and the Emergence of a New Health Consciousness," in N. Weinstein(ed.), *Taking Care: Understanding and Encouraging Self Protective Behaviour*, Cambridge: Cambridge University Press.

Crook, S., Pakulski, J. & Waters, M. 1992, *Postmodernization: Change in Advanced Society*, London: Sage.

Culley, L. & Dyson, S. 1993, "Race, Inequality and Health," *Sociology Review*, 3, 1; pp.24-28.

Currer, C. 1986, "Concepts of Mental Well- and Ill-Being: The Case of Pathan Mothers in Britain," in C. Currer & M. Stacey(eds.), 1986, *Concepts of Health, Illness and Disease: a Comparative Perspective*, Leamington Spa: Berg.

Currer, C. & Stacey, M.(eds.) 1986, *Concepts of Health, Illnes and Disease: a Comparative Perspective*, Leamington Spa: Berg.

Dalley, G. 1988, *Ideologies of Caring: Re-thinking Community and Collectivism*, London: Macmillan.

Davenas, E. et al. 1988, "Human Basophil Degranulation Triggered by Very Dilute Antiserum Against IgE," *Nature*, 333, June, pp. 816-818.

Davey Smith, G., Bartley, M. & Blane, D. 1990, "The Black Reprot on Socioeconomic Inequalities in Health 10 Years On," *British Medical Journal*, 301: pp.373-377.

Davey Smith, G. & Egger, M. 1993, "Widening Inequalities in Health -the Legacy of the Thatcher years," *British Medical Jouranal*, 307: pp.1085-1086.

Davis, C. 1984, "General Practitioners and the Pull of Prevention," *Sociology of Health and Illness*, 6, 3: pp.267-289.

_____. 1987, "Viewpoint: Things to Come-the NHS in the Next Decade," *Sociology of Health and Illness*, 9, 3: pp.302-317.

Davison, C., Frankel, S. & Davey Smith, G. 1992, "The Limits of Lifestyle: Re-assessing 'Fatalism' in the Popular Culture of Illness Pre-vention," *Social Science and Medicine*, 34, 6: pp.675-685.

Davison, C., Davey Smith, G. & Frankel, S. 1991, "Lay Epidemiology and the Prevention Paradox: the Implications of Coronary Candidacy for Health Education," *Sociology of Health and Illness*, 13, 1: pp.1-19.

Dean, A., Kolody, B. & Wood, P. 1990, "Effects of Social Support from Various Sources on Depression in Elderly Persons," *Journal of Health and Social Behaviour*, 31, 2: pp.148-161.

Dean, M. 1993, "Self-Inflicted Rationing," *The Lancet*, 341: p.1525.

Dear, M., Clark, G. & Clark, S. 1979, "Economic Cycles and Mental Health Care Policy: and Examination of the Macro-Context for Social Service Planning," *Social Science and Medicine*, 13c: pp.43-53.

Department of Health. 1989a, *Working for Patients*, London: HMSO, Cm 555.

_____. 1989b, *General Practice in the National Health Service: the 1990 Contract*, London: HMSO.

_____. 1990, *Community Care in the Next Decade and Beyond*, London: Department of Health.

_____. 1991a, *The Health of the nation*, London: HMSO, Cm 1523.

_____. 1991b, *The Patient's Charter*, London: HMSO.

_____. 1992, *The Health of the Nation*, London: HMSO.

DHSS. 1976a, *Prevention and Health: Everybody's Business*, London: HMSO.

_____. 1976b, *Priorities for Health and Personal Social Services in England*, London: HMSO.

_____. 1977, *Prevention and Health*, London: HMSO. Cm 7047.

_____. 1981, *Care in the Community*, London: HMSO.

_____. 1983a, *NHS Management Inquirey(Griffiths Report)*, London: HMSO.

_____. 1983b, *Health Circular HC(83)18 Health Services Management: Competitive Tendering in the Provision of Domestic Catering and Laun-dry Services*, London: DHSS.

_____. 1986, *Mix and match: A Review of nursing Skill Mix*, London: HMSO.

_____. 1987, *Promiting Better Health*, London: HMSO, Cm 249.

d'Houtard, A. & Field, M. G. 1984, "The Image of Health: Variations in Perceptions by Social Class in a French Population," *Sociology of Health and Illnes*, 6: pp.30-60.

Dingwall, R. 1976, *Aspects of Illness*, Oxford: Martin Robertson.

Dingwall, R. & Murray, T. 1983, "Categorization in Accident Departments: 'Good' Patients, 'Bad' Patients and 'Children'," *Sociology of Health and Illness*, 5, 2: pp.127-148.

Donnison, J. 1977, *Midwives and Medical Men: a History of Inter-Professional Rivalries and Women's Rights*, London: Heinemann.

Donovan, J. L. 1986, *We Don't Buy Sickness, It Just Comes: Health, Illness and Health Care in the Lives of People in London*, Aldershot: Gower,

Douglas, M. 1966, *Purity and Danger: An Analysis of the Concepts of Pollution and Taboo*, London: Routledge and Kegan Paul.

_____. 1970, *Natural Symbols: Explorations in Cosmology*, London: Barrie and Rockliff, the Cresset Press.

_____. 1986, *Risk Acceptability According to the Social Sceinces*, London: Routledge and Kegan Paul.

Dowsett, G., Davis, M. & Connell, B. 1992, "Gay Men, HIV/AIDS and Social Research: An Antipodean Perspective," in P. Aggleton, P. Davis & G. Hart(eds.), *AIDS: Rights, Risk and Reason*, London: Falmer Press.

Doyal, L. 1987, "Infertility-a Life Sentence? Women and the Natioanl Health Service," in M. Stanworth(ed.), *Reproductive Technologies: Gender, Motherhood and Medicine*, Oxford: Polity Press.

Doyal, L., Hunt, G. & Mellor, J. 1981, "Your Life in Their Hands: Migrant Workers in the National Health Service," *Critical Social Policy*, 1, 2.

Doyal, L. with Pennell, I. 1979, *The Political Economy of Health*, London: Pluto Press.

Drummond, N. & Mason, C. 1990, "Diabetes in a Social Context: Just a Different Way of Life in the Age of Reason," in S. Cunningham-Burley & N. P. McKegadey(eds.), *Readings in Medical Sociology*, London: Routledge.

Dubos, R. 1959, *Mirage of Health*, New York: Harper and Row.

Duden, B. 1991, *The Woman Beneath the Skin: A Doctor's Patients in Eighteenth-Century Germany*, London: Harvard University Press.

Dunnell, K. & Cartwright, A. 1972, *Medicine-Takers, Prescribers and Hoarders*, London: Routledge and Kegan Paul.

Durkheim, E. 1952, *Suicide*, London Routledge and Kegan Paul.

Eames, N., Ben-Shlomo, Y. & Marmot, M. 1993, "Social Deprivation and Premature Mortality: Regional Comparison Across England," *British Medical Journal*, 307: pp.1097-1102.

Elias, N. 1978, *The Civilizing Process*, vol. 1, *The History of manners*, Oxford: Basil Blackwell.

_____. 1982, *The Civilizing Process*, vol. 2, *State Formation and Civilization*, Oxford: Dasil Blackwell.

Elston, M. A. 1977, "Medical Autonomy: Challenge and Response," in K. Bernard & K. Lee(eds.), *Conflicts in the National Health Service*, London: Croom Helm.

_____. 1991, "The Politics of Professional Power: Medicine in a Changing Health Care Service," in J. Gabe, M. Calnan & M. Bury(eds.) , *The Sociology of the Health Service*, London: Routledge.

Elston, M. A & Doyal, L. 1983, *The Changing Experience of Women, Unit 14 Health and Medicine*, Open University: Open University Press.

Engel, G. L. 1981, "The Need for a New Medical Model: a Challenge to Bio-medicine," in A. L. Kaplan, H. T. Engelhardt & J. J. McCartney (eds.), *Concepts of Health and Disease: Interdisciplinary Perspectives*, London: Addison Wesley.

Esmail, A. & Everrigton, S. 1993, "Racial Discrimination Against Doctors from Ethnic Minorities," *British Medical Journal*, 306: pp. 691-692.

Expert Group on Maternity Care. 1993, *Changing Childbirth*, London: HMSO.

Fagerhaugh, S. Y. & Strauss, A. 1977, *Politics of Pain Manalement: Staff-Patient Interaction*, Menlo Park: Addison Wesley.

Fallowfield, L. with Clark, A. 1991, *Breast Cancer*, London: Routledge.

Farrant, W. 1985, "Who's for Amniocentesis? The Politics of Prenatal Screening," in H. Homans(ed.), *The Sexual Politics of Reproduction*, Aldershot: Gower.

_____. 1991, "Addressing the Contradictions: Health Promotion and Community Health Action in the United Kingdom," *International Journal of Healthe Services*, 21, 3: pp.423-439.

Farrant, W. & Russel, J. 1986, *The Politics of Health Information*, London: Health Education Council.

Faulkner, W. & Arnold, E. 1985, *Smothered by Invention: Technology in Women's Lives*, London: Pluto Press.

Featherstone, M. 1991a, *Consumer Culture and Postmodernism*, London: Sage.

_____. 1991b, "The Body in Consumer Culture," in M. Featherstone, M. Hepworth & B. S. Turner(eds.), *The Body: Social Processes and Cultural Theory*, London: Sage.

Featherstone, M., Hepworth, M. & Turner, B. S.(eds.). 1991, *The Body: Social Processes and Cultural Theory*, London: Sage.

Figlio, K. 1982, "How Does Illness Mediate Social Relations? Workman's Compensation and Medico-legal Practices 1890-1940," in P. Wright & A. Treacher(eds.), *The Problem of Medical Knowledge: Examining the Social Construction of Medicine*, Edinburgh: Edinburgh University Press.

Finch, J. & Mason, J. 1992, *Negotiating Family Responsibilities*, London: Routledge.

Fisher, S. 1986, *In the Patient's Best Interest: Women and the Politics of Medical Decisions*, New Jersey: Rutgers University Press.

Fitzpatrick, R. 1984, "Lay Concepts of Illness," in R. Fitzpartick, J. Hinton, S. Newman, G. Scambler, & J. Thompson(eds.), *The Experience of Illness*, London: Tavistock.

_____. 1987, "Political Science and Health Policy," in G. Scambler

328

(ed.), *Sociological Theory and Medical Sociology*, London: Tavistock.

Fitzpatrick, R., Newman, Archer, R. & Shipley, M. 1991, "Social Support, Disability and Depression: a Longitudinal Study," *Social Science and Medicine*, 33, 5: pp.605-611.

Fleck, L. 1935a, "On the Question of the Foundations of Medical Knowledge," *Journal of Medicine and Philosophy*, 6, pp.237-256

_____. 1935b, *Genesis and Development of a Scientific Fact*, Chicago: Chicago University Press.

Flynn, R. 1992, *Sturctures of Control in Health Management*, London: Routledge.

Foster, P. 1989, "Improving the Doctor/Patient Relationship," *Journal of Social Policy*, 18, 3: pp.337-361.

Foucault, M. 1970, *The Order of Things, an Archaeology of the Human Sciences*, London: Tavistock.

_____. 1976, *The Birth of the Clinic: An Archaeology of Medical Perception*, London: Tavistock.

_____. 1979, *Discipline and Punish, the Birth of the Prison*, Harmondsworth: Peregrine.

_____. 1980a, "The Eye of Power," in C. Gordon(ed.), *Power/Knowledge: Selected Interviews and Other Writings 1972-1977 by Michel Foucault*, Brighton: Harvester.

_____. 1980b, "The Politics of Health in the Eighteenth Century," in C. Gordon(ed.), *Power/Knowledge: Selected Interviews and Other Writings 1972-1977 by Michael Foucault*, Brighton: Harvester.

_____. 1981, *The History of Sexuality: An Introduction*, Harmondsworth: Peregrine.

Fox, J. & Goldblatt, P. 1982, *Socio-demographic Mortality Differentials: Longitudinal Study 1971-75*, OPCS, Series LS, No. 1, London: HMSO.

Fox, N. 1993, *Postmodernism, Sociology and Health*, Buckingham: Open University Press.

Frank, A. 1990, "Bringing Bodies Back In: a Decade Review," *Theory, Culture and Society*, 7, 1: pp.131-162.

Frankel, S., Davison, C. & Davey Smith, G. 1991, "Say Epidemiology and the Rationality of Responses to Health Education," *British Journal of General Practice*, 41: pp.428-430.

Freidson, E. 1970a, *Profession of Medicine: A Study of the Sociology of Applied Knowledge*, New York: Harper Row.

_____. 1970b, *Professional Dominance*, New York: Atherton.

_____. 1975, "Dilemmas in the Doctor-Patient Relationship," in C. Cox & A. Mead, *A Sociology of Medical Practice*, London: Collier Macmillan.

_____. 1986, *Professional Powers: A Study of the Institutionalization of Formal Knowledge*, London: University of Chicago Press.

Freund, P. E. S. & McGuire, M. B. 1991, *Health, Illness and the Social Body: A Critical Sociology*, New Jersey: Prentice Hall.

Fulder, S. J. & Munroe, R. E. 1985, "Complementary Medicine in the United Kingdom," *The Lancet*, 11: pp.542-546.

Gabbay, J. 1982, "Asthma Attacked? Tactics in the Reconstruction of a Disease Concept," in P. Wright & A. Treacher(eds.), *The Problem of Medical Knowledge: Examining the Social Construction of Medicine*, Edinburgh: Edinburgh University press.

Gabe, J. & Calnan, M. 1989, "The Limits of Medicine: Women's Perception of Medical Technology," *Social Science and Medicine*, 28, 3: pp. 223-231.

Gabe, J. & Lipshitz-Phillips, S. 1984, "Tranquillizers as Social Control?" *The Sociological Review*, 32, 3: pp.524-546.

Garcia, J., Kilpatrick, R. & Richards, M. 1990, *The Politics of Maternity Care: Services for Childbearing Women in Twentieth-Century Britain*, Oxford: Clarendon Paperbacks.

Garfinkel, H. 1967, *Studies in Ethnomethodology*, Englewood Cliffs, N.J.: Prentice Hall.

Gaze, H. 1987, "Men in Nursing," *Nursing Times*, 83: pp.25-27.

Gerhardt, U. 1987, "Parsons, Role Theory and Health Interaction," in G. Scambler(ed.), *Sociological Theory and Medical Sociology*, London: Tavistock.

_____. 1989, *Ideas about Illness: An Intellectual and Political History of Medical Sociology*, Basingstoke: Macmillan.

Giddens, A. 1990, *The Consequences of Modernity*, Cambridge: Polity Press.

_____. 1991, *Modernity and Self-Identity: Self and Society in the Late Modern Age*, Cambridge: Polity Press.

Gensberg, N. & Watson, S. 1992, "Issues of Race and Gender Facing Housing Policy," in J. Birchall(ed.), *Housing Policy in the 1990s*, London: Routledge.

Glassner, B. 1989, "Fitness and the Postmodern Self," *Journal of Health and social Behaviour*, 30: pp.180-191.

Godfrey, C. 1993, "Is Prevention Better than Cure?" in M. Drummond & A. Maynard(eds.), *Purchasing and Providing Cost-Effective Health Care*, London: Churchill Livingstone.

Goffman, E. 1961, *Asylums*, Harmondsworth: Penguin.

_____. 1968, *Stigma: Notes on the Management of Spoiled Identity*, Harmondsworth: Penguin.

Goldblatt, P. 1990, *Longitudinal Study: Mortality and Social Organization*, London: HMSO.

Grace, V.M. 1991, "The Marketing of Empowerment and the Construction of the Health Consumer: A Critique of Health Promotion," *International Journal of Health Services*, 21, 2; pp. 329-343.

Graham, H. 1979, "Prevention and Health: Every Mother's Business, a Comment on Child Health Policies in the 1970s," in C. Harris(ed.), *Sociology of the Family: New Directions for British Sociology, Sociological Review*, Monograph 28, University of Keele.

_____. 1984, *Women, Health and the Family*, Brighton: Harvester/Wheatsheaf.

_____. 1987, "Women's Smoking and Family Health," *Social Science and Medicine*, 25, 1: pp.47-56.

_____. 1991, "The Informal Sector of Welfare: A Crisis in Caring?" *Social Science and Medicine*, 32, 4: pp.507-515.

_____. 1992, "Budgeting for Health: Mothers in Low-Income Households," in C. Glendinning & J. Millar(eds.), *Women and Poverty in*

Britain in the 1990s, London: Harvester/Wheatsheaf.

Graham, H. & Oakley, A. 1986, "Competing Ideologies of Reproduction : Medical and Maternal Perspectives on Pregnancy," in C. Currer & M. Stacey(eds.), *Concepts of Health, Illness and Disease*, Leamington Spa: Berg.

Habermas, J. 1970, "On Systematically Distorted Communication" and "Towards a Theory of Communicative Competence," *Inquiry*, 13; pp.205-218 & pp.360-375.

Ham, C. 1992, *Health Policy in Britain: the Politics and Organization of the National Health Service*, Basingstoke: Macmillan(3rd edn).

Hanmer, J. 1985, "Transforming Consciousness: Women and the New Reproductive Technologies," in G. Corea & R. Duelli Klein(eds.), *Man-made Women: How New Reproductive Technologies Affect Women*, London: Hutchinson.

Hannay, D. R. 1979, *The Symptom Iceberg: A Study of Community Health*, London: Routledge and Kegan Paul.

Hrrison, S., Hunter, D. & Pollit, C. 1990, *The Dynamics of British Health Policy*, London: Unwin Hyman.

Hart, N. 1982, "Is Capitalism Bad for Your Health?" *British Journal of Sociology*, 33, 3; pp.435-443.

Haug, M. 1988, "A Re-examination of the Hypothesis of Deprofession-alization," *Milbank Quarterly*, Supplement 2: pp.48-56.

Hayden, V. 1990, "Customer Service and its Role in Health Care," *Health Service Journal*, February, pp.33-35.

Heath, C. 1984, "Participation in the Medical Consultation: the Coordi-nation of Verbal and Non-verbal Behaviour Between the Doctor and the Patient," *Sociology of Health and Illness*, 6, 3: pp. 311-338.

Helman, C. 1978, "'Feed a Cold and Starve a Fever'-Folk Models of In-fection in an English Suburban Community and their Relation to Medical Treatment," *Culture, Medicine and Psychiatry*, 2: pp.107-137.

Herek, G. M. & Glunt, E. K. 1991, "AIDS- Related Attitudes in the United States: A Preliminary Conceptualization," *Journal of Sex*

Research, 28, 1: pp.99-123.

Herzlich, C. 1973, *Health and Illness*, London: Academic Press.

Herzlich, C. and Pierret, J. 1987, *Illness and Self in Society*, Baltimore: Johns Hopkins University Press.

Hilbert, R. 1984, "The Acultural Dimension of Chronic Pain: Flawed Reality Construction and the Problem of Meaning," *Social Problems*, 31, 4: pp.365-378.

Holland, J. et al. 1992, "Pressure, Resistance, Empowerment: Young Women and the Negotiation of Safe Sex," in P. Aggleton, P. Davis & G. Hart(eds.), *AIDS: Rights, Risk and Reason*, London: falmer Press.

Horobin, G. 1985, "Medical Sociology in Britain: 'True Confessions of an Empiricist'," *Sociology of Health and Illness*, 7: pp.94-107.

Howlett, B. C., Ahmad, W. I. & Murray, R. 1992, "An Exploration of White, Asian and Afro-Caribbean Peoples' Concepts of Health and Illness Causation," *New Community*, 18, 2: pp.281-292.

Hoye, L. & Means, R. 1993, "Markets, Contracts and Social Care Services: Prospects and Problems," in B. Bornat, C. Pereira, D. Pilgrim & F. Williams(eds.), *Community Care: a Reader*, Basingstoke : Macmillan.

Hsai, S. et al. 1984, "Unregulated Production of a Virus and/or Sperm Specific Anti-idiotypic Antibodies and a Cause of AIDS," *The Lancet*, 2: pp.212-214.

Hugman, R. 1994, "Consuming Health and Welfare," in R. Keat, N. Whiteley & N. Abercrombie(eds.), *The Authority of the Consumer*, London: Routledge.

Humphrey, M. 1989, *Back Pain*, London: Routledge.

Hunt, S., McEwen, J. & McKenna, S. P. 1985, "Measuring Health Status: a New Tool for Clinicians and Epidemiologists," *Journal of the Royal College of General Practitioners*, 35: pp.185-188.

Hunter, D. 1990, "Organizing and Managing Health Care: a Challenge for Medical Sociology," in S. Cunningham-Burley & N. P. McKeganey(eds.), *Readings in Medical Sociology*, London: Routledge.

_____. 1991, "Managing Medicine: a Response to Crisis," *Social Science and Medicine*, 32; pp.441-448.

Iganski, P. 1992, "Inequality Street," *Health Service Journal*, 20 February: pp.26-27.

Illich, I. 1976, *Limits to Medicine*, London: Marion Boyars.

Illsley, R. 1986, "Occupational Class, Selection and the Production of Inequalities in Health," *Quarterly Journal of Social Affairs*, 2, 2: pp. 151-165.

Illsley, R. & Le Grand, J. 1987, "The Measurement of Inequality in Health," in A. Williams(ed.), *Economics and Health*, London: Macmillan.

Ingleby, D.(ed.) 1980, *Critical Psychiatry*, Harmondsworth: Penguin.

Jacobus, M., Fox Keller, E. & Shuttlewoth, S. 1990, *Body/Politics: Women and the Discourses of Science*, London: Routledge.

James, N. 1989, *Emotional Labour: Skill and Work in the Social Regulation of Feelings, Sociological Review*, 37, 1: pp.15-42.

_____. 1992, "Care= organization + physical labour + emotional labour," *Sociology of Health and Illness*, 14, 4: pp.488-509.

Jamous, H. & Peloille, B. 1970, "Changes in the French University Hospital System," in J. A. Jackson(ed.), *Profesions and Professionalization*, Cambridge: Cambridge University Press.

Jefferys, M. 1991, "The Agenda for Sociological Health-Policy Research for the 1990s "in J. Gabe, M. Calnan & M. Bury(eds.), *The Sociology of the Health Service*, London: Routledge.

Jeffrey, R. 1979, "Normal Rubbish: Deviant Patient in Casualty Departments," *Sociology of Health and Illness*, 1: pp.90-107.

Jewson, N. 1976, "The Disappearance of the Sick Man from Medical Cosmology 1770-1870," *Sociology*, 10; pp.225-244.

Jex-Blake, S. 1886, *Medical Women: A Thesis and History*, Edinburgh: Oliphant, Anderson and Ferrier.

Jobling, R. 1988, "The Experience of Psoriasis under Treatment," in R. Anderson & M. Bury(eds.), *Living with Chronic Illness: The Experience of Patients and their Families*, London: Unwin Hyman.

334

Johnson, T. 1972, *Professions and Power*, London: Macmillan.

_____. 1977, "Professions in the Class Structure," in R. Scase(ed.), *Industrial Society; Class, Cleavage and Control*, London: Allen Unwin.

Johnson, T., Dandker, C. & Ashworth, C. 1984, *The Structure of Social Theory*, Basingstoke: Macmillan.

Jones, K. & Moon, G. 1987, *Health, Disease and Society: an Introduction to Medical Geography*, London: Routledge.

Kane, P. 1991, *Women's Health: From Womb to Tomb*, London: Macmillan.

Kasl, S. V. and Cobb, S. 1966, "Health Behaviour, Illness Behaviour and Sick Role Behaviour," *Archives of Environmental Research*, 12: pp.246-247.

Kayawa-Singer, M. 1933, "Redefining Health: Living with Cancer," *Social Science and Medicine*, 27, 3: pp.295-304.

Kelleher, D. 1988, *Diabetes*, London: Tavistock.

Kelly, A. 1991, "The Enterprise Culture and the Welfare State: Restructuring the Management of the Health and Personal Social Services," in R. Burrows(ed.), *Deciphering the Enterprise Culture: Entrepreneurship, Petty Cpitalism and the Restructuring of Britain*, London: Routledge.

Kelly, M. 1992, *Colitis*, London: Routledge.

Kelman, S. 1975, "The Social Nature of the Definition Problem in Health," *International Journal of Health Services*, 5: pp.625-642.

Kim, K. & Moody, P. 1992, "More Resources Better Health?: A Cross National Perspective," *Social Science and Medicine*, 34, 8: pp.837-842.

Kitzinger, J. & Miller, D. 1992, "'African AIDS': The Media and Audience Beliefs," in P. Aggleton, P. Davis & G. Hart(eds.), *AIDS: Rights, Risk and Reason*, London: Falmer Press.

Kitzinger, S. 1992, "Birth and Violence Against Women: Generating Hypotheses from Women's Accounts of Unhappiness After Childbirth," in H. Roberts(ed.), *Women's Health Matters*, London: Routledge.

Kjellstrom, T. & Rosenstock, L. 1990, "The Role of Environmental and

Occupational Hazards in the Adult Health Transition," *World Health Statistics Quarterly*, 43: pp.188-196.

Klein, R. D. 1984, "Doing it Ourselves: Self-insemination," in R. D. Arditti, R. D. Klein & S. Minden(eds.), *Test-tube Women: What Future for Motherhood?*, London: Pandora.

Klein, R. 1988, "Acceptable Inequalities," in D. Green(ed.), *Acceptable Inequalities? Essays on the Pursuit of Equity in Healthcare*, London: IEA.

_____. 1989, *The Politics of the National Health Service*, Harlow: Longman(2nd edn).

_____. 1990, "Looking After Consumers in the NHS," *British Medical Journal*, 300: pp.1351-1352.

Kleinman, A. 1988, *The Illness Narravitves: Suffering, Healing and the Human Condition*, New York: Basic Books.

Knowles, C. 1991, "Afro-Caribbeans and Schizophrenia: How Does Psychiatry Deal with Issues of Racism, Culture and Ethnicity," *Journal of Social Policy*, 20, 2; pp.173-190.

Kroker, A. & Kroker, M. 1988, *Body Invaders: Sexuality and the Postmodern Condition*, London: Macmillan.

Kuhn, T. 1962, *The Structure of Scientific Revolutions*, Chicago: Chicago University Press.

Lacey, C. J. N. & Waugh, M. A. 1983, "Cellular Immunity in Male Homosexuals," *The Lancet*, 2; p.464.

Lalonde, M. 1974, *A New Perspective on the Health of Canadians?*, Ministry of Supply and Services.

Lancet. 1991, "Consanguinity and Health," *The Lancet*, 338: pp.85-86.

Land, H. 1991, "The Confused Boundaries of Community Care," in J. Gabe, M. Calnan & M. Bury(eds.), *The Sociology of the Health Service*, London: Routledge.

Langan, M. 1990, "Community Care in the 1990s: the Community Care White Paper: 'Caring for People'," *Critical Social Policy*, 29: pp. 58-70.

Laqueur, W. 1990, *Making Sex, Body and Gender from the Greeks to Freud*,

Cambridge, Mass.: Harvard University Press.

Larkin, G. 1980, "Professionalism, Dentistry and Public Health," *Social Science and Medicine*, 14: pp.223-229.

Larson, M. 1977, *The Rise of Professionalism*, Berkeley, Calif.: University of California Press.

Lash, S. & Urry, J. 1994, *Economies of Signs and Space*, London: Sage.

Lau, R. & Ware, J. 1981, "Refinements in the Measurement of Health Specific Locus of Control Beliefs," *Medical Care*, 19: pp.1147-1157.

Lawler, J. 1991, *Behind the Screens: Nursing, Somology and the Problem of the Body*, London: Churchill Livingstone.

Lawrence, C. 1979, "The Nervous System and Society in the Scottish Enlightenment," in B. Barnes & S. Shapin(eds.), *Natural Order*, London: Sage.

Lawrence, S. C. & Bendixen, K. 1992, "His and Hers: Male and Female Anatomy in Anatomy Texts for US Medical Students, 1890-1989," *Social Science and Medicine*, 35, 7: pp.925-934.

Leavey, R., Wilkin, D. & Metcalf, D. 1989, "Consumerism and General Practice," *British Medical Journal*, 298: pp.737-739.

Leder, D. 1992, "Introduction," in D. Leder(ed.), *The Body in Medical Thought and Practice*, London: Kluwer Academic Publishers.

Lefebvre, C. 1992, "Social Marketing Health Promotion," in R. Bunton & G. Macdonald, *Health Promotion: Disciplines and Diversity*, London: Routledge.

Le Grand, J. 1985, *Inequalities in Health: The Human Capiatl Approach*, Welfare State Programme Pamphlet No. 1, London: London School of Economics.

Levitt, R. & Wall, A. 1992, *The Reorganized National Health Service*, London: Chapman Hall(4th edn).

Lewis, J. 1986, *What Price Community Medicine? The Policy and Practice of Public Health 1918-1980*, Brighton: Wheatsheaf.

Littlewood, R. & Lidsedge, M. 1988, "Psychiatric Illness among British Afro-Caribbeans," *British Medical Journal*, 296: pp.950-951.

Lock, M. 1988, *Biomedicine Examined*, London: Kluwer Academic Publishers.

Locker, D. 1983, *Disability and Disadvantage: the Consequences of Chronic Illness*, London: Tavistock.

Longley, D. 1993, *Public Law and Health Service Accountability*, Buckingham: Open University Press.

Lonsdale, S. 1990, *Women and Disability: the Experiences of Physical Disability Among Women*, London: Macmillan.

Lopez, A. D. 1990, "Causes of Death: An Assessment of Global Patterns of Mortality Around 1985," *World Health Statistics Quarterly*, 43: pp.91-104.

Lowy, I. 1988, "Ludwik Fleck on the Social Construction of Medical Knowledge," *Sociology of Health and Illness*, 10, 2: pp.133-155.

Mansfield, A. & McGinn, B. 1993, "Pumping Irony: The Muscular and the Feminine," in S. Scott & D. Morgan(eds.), *Body Matters*, London: Falmer Press.

Marbach, J. J. & Lipton, J. A. 1978, "Aspects of Illness Behaviour in Patients with Facial Pain," *Journal of the American Dental Association*, 96: pp.630-638.

Marmot, M. G., Rose, G., Shipley, M. & Hamilton, P. 1978, "Employment Grade and Coronary Heart Disease in British Civil Servants," *Journal of Epidemiology and Community Health*, 32: pp.244-249.

Marmot, M. G. & Theorell, T. 1988, "Social Class and Cardiovascular Disease: the Contribution of Work," *International Journal of Health Services*, 18, 4: pp.659-674.

Martin, C. J. & McQueen, D. V. 1989, *Readings for a New Public Health*, Edinburgh: Dinburgh University Press.

Martin, E. 1989, *The Woman in the Body: A Cultural Analysis of Reproduction*, Milton Keynes: Open University Press.

McCarthy, P., Byrne, S., Harrison, S. & Keithley, J. 1985, "Respiratory Conditions: Effects of Housing and Other Factors," *Journal of Epidemiology and Community Health*, 39: pp.15-19.

MacDonald, L. 1988, "The Experience of Stigma: Living with Rectal

Cancer," in R. Anderson & M. Bury(eds.), *Living with Chronic Illness: the Experience of Patients and their Families*, London: Unwin Hyman.

Macfarlane, A. 1990, "Official Statistics and Womens's Health," in H. Roberts(ed.), *Women's Health Counts*, London: Routledge.

MacIntyre, S. 1986, "The Patterning of Health by Social Position in Contemporary Britain: Directions for Sociological Research," *Social Science and Medicine*, 23, 4: pp.393-415.

_____. 1993, "Gender Differnces in the Perceptions of Common Cold Symptoms," *Social Science and Medicine*, 36, 1: pp.15-20.

MacIntyre, S. & Oldman, D. 1985, "Coping with Migraine," in Black, N. et al.(eds), *Health and Disease: a Reader*, Milton Keynes: Open University Press.

MacIntyre, S. et al. 1989, "The West of Scotland Twenty-07 Study: Health in the Community," in C. Martin & D. McQueen(eds.), *Readings for a New Public Health*, Edinburgh: Edinburgh University Press.

McIver, S. & Carr-Hill, R. 1989, *The NHS and Its Consumers*, York: Centre for Health Economics.

McKeganey, N. & Barnard, M. 1992, *AIDS, Drugs and Sexual Risk: Lives in the Balance*, Buckingham: Open University Press.

McKeigne, P. M., Richards, J. D. & Richards, P. 1990, "Effects of Discrimination by Sex and Race on the Early Careers of British Medical Undergraduates 1981-1987," *British Medical Journal*, 301: pp.961-964.

McKeown, T. 1976, *The Role of Medicine: Dream, Mirage, or Nemesis?*, London: Nuffield Provincial Hospitals Trust.

Mckinlay, J. & Stoekle, J. 1988, "Corporatization and the Social Transformation of Doctioring," *International Journal of Health Services*, 18: pp.191-205.

McNeill, M., Varcoe, I. & Yearley, S.(eds.) 1990, *The New Reproductive Technologies*, Basingstoke: Macmillan.

McQueen, D. 1989, "Thoughts on the Ideological Origins of Health

Promotion," *Health Promotion* 4, 4: pp.339-342.

May, C. 1992, "Nursing Work, Nurses' Knowledge, and the Subjectification of the Patient," *Sociology of Health and Illness*, 14, 4: pp. 472-487.

Mellor, P. & Shilling, C. 1993, "Modernity, Self-Identity and the Sequestration of Death," *Sociology*, 27, 3: pp.411-431.

Mihill, C. 1993, "Danger Seen in Backing Home Births," *Guardian*, 6 August.

_____. 1994, "GPs Support Fines for Trivial Call Outs," *Guardian*, 17 February.

Miller, J. & Glendinning, C. 1989, "Gender and Poverty," *Journal of Social Policy*, 18, 3: pp.363-381.

Mishler, E. G. 1984, *The Discourse of Medicine: Dialectics of Medical Interviews*, New Jersey: Abbx Publishing Company.

Montgomery, J. 1992, "Rights to Health and Health Care," in A. Coote (ed.), *The Welfare of Citizens: Developing New Social Rights*, London: IPPR/Rivers Oram Press.

Morgan, M., Calnan, M. & Manning, N. 1985, *Sociological Approaches ot Health and Medicine*, London: Routledge.

Moser, K., Pugh, H. & Goldblatt, P. 1988, "Inequalities in Women's Health: Looking at Mortality Differentials Using an Alternative Approach," *British Medical Journal*, 296: pp.1221-1224.

Moylan, S., Millar, J. & Davies, B. 1984, *For Richer, For Poorer-DHSS Cohort Study of Unemployed Men*, London: HMSO.

NHS Management Executive. 1993, *The Quality Journey*, Leeds: NHS Management Executive.

Navarro, V. 1978, *Class, Struggle, the State and Medicine*, London: Martin Robertson.

_____. 1984, "A Critique of the Ideological and Political Positions of the Willy Brandt Report and the WHO Alma Ata Declaration," *Social Science and Medicine*, 18: pp.467-474.

Nettleton, S. 1991, "Wisdom, Diligence and Teeth: Discursive Practices and the Creation of Mothers," *Sociology of Health and Illness*, 13, 1:

340

pp.98-111.

_____. 1992, *Power, Pain & Dentistry*, Buckingham: Open University Press.

_____. 1993, *How Do We Create a Healthy North? Consultation with People in the Community*, Newcastle upon Tyne: Northern Regional Health Authority.

Nettleton, S. & Harding, G. 1994, "Protesting Patients: A Study of Complaints Made to a Family Health Service Authority," *Sociology of Health and Illness*, 16, 1: pp.38-61.

Oakley, A. 1976, "Wisewoman and Medicine Man: Changes in the Management of Childbirth," in J. Mitchell & A. Oakley(eds.), *The Rights and Wrongs of Women*, Harmondsworth: Penguin.

_____. 1980, *Women Confined: Towards a Sociology of Childbirth*, Oxford: Martin Robertson.

_____. 1984, *The Captured Womb: A History of the Medical Care of Pregnant Women*, Oxford: Basil Blackwell.

_____. 1987, "From Walking Wombs to Test-tube Babies," in M. Stanworth(ed.), *Reproductive Technologies: Gender, Motherhood and Medicine*, Cambridge: Polity Press.

_____. 1989, "Smoking in Pregnancy: Smokescreen or Risk Factor? Towards a Materialist Analysis," *Sociology of Health and Illness*, 11, 4: pp.311-335.

_____. 1992, *Social Support and Motherhood*, Oxford: Basil Blackwell.

_____. 1993, *Essays on Women, Medicine and Health*, Edinburgh: Edinburgh University press.

O'Brien, M. 1983, *The Politics of Reproduction*, London: Routledge and Kegan Paul.

Offe, C. 1984, *Contradictions of the Welfare State*, London: Hutchinson.

OPCS. 1986, *Occupational Mortality: Decennial Supplement 1979-80, 1982-83*, London: HMSO.

_____. 1988, *Occupational Mortality: Decennial Supplement 1979-80, 1982-83*, London: HMSO.

_____. 1992, *Birth Statistics*, London: HMSO.

Oppenheimer, M. 1973, "The Proletarianization of the Professional," *Sociological Review Monograph*, 20: pp.213-237.

Orr, J. 1987, *Women's Health in the Community*, Chichester: John Wiley and Sons.

Oudshoorn, N. & Van Den Wijngaar, M. 1991, "Dualism in Biology: the Case of Sex Hormones," *Women's Studies International Forum*, 14, 5: pp.459-471.

Ouellette Kobasa, S. C. 1990, "AIDS and Volunteer Associations: Perspectives on Social and Individual Change," *Milbank Quarterly*, 68 (supplement 2): pp.280-294.

Pahl, J. 1990, "Household Spending, Personal Spending and the Control of Money in Marriage," *Sociology*, 24, 1: pp.119-138.

Paicheler, G. 1992, "Society Facing AIDS," *Current Sociology*, 40, 3: pp.11-23.

Pamuk, E. R. 1985, "Social Class Inequality in Motrality from 1921 to 1972 in England and Wales," *Population Studies*, 39: pp.17-31.

Parkin, F. 1974, "Strategies of Social Closure and Class Formation," in F. Parkin(ed.), *The Social Analysis of Class Structure*, London: Tavistock.

Parsons, L., Macfarland, A. & Golding, J. 1993, "Pregnancy, Birth and Maternity Care," in W. I. U. Ahmad(ed.), *'Race' and Health in Contemporary Britain*, Buckingham: Open University Press.

Parsons, T. 1951, *The Social System*, Glencoe: Free Press.

_____. 1958, "Definitions of Health and Illness in the Light of the American Values and Social Structure," in Jaco, E. G.(ed.), *Patients, Physicians and Illness*, New York: Free Press.

_____. 1975, "The Sick Role and the Role of the Physician Reconsidered," *Health and Society*, 53, 3: pp.257-278.

_____. 1979, "Definitions of Health and Illness in the Light of American Values and Social Structure," in E. Jaco & E. Gartley (eds.), *Patients, Physicians and Illness: A Source Book in Behavioural Science and Health*(3rd edn), London: Collier-Macmillan.

Pascall, G. & Robinson, K. 1993, "Health Work: Divisions in Health

342

Care Labour," in B. Davey & T. Popay(eds.), *Dilemmas in Health Care*, Buckingham: Open University Press.

Patel, N. 1993, "Healthy Margins: Black Elders' Care - Models, Policies and Prospects," in W. I. U. Ahmad(ed.), *'Race' and Health in Contemporary Britain*, Buckingham: Open University Press.

Paton, C. 1992, *Competition and Planning in the NHS: The Danger of Unplanned Markets*, London: Chapman Hall.

_____. 1990, *Inventing AIDS*, London: Routledge.

Payne, S. 1991, *Women, Health and Poverty: An Introduction*, London: Harvester/Wheatsheaf.

Pearson, M. 1986, "Racist Notions of Ethnicity and Culture in Health Education," in S. Rodmell & A. Watt(eds.), *The Politics of Health Education*, London: Routledge.

_____. 1987, "Racism-the Great Divide," *Nursing Times and Nursing Mirror*, June 1987.

_____, 1991, "Ethnic Differences in Infant Health," *Archives of Diseases in Childhood*, 66: pp.88-90.

Preffer, N. 1987, "Artificial Insemination, In-vitro Fertilization and the Stigma of Infertility," in M. Stanworth(ed.), *Reproductive Technologies: Gender, Motherhood and Medicine*, Cambridge: Polity Press.

Phillimore, P. 1989, *Shortened Lives: Premature Death in North Tyneside*, Bristol Papers in Applied Social Studies no. 12, Bristol: University of Bristol.

Phillips, D. R. 1990, *Health and Health Care in the Third World*, Harlow: Longman.

Phillips, M. J. 1990, "Damaged Goods: Oral Narratives of Experience of Disability in American Culture," *Social Science and Medicine*, 30, 8: pp.849-857.

Pilgrim, D. & Rogers, A. 1993, *A Sociology of Mental Health and Illness*, Buckingham: Open University Press.

Pill, R. & Stott, N. C. H. 1982, "Concepts of Illness Causation and Responsibility: some Preliminary Data from a Sample of Working Class Mothers," *Social Science and Medicine*, 16: pp.43-52.

Pinch, S. 1994, "Labour Flexibility and the Changing Welfare State: Is There a Post-Fordist Model?" in R. Burrows & B. Loader(eds.), *Towards a Post-Fordist Welfare State?* London: Routledge.

Pinder, R. 1988, "Striking Balances: Living with Parkinson's Disease," in R. Anderson & M. Bury(eds.), *Living with Chronic Illness: the Experience of Patients and their Families*, London: Unwin Hyman.

Plamping, D. & Delamothe, T. 1991, "The Citizen's Charter and the NHS," *British Medical Journal*, 27 July: p.203.

Plummer, K. 1988, "Organising AIDS," in P. Aggleton & H. Homans (eds.), *Social Aspects of AIDS*, London: Falmer Press.

Polednak, A. 1990, "Mortality from Diabetes Mellitus, Ischaemic Heart Disease and Cerebrovascular Disease Among Blacks in Higher Income Areas," *Public Health Reports*, 105, 4: pp.3939-3999.

Pollack, M. with Paicheler, G. & Pierret, J. 1992, *AIDS: A Problem for Sociological Research, Current Sociology*, 40: p.3.

Pollitt, C. J. 1988, "Bringing Consumers into Performance Measurement : Concepts, Consequences and Constraints," *Policy and Politics*, 16, 2: pp.77-87.

Pollock, K. 1993, "Attitude of Mind as a Means of Resisting Illness," in A. Radley(ed.), *Worlds of Illness: Biographical and Cultural Perspectives on Health and Disease*, London: Routledge.

Popay, J. 1991, "Women, Child Care and Money," in S. Wyke & J. Hewison(eds.), *Child Health Matters*, Milton Keynes: Open University Press.

_____. 1992, "'My Health is All Right, but I'm Just Tired All the Time': Women's Experience of Ill Health," in H. Roberts(ed.), *Women's Health Matters*, London: Routledge.

Popay, J. & Bartley, M. 1989, "Conditions of Labour and Women's Health," in C. Martin & D. McQueen(eds.), *Readings For a New Public Health*, Edinburgh: Edinburgh University Press.

Popay, J. & Jones, G. 1990, "Patterns of Health and Illnes Amongst Lone Parents," *Journal of Social Policy*, 19, 4: pp.499-534.

Porter, M. 1990, "Professional-Client Relationships and Women's

Reproductive Health Care," in S. Cunningham-Burley & N. P. McKeganey(eds.), *Readings in Medical Sociology*, London: Routledge.

Porter, S. 1992, "Women in a Women's Job, the Gendered Experience of Nurses," *Sociology of Health and Illness*, 14, 4: pp.510-527.

Power, M. 1992, "The Audit Society," unpublished paper presented to the History of the Present Study Group London.

Powles, J. 1973, "On the Limitations of Modern Medicine," *Science, Medicine and Man*, pp.1-30.

Prior, L. 1985, "The Social Production of Mortality Statistics," *Socilology of Health and Illness*, 7: pp.220-235.

_____. 1989, *The Social Organization of Death: Medical Discourses and Social Practices in Belfast*, London: Macmillan.

_____. 1991, "Community Versus Hospital Care: the Crisis in Psychiatric Provision," *Social Science and Medicine*, 32, 4: pp.483-489.

_____. 1993, *The Social Organization of Mental Illness*, London: Sage.

Prout, A. 1986, "'Wet Children' and 'Little Actresses': Going Sick in Primary School," *Sociology of Health and Illness*, 8: pp.111-136.

Pulkingham, J. 1992, "Employment Restructuring in the Health Service: Efficiency Initiatives, Working Patterns and Workforce Composition," *Work Employment and Society*, 6, 3: pp.397-421.

Quick, A. & Wilkinson, R. 1991, *Income and Health* , London: Socialist Health Association.

Radford, T. 1993, "Code of Conduct," *Guardian*, 21 July, pp.1-2.

Radley, A. 1989, "Style, Dicourse and Constraint in Adjustment to Chronic Illness," *Sociology of Health and Illness*, 11: pp.231-252.

_____. 1993, "Introduction," in A. Radley(ed.), *Worlds of Illness: Biographical and Cultural Perspectives on Health and Disease*, London: Routledge.

Ranade, W. 1994, *A Future for the NHS? Health Care in the 1990s*, London: Longman.

Rashid, A. 1990, "Asian Doctors and Nurses in the NHS," in B. R. McAvoy & L. Donaldson(eds.), *Health Care for Asians*, Oxford: Oxford University Press.

Rhodes, D. 1985, *An Outline of History of Medicine*, London: Butterworth.

Riessman, C.K. 1983, "Women and Medicalization: a New Perspective," *Social Policy*, Summer: pp.3-18.

Roberts, H. 1985, *Women: the Patient Patients*, London: Pandora Press.

_____. 1992, "Professionals' and Parents' Perceptions of A&E use in a Children's Hospital," *Sociological Review*, 40, 1: pp.109-131.

Roberts, S. 1993, *Sophia Jex-Blake: A Woman Pioneer in Nineteenth-century Medical Reform*, London: Routledge.

Robinson, I. 1988a, Multiple Sclerosis, London: Routledge.

_____. 1988b, "Reconsturcting Lives: Negotiating the Meaing of Multiple Sclerosis," in R. Anderson & M. Bury(eds.), *Living with Chronic Illness: the Experiences of Patients and their Families*, London: Unwin Hyman.

Rodmell, S. & Watt, A. 1986, *The Politics of Health Education*, London: Routledge.

Rogers, A., Pilgrim, D. & Lacey, R. 1992, *Experiencing Psychiatry: Users' View of Services*, London: Macmillan.

Rose, N. 1985, *The Psychologial Complex: Psychologh, Politics and Society in England 1869-1939*, London: Routledge and Kegan Paul.

_____. 1986, "Psychiatry: the Discipline and Mental Health," in P. Miller & N. Rose(eds.), *The Power of Psychiatry*, Cambridge: Polity Press.

Rosenhan, D. 1973, "On Being Sane in Insane Places," *Science*, 179: pp. 250-258.

Rosenstock, I. M. 1974, "Historical Origins of the Health Belief Model," *Health Education Monographs*, 2: pp.409-419.

Roth, A. 1984, "Staff-Inmate Bargaining Tactics in Long-term Treatment Institutions," *Sociology of Health and Illness*, 6, 2: pp.111-131.

Rowland, R. 1985, "A Child at Any Price?" *Women's Studies International Forum*, 8, 6: pp.539-546.

Royal College of General Practitioners(RCGP). 1981a, *Health and Prevention in Primary Care*, Report from General Practice 18, The College, Royal College of General Practitioners.

346

_____. 1981b, *Prevention and Arterial Disease in General Practice*, Report from General Practice 19, The College, Royal College of General Practitioners.

_____. 1981c, *Prevention of Psychiatric Disorders in General Practice*, Report from General Practice 20, The College, Royal College of General Practitioners.

_____. 1981d, *Family Planning-an Exercise in Preventive Medicine*, Report from General Practice 21, The College, Royal College of General Practitioners.

_____. 1982, *Healthier Children-Thinking Prevention*, Report from General Practice 22, The College, Royal College of General Practitioners.

_____. 1983, *Promoting Prevention*, Occasional Paper 22, The College, Royal College of General Practitioners.

Rucker, R., Sirius, R. U. & Queen Mu(eds.), 1993, *Mondo 2000: A User's Guide to the New Edge*, London: Thames and Hudson.

Ruzek, S. 1986, "Feminist Visions of Health: An International Perspective," in J. Mitchell & A. Oakley, *What is Feminism?* Oxford: Blackwell.

Saks, M.(ed.) 1992, *Alternative Medicine in Britain*, Oxford: Clarendon Press.

Saunders, P. 1993, "Citizenship in a Liberal Society," in B. S. Turner (ed.), *Citizenship and Social Theory*, London: Sage.

Savage, M., Barlow, J., Dickens, P. & Fielding, T. 1992, *Property, Bureaucracy and Culture: Middle Class Formation in Contemporary Britain*, London: Routledge.

Savage, W. 1986, *A Savage Enquiry: Who controls Childbirth?*, London: Virago Press.

Sawicki, J. 1991, *Disciplining Foucault: Feminism, Power and the Body*, London: Routledge.

Sayer, A. 1992, *Method in Social Science: A Realist Approach*(2nd edn), London: Routledge.

Scambler, G. 1989, *Epilepsy*, London: Routledge.

Scambler. G. and Hopkins, A. 1986, "Being Epileptic: Coming to Terms with Stigma," *Sociology of Health and Illness*, 8, 1: pp.26-43.

Scambler, A., Scambler, B. & Craig, D. 1981, "Kinship and Friendship Networks and Women's Demands for Primary Care," *Journal of Royal College of General Practitioners*, 26: 746-750.

Scott, S. & Morgan, D. 1993(eds.), *Body Matters: Essays on the Sociology of the Body*, London: Falmer Press.

Scull, A. 1977, *Decarceration*, Englewood Cliffs, New Jersey: Prentice Hall.

Scully, D. & Bart, P. 1978, "A Funny Thing Happened on the Way to the Orifice: Women in Gynaecological Textbooks," in J. Ehrenrich (ed.), *The Cultural Crisis of Modern Medicine?*, New York: Monthly Press.

Sharma, U. 1992, *Complementary Medicine Today: Practitioners and Patients*, London: Routledge.

Shilling, C. 1991, "Educating the Body: Physical Capital and the Production of Social Inequalities," *Sociology*, 25: pp.653-672.

_____. 1993, *The Body and Social Theory*, London: Sage.

Shortt, S. 1983, "Physicians, Science, and Status; Issues in the Professionalization of Anglo-American Medicine in the Nineteenth Century," *Medical History*, 27: pp.51-68.

Shryock, R. 1979, *The Development of Modern Medicine*, Wisconsin: University of Wisconsin Press.

Shuttleworth, S. 1990, "Female Circulation: Medical Discourse and Popular Advertising in the Mid-Victorian Era," in M. Jacobus, E. Fox Keller & S. Shuttleworth(eds.), *Body/Politics: Women and Discourses of Science*, London: Routledge.

Sidell, M. 1992, "The Relationship of Elderly Women to their Doctors," in J. George & S. Ebrahim, *Health Care for Older Women*, Oxford: Oxford Medical Publications.

Silverman, D. 1987, *Communication and Medical Practice: Social Relations in the Clinic*, London: Sage.

Small, N. 1989, *Politics and Planning in the National Health Service*,

Milton Keynes: Open University Press.

Smart, B. 1992, *Modern Conditions, Postmodern Contoversies*, London: Routledge.

Smith, A. & Jacobson, B. 1988, *The Nation's Health; A Strategy for the 1990s*, London: King Edward's Hospital Fund.

Smith, J. 1992, "Pregnancy and the Transition to Motherhood," in P. Nicholson & J. Ussher(eds.), *The Psychology of Women's Health and Health Care*, London: Macmillan.

Smith-Rosenberg, C. 1984, "The Hysterical Women: Sex Roles and Role Conflict in 19th-century America," in N. black et al.(eds.), *Health and Disease: A Reader*, Milton keynes: Open University Press.

Sontag, S. 1988, *AIDS and Its Metaphors*, Harmondsworth: Penguin.

Stacey, M. 1976, "The Health Service Consumer: a Sociological Misconception," in *Sociology of the Health Service*, Sociological Review Monograph No.22, Keele: University of Keele.

_____. 1980, "Realities for Change in Health Care: Existing Patterns and Future Possibilities," *British Medical Journal*, 280: pp.1512-1515.

_____. 1987, "The Role of Information in the Development of Social Policy," *Community Medicine*, 9, 3: pp.216-225.

_____. 1988, *The Sociology of Health and Healing*, London: Unwin Hyman.

Stacey, M.(ed.) 1992, *Changing Human Reproduction: Social Science Perspectives*, London: Sage.

Stainton-Rogers, W. 1991, *Explaining Health and Illness: An Exploration of Diversity*, London: Harvester/Wheatsheaf.

Stanworth, M.(ed.) 1987, *Reproductive Technologies: Gender, Motherhood and Medicine*, Cambridge: Polity press.

Stimpson, G. 1976, "General Practitioners: Trouble and Types of Patients," in M. Stacey(ed.), *The Sociology of the NHS*, Sociological Review Monograph No.22, Keele: University of Keele.

Stimpson, G. & Webb, B. 1975, *Going to See the Doctor*, London: Routledge.

Strang, J. & Stimpson, G. 1990, *AIDS and Drug Misuse: The Challenge for Policy and Practice in the 1990s*, London: Routledge.

Strauss, A. L. 1975, *Chronic Illness and the Quality of Life*, St Louis: C. V. Mosby and Co.

_____. 1978, *Negotiations, Varieties, Contexts, Processes and Social Order*, San Francisco: Jossey Bass.

Strauss, R. 1957, "The Nature and Status of Medical Sociology," *American Sociological Review*, 22: pp.200-204.

Street, J. & Weale, A. 1992, "Britain: Policy-Making in a Hermetically Sealed System," in D. L. Kirp & R. Bayer(eds.), *AIDS in the Industrialized Democracies: Passions, Politics and Policies*, New Jersey: Rutgers University Press.

Street, R. L. 1991, "Information-Giving in Medical Consultations: The Influence of Patterns of Communicative Styles and Personal Characteristics," *Social Science and Medicine*, 32, 5: pp.541-548.

Strong, P. 1979a, "Materialism and Medical Interaction: A Critique of 'Medicine, Super-Structure and Micro-Politics'" *Social Science and Medicine*, 13A: pp.601-609.

_____. 1979b, *The Ceremonial Order of the Clinic: Parents, Doctors and Medical Bureaucracies*, London: Routledge and Kegan Paul.

_____. 1986, "A New-Modelled Medicine: Comments on the WHO's Regional Strategy for Europe," *Social Science and Medicine*, 22: pp. 193-199.

_____. 1990, "Epidemic Psychology: A Model," *Sociology of Health and Illness*, 2, 3: pp.249-259.

Szasz, T. 1970, *The Manufacture of Madness*, New York: Harper and Row.

Taussig, M. T. 1980, "Reification and Consciousness of the Patient," *Social Science and Medicine*, 14B: pp.3-13.

Taylor, P. 1984, *Smoke Ring: The Politics of Tobacco*, London: Bodley Head.

Taylor, S. & Ashworth, C. 1987, "Durkheim and Social Realism: an Approach to Health and Illness," in G. Scambler(ed.), *Sociological Theory and Medical Sociology*, London: Tavistock.

Tew, M. 1990, *Safer Childbirth: A Critical History of Maternity Care*, London: Chapman Hall.

Thorogood, N. 1992, "What is the Relevance of Sociology for Health Promotion?" in R. Bunton & G. Macdonald, *Health Promotion: Disciplines and Diversity*, London: Routledge.

Timaeus, I., Harpham, T., Price, M. & Gilson, L. 1988, "Health Surveys in Developing Countries: The Objectives and Design of an International Programme," *Social Science and Medicine*, 27, 4: pp.359-368.

Tomlinson Report. 1992, *Report of the Inquiry into London's Health Service, Medical Education and Research, Presented to the Secretaries of State for Health and Education by Sir Bernard Tomlinson*, London: HMSO.

Tones, B. K. 1986, "Health Education and the Ideology of Health Promotion: a Review of Alternative Approaches," *Health Education Research*, 1: pp.3-12.

Toombs, S. K. 1992, "The Body in Multiple Sclerosis: a Patient's Perspective," in D. Leder(ed.), *The Body in Medical Thought and Practice*, London: Kluwer Academic Publishers.

Topliss, E. 1979, *Provision for the Disabled*, Oxford: Basil Blackwell.

Townsend, P. 1962, *The Last Refuge*, London: Routledge and Kegan Paul.

_____. 1990a, "Individual or Social Responsibility for Premature Death? Current Controversies in the British Debate about Health," *International Journal of Health Services*, 20, 3: pp.373-392.

_____. 1990b, "Widening Inequalities of Health in Britain: A Rejoinder to Rudolf Klein," *International Journal of Health Services*, 20, 3: pp. 363-372.

Townsend, P. & Davidson, N. 1982, *Inequalities in Health: the Black Report*, Harmondsworth: Penguin.

Townsend, P., Phillimore, P. & Beattie, A. 1988, *Health and Deprivation: Inequality and the North*, London: Routledge.

Treacher, A. & Baruch, G. 1981, "Towards a Critical History of the Psychiatric Profession," in D. Ingleby(ed.), *Critical Psychiatry*,

Harmondsworth: Penguin.

Treichler, P. 1989, "AIDS and HIV Infection in the Third World: A First World Chronicle," in B. Kruger & P. Mariani(eds.), *Discussions in Contemporary Culture: Remaking History*, 4: pp.31-86.

Tuckett, D., Boulton, M., Olson, C. & Williams, A. 1985, *Meetings Between Experts*, London: Tavistock.

Tudor-Hart, J. 1971, "The Inverse Care Law," *The Lancet*, 27 February: pp.405-412.

Turner, B. S. 1984, *The Body and Society*, Oxford: Blackwell.

_____. 1987, *Medical Power and Social Knowledge*, London: Sage.

_____. 1991a, "Recent Developments in the Theory of the Body," in M. Featherstone, M. Hepworth & B. S. Turner(eds.), *The Body: Social Processes and Cultural Theory*, London: Sage.

_____. 1991b, "Missing Bodies, Towards a Sociology of Embodiment," *Sociology of Health and Illness*, 13: pp.265-272.

_____. 1992, *Regulating Bodies: Essays in Medical Sociology*, London: Routledge.

Underwood, M. J. & Bailey, J. S. 1993, "Should Smokers be Offered Coronary Bypass Surgery?" *British Medical Journal*, 306: pp.1047-1050.

Ungerson, C. 1990, *Gender and Caring*, Hemel Hempstead: Harvester/Wheatsheaf.

United Nations. 1991, *The World's Women 1970-1990: Trend and Statistics*, New York: United Nations.

Versluysen, M. C. 1981, "Midwives, Medical Men and the 'Poor Labouring of Child': Lying-In Hospitals in Eignteenth Century London," in H. Roberts, *Women, Health and Reproduction*, London: Routledge and Kegan Paul.

Vines, G. 1988, "Ghostly Antibidies Baffle Scientists," *New Scientist*, 14 July 39.

Wadsworth, M. E. J. 1986, "Serious Illness in Childhood and Its Association with Later Life Achievement," in R. G. Wilkinson(ed.), *Class and Health: Research and Longitudinal Data*, London: Tavistock.

352

Wadsworth, M. E. J., Butterfield, W. J. H. & Blaney, R. 1971, *Health and Sickness: the Choice of Treatment*, London: Tavistock.

Waitzkin, H. 1983, *The Second Sickness: Contradictions of Capitalist Health Care*, New york: Free Press.

_____. 1984, "The Micropolitics of Medicine: A Contextual Analysis," *International Journal of Health Services*, 14, 3: pp.339-377.

_____. 1989, "A Critical Theory of Medical Discourses," *Journal of Health and Social Behaviour*, 30: pp.220-239.

_____. 1991, *The Politics of Medical Encounters: How Patients and Doctors Deal with Social Problems*, New Haven: Yale University Press.

Waldron, I. 1983, "Sex Differences in Illness Incidence Prognosis and Mortality: Issues and Evidence," *Social Science and Medicine*, 17: pp. 1107-1123.

Walker, A. 1987, "Enlarging the Caring Capacity of the Community: Informal Support Networks and the Welfare State," *International Journal of Health Services*, 17, 3: pp.369-386.

_____. 1989, "Community Care", in M. McCarthy(ed.), *The New Politics of Welfare*, Basingstoke: Macmillan.

_____. 1993, "Community Care Policy: From Consensus to Conflict," in B. Bornat, C. Pereira, D. Pilgrim, F. Williams(eds.), *Community Care: a Reader*, Basingstoke: Macmillan.

Walker, B. & Waddington, I. 1991, "AIDS and the Doctor-Patient Relationship," *Social Studies Review*, 6, 4: pp.128-130.

Wallston, B. et al. 1978, "Development of the Multidimensional Health Locus of Control'(MHLC), Scales' *Health Education Monographs*, 6, pp.160-170.

Wang, C. 1992, "Culture Meaning and Disability: Injury Prevention Campaigns and the Production of Stigma," *Social Science and Medicine*, 35, 9: pp.1093-1102.

Ward, L. 1993, "Race, Equality and Employment in the NHS," in W. I. U. Ahmad(ed.), *'Race' and Health in Contemporary Britain*, Buckingham: Open University Press.

Warnock Committee. 1984, *Report of the Committee of Inquiry into Human*

Fertilisation and Embryology, London: HMSO, Cm 9314.

Warwick, I., Aggleton, P. & Homans, H. 1988, "Constructing Common Sense- Young People's Health Beliefs about AIDS," *Sociology of Health and Ilnness*, 10, 3: pp.213-233.

Watney, S. 1988, "AIDS 'Moral Panic' Theory and Homophobia," in P. Aggleton & H. Homans(eds.), *Social Aspects of AIDS*, London: Falmer Press.

Watt, A. & Rodmell, S. 1993, "Community Involvement in Health Promotion: Progress or Panacea?" in A Beattie, M. Gott, L. Jones & M. Sidell(eds.), *Health and Wellbeing: a Reader*, London: Macmillan.

Weeks, J. 1993, "AIDS and the Regulation of Sexuality," in V. Berridge & P. Strong(eds.), *AIDS and Contemporary History*, Cambridge: Cambridge University Press.

Weiner, C. L. 1975, "The Burden of Rheumatoid Arthritis: Tolerating the Uncertainty," *Social Science and Medicine*, 9: pp.97-104.

Weitz, R. 1989, "Uncertainty and the Lives of Persons with AIDS," *Joutnal of Health and Social Behaviour*, 30, 3: pp.270-281.

Wellings, K. 1988, "Perceptions of Risk - Media Treatment of AIDS," in P. Aggleton & H. Homans(eds.), *Social Aspects of AIDS*, London: Falmer Press.

Wellings, K. et al. 1994, *Sexual Behaviour in Britain: The National Survey of Sexual Attitudes and Lifestyles*, Harmondsworth, Penguin.

West, C. 1984, *Routine Complications: Troubles with Talk Between Doctors and Patients*, Bloomington: Indiana University Press.

West, P. 1976, "The Physician and the Management of Childhood Epilepsy," in M. Wadsworth & D. Robinson(eds.), *Studies in Everyday Medical Life*, Oxford: Martin Robertson.

_____. 1979, "An Investigation into the Social Construction of Consequences of the label Epilepsy," *Sociological Review*, 27, 4: pp.719-741.

_____. 1991, "Rethinking the Health Selection Explanation for Health Inequalities," *Social Science and Medicine*, 32, 4: pp.373-384.

White, A., Nicolaas, G., Foster, K., Browne, F. & Carey, S. 1993,

Health Survey for England 1991, London: HMSO.

White, K. 1991, "The Sociology of Health and Illness," *Current Sociology*, 39; p.2.

Whithead, M. 1987, *The Health Divied*, London: Health Education Council.

Wilkinson, R. G. 1989, "Class Mortality Differentials, Income Distribution and Trends in Poverty 1921-1981," *Journal of Social Policy*.

Williams, F. 1989, *Social Policy*, Cambridge: Polity Press.

_____. 1994, "Social Relations, Welfare and the Post-Fordist Debate," in R. Burrows & B. Loader(eds.), *Towards a Post-Fordist Welfare State?* London: Routledge.

Williams, G. 1984, "The Genesis of Chronic Illness: Narrative Reconstruction," *Sociology of Health and Illness*, 6: pp.175-200.

_____. 1989, "Hope for the Humblest? The Role of Self Help in Chronic Illness: the Case of Ankylosing Spondylitis," *Sociology of Health and Illness*, 11, 2: pp.135-159.

_____. 1993, "Chronic Illness and the Pursuit of Virtue in Everyday Life," in A. Radley(ed.), *Worlds of Illness: Biographical and Cultural Perspectives on Health and Disease*, London: Routledge.

Williams, R. 1983, "Concepts of Health: An Analysis of Lay Logic," *Sociology*, 17: pp.185-204.

Williams, S. 1993, *Chronic Respiratory Illness*, London: Routledge.

Williams, S., Calnan, M., Cant, S. & Coyle, J. 1993, "All Change in the NHS? Implications of the NHS Reforms for Primary Care Prevention," *Sociology of Health and Illness*, 15, 1: pp.43-67.

Willis, E. 1990, *Medical Dominance*, Melbourne: George Allen and Unwin.

Winkler, F. 1987, "Consumerism in Health Care: Beyond the Supermarket Model," *Policy and Politics*, 15: p.1.

Winterton Report. 1992, *Report of the Social Services Select Committee on Maternity Services*, London: HMSO.

Witz, A. 1992, *Professions and Patriarchy*, London: Routledge.

Wood, P. H. N. 1980, *The International Classification of Impairments*,

Disabilities and Handicaps, Geneva: World Health Organization.

Woolgar, S. 1988, *Science: the Very Idea*, London: Routledge.

WHO. 1978, *Alma Ata 1977, Primary Health Care*, Geneva: UNICEF.

_____. 1985, *Targets for Health For All*, Copenhagen: Regional Office for Europe.

_____. 1986, *Ottawa Charter for Health Promotion*, Health and Welfare, Canada.

World Health Statistics. 1989, "Health Status," *World Health Statistics Quarterly*, 42, pp.249-259.

Wright, P. 1979, "A Study of the Legitimation of Knowledge: the 'Success' of Medicine and the 'Failure' of Astrology," in R. Wallis (ed.), *On the Margins of Science: the Social Construction of Knowledge*, Sociological Review Monograph, Keele: University of Keele.

Wright, P. & A. Treacher.(eds.) 1982, *The Problem of Medical Knowledge: Examining the Social Construction of Medicine*, Edinburgh: Edinburgh University Press.

Yen, L. 1995, "From Alma Ata to Asda-and Beyond: A Commentary on the Transition in Health Promotion in Primary Care from Commodity to Control," in R. Bunton, S. Nettleton & R. Burrows (eds.), *The Sociology of Health Promotion: Critical Analyses of Consumption, Lifestyle and Risk*, London: Routledge.

Young, A. 1980, "The Discourse on Stress and the Reproduction of Conventional Knowledge," *Social Science and Medicine*, 14B: pp. 133-146.

Young, G. 1981, "A Woman in Medicine - Reflections from the Inside," in H. Roberts(ed.), *Women, Health and Reproduction*, London: Routledge and Kegan Paul.

Zborowski, M. 1952, "Cultural Components in Response to Pain," *Journal of Social Issues*, 8: pp.16-30.

Zimmerman, D. H. & West, C. 1976, "Sex Roles, Interruptions and Silences in Conversation," in B. Thorne & N. Hanley(eds.), *Language and Sex: Difference and Dominance?*, Massachusetts: Newbury press.

Zipper, J. & Sevenhuijsen, S. 1987, "Surrogacy: Feminist Notions of Motherhood Reconsidered," in M. Stanworth(ed.), *Reproductive Technologies: Gender, Motherhood and Medicine*, Cambridge: Polity Press.

Zola, I. K. 1966, "Culture and Symptoms: An Analysis of Patients Presenting Complaints," *American Sociological Review*, 31: pp.615-630.

_____. 1972, "Medicine as an Institution of Social Control," *Sociological Review*, 20: pp.487-504.

_____. 1973, "Pathways to the Doctor: From Person to Patient," *Social Science and Medicine*, 7: pp.677-689.

찾아보기

(ㄱ)

가부장적 구조 87, 174
가부장적 권력 173, 255
가부장제의 이념 101
가사노동의 부담 233
가상의 사회적 정체성 128
가시성(visibility) 129
가시적 수치 130
가용자원 134, 224
가장하는 것(simulations) 83
가정내 모성보호 203
가정내 소득분배 233
가정내 출산 57
가정에서 출산할 권리 173
가정의(家庭醫) 256, 286
가정의 '근로조건' 233
가정의 불평등 233
가정의의 지위 286
가정출산과 병원출산 201
가족 가치관 98
가족관계 130
가치전도 82
가치판단 179
가픈클, M. 221
간질환자 130
간호보조원 199
간호사-환자 관계 204

간호업무 160
간호의 맥락 162
갈등 180
갈등론적 시각 183, 185
갈등이론 34
감시 277
감시적 관계 207
감시적 권력 202
감시적 권력모형 172
강압적인 도덕주의자 100
강압적 집단 99
개량적 페미니스트 187
개량주의 213
개발도상국 243
개별형 193
개별화 158, 159
개비, J. 59
개인 대 구조의 논쟁 294
개인의 상호작용 157
개인의 숙명관 89
개인적 설명 79
개인적 수준의 활동 136
개인적 책임 214
개인주의 77, 137, 299, 300
개인주의적 접근 288
개입의 양식 299
개입의 초점 299
개혁적 이중폐쇄 256

객관적 과학 28
거대담론 63
거시적·미시적 수준의 분석통합
  207
거시적 수준의 구조 193
거시적 접근방식 176
건강과 라이프스타일 연구 229
건강과 사회·경제적 환경 209
건강과 의료의 담론 205
건강과 질병의 유형 209
건강관련 산업 82
건강관련 이슈 299
건강관리 실천 70
건강관리 절차 70
건강관리 행동 69
건강관 모형이론 70
건강관의 인류학적 연구 88
건강담론 102
건강문제 개인상담 300
건강불평등 논쟁 209, 214, 221
건강선택과정 226
건강설득 기법 299
건강유지 관념 75
건강을 위한 선택 293, 295
건강을 위한 타협 87, 293
건강의 불평등 77
건강의 사회적 불평등 30, 208,
  292
건강의 사회학 65
건강의 선택 221
건강의 설명 80
건강의 성차 227

건강의 소비자 298
건강의 전이 243
건강의 절대치 208
건강의 정의 71
건강의 측정 218
건강의 통제 299
건강제일주의 65
건강진단 70, 287
건강통제 소재이론 70
건강한 라이프스타일 82
건강한 사회정책 290
검사(examination) 155
게르하르트, U. 34, 68, 105,
  204, 211, 224
게이브, J.와 립시츠-필립스, S.
  184
게펭 35
결과로서의 의미 124
결정기술 293
결함 121
결합태적 사회학 157
경영쇄신 275
경영주의 260, 309
경영평가 274
경제발전 244
경제적 자본 163
경제적 자율성 251
경제적 합리성 278
경험된 몸 39, 149
경험적 전통 35
경험주의 57
계급적 경사도 214

계몽주의 48
고객욕구 평가조사 263
고용유형 변화 281
고프만, E. 128, 129, 140
공개적 설명 79
공무원의 사망률 경사도 219
공식적 보건의료 176
공식적 의료제도 297
공적 의료서비스 274
공중보건 62, 267
공중보건담당관 289
공중보건법 289
공중보건의사 288
공중보건전문가 300
공중보건 캠페인 295
공중위생 개혁 213
과업 133
과학사회학 49
과학사회학자 47
과학적 사실 49
과학적 권위 152
과학적 의료 295
과학적 정당화 79
관료적 평가 274
관료형 193
광부안진(miner's nystagmus) 53
교육적 전략 279
구강검진 252
구강상태 62
구별의 표지 150
구별짓기(distinction) 83
구조갈등론 176

구조기능주의 34, 176
구조적 불평등 213
구조적인 불평등관계 198
구획전략 253
국립보건제도(NHS) 182, 247, 308
국립보건제도의 개편 268
국민총생산(GNP)과 평균수명 242
국세조사청 220
권력 / 지식 153
권력관계 190
권력시선 307
권력의 성적인 성격 185
권위와 지식 194
권한부여 270, 293
권한부여 개념 297
권한부여의 오류 296
권한분산 297
궤양성 대장염 116
규범 155
규범 및 가치 105
규율적 통제 154
규칙체계 160
균형유지 132
그레이스, V.M. 297
그레이엄, H. 86, 87, 88, 112, 293, 295
그레이엄, H.와 오클리, A. 199
그리피스 보고서 276
『그레이 해부학』 145
근대사회 153
근대성 246

근무의 성격과 보수수준 281
근본주의자 151
근친혼 238
글라스너, B. 82
금욕주의적 라이프스타일 84
급성질환 114
급진적 구성주의 58
급진적 조산사 173
급진적 페미니스트 187
기계와 같은 몸(body-as-machine)
  149
기계적 비유법 27
기능적 신축성 280
기능적인 건강개념 72
기능주의적 마르크스주의자 249
기능주의적 접근 104
기든스, A. 89, 91, 94, 150, 246
기술대체(skill-mix) 개념 276
기술만능주의 27
기업정신 270
기존의 사회구조 53

(ㄴ)

낙인이론 107
남녀 평균수명 차이 227
남성과 여성 163
남성과 여성의 의료기관 이용률
  228
남성다움(masculinity) 162
남성의 높은 사망률 232
남성 의료인 57

남성의 여성지배 162
남성의 직업적 폐쇄전략 255
남성적 가치 187
내면화 155
내부시장 270
내분비 성호르몬 231
내재적 오명 130
내재형 70
노동계급 73, 76, 133, 167, 208,
  210, 238
노동계급 환자 55
노동과정 272
노동당 285
노동력 재생산 262
노동의 욕구 269
노동자들의 집단행동 213
노동자와 노동조합 282
노버트 엘리아스(Nobert Elias)
  157
노팅엄 건강 프로파일 210

(ㄷ)

다발성 경화증 126, 130
다변수 통계분석기법 219
다중적인 역할 232
단선적 진보사관 63
단위노동비용 276
단절의 정도 129
단종시술 187
담론관 52
담론분석 51

담론의 다중성 279, 280
담론적 맥락 49
담배광고 통제 300
담화 장애현상 197
당뇨병 환자 135
대규모 수용시설 304
대기정화법(Clean Air Acts) 300
대리모 170
대리출산 170
대안적 담론 167
대안적 의료 32, 264
대안적 의료인 264, 265
대안적 의료형태 188
대안적 치료법 263
대응 117, 132
대응능력 74
대응전략 118, 120, 131
대중문화 63
대처수단 133
대처 정부 98
대화분석 196
대화의 사회적 구성 197
대화의 상호작용 198
더글러스, M. 90, 92, 95, 148
데이비스, C 285, 288
데이비슨, C. 76, 88, 89
데카르트 36
도노반, J.L. 74
도니슨, J. 55
도덕성의 담론 296
도덕적 기능 152
도덕적 담론 98

도덕적 우파 98, 99
도덕적 평가 112
도덕화(moralizing) 95
도시화 289
도얄, L. 258
돌과 피토(Doll and Peto) 211
동기유발 70
동년배집단 219
동성애 98
동성애자 96, 98
동종요법 50, 264, 265, 267
동화작용 146
두려움 90
두타르, A.와 필드, M. G. 72
뒤르켕, E. 148, 224
듀든, B. 42, 43, 44, 45
드러몬드, N.과 메이슨, C. 135
딩월, R. 114, 115

(ㄹ)

라들리, A. 133
라이트, P. 61
라이트, P.와 트레처, A. 47
라이프 152
라이프스타일 65, 81, 223, 291,
    294, 300
라이프스타일 개념 102
라이프스타일 인자 88
라인(Lein) 165
라쿼, W. 145
라킨, G 251, 252

러네이드, W. 272, 276
런던여자의학교 255
럴론드, M. 289, 290
로렌스, C. 51
로렌스, C.와 벤딕슨, K. 146
로버츠, S. 180, 186
로빈슨, I. 110, 112, 130
로스, A. 191
로위, I. 51
로즈, D. 28
록, M. 58
론스데일, S. 122, 126
롤러, J. 160, 162
루카치 55
류마치스성 관절염 127, 132
르그란드, J. 219

(ㅁ)

마르크스주의 304
마르크스주의자 34
마르크스주의적 접근 56
마약주사 사용자 98
마틴, E. 146, 165
'만인을 위한 건강'전략 297
만성질환 103, 120, 132, 138,
　183, 285
만성질환의 증가 176
만성질환자 104, 114, 124
만성 통증환자 112
「만인의 건강을 위한 서기 2000년
　까지의 세계전략」 290

만족도 188
맥도닐드, L. 129
맥락화 58
맥퀸, T. 30, 212, 242
맥킨타이어, S. 216, 231
맥팔레인, A. 228
메이, C. 204
모더니즘 269, 310
모성보호 201, 257
모성 이데올로기 171
몸관리 활동 139
몸에 대한 결정권 188
몸의 '정상적'인 기능 104
몸의 경험 168
몸의 계획구도 150, 174
몸의 관리 82
몸의 규범적 이해 110
몸의 규제 174
『몸의 규제(Regulating Bodies)』
　151
몸의 문명화 157
몸의 사회학 36, 139, 168
몸의 생물학적 해부학 157
몸의 신체적 기능 127
몸의 의학적 해석 147
몸의 이미지 125, 166
몸의 인식론적 지위 151
몸의 정치적 지위 141
몸의 정치적 해부학 157
몸의 존재론적 지위 151
몸의 통제권 141, 310
몸의 한계와 영역 139

몸의 해부-정치학(anatomo-poli-
    tics)   154
몸의 행위와 자연적 기능   150
몸의 형상   163
몽테스키외   35
문명화 과정   158
『문명화 과정(The Civilizing Pro-
    cess)』   158
문명화된 몸   159
문화·행동적 시각   223
문화사업가   81
문화적 가정   146, 148, 165
문화적 맥락   116
문화적 심상   81
문화적 영향   238
문화적 인공물   145
문화적인 구성물   42
문화적 자본   84, 85, 163
문화적 접근   222
문화적 하위집단   99
물리적 몸의 존재   39
물화과정   55
미덕의 추구   127
미시적 접근방식   176
민간부문 경영방식   273
민속방법론   176
민속방법론자   196
민속방법론적 연구   50, 163
민영화 원칙   270
민족주의   235
민족집단   236
믿음과 행동   101

밀러, J.와 글렌디닝, C.   232

(ㅂ)

바세르만 혈청검사법   50
바틀리, M.   51, 226
박스, K.   265, 310
박탈-지배모형   224, 225
반근본주의자   151
반정신의학운동   45
발생빈도   210
발전의 시장성   51
배고트, R.   291
배제전략   253
백스터, C.   259
버거, P.L.와 럭만, T.   47
버스필드, J.   303
베리. M.   48, 54, 59, 114, 124,
    132
베버   63, 249, 252
베일린트, M.   287
베크, U.   90, 91, 94
병   25
병든 몸   138
병원서비스 합리화   302
병원성 질환   30
병원의료   54
병자의 정체성   106
보건감시전략   313
보건경제학의 담론   280
보건경제학자   278
보건교육   296

보건교육가 76
보건교육 캠페인 239
보건문제의 사회적 측면 290
보건욕구평가 312
보건의 남북격차 217
보건의료사용자 137
보건의료서비스 244
보건의료 수준 242
보건의료의 권력 156
보건의료전문가 134, 135
보건의료전문직 135
보건전략가 311, 312
보건증진 285, 291, 296
보건증진과 마케팅 담론 298
보건증진에 응용된 사회학 291
보건증진의 사회학 291, 294
보건증진전략 299
보건증진 캠페인 293
보건행동의 법제화 300
보류 197
보르도, S. 83
보수당 285
보수당 정부 297, 309
보스턴 여성건강서적조합 141
보완적 의료 264
보조직 근무자 281, 282
보편주의 178
복지국가의 위기 297
복지다원주의 269, 270
복지다원주의 원칙 270
복지예산의 통제 262
복지제공의 위기 269

부르디외, P. 81, 83, 140, 163
부유층 208
분권적인 노동자 업무 271
분류체계 148
분리전략 255
분만겸자 55, 255
분산적인 근무조직 271
분석기법의 차이 219
분석수준 접근법 33
분자-분모 문제 218
불건강한 라이프스타일 238
불완전한 인간 122
불임 클리닉 172
불평등 242
불평등이론 79
불확실성 118, 120
불확실성/기술성 비율 250, 262, 277
블라이어, R. 144
블랙번, C. 240
블랙보고서 77, 221
블랙스터, M. 74, 76, 78, 79, 85, 184, 211
블랙웰(Elizabeth Blackwell) 254
블레인, D. 213, 214
블로어, M.과 매킨토시, J. 206, 207
블로어, M.과 호로빈, G. 180
블룸, J.R. 225
비공식적·공식적 보호 연계망 225
비위계적인 조직구조 188
비육체노동 216

비율 210
비정통의료 264, 267
비티, A. 299
비티의 유형론 299
비판이론 189
비판적 사회학 295
빈곤의 개선 209
빈곤층 208
빌과 네더코트(Beale and Nether-
 cott) 226

(ㅅ)

사람의 사망률과 이환율의 격차
 208
사망과 질환의 원인 243
사망률과 이환율 210
사망률 변동 213
사망률의 감소 212
사망원인 227
사망진단서 210, 218
사비지, M. 83, 84, 85
사산 214, 237
사위키, J. 172, 173
사전탐지 312
사회·경제적 환경 223, 291
사회·문화적 요인 31
사회·생태학적인 접근방식 156
사회·심리학적 건강행동 70
사회·정치적 과정 249
사회·정치적 전략 61
사회·환경적 건강모형 66

사회·환경적 모형 30
사회계급 209, 216
사회계급과 건강 214
사회계급과 건강의 분석 229
사회계급과 사망률 및 이환율 16
사회계급에 따른 사망율 217
사회계급의 이동 218
사회구성주의 45, 47, 64, 147
사회변혁 293
사회생물학 144
사회 심리학자 70
사회의 문화적 가치 116
사회의 지배계층 250
사회의 지배적인 가치체계 292
사회적·도덕적 압력 234
사회적·정치적 투쟁 53
사회적 감성 150
사회적 관계의 변화 54
사회적 관행 147
사회적 규제 298
사회적 논리 134
사회적 마케팅 298
사회적 맥락 147
사회적 몸 148, 307
사회적 불평등 163, 164
사회적 비유 165
사회적 상호작용 91, 101, 124
사회적 성(gender) 145, 162, 197
사회적 성과 건강 227
사회적 성에 따른 불평등 234
사회적 성에 따른 불평등상태 30
사회적 성의 사회구조 234

사회적 성차 163
사회적 역할 177
사회적 역할과 책임 113
사회적 연계망 224
사회적 위치 221
사회적 의무 112
사회적 인과관계 223
사회적인 일탈 상태 177
사회적 지원 224
사회적 지원이론 224
사회적 지위 224
사회적 책임 214
사회적 추론과 관행 48
사회적 폐쇄전략 249
사회적 행위 36, 70
사회적 행위의 체현성 36
사회전체적 반응 107
사회정책 303
사회진화론적 색채 222
사회체계이론 177
사회통제기구 56
사회통제기능 45
사회통제 이론 184
사회학과 생의학간의 긴장 35
사회행위 이론 105
사회화 105, 158
사후 합리화 81
삭스, M. 264
산과의사 62, 202
산과학 62
산과학 교과서 186
산모 201

산업자본주의 143
산업화 213, 289
산업화된 자본주의 77
산업화의 단계 37
산출가능한 위험 89
산출불가능한 위험 89, 95
산파술의 역사 55
살아온 경험 144
삶의 사건 224
삶의 질에 따라 조정된 생존년수
    (QALY) 274
상대적인 빈곤상황 234
상대주의 59
상대주의의 심연 59
상수도수불소화 사업 300
상식적인 해석 110
상실모형 224
상실생존년수 227, 228
상징적 상호작용론 124
상징적 상호작용주의 34
상징적 자본 163
상징적 중요성 47
상징주의 148
상호성 관념 104
상호작용적 성취 196
상호작용주의 176
상황 정의 124
새로운 감시양식 312
새로운 감시형태 307
새로운 의료모형 188
새로운 인지구조 156
새로운 정신병화 305

새로운 질병개념 307
새먼 보고서 276
생득적인 추동 105
생물지리학 144
생물학적 모친 172
생물학적 부친 171
생물학적 성(sex) 145
생물학적 실재 58
생물학적 요인 76
생산성과 효율성 275
생산수단 220
생산수단에 대한 통제권 261
생산의 사회학 220
생산자와 소비자 251
생식과정 139, 169
생애주기적 접근 287
생의학에 대한 신뢰의 퇴조 207
생의학의 지식기반 266
생의학적 모형 27, 191
생의학적 모형의 타당성 212
생의학적 접근방식 235
생의학적 패러다임 27, 50
샤마, U. 266
샤마즈, K. 124, 125
서방의 시각 96
서비스관련직 271
선별검사 70, 287, 288
선진자본주의 265
선진자본주의사회 242
설명체계 126
설문조사자료 312
성(聖)과 속(俗) 148

성격 113
성과 생식의 사회적 조직 171
성과 성기 161
성적 희롱 162
성차 73
성차별적 구획전략 254
성차별적 배제전략 254
성차별적 이념 185
성차별적인 의사 189
성형외과술 139
세계보건기구(WHO) 72, 94, 96,
  290, 291, 297
세부 전문분야 263
센서스 자료 220
셔틀워드, S. 53
소득의 불평등상태 217
소러굿, N. 291, 294
소비성향 83
소비유형 66, 220
소비의 사회학 220
소비자 만족도 조사 309
소비자문화 81
소비자보호 309
소비자 선택권 189
소비자 우선 272
소비자 자본주의 298
소비자주권 269
소비자주의 207, 270, 271, 297,
  308, 310
소비자지향 문화 207
소비자 참여 189
소비지향 사회 139

소수민족집단 240
소수인종 235
손탁, S. 95, 96
쇼트, S. 61
수용기관내 보호 301
수정통제기술 169
수치심 130
수태기술 169
수학적 확률 89
순수와 위험 92
순수의 상징체계 148
순응적 이중폐쇄 256
숫적인 신축성 281
쉴링, C. 139, 141, 150, 164
스컬, A. 304
스코트, S.와 모건, D. 145
스타일 132
스탠워드, M. 169, 171
스테이시, M. 69, 263
스테인턴-로저스, W. 80
스트라우스, A.L. 120
스트레스 113
스트레스 유발인자 224
스트롱, P. 68, 95, 192, 193, 194
스팀슨, G.와 웹, B. 190
시각의 충돌 180
시간제 근무자 281
시물라시옹(simulation) 83
시물라크르(simulacre) 83
시선 52, 147, 155
시장경쟁원칙 270
시험관 수정 152, 170

시험관 아기 170
시혜형 193
식민주의 235, 244, 258
식민지배 240
신(新)생식기술 168, 169
신경안정제 184
신경영주의 273, 277
신경영주의의 성적 차별구조 276
신경이완제 303
신공중보건 288, 289
신뢰감과 이해심 182
신베버학파 253
신생아사망률 237
신소자본가 계급 81
신장투석 134
신체공간 162
신체의 사회학 36
신체장애자 301
신체적 과정 167
신체적 변화 104
신체적 자본 164
신체적 자본 163
신체적 자본의 생산 164
신체적 장애 121
신체적 장애자 125
신체지향의 사회 142
실버먼, D. 203
실상의 사회적 정체성 128
실업과 건강 225
실업률 226
실재론 58
실재의 문제시 48

실적지표   274
실제적 헤게모니   265
실증주의자   34
실직 전의 스트레스   226
실질임금과 노동조건   213
실험실의료   55
심기증 환자   79
심리분석이론   105
심문과 대화통제   194
심신이원론   27
심장질환   76

(ㅇ)

아니, W.R.   62
아니, W.R.과 버겐, B.   156, 203
아마드, W.I.U.   238
아버, S.   230
아버, S.와 진, J.   230
아킨사냐, J.A.   260
아프리카 에이즈   96
안전한 성   101
안전한 성생활   295
암스트롱, D.   48, 58, 91, 145,
   205, 284, 306, 307
애쉬모어, M.   278, 279
애쉬튼, J.와 세이머, H.   289
애트킨슨, P.   28, 49
약초요법   267
약품처방 예산지침   262
양성애자   99
양적 조사   74

억압적 권력모형   172
언론   299
업무의 독점권   248
에르즐리슈, C.   72
에르즐리슈, C.와 피에레, J.   106,
   127, 134, 135, 136, 137
에이즈(AIDS)   92, 93, 113, 142,
   152, 183, 299
에이즈 바이러스   95
에이즈 예방   295
에이즈의 위험   95
에이즈의 의미규정   296
에이즈 캠페인   295
에이치슨, D.   288
X 염색체 유전자   231
엘리아스, N.   140, 150, 157, 158
엘리트 문화   63
엘리트주의   292
엘스턴, M.A.   251, 262, 274
여성과 산파술   255
여성과 장애   122
여성과 흡연   293
여성다움(womanhood)   186
여성보건운동   31, 189
여성보건운동가   173
여성 산파   256
여성의 가사노동   232
여성의 건강경험   188
여성의 경제적 불이익   233
여성의 높은 이환율   234
여성의 의사관   186
여성의 이미지   185

여성의 잔병 234
여성의 적절한 사회적 역할 186
여성의 흡연 추세 86
여성중심의 출산 203
여성참정권운동 54
여성흡연율 86
역사·인구학적 분석 212
역사·인구학적 연구 30
역치 231
역학(疫學) 211
역학자 67, 85, 243
역학자료 312
역학자와 사회학자 211
역학자의 건강관 294
역학적 병원 312
역학적 전이 244
역학적 특성 244
역할의무 177
역할형 193
연대감과 저항정신 122
연초산업 293
영국의료심의회 251
영국의 자본주의 제도 311
영국의학협회 266, 267
영국치과의학협회 252
영아사망률 214, 237, 243, 244
영아사망률의 감소 212
영연방이민법 258
예방업무 287
예방접종 287
예방정책전문가 311
오명(汚名) 128

오명시 122
오명화 129
오클리, A. 86, 171, 200, 201
오타와 헌장 291
오프, C. 269
온정적 태도 39
온정주의 185, 269, 270, 308, 310
와이너, C.L. 132
왕립가정의협회 287
왕립산부인과학회 203
왜곡된 의사소통 189
외교모형 272
외부용역제 270
외부적 실재 58
외재적 오명 130
외재형 70
욕구성향관념 105
우생학적 모형 172
우울증 54, 184, 229
우울증 환자 111
운명론 88
운명론적인 견해 74
워녹 보고서 171
워릭, I. 68
워즈워드, M.E.J. 222
워커, A. 302
워커, B.와 워딩턴, I. 183
워트니, S. 296
월드런, I. 231
윙, C. 122
웨스트, C. 47, 197, 198, 222

웨이츠, R. 113
웰 여성진료소 188, 189
위계적 관찰 154
위츠, R. 252, 253, 256
위험과 불확실성 150
위험률 90
위험성 88, 90, 224, 294, 311
위험성 관념 85
위험성의 산출 91
위험에 처한 의미 124
위험인자 85, 293, 311
위험인자의 '삼위일체' 294
위험인자 접근방식 294
위험집단 97, 98
위험함 90, 311
위험행동 97, 98
윈클러, F. 308
윌리엄스, S. 72, 75, 116, 127,
    137
윌슨, E.O. 144
유물론적 시각 213
유물론적 역사관 213
유색인종 258
유엔(UN) 243
유전적 성향 144
유전적 요인 231
육체노동직 271
육체적 몸 148
음식소비 87
응급진료 302
응용경제학 280
의도성 149

의료개입의 효율성 212
의료경영인 309
의료기관의 '사용자들' 177
의료기관 이용통계 228
의료내 사회학 39
의료담당자 181
의료등록법 254, 256
의료복지예산 절감 274
의료서비스 개혁 308
의료서비스 내의 통제권 277
의료서비스의 개편 270
의료서비스의 구조적 조정 274
의료서비스의 변화 311
의료서비스의 통제구조 274
의료소비자 251, 313
의료욕구 251
의료의 '고객' 308
의료의 마르크스주의적 분석 183
의료의 사회학 39
의료의 신념체계 47
의료의 정서적인 측면 199
의료의 제공자 186
의료의 질 보장 274
의료의 질적 산출물 188
의료의 효능 29
의료인 254
의료인-환자 관계 311
의료인류학자 47
의료인의 여성통제 185
의료자원의 배분 179
의료자원 지출과정 274
의료전문가 178, 182

의료전문직 152, 171, 183, 201, 247, 299, 311
의료전문직의 사회학 248
의료전문직의 자율성 254
의료전문직의 헤게모니 264, 268
의료제공의 반비례 법칙 245
의료제공자 181
의료제국주의 184, 206
의료화 60
의료화과정 200
의료화의 확산 288
의료화이론 56
의료환원주의 206
의미(meaning) 124
의사(擬似) 마르크스주의 184, 205
의사-환자 관계 175, 177
의사-환자 관계의 비대칭성 178
의사-환자 관계의 성취 196
의사결정과정 310
의사소통 기술 31
의사(擬似) 시장(quasi-market) 309
의사와 환자의 의사소통 192
의사의 권위 195, 196
의사의 여성관 186
의사의 전문성 193
의사의 진료통제 195
의사의 태도 182
의식(ritual) 192
의식적 기초 195
의식집단(thought collectives) 49

의학교과서 165
의학사 29, 153
의학의 인식론적 영역 221
의학의 전문직 지배 33
의학적 논리 134
의학적 담론 98, 167, 204
의학적 모형 167, 188
의학적 시선 307
의학적 신념체계 32
의학적 역학의 패러다임 213
의학적 우주론 54
의학적인 믿음 79
의학지식 49, 304
의학지식과 관행 80
의학지식과 기술의 적용 55
의학지식에 의한 사회적 관계의 중재 53
의학지식의 사회적 분포 188
의학지식의 적용 46
이념과 건강관 77
이념과 지배 189
이념적 메시지 183, 189
이념적 헤게모니 265
이념형(ideal type) 108, 178
이성애자 101, 123
이성애적 담론 169
20세기 의료시술 156
이야기 재구성 116
이주노동력의 착취 258
이중의 제약 185
이중적 의무 180
이중적 폐쇄전략 254

이차진료 302
이화작용 146
이환수 210
이환율연구 210
이환율 조사 69
이환율 측정방법 210
인간관계의 변화 205
인간 면역결핍 바이러스(HIV) 92
인공수정 169
인과관계논쟁 213
인과관계모형 224
인구의 노령화 141
인구의 생물-정치학 154
인구증가 154
인구집단의 역학적 특성 313
인구학자 243
인문과학 36
인상관리 118
인생역정(personal biographies) 78, 115
인생역정 과업 133
인생역정의 혼란 126
인식론 47
인식론적 논쟁 151
인위적 구성물 59, 221, 231
인종 73, 293
인종간의 차별의식 294
인종과 건강 234
'인종'과 '민족성' 235
인종과 의료전문직 257
인종관계법 259
인종적 불평등 237

인종주의 235
인종주의적인 사회 241
인종차별 240
인지도 129
인체해부 31
일과 여가의 이분법 83
일대일 상호작용 190
일리치, I. 30
일반 경영개념의 도입 275
일반대중 299
일반인의 건강관 68, 69, 72, 294
일반인의 견해 65, 313
일반인 의뢰체계 109
일부일처제 개념 296
일상생활 과업 133
일슬리, R. 218
일차보건의료 286
일차보건의료팀 286
일차진료 302
일탈 105
일탈유형 107
일탈자 107
임상결정 권한 274
임상예산 편성안 277
임상적 자율성 251
임상적 판단 250
임상평가능력 193
임상형 193
임신과 출산 57, 170
임신과 흡연 86
임신의 지위 171
입찰제 실시 270

(ㅈ)

자가질병보고 210
자가처방 109
자가치료 69
자가평가 건강상태 215
자가평가 건강연구 231
자격전술 256
자료분석 기법 218
자본의 욕구 269
자본주의 77, 213
자본주의의 이념적 전제 292
자본주의적인 의료전달체계 262
자아상실 126
자아와 정체성 120, 124, 150
자아의식 104, 113
자아의 정치적 맥락 127
자아의 표현 140
자연주의자 34
자연주의적인 접근 144
자원봉사 운동 297
자유주의적 집단 99
자율규제 267
자조(self-help) 270
자조집단 135, 187, 263, 296
자조집단의 연대감 136
자체감독권 248
잠재적 수치 130
잠재적인 위험인자 66
장기적인 실직상태의 영향 226
장애 121
장애불이익 121

장애여성 122
장애의 정치적 성격 122
장애자 122, 124
재구성된 정체성 125
적자생존 222
전국 동년배집단 연구 222
전근대사회 153
전략 132, 190
전문가-고객 관계 207
전문가-환자 관계 177, 184, 190, 191
전문가-환자 상호작용 68
전문가의 책임의식 189
전문과로 나뉜 병원(clinic of the subject) 312
'전문' 의료제공자 313
전문인과 국가와의 관계 261
전문인 등록제도 61
전문적·기술적 이해관계 51
전문지식 135
전문직의 성차별 252
전문직의 의사결정권 250
전문직의 자율성 251, 275
전문직의 정체성 63
전문직의 특징 248
전문직 지배 250, 251
전문직 지배의 종언 261
전문직화(professionalization) 247
전인간호(全人看護) 160
전일적 의료 206, 287
전통적 과학의 패러다임 267
전통적인 가족관 54

전통적인 도덕관 296
전통적인 라이프스타일 84
전통적인 보건교육 292
전환 164
절대진리 63
절충주의 33
정골요법 265, 267
정량적 특질 311, 312
정보기술 272
정부 299
정상분만 255
정상성의 외양 118
정상성의 판별자 155
정상적 구강개념 62
'정상적인' 정체성 118
정상화와 감시 153
정상화 판단 155
정서 관리자 199
정서노동 198, 199
정서적 중립 178
정신간호 305
정신과 의사 46
정신과의 진료법 304
정신병 229
정신병 수용시설 305
정신보건 301
정신보건법(Mental Health Acts)
   301
정신보건정책 304
정신분열증 진단 179
정신의학 305
정신의학의 담론 304

정신의학의 대상 306
정신의학자 45, 303
정신의학 지식 304
정신질환 분야 303
정신질환자 301
정체성 104, 140
정치적 수준의 변화 136
정치적 자율성 251
정치적 합의 302
정통의료 264
제2의 페미니즘 물결 144, 168
제국주의 235, 244, 258
제도적인 인종차별 239, 293
제도화된 규범과 기대 180
제도화된 인종차별 258
제왕절개술 171
제임스, N. 198, 281
제프리즈, R. 311
젝스-블레이크, S. 254, 255
조블링, R. 129, 133
조산사 201
조산사법 256
조산사와 남성의료인 255
조산사의 역사 257
조산사의 역할 257
조직역학 272
존슨, T. 250
존재 125
졸라, I.K. 109, 152
종교적 권위 152
종합가계조사 226
주관적인 안녕 210

주권적 권력 153, 202
준(準)시장 269
준거틀 200
준의료전문가 188
준의료전문직 250
중간계급 73, 83, 133, 167, 210, 238
중세인 158
중요성으로서의 의미 124
쥬슨, N. 54
증상의 빙산 108
증상의 시간조건화 109
증상의 의미 109
증상의 해석 110
지리적 불평등 241
지방자치단체 303
지배적 묘사방식 48
지배적인 의학이념 223
지배적인 이념 183
지배적인 이데올로기 60
지속적인 감시 155
지식-태도-행동 293
지식격차 263
지식의 분업 263
지식이 창조되는 방식 59
지역사회개발 297
지역사회개발계획 297
지역사회 권한부여 297
지역사회내 보호 301, 302, 306
지역사회내 의료 302
지역사회 보건개발 300
지역사회 보건단체 296

지역사회 보건심의회 308
지역사회 보건운동 291, 296
지역사회보호 297, 303
지역사회보호 정책 303
지역사회보호 제공 303
지역사회의 권한부여 291
지역사회 의사 289
지역사회 의학 288
지역사회 참여 297
지퍼, J.와 스벤호이젠, S. 170
'직관적' 임상판단 262
직업 보건운동가 297
직업에 따른 계급분류 225
직업영역 폐쇄전략 253
직업적 통제 251
직업적 폐쇄전략 249, 253
직장암 129
직접개입 279
진단명별 포괄수가제 274
진료소 156, 306, 307
진료소 권력 306
진료의 상호작용 197
진료 참여자 197
진보의 가능성 59
질병 25, 41, 114
질병경력 117
질병과업 133
질병관 47
질병관련 행동 115
질병관련 행위 115
질병관리행동 69
질병의 경험 41, 104

질병의 발생빈도 210
질병의 빙산 69
질병의 사회적 기반 114
질병의 이환수 211
질병의 화법 115
질적 면접 73
질환 25, 41, 114
질환부담 37, 176, 183, 285
질환분포 37
질환예방관념 75
집단적 유형 250
집단적 지향 178
집단적 행동접근 300
집단주의 137, 299

(ㅊ)

차별관념 145
찰스, N.과 커, M. 87
책임의 추궁 113
척주지압요법 267
체현된 사회적 행위 168
초점집단 연구 100
촉발계기 109
총체적 감시 154
총체적 건강 284, 313
총합적 확률 67
출산아 237
출산의 경험 199
출산의 산출물 200
출산의 통제 257
출산의 통제권 31

출산통계 분석 236
치과보조원 251, 252
치과의료법 252
치과의사 204, 252
치과전문직 62, 155
치과전문직의 통제 251
치과진료 252
치료법 133
치료에서 예방으로 285
치료의학의 전성기 289
치의학 62, 155, 251, 252
치의학교 251
친자소송 171
친지간호 69
친지들의 가치체계 130
침상의료 54

(ㅋ)

카스텔, R. 311
카야와-싱거, M. 128
카힐, R. 218
캘넌, M. 71, 73, 75, 77, 78, 79
커러, C. 73
컬리, L.와 다이슨, S. 235
케인, P. 227
켈리, M. 116, 117, 118
켈스트롬, T.와 로젠스톡, L. 244
코넬, R. 163
코레어, G. 171
코마로프, J. 47
코빈, J.와 스트라우스, A. 133

콕스, B. 229
콘라드, P.와 슈나이더, J.W. 152
콘웰, J. 73, 76, 77, 79
콥과 카슬(Cobb and Kasl) 226
콩트 35
쾨르퍼 151
쿤, T. 50
퀵, A.과 윌킨슨, R. 242
크래독, C.와 라이드, M. 189
크로커, A.와 크로커, M. 95
클라인, R. 270
클라인먼, A. 110, 114, 115, 120
클라크, D. 34
클렉, S. 277
킴, K.와 무디, P. 242

(ㅌ)

타자성(otherness) 80
탈근대사회 41
탈기술전략 256
탈병원화 302
탈수용화 304
탈전문직화 261
탈전문직화 이론 261
탈정치화 54, 184
터너, B.S. 25, 33, 36, 92, 142,
   143, 151, 152
테일러, S.와 애쉬워드, C. 35
톰린슨 보고서 302
톰 스토파드(Tom Stoppard) 142
통계학 154

통속적 역학 76
통제개념 85
통합적인 이론구조 36
통합전략 256
툼스, S.K. 138
튜더하트, J. 244
특수한 욕구 121
특정한 맥락표지 160

(ㅍ)

파슨즈, T. 34, 105, 177, 178,
   183
파슨즈의 환자역할 114
파킨슨병 132
판옵티콘(Panopticon) 154, 156
판옵틱 권력 277, 306
팔, J. 233
패러다임 50
패런트, W. 172, 296, 297
패트릭 게데스(Patrick Geddes)
   146
패튼, C. 96, 97
페더스턴, M. 81, 82
페미니스트 34, 140, 141, 172
페미니스트 사회학자 140
페미니스트 자조집단 306
페미니스트 철학 188
페미니즘 168
페미니즘과 몸 165
페이거하우, S.Y.와 스트라우스,
   G. 190

평균수명 208, 242
평등고용 258
평등한 소득과 평균수명 242
평등한 전문가-고객 관계 301
포괄전략 254
포디즘 265, 269, 271
포디즘적 생산양식 271
포스터, P 186
포스트모더니즘 41, 63, 80, 82,
    142, 246, 269, 310
포스트모더니즘 사회 141
포스트모더니즘적 라이프스타일
    84
포스트포디즘   142, 265, 269,
    271, 272, 273, 277, 283
포스트포디즘과 보건의료 271
포터, M. 187, 276
포페이, J. 229, 233
포페이, J.와 바틀리, M. 233
포페이, J와 존스, G. 230
폭스, J. 42
폴락, M. 99
폴레드닉, A. 236
표준사망률 214, 218
푸코, M. 34, 35, 52, 53, 140,
    147, 153, 154, 206, 277, 306
푸코식 접근 172
푸코적 분석틀 202
푸코적 접근법 52
프라우트, A. 112
프라이드슨, E. 29, 46, 55, 104,
    107, 109, 113, 180, 183, 250,

261
프라이어, L. 51, 305
프랑스 혁명 52
프랑크, A. 147
프롤레타리아화 261
프롤레타리아화 이론 261
플러머, K. 299
플렉, L. 34, 49. 50
플린, R. 270
피글리오, K. 53
피셔, S. 185
피어선, M. 293
피해자를 비난하는 이념 292
핀더, R. 132
핀치, S. 280
필, R.과 스토트, N.C.H. 72
필립스, D.R. 125

(ㅎ)

하버마스, J. 79, 189
하울레트, B.C. 74
'하향식' 접근 292
학습된 기능 105
합리성 89, 295
합리성의 개념 278
합리적 과학 63
합리적인 행위자 모형 279
합리화 158, 159
합리화이론 63
합법화전술 257
합의적 시각 183

해부학 교과서 146
해석사회학 71
해석적 접근 71, 104
핵심적 의료제공자 134
행동 70, 115, 125
행동과학 31
행동의 사회적 배태성 101
행동적 요인 75
행동적 요인과 구조적 요인의 상
　호작용 223
행동주의자 34
행동척도 305
행위의 의미 36
행위자 177
향정신약품 306
헌터, D. 277
헤릭, G.M.과 글런트, E.K. 100
현대 공중보건 291
현대세계 246
현상학 34
현상학적 모형 167
현상학적 사회학 47, 149
현상학적 시각 149
현상학적 접근 56, 115
협상과 균형추구 190
협상된 질서 개념 190
형식 개념 192
형식적인 질서 192
호로빈, G. 35
호스피스 운동 198
호흡곤란과 객담증 216
혼성품 83

혼합된 기원 80
홀런드, J. 101
화이트홀 연구 219
환경적 위험성 89
환원주의 27
환자로서의 정당한 지위 111
환자역할 104, 105, 177
환자역할 규정 114
환자역할의 정당화 111
환자역할의 지위 111
환자역할의 획득 108
환자와 간호사 160
환자의 사회사 204
환자의 선택권 309
환자의 설명적 이론 68
환자의 세계 135
환자의 이미지 137
환자의 일상활동도 305
환자의 전인적 성격 313
환자의 제소 182
환자중심의 의료 203
「환자헌장(Patient's Charter)」
　270, 308
회장루조성술(回腸瘻造成術) 117
효능 논쟁 212
후견자적 유형 251
후기모더니즘 42, 142, 246, 268,
　273, 278, 283, 307, 311
휘그식 역사관 29
흑인간호사 259
흑인과 소수민족 257
흑인환자 179

흡연과 폐암   211
흡연환자   179
히스, C.   196

■ 지은이 소개

사라 네틀턴(Sarah Nettleton)
뉴카슬대학 사회학과 졸업
런던대학 사회학석사, 박사학위 취득
현재 요크대학 사회정책학과 교수
저서 및 편저: *Sociology for Pharmacists: An Introduction*(1990)
　　　　　　Power, Pain and Dentistry(1992)
　　　　　　The Sociology of Health Promotion(1995)
　　　　　　The Sociology of Health and Illness(1995)

■ 옮긴이 소개

조효제
경희대학교 치의학과 졸업
옥스퍼드대학 켈록 칼리지 사회학-정치학 기본과정 이수
옥스퍼드대학 사회학 석사
런던정경대학(LSE) 사회정책학 박사과정
주요 논문: "The Influence of the 1989 NHS Reforms on the British
　　　　　Medical Profession"(1995)

한울아카데미 214

건강과 질병의 사회학

지은이 | 사라 네틀턴
옮긴이 | 조효제
펴낸이 | 김종수
펴낸곳 | 도서출판 한울

초판 1쇄 발행 | 1997년 4월 21일
초판 8쇄 발행 | 2018년 4월 25일

주소 | 10881 경기도 파주시 광인사길 153 한울시소빌딩 3층
전화 | 031-955-0655
팩스 | 031-955-0656
홈페이지 | www.hanulmplus.kr
등록번호 | 제406-2015-000143호

Printed in Korea.
ISBN 978-89-460-6470-6 94330

* 가격은 겉표지에 있습니다.